全国高等法律职业教育系列教材

经 济 法 概 论

（第四版）

司法部法学教材编辑部　审定

主　编　黄　河　张卫华

撰稿人　（以撰写章节先后为序）

黄　河　张卫华　徐贵一　唐　倩

刘砚海　王兴运　任学青　李　伟

倪振峰　李军波

中国政法大学出版社

2018·北京

图书在版编目（ＣＩＰ）数据

经济法概论/黄河，张卫华主编. —4版. —北京：中国政法大学出版社，2018.4

ISBN 978-7-5620-8231-6

Ⅰ.①经…　Ⅱ.①黄…②张…　Ⅲ.①经济法－概论－中国　Ⅳ.①D922.29

中国版本图书馆CIP数据核字(2018)第083752号

出 版 者	中国政法大学出版社
地　　址	北京市海淀区西土城路 25 号
邮　　箱	fadapress@163.com
网　　址	http://www.cuplpress.com（网络实名：中国政法大学出版社）
电　　话	010-58908435(第一编辑部) 58908334(邮购部)
承　　印	固安华明印业有限公司
开　　本	720mm×960mm 1/16
印　　张	25.5
字　　数	486 千字
版　　次	2018 年 4 月第 4 版
印　　次	2018 年 4 月第 1 次印刷
印　　数	1～4000 册
定　　价	56.00 元

出 版 说 明

　　进入 21 世纪，我国法律职业岗位的设置日趋科学合理，经改革、改制建立起来的法学学科教育与高等法律职业教育并存并举、协调发展的法学教育体系已逐步完善，高等法律职业教育在全国已形成一定规模。为加强对高等法律职业教育的指导，进一步推动高等法律职业教育的顺利发展，司法部组织部分专家、学者编写了这套全国高等法律职业教育系列教材，供各有关院校使用。

　　本套教材根据教育部"高等职业技术教育应有别于学科教育，应具有更加鲜明的职业性、实践性和岗位针对性，应更加注重知识的有效传播"的要求，在编写过程中以实用性和指导性为原则，在强化基础知识、基础理论教育，突出职业能力和职业技能训练的前提下，重组课程结构，更新教学内容，突出了高等法律职业教育的办学特色，并力求切实起到帮助学生灵活运用知识、提高完成本职工作能力的作用，力求使其成为造就面向法院、检察院、律师事务所等法律实践部门应用型法律人才的必备读物。

　　本套教材调动了全国各有关院校，包括中国政法大学、南京大学、山东大学、四川大学、苏州大学、云南大学、西南政法大学、中南财经政法大学、江西财经大学、华东政法学院、西北政法学院、广东商学院、北京政法管理干部学院、上海政法管理干部学院、河北政法管理干部学院、山东政法管理干部学院、黑龙江政法管理干部学院、浙江政法管理干部学院、陕西政法管理干部学院、贵州政法管理干部学院、天津政法管理干部学院、福建政法管理干部学院、广西政法管理干部学院、湖南政法管理干部学院、辽宁公安司法管理干部学院、广东司法警官职业学院、安徽警官职业学院、江西司法警官学校、山西司法学校、福建司法学校、湖北司法学校、江苏公安司法学校、武汉司法学校、内蒙古司法学校等数十个单位的资深力量参与编写，并将分批陆续出版。第一批出版的有《民法原理与实务》《诉讼原理》《诉讼实务》《刑法原理与实务》《行政法原理与实务》《经济法概论》《法律原理与技术》《法律论辩》《中国宪法》《法律文书》《中国司法制度》《案例分析方法原理与技巧》，共 12 种。由于编写时间仓促，不足之处在所难免，欢迎广大读者批评指正。

司法部法学教材编辑部

2002 年 12 月

第四版说明

《经济法概论》（第三版）于 2010 年 5 月出版，至今已有 8 年时间。时间虽然不长，但我国的社会经济生活发生了深刻的变化，主要有：一是政府和市场的关系在实践和认识深化中寻找到了新定位，即市场在资源配置中的基础性作用定位为市场在资源中的决定性作用。二是经济发展进入新常态。经济发展速度从高速转向中高速；经济结构从增量扩能转向调整存量、做优增量并举，开始了供给侧改革；经济发展动力从主要依赖资源和低成本劳动力等要素投入转向创新驱动；经济发展方式从规模速度型转向质量效率型。三是我国社会的主要矛盾有了深刻的转化，即从人民日益增长的物质文化需要同落后的社会生产力之间的矛盾，转化为人民日益增长的美好生活需要和不平衡、不充分的发展之间的矛盾。特别是党的十九大以后，我国进入中国特色社会主义发展的新时代，新时代有了新的发展理念、新的发展方式、新的发展目标。这些新变化不仅对我国经济法学理论提出了新的要求，而且也促使我国的相关经济法律法规进行了修改和完善。基于新时代下的新理念，我们对《经济法概论》一书进行了全面修改。

此次修订，我们主要做了以下几个方面的工作：

1. 根据新形势，对"经济法概述"的相关内容进行了修改。重新界定了经济法的调整对象和定义，增列了"经济法的基本原则"。

2. 根据《公司法》的最新文本及其实践，对"公司法律制度"进行了全面修改。

3. 对"国有企业法律制度"进行了全面增删。

4. 根据最新修改的"三资企业法"，对"外商投资企业法律制度"的相关内容进行了调整、删增。

5. 根据《消费者权益保护法》最新文本，对"消费者权益保护法律制度"进行了大幅度删增。

6. 基于《广告法》修正文本及教学需要，对"广告法律制度"进行了全面修改。

7. 根据《个人所得税法》的第六次修正文本，对"个人所得税"中的相关内容进行了微调。

8. 基于《预算法》的修正文本及体系需要，对"预算法"进行了全面删增。

9. 删去了"私营企业法律制度""社会保障与财政补贴法律制度""环境法律制度""自然资源法律制度"等章节。

10. 根据《反不正当竞争法》的最新文本，对"反不正当竞争法法律制度"进行了全面修改。

此次修订由西北政法大学李军波老师负责。

黄　河
2018 年 3 月 23 日

第三版说明

　　自《经济法概论》（修订版）出版以来，一些经济法律、法规被修正，许多新的经济法律、法规颁布实施，经济法学的基础性理论研究更趋成熟，诸多研究也开始涉及新的领域。为了适应这些变化，我们在原修订版的基础上增补和重写了一些内容，同时也删除了诸多章节，目的在于使教材内容更能贴近法律规范及其运行现实，也试图借此不断完善本书的理论体系。

　　具体而言，此次修订我们主要做了以下工作：

　　1. 新增了"国有资产管理法律制度""农业法律制度"和"财政法律制度"等三章内容。

　　2. 根据新颁行的《反垄断法》的规定，充实了"反垄断法律制度"一章中的相关内容。

　　3. 重写了"税收法律制度"中消费税、个人所得税、房产税和契税等税种的相关内容，同时，因应税收实践及将来我国税法的发展趋势，删除了城镇土地使用税、耕地占用税、特定行为税等税种的相关内容。

　　4. 为了保证本书结构在经济法理论上的完整性，删去了"保险法律制度""劳动法律制度"和"社会保障法律制度"等三章内容。

　　5. 在适合增加案例的各章前后，分别添加了导入性案例和法律应用性案例。

　　此次修订由西北政法大学李军波老师完成。

黄　河

2010 年 5 月

第二版说明

自《经济法概论》出版以来，深受广大读者的好评。近年来，我国政治、法律、经济、科技和文化都发生了很大的变化。为适应这种变化，我们决定对本书进行修订。本次修订除对原版书查漏补缺外，主要做了如下工作：

1. 增加"个人独资企业法律制度""企业破产法律制度""反垄断法律制度""广告法律制度"等四章内容。

2. 对原书章节体例进行了重新编排，使之更趋向合理化、科学化。

3. 每章增加了教学目的与要求、思考题，便于学生对知识的学习和理解。

4. 删除了一些陈旧的内容，增补了一些新的知识，有的章节甚至重写。

本次修订由西北政法大学黄河教授和山东政法学院张卫华教授总负责，具体的修订分工如下（以撰写章节先后为序）：

黄　河　第一、十六、十七、二十五、二十六章

张卫华　第二、五、六、七章

徐贵一　第三、四、八章

唐　倩　第九、十四章

刘砚海　第十、十二章

王兴运　第十一、十五章

任学青　第十三章

李　伟　第十八、二十三、二十四章

倪振峰　第十九、二十、二十一、二十二章

编　者

2007 年 3 月

编 写 说 明

　　《经济法概论》是高等法律职业教育教材之一，它是根据教育部《关于加强高等职业教育人才培养工作的意见》和司法部《关于高等法律职业教育教材编写要求》编写。本书遵循马克思主义基本原理，坚持以邓小平建设有中国特色社会主义理论为指导，力求在完整、准确地阐述经济法的基本概念、基本原理和基本知识的同时，注重阐明具体经济法律在实践中的应用，努力做到科学性、系统性和实用性的统一。

　　本书由西北政法大学黄河教授、山东政法学院张卫华教授主编，具体的编写分工为（以撰写章节先后为序）：

　　黄　河　第一、十二、十三、二十一、二十二章

　　张卫华　第二、三、四、六章

　　徐贵一　第五、七章

　　罗　平　第八、九、十、十一章

　　李　伟　第十四、十九、二十章

　　倪振峰　第十五、十六、十七、十八章

　　全书由黄河、张卫华统稿、定稿。

编　者

2002 年 1 月

目录 CONTENTS

第一章 经济法概述

教学目的和要求

　　本章是对经济法基本理论的介绍。重点介绍经济法的概念、调整对象、调整范围、产生与发展、法律地位、法律体系、经济法律关系、经济法律事实等问题。通过教学，使学生充分认识经济法产生的政治、经济、科技和文化原因，正确认识经济法的法律地位，正确处理经济法与民法、行政法、商法等相关法律部门之间的关系，深刻理解经济法律关系的概念、性质、特征和发生原因。

第一节 经济法的概念和调整对象

一、经济法的产生和发展

　　经济法，如果作为调整经济关系的法律规范来理解，可以说，从法一产生就出现了。因为经济关系作为人与人之间的物质利益关系，是一切社会关系的基础。维护有利于统治阶级的经济关系、经济利益、经济秩序是法的首要任务。虽然法从一开始就包含调整经济关系的法律规范，但从学术意义上来讲，这一时期调整经济关系的法律规范并不是经济法。

　　现代意义上的经济法是商品经济发展到一定历史时期的产物。马克思关于商品经济的基本原理认为，商品生产产生的条件有两个：①社会分工；②不同的所有者。社会分工的存在，使得人们在不同的生产部门从事具体劳动，生产出不同的产品。为了生产和生活，人们彼此需要取得他人的产品，但由于是不同的所有者，因而必须采取商品交换的形式。社会分工的存在及发展，一方面，极大地提高了社会生产力的水平，因为人们在各个不同部门专门化的具体劳动中，提高了劳动熟练程度，从而提高了劳动生产率；另一方面，各个不同的生产部门之间的联系也更加紧密，因为商品交换是否顺利实现已经成为商品生产能否顺利进行的条件之一，其客观上要求不同生产部门之间必须保持一定的比例关系，才能保障整个国民经济的正常运行。任何一个部门的失衡现象，都会妨碍国民经济的发展，造成经济发展的巨大损失。而且，随着商品经济的不断发展，社会分工将越来越细，各部门之间的联系越来越紧密，依赖性越来越强。在商品经济条件下，维持、调节这个比例关系的，首先是市场，即所谓"看不见的手"。市场竞争使得生产资料和劳动力不断地从一个生产部门流向另一个部门，并逐渐出现生产集中，进而使某些商品生产者控制价格，控制生产。随着商品经济的发展，特别是商品经济朝着它的高级阶段即市场经济阶段的发展，这种集中和控制的经济现象越来越严重，出现了个体生产与社会生产失衡、社会生产与社会需求失衡、社会生产与国民经济发展失衡。在这种情况下，人们逐渐认识到，单靠市场的作用显然是不够的。客观要求国家利用价值规律协调、干预经济生活，维持各个生产部门之间的比例关系，使国民经济协调发展。只有这样，才能达到社会资源的最优配置。现代意义上的经济法正是在这种背景下产生的。

现代意义上的经济法和作为一个部门法的经济法也是不一样的。我们所说的现代意义上的经济法，指某些经济法规的立法宗旨、立法内容或者某些经济法律规定的作用。它们和作为一个部门法的经济法价值功能是相同的，但它们仍然是经济法律规范，而不是经济法部门。

作为独立法律部门意义上的经济法，是第一次世界大战以后才产生的。在第一次世界大战期间，特别是战后，德国颁布了一系列国家干预经济的法规，有些法规直接以经济法命名，例如，1915 年发布的《关于限制契约最高价格的公告》、1916 年发布的《确保战时国民粮食措施令》、1918 年发布的《战时经济复兴令》、1919 年颁布的《煤炭经济法》《钾盐经济法》等。这些法规突破了自由经济时期的放任自由原则，与确保个体自由的民法有显著的不同，从而引起了德国法学界的注意，并对此展开了研究和讨论。1922～1924 年，德国出版了以经济法为题的学术专著和教科书，例如，鲁姆夫的《经济法概论》、赫德曼的《经济法基础》等。

在第一次世界大战后，德国的经济法研究很快传入日本。至第二次世界大战结束前，由于日本当时的经济体制与德国相近似，因而，日本的经济法研究受德国法学者影响也很大。

苏联从 20 世纪 20 年代起就开始使用经济法这个概念，并且制定了一系列属于经济法性质的法规，例如，1927 年的《国家工业托拉斯条例》、1956 年的《社会主义国营生产企业条例》等。虽然苏联这一时期颁布了一系列属于经济法性质的法律规范，但学术界在理论上对于经济法的地位特别是经济法与民法的关系，长期争论不休，未取得一致的意见。

捷克斯洛伐克共和国国民议会于 1964 年 6 月 4 日制定并颁布的《捷克斯洛伐克社会主义共和国经济法典》是世界经济法制史上的创举，也是迄今为止唯一的一部经济法典。该法典总则明确地规定了经济法的调整对象，是在国民经济管理和社会主义组织的经济活动中发生的下列关系：国民经济的计划领导和社会主义公有财产的管理；经济活动的组织；社会主义组织的地位及其经济活动；社会主义组织间的协作及违反规定义务时应负的财产上的责任；社会主义组织间的支持和信贷关系。

在我国，党的十一届三中全会以后，全党、全国的工作重点开始转移到以经济建设为中心的社会主义现代化建设上来，国家大力加强经济立法和不断完善经济司法，经济法作为一个有特定内涵的部门法也得以建立和发展。

二、经济法的概念和调整对象

（一）经济法概念的由来

"经济法"这个概念，最早是法国空想共产主义者摩莱里在1755年出版的《自然法典》中提出来的。在该书第四篇，作者面对资本主义上升时期社会矛盾的急剧加深，拟制了"合乎自然意图的法制蓝本"。其第二部分的标题为"分配法或经济法"，共12条。从内容上看，所谓"分配法或经济法"，是作者设想的未来理想的公有制社会，用以"调整自然产品或人工产品的分配"的法律规定。经济法并非以现实生活为基础的科学概念，而只是一种唯理论的对未来的主观构想。1842年，法国空想共产主义者德萨米出版的《公有法典》中，第三章的标题也是"分配法和经济法"。其含义与摩莱里大致相同，德萨米在分配问题上接受了摩莱里的思想，但德萨米的经济法概念包括的内容比摩莱里的更广，涉及的经济法律制度更多。1865年，法国小资产阶级激进派蒲鲁东在其《工人阶级的政治能力》一书中，也提到了"经济法"，并认为经济法是政治和民法的补充和必然产物。1916年，德国法学家赫德曼在《经济学字典》中使用了经济法概念，他认为经济法是经济规律在法律上的反映，揭示了经济法产生的客观必然性。

我国是在1979年第五届全国人民代表大会第二次会议文件中使用经济法这一概念的。1980年我国开始在高等院校法律专业中开设经济法课程。

（二）经济法的调整对象

经济法的调整对象是国家干预的影响国民经济运行的经济关系。具体包括下列几种关系：

1. 市场主体规制关系。市场主体规制关系，是指发生在政府、政府管理机关与市场主体之间，在市场准入、企业形态设定等活动过程中发生的社会关系。

在市场经济条件下，市场主体不是一个封闭的、单一的经济活动主体，它和其他市场主体之间相互依存、相互发展，它所从事的活动是整个社会经济活动的组成部分。尤其是在当今社会，市场主体已经成为担负社会责任的主体，在这种情况下，国家为了全局性的、整体性的利益，为了整个社会经济的协调发展，就必须对市场主体的组织及其活动进行必要的干预，包括市场准入、企业形态的设定，财务管理，审计，监督检查等。

市场主体规制关系由经济法调整，有助于市场主体的设立，符合国家产业政策及产业结构调整的需要；有助于市场主体能动地参与市场活动，改善经营管理，生产出丰富多样的市场需求的商品。

2. 市场秩序调控关系。市场秩序调控关系，是指国家在造就市场平等竞争条件、维护公平竞争秩序过程中与市场主体所发生的社会经济关系。

市场是随着商品交换活动而产生并随着商品交换关系的扩大而发展起来的。随着生产力的提高和社会的不断进步，商品交换关系也随之发展到相当高级的阶段，市场获得了全面的发展，统一、开放和竞争有序的市场体系正在建立。但由于市场机制天然的功能缺陷，市场竞争中出现的不完全竞争或垄断、市场发育不平衡、交易费用较高等问题，市场本身是解决不了的。这就要求国家在积极培育市场体系的同时，加强市场管理，为市场主体的平等竞争创造条件。

市场秩序调控关系由经济法调整，有利于维持公平竞争秩序，保障社会公共利益不被侵犯，建立统一、开放和竞争有序的市场体系，促进社会主义市场经济的发展。

3. 宏观调控关系。宏观调控关系，是指国家为实现宏观（总量）平衡，保障经济持续、稳定、协调增长，运用经济政策和经济杠杆等手段，对货币收支总量、财政收支总量和外汇收支总量等国民经济的总体活动的调节与控制过程中与其他社会组织所发生的经济关系。

在社会主义市场经济条件下，国家的宏观调控处于重要的地位。这是由市场经济本身的性质和特点决定的。在市场经济中，一切经济活动都遵循价值规律的要求，以最小投入获得最大经济效益为准则，通过市场配置资源，通过价格引导供求，通过竞争促进效益，以达到财力、物力、人力资源的最合理的利用。但是市场经济又有它本身固有的缺陷和不足，需要国家的宏观调控加以补充和纠正。

宏观调控关系由经济法调整，有助于发挥宏观调控的长处，弥补市场调节的缺陷，防止或消除经济中的总量失衡和经济结构失衡，优化资源配置，更好地把人民的当前利益与长远利益、局部利益与整体利益结合起来。[1]

（三）经济法的概念

在表述经济法的概念时，应注意以下三点：

1. 经济法的定义应该突出国家干预经济这一本质特点。《宪法》第 15 条第 1 款明确规定："国家实行社会主义市场经济。"市场经济是法制经济。发展社会

---

〔1〕 杨紫烜主编：《经济法》，北京大学出版社、高等教育出版社 1999 年版，第 30 页。

主义市场经济必须有法律来引导、规范、保障和约束，即在市场经济运行过程中，有些活动靠"看不见的手"自发调节，有些活动如国民经济活动中涉及的经济总量平衡、经济结构调整等问题则需要靠"看得见的手"即国家的干预来调节。这种国家干预上升为法律就是经济法。

2. 经济法的定义应简练、精确地表述经济法的调整对象。经济法是调整经济关系的，但并不是调整所有经济关系的，它仅以国家干预经济活动中形成的经济关系为其调整对象。

3. 经济法的定义应体现经济法具有综合性的形式特征。经济法的形式是由经济法的内容所决定的。由于经济法所调整的经济关系在门类上复杂多样，所以，它就不可能由一个或者几个法律规范组成，而是由许许多多不同形式的法律、法规以及规范性文件构成的。可见，经济法应是一个综合性的称谓。

综上所述，我们可以给经济法下这样一个定义：经济法，是调整国家干预的影响国民经济运行的经济关系的法律规范的总称。这一定义揭示了经济法调整对象的范围：首先，经济法是调整经济关系的，这使经济法与调整行政关系的行政法相区别；其次，经济法不是调整所有经济关系的，它只调整国家干预的影响国民经济运行的经济关系，它与调整平等主体之间发生的民商事关系的民法、商法有着本质上的不同，从而划清了经济法与民法、商法的界限。

第二节　经济法的基本原则

一、经济法基本原则的含义与特征

经济法的基本原则是对经济立法、经济执法、经济司法和经济守法活动都具有指导意义和运用价值的指导思想和基本准则。它可以规定在法律之中，也可以寓意于其中。经济法的基本原则是我国社会主义经济法本质属性的集中体现，是经济立法的基础，是执行法律、进行经济活动和处理经济纠纷的依据。

经济法的基本原则具有以下几个明显的特征：

1. 普遍性。所谓普遍性，是指经济法基本原则必须贯穿于经济法的全部实践活动中，适用于一切经济法实践活动，反映经济法的本质属性。

2. 抽象性。所谓抽象性，是指经济法的基本原则是经济法精神实质的概括和抽象。经济法基本原则所表明的是一种法律精神或者说是法律价值，它既可以规定于法律、法规之中，也可以寓意于法律、法规之中，而且"寓意于"比"规定于"更重要、更普遍。

3. 行为准则性及可操作性。所谓行为准则性及可操作性，是指经济法的基本原则应像其他规范一样具有准则性，可以指导、规范相关行为人的相关活动。

二、经济法基本原则的构成

（一）社会本位原则

法律部门的本位指的是体现在这个法律部门中的解决社会矛盾的基本立场。不同的法律部门，其本位思想也不相同。"社会本位"强调社会公共利益至上，任何利益都必须服从社会公共利益。所谓社会公共利益，是指各个法律主体所共同享有的公共利益，其范围十分广泛，主要包括环境保护、可持续发展、生态安全、国家经济安全、市场秩序、产品安全、公平竞争和善良风俗维护等内容。

（二）兼顾公平与效率的原则

经济法上的公平应包括三个方面的内容：

1. 主体地位平等。即在经济活动中，国家机关、行业协会、企业事业单位、社会团体、个体户、承包户以及公民个人一律平等；公有制企业与非公有制企业一律平等；外国的公司、企业、经济组织和公民个人与中国的公司、企业、经济组织和公民个人一律平等；大企业与中小企业一律平等；公用企业与一般竞争性企业一律平等；工业、商业、交通运输、金融保险企业与农业、林业、牧业企业一律平等；等等。也即任何主体都不得对其他主体进行歧视，更不得以大欺小、以强凌弱、以富压贫。欲使经济法律关系的主体地位平等，必须反对特权，反对歧视。

2. 交易机会均等。即要求经济法所提供的交易机会必须向所有经济主体开放，除了这种经济活动本质所必然需要的条件外，不得以任何理由或附加任何条件阻止某些主体的享有。还要求经济法不得为某一或某些经济主体创造特别优越的条件，也不得给某一或某些主体提供独占市场的交易机会。

3. 权利义务对等。具体要求有四点：①享有权利，就必须承担义务，同样，承担义务也必须享有权利；②经济法律关系的主体在为同一具体的经济法律活动时，享有相同的权利并承担相同的义务；③同一主体在为同一经济法律活动时享有多少权利就应该承担多少义务，或者说承担多少义务就享有多少权利，权利之量与义务之量是相等的；④权利与义务互为界限。

经济法上的效率可以表述为：以最少的资源消耗取得同样多的效果，或以同样的资源消耗取得最大的效果。经济法所要体现的效率，一方面是要使各单个经济主体能够充分发挥其能力，不必付出无谓的生产交易成本，另一方面则要保证由各主体组成的整个社会经济体协调运行，减少摩擦，实现整体的最佳利益。

作为经济法基本原则的公平与效率，既有相互促进的一面，又有相互矛盾的一面。只要效率而不要公平，最终会降低效率；只要公平而不要效率，这种公平也很难长久。因此，经济法在调整一定范围内的经济关系时，必须同时兼顾公平与效率。

（三）可持续发展原则

"可持续发展"的发展观最早提出于 20 世纪 60 年代。1972 年斯德哥尔摩世界环境大会正式提出了"可持续发展"的概念。20 世纪 80 年代，联合国在《共同危机》报告中正式定义了可持续发展，该报告指出："可持续发展是既满足当代人的需要，又不对后代人满足其需要的能力构成危害的发展。"《中国 21 世纪议程》也将可持续发展作为指导思想，将人口、经济、社会、资源和环境视为一个统一的、密不可分的整体，提出在制定可持续发展的战略、政策和行动措施中，不仅要考虑发展中如何解决环境保护和资源可持续发展利用问题，同时还要重视环境对经济可持续发展和社会可持续发展的相互关系。

中共十八大以后，特别是十八届三中全会以后，我国经济发展进入到一个新阶段，习近平总书记用"新常态"一词对此进行了阐释。习总书记认为：中国经济发展呈现出新常态，主要有三个特征，即速度——从高速增长转为中高速增长；结构——经济结构不断优化升级；动力——从要素驱动、投资驱动转向创新驱动。2015 年 10 月，习近平总书记在十八届五中全会上做的《关于〈中共中央关于制定国民经济和社会发展第十三个五年规划的建议〉的说明》中提出，我国经济进入新常态后，"必须确立新的发展理念，用新的发展理念引领发展行动"。为此提出了创新发展、协调发展、绿色发展、开放发展、共享发展的发展理念，这五大发展理念是今后一个时期"我国发展思路、发展方向、发展着力点的集中体现，也是改革开放三十多年来我国发展经验的集中体现，反映出我们党对我国发展规律的新认识"。可见，以习近平同志为核心的党中央对"可持续发展"的发展观赋予了新的含义，丰富了新的内容。

在市场经济中，经济主体更关心目前如何更多、更好、更快地占有和使用自然资源，尤其是稀缺的自然资源，如何能够降低成本，获取更大的经济效益，不会主动、积极地治理污染，进行环境保护。因此，保护环境，保护自然资源的使命只能由政府来完成，相关国家干预措施因此产生。

第三节 经济法的地位

一、经济法的地位

经济法的地位问题就是经济法在整个法的体系中是不是一个独立的法的部

门，以及其重要性如何的问题。

恩格斯在论学科部门的划分时说道："每一门学科都是分析某一个别运动形式或一系列互相关联和互相转化的运动形式。"[1]这就是说，判断某一门学科是否独立存在，就是看其是否分析、研究了某一种社会关系。判断某一法的部门是否存在，就是看该法的部门是否调整了某一特定的社会关系。通过上一节的分析，我们可以看出，经济法是以特定的经济关系作为自己的调整对象的，所以，经济法是一个独立的法律部门。

二、经济法与相邻法律部门的关系

（一）经济法与行政法的关系

经济法与行政法的联系主要表现在：①都体现了国家对社会生活的干预；②都在不同程度上运用行政方法调整社会关系；③都以宪法、法律、法规、规章等规范性文件为渊源；④都具有维护国家利益和社会公共利益的作用。

经济法与行政法的区别是：①主体不同。行政法主体的一方是政府的行政管理机关，另一方则是下属的行政机关、企业事业单位或其他社会组织和公民个人；经济法的主体一方是国家权力机关、行政机关及其他社会组织（如消费者协会），而另一方则是社会组织和企业内部组织。②调整对象不同。行政法的调整对象是行政管理关系，它所体现的是一种权力从属关系，而经济法调整的是一种非权力从属性但带有管理性质的经济关系。③调整的方法不同。行政法是采取单纯的行政方法调整社会关系，而经济法则采用多种方法调整社会关系。

（二）经济法与民法的关系

经济法与民法的联系主要表现在：①都调整一定范围的经济关系；②都以宪法、法律、法规、规章等作为渊源；③都具有维护经济秩序，促进国民经济发展的作用。

经济法与民法的区别是：①主体不同。民法主体仅限于法人和公民，而经济法的主体除法人、公民以外，还包括国家的权力机关、行政机关、企业事业单位、社会团体以及企业内部组织和农户等。②调整对象不同。民法是调整平等主体之间的人身关系和财产关系的，而经济法则是调整国家干预的影响国民经济运行的经济关系。③调整方法不同。民法是采用民事方法调整经济关系的，而经济法则是运用奖励与惩罚相结合的综合性的方法调整经济关系的。④责任方式不同。民法对违法行为采取民事责任方式，即补偿性的财产责任方式，惩罚性的非财产责任方式只起辅助作用，而经济法对违法行为，则采取经济、行政和刑事相

---

〔1〕《马克思恩格斯全集》第20卷，人民出版社1971年版，第593页。

结合的责任方式，相比较而言，经济法制裁性相对明显。

第四节 经济法律关系

一、经济法律关系的概念

经济法律关系，是指在国家干预经济活动过程中根据经济法的规定形成的权利和义务关系。

经济法律关系同经济法的调整对象既有联系又有区别。经济法的调整对象是在国家干预经济活动中发生的社会关系。经济法律关系是经济法调整对象在法律上的反映，即在国家干预经济活动过程中发生的关系在法律上的反映，但经济法律关系同经济法的调整对象又有根本的区别。经济法律关系属于一种思想意志关系，属于上层建筑的范畴。而经济法的调整对象，即特定的社会关系，属于经济基础的范畴。因此，在学习过程中，不能混淆这两个不同的概念。

二、经济法律关系的构成要素

（一）经济法律关系构成要素的含义

经济法律关系的构成要素，是指构成经济法主体之间经济权利和经济义务关系的必要组成部分。它包括经济法律关系的主体、内容和客体。

（二）经济法律关系的主体

经济法律关系的主体，即经济法主体，是指在国家干预经济活动过程中依法享有经济权利和承担经济义务的当事人。在我国，经济法的主体包括以下四类：

1. 国家机关。国家机关，是行使国家职能的各种机关的通称。它包括国家权力机关、国家行政机关、国家审判机关、国家检察机关等。

在经济法律关系中，作为经济法主体的国家机关，主要是指国家权力机关和国家行政机关中的经济管理机关。

国家权力机关指全国和地方各级人民代表大会及其常务委员会。依照我国《宪法》的有关规定，权力机关在各自的职权范围内对全局和长远经济进行决策，一般表现为审查和批准国民经济和社会事业发展计划、国家预算和决算等。

经济管理机关包括行业性经济管理机关和职能性经济管理机关。行业性经济管理机关，例如，农业部、林业部、商务部、工业与信息化部等；职能性经济管理机关，例如，国家发展改革委员会、财政部、劳动部、中国人民银行、银行业监督管理委员会、保险业监督管理委员会等。除了作为国务院组成部分的有关部委以外，国务院设置的行使经济管理职能的直属机关也是经济管理机关。在地方各级人民政府中，也相应地设置了有关的经济管理机关。

上述国家机关在国家干预经济过程中，主要是在宏观调控和市场管理过程中发挥着重要的作用。

2. 社会组织。社会组织，是指具有独立地位，实行独立核算或独立预算，直接从事管理和生产经营活动的组织。其中包括：企事业单位、农村集体经济组织、社会团体等。它们一般都具有法人资格，是经济法的主要主体。

3. 农户、个体工商户和自然人。农户、城乡个体工商户和自然人，主要参加的是民事法律关系，只有当他们在国家需要干预的经济活动中依法同国家机关、企事业单位、社会团体等发生经济权利和经济义务时，才成为经济法律关系的主体。例如，自然人作为纳税主体同国家税务机关发生税收法律关系时，就是经济法的主体。

4. 国家。国家是国有财产的唯一主体。它参与经济活动，一般是通过国家机关、全民所有制的企业、事业单位去实现的，而不是以国家名义直接参加经济法律关系实现的，因此，在一般情况下，国家不作为经济法律关系的主体。只是在特殊情况下才以主体资格参加经济法律关系，例如，发行公债、政府采购等。因此，国家是经济法的特殊主体。

此外，企业的内部组织机构也是经济法的主体。

（三）经济法律关系的客体

经济法律关系的客体，是指经济法主体经济权利和经济义务所共同指向的对象。它是经济法主体之间建立经济法律关系所要达到的经济目的。没有客体，经济权利和经济义务就会落空，经济法律关系的设立就毫无意义。

1. 行为。行为是指经济法主体在国家干预经济活动过程中为达到一定的经济目的而从事的有意识的活动。例如，国家的宏观调控行为、市场管理行为等。

2. 财物。财物是指可以由经济法主体支配，并且具有一定价值和使用价值的财富和实物。包括货币、有价证券和一般的物质财富，例如，生产资料、生活资料等。

3. 经济信息。经济信息是反映社会经济活动发生、变化和特点的各种消息、数据、情报和资料的总称。在当今社会，经济信息对经济活动起着重要的作用。

4. 科学技术成果。科学技术成果，即人们的脑力劳动所创造的、直接对产业产生作用的智力成果，例如，发明、商标等。

（四）经济权利的概念和主要内容

经济权利，是指经济法主体在国家干预经济活动过程中，依法具有的自己为或不为一定行为和要求他人为或不为一定行为的资格。经济权利的主要内容有：

1. 经济职权。经济职权，是指国家机关在行使经济管理职能时依法享有的权利。它是国家干预经济生活的主要依据。

经济职权基于国家授权或法律规定而产生，具有命令与服从的性质。因此，享有此权利的国家机关，必须正确行使该权利，不得抛弃、转让或滥用。而与行使这种权利主体相对应的各种社会组织则应当自觉服从，并履行相应的义务。

经济职权的主要内容有：经济决策权（包括计划权，利率、汇率和税率的决定权等）、经济命令权、经营禁止权、经营许可权、经济批准权、经济监督权等。

2. 财产所有权。财产所有权，是指经济法主体对其财产依法享有的占有、使用、收益和处分的权利。

3. 国有资产管理权。国有资产管理权，是指国家授权有关机关对全民所有制单位的国有资产进行统一管理的权利。

4. 经营管理权。经营管理权，是指企业对于国家授予其经营管理的财产享有占有、使用和依法处分的权利。经营管理权是基于国家即财产所有人的授权而产生的一种权利。

5. 请求权。请求权，是指当经济法主体的合法权益受到侵犯时，依法享有要求侵权人停止侵权行为和要求国家机关保护其合法权益的权利。

请求权的主要内容有：要求赔偿权、请求调解权、申请仲裁权、经济诉讼及其他请求权。

（五）经济义务的概念和主要内容

经济义务，是指经济法主体在国家干预经济活动的过程中，依法必须为一定行为或不为一定行为。

经济义务的主要内容有：①贯彻国家的方针和政策，遵守法律、法规的义务；②履行经济管理职责的义务；③服从合法干预的义务；④依法缴纳税金和其他费用的义务；⑤其他经济义务。

三、经济法律事实

经济法律事实，是指能够引起经济法律关系产生、变更或终止的客观情况。

经济法律关系的产生，是指在特定的经济法主体之间形成一定的经济权利和经济义务关系。

经济法律关系的变更，是指已经形成的经济法律关系通过一定的法律事实所引起的变化。它包括主体、客体和内容的变更。

经济法律关系的终止，是指经济法主体之间的权利和义务关系的终止。

第五节 经济法的体系

一、经济法体系的概念

经济法的体系是指由多层次、门类齐全的经济法部门组成的有机联系的统一整体。经济法体系应当区别于经济法学体系的概念。经济法学体系是指由多层次的、门类齐全的经济法的各分支学科组成的有机联系的统一整体。经济法学的体系以经济法学的各分支学科作为其构成要素，经济法学的分支学科除了与各个经济法部门相对应的分支学科之外，还包括经济法的基本理论、经济法法制史和比较经济法学等。这一点区别于经济法体系仅以经济法部门作为其构成的基本要素。但是，经济法学体系和经济法体系又是紧密联系的。经济法学体系应当以一国的经济法部门为基础而建立，而经济法学体系的形成与发展又反过来影响该国经济法体系和经济法部门的建设和发展。

二、经济法体系的建构依据

经济法体系的基本要素就是经济法部门，而经济法部门就是由一个国家的全部现行经济法律、法规根据其所调整的对象和方法的不同，进行分类组合而成的。因此，经济法体系的建构归根到底决定于经济法部门的划分，而经济法部门划分的依据就是一国现行的全部的经济法律、法规与它们各自不同的调整对象与方法。因此，经济法体系的建构依据也应当是一国现行的经济法律、法规和它们不同的调整对象与方法。

（一）依据之一：现行的经济法律、法规

作为经济法部门的基本要素，现行的经济法律、法规对经济法体系的建构起着决定性作用。其重要性表现在：①要想建构起经济法的体系，必须有一定数量的相关的法律、法规作为前提，否则就无所谓体系和体系化的问题。②现行的经济法律、法规在立法的质量上应当达到一定的水平。也就是说，它们在法的价值追求、利益本位、基本原则、调整对象、调整方法上应当是相互衔接、协调一致的。否则我们难以说它们依据一定的标准可以被看作一个整体，即难以说存在经济法这样一个独立的法律部门，从而使体系和体系化的问题没有了意义。③对现行经济法律、法规的外延如何确定，不但影响经济法体系的建构，而且直接决定对经济法本质的认识。这也是影响经济法体系建构的重要因素。

我国现行的经济立法无论在数量上还是在质量上已经足够建立起经济法的体系，这一点已经形成共识，但是对经济法律、法规的外延的确定存在局部的争论。有些学者将劳动与社会保障法、环境保护与资源法一并列入经济法律、法规之中，这种做法不但影响经济法体系的建构，而且直接影响对经济法本身的定位，实为不妥。

（二）依据之二：经济法部门的调整对象与方法的不同

建立经济法体系的关键是对经济法部门的划分和确认。而划分、确认经济法部门的依据就是其调整的对象与方法的不同。经济法的调整对象是需要国家干预的经济关系。这种经济关系可以分为市场主体规制关系、市场秩序规制关系和宏观调控关系。因此，经济法体系应当由三个经济法部门组成，即市场主体规制法、市场秩序规制法和宏观调控法。

这样划分经济法的部门还可以从经济法的立法思路上找到依据。从制定经济法的思路上看，既然经济法是以社会公共利益作为自己的利益本位，其价值取向是经济公平、效益、发展和安全，那么：①在立法上应当对市场主体的组织进行规范而制定主体规制法；②对于涉及全局的、具有公共性的、微观的市场主体的经济活动，为了防止它们对社会公共利益的损害，在立法上也要进行规范，这就是市场规制法；③对整个社会经济的发展应该有宏观上的把握，这种宏观上的立法就是宏观调控法，其应当最终对市场主体的行为产生引导和规范作用。

三、经济法体系的结构

依据上述经济法体系的建构依据，我们可以对经济法进行以下分类和体系建构：

1. 市场主体规制法。市场主体规制法，是指调整国家在对市场主体的组织和行为进行干预的过程中发生的社会关系的法律规范的总称。

2. 市场秩序调控法。市场秩序调控法，是指调整国家在维持市场秩序过程中所发生的社会关系的法律规范的总称。包括反垄断法、反限制竞争法、反不正当竞争法、产品质量法、消费者权益保护法、广告法等。

3. 宏观调控法。宏观调控法，是指调整国家在宏观经济调控过程中与其他社会组织之间发生的社会经济关系法律规范的总称。包括计划法、产业政策法、中央银行法、固定资产投资法、国有资产管理法、价格法、金融法等。

复习与思考

1. 简述经济法产生的原因。

2. 简述经济法调整的社会关系的范围。

3. 试述经济法的法律地位。

4. 简述经济职权的含义、特点及其内容。

5. 谈谈你对经济法法律关系客体的认识。

第二章　公司法律制度

教学目的和要求

　　了解公司和公司法的概念以及公司立法概况；掌握公司法关于公司的设立、公司的组织机构、股份有限公司的股份发行和转让、公司债券、公司的财会制度，以及公司的变更、终止与清算等方面的基本规定；对公司法律实务工作的主要环节、程序有初步的认识和把握。

第一节　公司法概述

一、公司法的概念

　　公司法是规定公司的设立、组织、经营管理和解散，以及其他对内、对外关系的法律规范的总称。

　　我国的公司，是指依照《公司法》在中国境内设立的有限责任公司与股份有限公司。按照《公司法》的规定，有限责任公司（简称有限公司），是指由一定数量的股东出资组成的，股东以其出资额为限对公司负责，公司以其全部资产为限对公司债务承担责任的企业法人。股份有限责任公司（简称股份有限公司），是指公司资本被划分为等额的股份，股东以其认购的股份为限对公司承担责任，公司以其全部财产为限对公司的债务承担责任的企业法人。

　　按照不同的标准，公司可以被划分为不同类型。例如，按财产所有权不同，可以分为国有公司、私营公司和混合公司；按股东所负责任不同，可以分为无限公司、有限责任公司、股份有限责任公司、两合公司、股份两合公司；按国籍不同，可以分为本国公司、外国公司和跨国公司；按公司之间存在的控制与从属关系不同，可以分为母公司与子公司；按公司之间存在的管理与被管理关系不同，可以分为总公司与分公司；等等。

　　从各国公司立法的内容看，在把握公司法的概念时应明确其下列性质：

　　1. 公司法是一种企业组织法。公司法之所以是一种企业组织法，是因为各国公司法均将公司的法律地位和法人资格等方面的内容作为其基本组成部分，对公司的设立、变更和终止，公司的章程、权利能力和行为能力，公司的组织机构及其组成人员的职权，公司股东的权利、义务及其与公司的关系等事项都有比较详尽的规定，充分体现了企业组织法的特点。

2. 公司法是一种商业活动法。公司的商业活动可以分为两类：①普通商业活动。这是与公司组织特点无关的，并且大多数从事商业活动的经济组织都可以办理的业务，例如，商品的买卖等。②特别商业活动。这是与公司的组织特点有关的非公司制经济组织不能进行的活动，例如，股票或公司债券的发行和转让等。公司法作为商业活动法的一种类型，其只调整公司在从事特别商业活动中所发生的社会关系。这是公司法不同于其他企业组织法的一个重要特点。

3. 公司法的规范主要是强制性规范。在公司法中，既有强制性规范，也有任意性规范，但以强制性规范为主。与其他规范商业活动的立法相比，公司法的规范更多地体现了国家的意志和干预。

4. 公司法是具有一定涉外性的国内法。各国公司法都是由各国制定或认可，并用以促进本国经济发展的重要的国内立法。本国的国情是各主权国家制定公司法时要考虑的主要因素。但由于公司法律规范是随着国际交往的不断发展而逐步形成的，在立法时也要适当考虑有关的国际因素，因而其又具有一定的涉外性。

二、公司法的立法概况

中华人民共和国的公司立法工作主要是在改革开放之后开展起来的。根据现有的资料，早在 20 世纪 80 年代初国务院有关部门就开始调查搜集国外公司法资料，起草公司法，但由于过去旧的思想观念和体制的影响等原因，在 80 年代并没有形成和颁布与现代公司制度相吻合的全国性公司法律文件。进入 90 年代后，随着改革开放的不断深入，现代公司制度在社会主义经济建设中的作用终于被人们所认识，公司立法工作也因而得到了进一步的加强。为了适应建设现代企业制度的需要，规范公司的组织和行为，保护公司、股东和债权人的合法权益，促进社会主义市场经济的发展，1993 年 12 月 29 日第八届全国人民代表大会第五次会议通过了《中华人民共和国公司法》（根据 1999 年 12 月 25 日第九届全国人民代表大会常务委员会第十三次会议《关于修改〈中华人民共和国公司法〉的决定》第一次修正，根据 2004 年 8 月 28 日第十届全国人民代表大会常务委员会第十一次会议《关于修改〈中华人民共和国公司法〉的决定》第二次修正，2005 年 10 月 27 日第十届全国人民代表大会常务委员会第十八次会议修订，根据 2013 年 12 月 28 日第十二届全国人民代表大会常务委员会第六次会议通过《关于修改〈中华人民共和国海洋环境保护法〉等七部法律的决定》第三次修正，于 2014 年 3 月 1 日起实施）。该法虽然仅适用于有限责任公司和股份有限公司，但其对我国现代企业制度的建立和完善具有十分重大的意义，体现了我国企业改革的发展方向。

为了使公司法律规范更加具体化，更具操作性，保证《公司法》的顺利施行，国家还制定了有关法律、法规、司法解释与《公司法》相配套。例如，《中华人民共和国证券法》（1998年12月29日第九届全国人民代表大会常务委员会第六次会议通过，2005年10月27日第十届全国人民代表大会党务委员会第十八次会议修订，根据2013年6月29日第十二届全国人民代表大会常务委员会第三次会议《关于修改〈中华人民共和国文物保护法〉等十二部法律的决定》第二次修正），《中华人民共和国公司登记管理条例》（1994年6月24日国务院发布，2005年12月18日修订，以下简称《公司登记管理条例》），《最高人民法院关于适用〈中华人民共和国公司法〉若干问题的规定（一）》（2006年3月27日最高人民法院审判委员会第1382次会议通过，根据2014年2月17日最高人民法院审判委员会第1607次会议《关于修改关于适用〈中华人民共和国公司法〉若干问题的规定的决定》修正），《最高人民法院关于适用〈中华人民共和国公司法〉若干问题的规定（二）》（2008年5月5日最高人民法院审判委员会第1447次会议通过，根据2014年2月17日最高人民法院审判委员会第1607次会议《关于修改关于适用〈中华人民共和国公司法〉若干问题的规定的决定》修正），《最高人民法院关于适用〈中华人民共和国公司法〉若干问题的规定（三）》（2010年12月6日最高人民法院审判委员会第1504次会议通过，根据2014年2月17日最高人民法院审判委员会第1607次会议《关于修改关于适用〈中华人民共和国公司法〉若干问题的规定的决定》修正），《最高人民法院关于适用〈中华人民共和国公司法〉若干问题的规定（四）》（2016年12月5日由最高人民法院审判委员会第1702次会议通过）等。

第二节　公司的设立

公司的设立，是指公司从发起筹建到登记成立过程中所实施的一系列必要活动的总称。有限责任公司和股份有限公司的设立条件和程序既有相同或相似之处，又有较大的差别，突出地表现在：股份有限公司设立条件比较严格，设立程序比较复杂，比有限责任公司更多地受到法律的严格控制和干预。

一、有限责任公司的设立

根据我国《公司法》的规定，有限责任公司分为一般有限责任公司、一人有限责任公司、国有独资公司和外商投资的有限责任公司四种类型，除法律另有规定的以外，设立一般有限责任公司的规定也适用于其他类型的有限公司。

（一）有限责任公司的设立条件

1. 股东符合法定人数。股东是对公司出资的人，包括自然人、法人以及有权代表国家出资的国有资产管理机关或国家授权机构。有限责任公司由 50 个以下股东出资设立。

2. 有注册资本。有限责任公司的注册资本为在公司登记机关登记的全体股东认缴的出资额。法律、行政法规以及国务院决定对有限责任公司注册资本实缴、注册资本最低限额另有规定的，从其规定。股东出资时既可以用货币出资，也可以用实物、知识产权、土地使用权等可以用货币估价并可以依法转让的非货币财产作价出资；但是，法律、行政法规规定不得作为出资的财产除外。对作为出资的非货币财产应当评估作价，核实财产，不得高估或者低估作价。

3. 股东共同制订公司章程。公司章程是公司股东或发起人就公司名称、宗旨、资本、组织机构及其活动规则等事项达成一致意思表示的法律文件。设立公司必须制订公司章程，生效的公司章程对公司、股东、董事、监事、高级管理人员都具有约束力。公司章程应载明的事项包括：公司名称和住所；公司经营范围；公司注册资本；股东的姓名或者名称；股东的出资方式、出资额和出资时间；公司的机构及其产生办法、职权、议事规则；公司法定代表人；股东会会议认为需要规定的其他事项。股东应当在公司章程上签名、盖章。

4. 有公司名称和符合有限责任公司要求的组织机构。有限责任公司的名称中，必须标明"有限责任公司"或者"有限公司"字样。

5. 有公司住所。公司以其主要办事机构所在地为住所。

（二）有限责任公司的设立程序

设立有限责任公司的程序可以分为三个主要方面：

1. 订立公司章程。有限责任公司的章程必须由全体股东共同制订。股东应亲自参加或委托代理人参与章程制订工作。

2. 股东认缴出资。股东应按期足额缴纳公司章程中规定的各自所认缴的出资额。股东以货币出资的，应将货币出资足额存入准备设立的公司在银行开设的临时账户；以货币以外的其他形式的出资，应当依法办理其财产权的转移手续。股东未按规定缴纳出资的，除应当向公司足额缴纳外，还应当向已按期足额缴纳出资的股东承担违约责任。在有限责任公司成立后，发现作为设立公司出资的非货币财产的实际价额显著低于公司章程所定价额的，应当由交付该出资的股东补足其差额；公司设立时的其他股东承担连带责任。

3. 登记注册。设立公司，应当依法向公司登记机关申请设立登记。股东认足公司章程规定的出资后，由全体股东指定的代表或者共同委托的代理人向公司登记机关报送公司登记申请书、公司章程等文件，申请设立登记。凡是符合公司法规定的有限责任公司设立条件的，由公司登记机关登记为有限责任公司，否则，不得登记为有限责任公司。法律、行政法规规定设立有限公司必须报经批准的，应当在公司登记前依法办理批准手续。公众可以向公司登记机关申请查询公司登记事项，公司登记机关应当提供查询服务。

依法设立的公司，由公司登记机关发给公司营业执照。公司营业执照签发日期为公司成立日期。公司营业执照应当载明公司的名称、住所、注册资本、经营范围、法定代表人姓名等事项。当公司营业执照记载的事项发生变更时，公司应当依法办理变更登记，由公司登记机关换发营业执照。

公司可以设立分公司。设立分公司，应当向公司登记机关申请登记，领取营业执照。分公司不具有法人资格，其民事责任由公司承担。公司可以设立子公司，子公司具有法人资格，依法独立承担民事责任。

有限责任公司成立后，应当向股东签发出资证明书。出资证明书应当载明下列事项：①公司名称；②公司成立日期；③公司注册资本；④股东的姓名或者名称、缴纳的出资额和出资日期；⑤出资证明书的编号和核发日期。出资证明书应由公司盖章。同时，有限责任公司还应当置备股东名册，记载下列事项：①股东的姓名或者名称及住所；②股东的出资额；③出资证明书编号。凡记载于股东名册的股东，可以依股东名册主张行使股东权利。公司还应当将股东的姓名或者名称向公司登记机关登记，登记事项发生变更的，应当办理变更登记，但未经登记或者变更登记的，不得对抗第三人。在公司成立之后，股东不得抽逃出资。

（三）设立其他有限责任公司的特别规定

1. 设立一人有限公司的特别规定。一人有限责任公司，是指只有一个自然人股东或者一个法人股东的有限责任公司。一个自然人只能投资设立一个一人有限责任公司，且该一人有限责任公司不能投资设立新的一人有限责任公司。

一人有限责任公司同样具有独立的法人财产，享有法人财产权。公司以其全部财产对公司的债务承担责任。但是，如果一人有限公司的股东不能证明公司财产独立于股东自己的财产，则应当对公司债务承担连带责任。一人有限责任公司的章程由股东制订。在公司登记中，一人有限公司应当注明自然人独资或者法人独资，并在公司营业执照中载明。

2. 设立国有独资公司的特别规定。国有独资公司，是指国家单独出资、由国务院或者地方人民政府授权本级人民政府国有资产监督管理机构履行出资人职责的有限责任公司。

国有独资公司的章程由国有资产监督管理机构制订，或者由公司董事会制订报国有资产监督管理机构批准。

3. 设立外商投资有限责任公司的特别规定。外商投资的有限责任公司适用

《公司法》的规定，但有关外商投资的法律另有规定的，适用其规定。

（四）有限责任公司的股权转让

有限责任公司的股东之间可以相互转让其全部或者部分股权。股东向股东以外的人转让股权，应当经其他股东过半数同意。股东应就其股权转让事项书面通知其他股东征求同意，其他股东自接到书面通知之日起满30日未答复的，视为同意转让。其他股东半数以上不同意转让的，不同意的股东应当购买该转让的股权；不购买的，视为同意转让。经股东同意转让的股权，在同等条件下，其他股东有优先购买权。两个以上股东主张行使优先购买权的，协商确定各自的购买比例；协商不成的，按照转让时各自的出资比例行使优先购买权。公司章程对股权转让另有规定的，从其规定。

人民法院依照法律规定的强制执行程序转让股东的股权时，应当通知公司及全体股东，其他股东在同等条件下有优先购买权。其他股东自人民法院通知之日起满20日不行使优先购买权的，视为放弃优先购买权。

股东依法转让股权后，公司应当注销原股东的出资证明书，向新股东签发出资证明书，并相应修改公司章程和股东名册中有关股东及其出资额的记载。对公司章程的该项修改不需再由股东会表决。

有下列情形之一的，对股东会该项决议投反对票的股东可以请求公司按照合理的价格收购其股权：①公司连续5年不向股东分配利润，而公司该5年连续盈利，并且符合《公司法》规定的分配利润条件的；②公司合并、分立、转让主要财产的；③公司章程规定的营业期限届满或者章程规定的其他解散事由出现，股东会会议通过决议修改章程使公司存续的。自股东会会议决议通过之日起60日内，股东与公司不能达成股权收购协议的，股东可以自股东会会议决议通过之日起90日内向人民法院提起诉讼。

自然人股东死亡后，其合法继承人可以继承股东资格，但公司章程另有规定的除外。

二、股份有限公司的设立

股份有限公司的设立，可以采取发起设立或者募集设立的方式。发起设立，是指由发起人认购公司应发行的全部股份而设立公司；募集设立，是指由发起人认购公司应发行股份的一部分，其余股份向社会公开募集或者向特定对象募集而设立公司。

（一）股份有限公司的设立条件

1. 发起人符合法定人数。股份有限公司的发起人，是指依法订立发起人协议，提出设立公司申请，认购公司股份，并对公司设立承担责任的自然人、法人、其他经济组织或国家授权机关。设立股份有限公司，应当有2人以上200人以下为发起人，其中须有半数以上的发起人在中国境内有住所。股份有限公司发起人承担公司筹办事务，并在发起人协议中，明确各自在公司设立过程中的权利和义务。

股份有限公司的发起人应当承担下列责任：①公司不能成立时，对设立行为所产生的债务和费用负连带责任；②公司不能成立时，对认股人已缴纳的股款，负返还股款并加算银行同期存款利息的连带责任；③在公司设立过程中，由于发起人的过失致使公司利益受到损害的，应当对公司承担赔偿责任。

2. 有符合公司章程规定的全体发起人认购的股本总额或者募集的实收股本总额。股份有限公司采取发起设立方式设立的，注册资本为在公司登记机关登记的全体发起人认购的股本总额。在发起人认购的股份缴足前，不得向他人募集股份。股份有限公司采取募集方式设立的，注册资本为在公司登记机关登记的实收股本总额。法律、行政法规以及国务院决定对股份有限公司注册资本实缴、注册资本最低限额另有规定的，从其规定。

3. 股份发行、筹办事项符合法律规定。以发起设立方式设立股份有限公司的，发起人应当书面认足公司章程规定其认购的股份，并按照公司章程规定缴纳出资。以非货币财产出资的，应当依法办理其财产权的转移手续。发起人不依照规定缴纳出资的，应当按照发起人协议承担违约责任。以募集设立方式设立股份有限公司的，发起人认购的股份不得少于公司股份总数的35%，但法律、行政法规另有规定的，从其规定。股份有限公司发起人的出资方式，适用有限责任公司股东出资形式的规定。

4. 发起人制订公司章程，采用募集方式设立的须经创立大会通过。与有限责任公司一样，章程亦是公司设立的要件之一，但其内容与有限责任公司有所不同。股份有限公司章程必须载明的事项包括：①公司名称和住所；②公司经营范围；③公司设立方式；④公司股份总数、每股金额和注册资本；⑤发起人的姓名或者名称、认购的股份数、出资方式和出资时间；⑥董事会的组成、职权和议事规则；⑦公司法定代表人；⑧监事会的组成、职权和议事规则；⑨公司利润分配办法；⑩公司的解散事由与清算办法；⑪公司的通知和公告办法；⑫股东大会会议认为需要规定的其他事项。

5. 有公司名称和符合股份有限公司要求的组织机构。股份有限公司的名称中，必须标明"股份有限公司"或者"股份公司"字样。

6. 有公司住所。与有限责任公司一样，股份有限责任公司也以其主要办事机构所在地为住所，经公司登记机关登记的公司住所只能有一个。

（二）股份有限公司的设立程序

设立股份有限公司的程序包括以下六个主要方面：

1. 发起人签订设立公司的协议。发起人协议是发起人在订立公司章程之前缔结的，以设立公司为目的所签订的合同。发起人应当订立发起人协议，明确各自在公司设立过程中的权利和义务。

2. 制订公司章程。与有限责任公司不同，股份有限公司的章程是由发起人而非全体股东制订。采用募集方式设立的股份有限公司，发起人制订的章程须经创立大会通过方能作为公司的正式章程。

3. 发起人认缴股份。以发起设立方式设立股份有限公司的，发起人应当书面认足公司章程规定其认购的股份。以募集设立方式设立股份有限公司的，发起人认购的股份不得少于公司股份总数的35%，但法律、行政法规另有规定的，从其规定。

4. 发起人募集股份。发起人向社会公开募集股份，必须公告招股说明书，并制作认股书。招股说明书和认股书应当载明以下事项：发起人认购的股份数、每股的票面金额和发行价格、无记名股票的发行总数、募集资金的用途、认股人的权利和义务、本次募股的起止期限及逾期未募足时认股人可以撤回所认购股份的说明。认股人应当按照所认购股数缴纳股款，填写认购股数、金额、住所，并签名、盖章。发起人向社会公开募集股份，应当由依法设立的证券公司承销，签订承销协议。发起人向社会公开募集股份，应当同银行签订代收股款协议。代收股款的银行应当按照协议代收和保存股款，向缴纳股款的认股人出具收款单据，并负有向有关部门出具收款证明的义务。

5. 召开创立大会。发行股份的股款交付后，必须经法定的验资机构验资并出具证明。发起人应当在30日内组织召开公司创立大会。创立大会由认股人组成。

发起人应当在创立大会召开15日前将会议日期通知各认股人或者予以公告。创立大会应有代表股份总数过半数的发起人、认股人出席，方可举行。

创立大会行使下列职权：①审议发起人关于公司筹办情况的报告；②通过公司章程；③选举董事会成员；④选举监事会成员；⑤对公司的设立费用进行审核；⑥对发起人用于抵作股款的财产的作价进行审核；⑦发生不可抗力或者经营条件发生重大变化直接影响公司设立的，可以作出不设立公司的决议。

创立大会对上述事项作出决议，必须经出席会议的认股人所持表决权的半数以上通过。

发起人、认股人缴纳股款或者交付抵作股款的出资后，除未按期募足股份、发起人未按期召开创立大会或者创立大会决议不设立公司的情形外，不得抽回其股本。但是，发行的股份超过招股说明书规定的截止期限尚未募足的，或者发行股份的股款缴足后，发起人在30日内未召开创立大会的，认股人可以按照所缴股款并加算银行同期存款利息，要求发起人返还。

6. 登记注册。董事会应于创立大会结束后 30 日内，向公司登记机关报送下列文件，申请设立登记：①有关主管部门的批准文件；②创立大会的会议记录；③公司章程；④筹办公司的财务会计报告；⑤验资证明；⑥董事会、监事会成员姓名及住所；⑦法定代表人的姓名、住所。

公司登记机关自接到股份有限公司设立登记申请之日起 30 日内作出是否予以登记的决定。对符合规定条件的，予以登记，发给公司营业执照；对不符合规定条件的，不予以登记。公司营业执照签发日期，为公司成立日期。公司在成立后应当进行公告。

股份有限公司经登记成立后，采取募集设立方式的，应当将募集股份情况报国务院证券监督管理部门备案。

股份有限公司符合上市条件的，可以成为上市公司。按照《公司法》的规定，上市公司，是指其股票在证券交易所上市交易的股份有限公司。上市公司是股份有限公司的一种特殊形式，在股份有限公司中只占很小的比例。股份有限公司上市的条件和程序应当符合《证券法》的规定。

（三）有限责任公司变更设立为股份有限公司的规定

有限责任公司变更为股份有限公司，应当符合股份有限公司规定的条件，并依照有关设立股份有限公司的程序办理。

有限责任公司依法经批准变更为股份有限公司时，折合的股份总额应当等于公司净资产额。有限责任公司依法经批准变更为股份有限公司，为增加资本向社会公开募集股份时，应当依照《公司法》有关向社会公开募集股份的规定办理。

股份有限公司也可以变更为有限责任公司，应当符合《公司法》规定的有限责任公司的条件。

有限责任公司变更为股份有限公司的，或者股份有限公司变更为有限责任公司的，公司变更前的债权、债务由变更后的公司承继。

三、外国公司分支机构的设立

外国公司，是指依照外国法律在中国境外登记成立的公司。

按照《公司法》的规定，外国公司可以在中国境内设立分支机构。外国公司在中国境内设立分支机构，必须向中国主管机关提出申请，并提交其公司章程、所属国的公司登记证书等有关文件，经批准后，向公司登记机关依法办理登记，领取营业执照。由于外国公司的分支机构不具有中国法人资格，不能对其核发《企业法人营业执照》。

为了使外国公司分支机构在经营活动中有明确的负责人，并保证交易对象的债权安全，外国公司在中国境内设立分支机构，必须在中国境内指定负责该分支机构的代表人或者代理人，并向该分支机构拨付与其所从事的经营活动相适应的资金。需要对其经营资金规定最低限额的，由国务院另行规定。

外国公司的分支机构应当在其名称中标明该外国公司的国籍及责任形式，并在本机构中置备其公司章程。

由于外国公司属于外国法人，其在中国境内设立的分支机构不具有法人资格，因而，外国公司应对其分支机构在中国境内进行的经营活动承担民事责任。经批准设立的外国公司分支机构在中国境内从事业务活动，必须遵守中国的法律，不得损害中国的社会公共利益。同时，其合法权益受中国法律保护。

第三节 公司的组织机构

公司一般是由不同投资者共同出资组建的，为了体现投资各方的共同利益并与股份经营机制相适应，《公司法》规定公司必须根据自身的特点建立相应的组织机构。

一、有限责任公司的组织机构

我国《公司法》对有限责任公司的组织机构作了多元化的规定：一般的有限责任公司，其组织机构为股东会、董事会和监事会，三者相互制约，相互促进；股东人数较少和规模较小的有限责任公司，其组织机构为股东会、执行董事和监事；一人有限公司不设股东会，公司的决策事项由股东以书面形式作出，并经股东签字后置备于公司；国有独资公司不设股东会，其组织机构为董事会和监事会。

（一）股东会

有限责任公司的股东是指以认缴出资额的方式向有限责任公司出资的人。除国家有禁止或限制的特别规定外，有权代表国家投资的政府部门或机构、企业法人、具有法人资格的事业单位和社会团体、自然人均可以依法成为公司股东。

股东会由全体股东组成。股东会是公司的权力机构，依法决定公司的重大事项。根据《公司法》第37条的规定，股东会行使下列职权：①决定公司的经营方针和投资计划；②选举和更换非由职工代表担任的董事、监事，决定有关董事、监事的报酬事项；③审议批准董事会的报告；④审议批准监事会或者监事的报告；⑤审议批准公司的年度财务预算方案、决算方案；⑥审议批准公司的利润分配方案和弥补亏损方案；⑦对公司增加或者减少注册资本作出决议；⑧对发行公司债券作出决议；⑨对公司合并、分立、解散、清算或者变更公司形式作出决议；⑩修改公司章程；⑪公司章程规定的其他职权。对于上述事项，股东以书面形式一致表示同意的，可以不召开股东会会议，直接作出决定，并由全体股东在决定文件上签名、盖章。

股东会会议分为定期会议和临时会议两种。定期会议应当依照公司章程的规定召开，一般一年一次。临时会议要在特别情况下召开，根据《公司法》第39条第2款的规定，代表1/10以上表决权的股东，1/3以上的董事，监事会或者不设监事会的公司的监事提议召开临时会议的，应当召开临时会议。

1. 股东会的召集。首次股东会会议由出资最多的股东召集、主持，并依法行使规定的职权。以后的股东会会议，公司设立董事会的，由董事会召集，董事长主持；董事长不能履行职务或者不履行职务的，由副董事长主持；副董事长不能履行职务或者不履行职务的，由半数以上董事共同推举一名董事主持。公司不设董事会的，股东会会议由执行董事召集和主持。董事会或者执行董事不能履行或者不履行召集股东会会议职责的，由监事会或者不设监事会的公司的监事召集和主持；监事会或者监事不召集和主持的，代表1/10以上表决权的股东可以自行召集和主持。

召开股东会会议，除公司章程另有规定或者全体股东另有约定的以外，应当于会议召开15日前通知全体股东。

2. 股东会的决议。股东会对公司重大事项的决议，是通过股东在股东会会议上行使表决权实现的。除公司章程另有规定以外，股东会会议由股东按照出资比例行使表决权；股东会的议事方式和表决程序，除公司法另有规定以外，由公司章程规定。其中，股东会会议作出修改公司章程、增加或者减少注册资本的决议以及公司合并、分立、解散或者变更公司形式的决议，必须经代表2/3以上表决权的股东通过。

无论是定期会议还是临时会议，股东会都应当对所议事项的决定作成会议记录，出席会议的股东应当在会议记录上签名。会议记录应当妥善保管。

（二）董事会和经理

1. 董事会的性质和组成。董事会是股东会的执行机关，是有限责任公司的常设机关，董事会享有业务执行权和日常经营事务的决策权。

根据《公司法》第44条的规定，有限责任公司设董事会，其成员为3~13人；但是，股东人数较少或者规模较小的有限责任公司，可以设一名执行董事，不设董事会。两个以上的国有企业或者两个以上的其他国有投资主体投资设立的有限责任公司，其董事会成员中应当有公司职工代表；其他有限责任公司董事会成员中可以有公司职工代表。董事会中的职工代表由公司职工通过职工代表大会、职工大会或者其他形式民主选举产生。

董事会设董事长一人，可以设副董事长。董事长、副董事长的产生办法以及董事任期由公司章程规定，但每届任期不得超过 3 年。董事任期届满，连选可以连任。董事任期届满未及时改选，或者董事在任期内辞职导致董事会成员低于法定人数的，在改选出的董事就任前，原董事仍应当依照法律、行政法规和公司章程的规定，履行董事职务。

2. 董事会的职权。董事会对股东会负责，行使下列职权：①召集股东会会议，并向股东会报告工作；②执行股东会的决议；③决定公司的经营计划和投资方案；④制订公司的年度财务预算方案、决算方案；⑤制订公司的利润分配方案和弥补亏损方案；⑥制订公司增加或者减少注册资本以及发行公司债券的方案；⑦制订公司合并、分立、解散或者变更公司形式的方案；⑧决定公司内部管理机构的设置；⑨决定聘任或者解聘公司经理及其报酬事项，并根据经理的提名决定聘任或者解聘公司副经理、财务负责人及其报酬事项；⑩制定公司的基本管理制度；⑪公司章程规定的其他职权。执行董事的职权由公司章程规定。

3. 董事会会议及其决议。董事会会议由董事长召集和主持；董事长不能履行职务或者不履行职务的，由副董事长召集和主持；副董事长不能履行职务或者不履行职务的，由半数以上董事共同推举一名董事召集和主持。董事会的议事方式和表决程序，除《公司法》有规定的外，由公司章程规定。董事会应当对所议事项的决定作成会议记录，出席会议的董事应当在会议记录上签名。董事会决议的表决，实行一人一票制。

4. 经理。有限责任公司的经理是在董事会领导下负责公司日常经营管理事务的高级管理人员，由董事会决定聘任或者解聘。执行董事可以兼任公司经理。经理对董事会负责，行使下列职权：①主持公司的生产经营管理工作，组织实施董事会决议；②组织实施公司年度经营计划和投资方案；③拟订公司内部管理机构设置方案；④拟订公司的基本管理制度；⑤制定公司的具体规章；⑥提请聘任或者解聘公司副经理、财务负责人；⑦决定聘任或者解聘除应由董事会决定聘任或者解聘以外的负责管理人员；⑧董事会授予的其他职权。公司章程对经理职权另有规定的，从其规定。经理列席董事会会议。

（三）监事会

1. 监事会的性质与组成。监事会是为了维护公司或股东利益所设立的，对公司董事、经理执行业务活动实施监督检查的公司内部监督机构。有限责任公司设监事会，其成员不得少于 3 人。股东人数较少或者规模较小的有限责任公司，可以设 1~2 名监事，不设监事会。监事会应当包括股东代表和适当比例的公司职工代表，其中职工代表的比例不得低于 1/3，具体比例由公司章程规定。监事会中的职工代表由公司职工通过职工代表大会、职工大会或者其他形式民主选举产生。

监事会设主席一人，由全体监事过半数选举产生。监事会主席召集和主持监事会会议；监事会主席不能履行职务或者不履行职务的，由半数以上监事共同推举一名监事召集和主持监事会会议。董事、高级管理人员不得兼任监事。监事的任期每届为3年。监事任期届满，连选可以连任。监事任期届满未及时改选，或者监事在任期内辞职导致监事会成员低于法定人数的，在改选出的监事就任前，原监事仍应当依照法律、行政法规和公司章程的规定，履行监事职务。

2. 监事会、不设监事会的公司的监事的职权。依据《公司法》第53条的规定，监事会、不设监事会的公司的监事行使下列职权：①检查公司财务；②对董事、高级管理人员执行公司职务的行为进行监督，对违反法律、行政法规、公司章程或者股东会决议的董事、高级管理人员提出罢免的建议；③当董事、高级管理人员的行为损害公司的利益时，要求董事、高级管理人员予以纠正；④提议召开临时股东会会议，在董事会不履行本法规定的召集和主持股东会会议职责时召集和主持股东会会议；⑤向股东会会议提出提案；⑥当董事、监事、高级管理人员执行公司职务，违反法律、行政法规或者公司章程的规定，给公司造成损失时，依法对董事、高级管理人员提起诉讼；⑦公司章程规定的其他职权。监事可以列席董事会会议，并对董事会决议事项提出质询或者建议。发现公司经营情况异常时，可以进行调查；必要时，可以聘请会计师事务所等协助其工作，费用由公司承担。

监事会每年度至少召开一次会议，监事可以提议召开临时监事会会议。监事会的议事方式和表决程序，除《公司法》有规定的外，由公司章程规定。监事会决议应当经半数以上监事通过。监事会应当对所议事项的决定作成会议记录，出席会议的监事应当在会议记录上签名。

（四）国有独资公司组织机构的特别规定

国有独资公司不设股东会，由国有资产监督管理机构行使股东会职权。国有资产监督管理机构可以授权公司董事会行使股东会的部分职权，决定公司的重大事项，但公司的合并、分立、解散、增加或者减少注册资本和发行公司债券，必须由国有资产监督管理机构决定；其中，重要的国有独资公司合并、分立、解散、申请破产的，应当由国有资产监督管理机构审核后，报本级人民政府批准。

国有独资公司设董事会，依法行使职权。董事每届任期不得超过3年。董事会成员由国有资产监督管理机构委派；但是，董事会成员中应当有由公司职工代表大会选举产生的公司职工代表。董事会设董事长一人，可以设副董事长。董事长、副董事长由国有资产监督管理机构从董事会成员中指定。

国有独资公司设经理，由董事会聘任或者解聘。经国有资产监督管理机构同意，董事会成员可以兼任经理。国有独资公司的董事长、副董事长、董事、高级管理人员，未经国有资产监督管理机构同意，不得在其他有限责任公司、股份有限公司或者其他经济组织兼职。

国有独资公司监事会成员不得少于 5 人，其中职工代表的比例不得低于 1/3，具体比例由公司章程规定。监事会成员由国有资产监督管理机构委派，但监事会成员中的职工代表由公司职工代表大会选举产生。监事会主席由国有资产监督管理机构从监事会成员中指定。监事会依法行使下列职权：①检查公司财务；②对董事、高级管理人员执行公司职务的行为进行监督，对违反法律、行政法规、公司章程的董事、高级管理人员提出罢免的建议；③当董事、高级管理人员的行为损害公司的利益时，要求董事、高级管理人员予以纠正；④国务院规定的其他职权。

二、股份有限公司的组织机构

与有限责任公司一样，股份有限公司也设立股东大会、董事会和监事会，形成公司法人治理结构，三者相互制衡，相互促进。

（一）股东大会

股份有限公司的股东大会由全体股东组成。股东大会是公司的权力机构，依照法定方式和程序决定公司法或公司章程规定的公司重大事项。

1. 股东大会的召集和主持。根据《公司法》第 100 条的规定，股东大会应当每年召开一次年会。有下列情形之一的，应当在 2 个月内召开临时股东大会：①董事人数不足法定人数或者公司章程所定人数的 2/3 时；②公司未弥补的亏损达实收股本总额 1/3 时；③单独或者合计持有公司 10% 以上股份的股东请求时；④董事会认为必要时；⑤监事会提议召开时；⑥公司章程规定的其他情形。

股东大会会议由董事会召集，董事长主持；董事长不能履行职务或者不履行职务的，由副董事长主持；副董事长不能履行职务或者不履行职务的，由半数以上董事共同推举一名董事主持。董事会不能履行或者不履行召集股东大会会议职责的，监事会应当及时召集和主持；监事会不召集和主持的，连续 90 日以上单独或者合计持有公司 10% 以上股份的股东可以自行召集和主持。召开股东大会会议，应当将会议召开的时间、地点和审议的事项于会议召开 20 日前通知各股东；临时股东大会应当于会议召开 15 日前通知各股东；发行无记名股票的，应当于会议召开 30 日前公告会议召开的时间、地点和审议事项。无记名股票持有人出席股东大会会议的，应当于会议召开 5 日前至股东大会闭会时将股票交存于公司。单独或者合计持有公司 3% 以上股份的股东，可以在股东大会召开 10 日前提出临时提案并书面提交董事会；董事会应当在收到提案后 2 日内通知其他股东，并将该临时提案提交股东大会审议。临时提案的内容应当属于股东大会职权范围，并有明确议题和具体决议事项。对于会议通知中未列明的事项，股东大会不得作出决议。

2. 股东大会的决议。股东出席股东大会会议，所持每一股份有一表决权。但是，公司持有的本公司股份没有表决权。股东大会作出决议，必须经出席会议的股东所持表决权的过半数通过。但是，股东大会作出修改公司章程、增加或者减少注册资本的决议，以及公司合并、分立、解散或者变更公司形式的决议，必须经出席会议的股东所持表决权的 2/3 以上通过。《公司法》和公司章程规定公司转让、受让重大资产或者对外提供担保等事项必须经股东大会作出决议的，董事会应当及时召集股东大会会议，由股东大会就有关事项进行表决。

股东大会选举董事、监事，可以依照公司章程的规定或者股东大会的决议，实行累积投票制。累积投票制，是指股东大会选举董事或者监事时，每一股份拥有与应选董事或者监事人数相同的表决权，股东拥有的表决权可以集中使用。与资本多数决定制度相比，累积投票制有利于对中小股东权利的保护。资本多数决定制度是一股一表决权的必然逻辑延伸，它是指持有多数股份的股东，在公司中居于支配地位。资本多数决定制度有利于保护大股东的利益，但易于形成大股东对股东大会的操纵。

股东可以委托代理人出席股东大会会议，代理人应当向公司提交股东授权委托书，并在授权范围内行使表决权。股东大会应当对所议事项的决定作成会议记录，主持人、出席会议的董事应当在会议记录上签名。会议记录应当与出席股东的签名册及代理出席的委托书一并保存。

（二）董事会和经理

1. 董事会的组成。股份有限公司设董事会，其成员为 5～19 人。董事会成员中可以有公司职工代表。职工代表由公司职工通过职工代表大会、职工大会或者其他形式民主选举产生。股份有限责任公司董事的任期和董事会的职权，基本上与有限责任公司的相关规定相同。

董事会设董事长一人，可以设副董事长。董事长和副董事长由董事会以全体董事的过半数选举产生。董事长负责召集和主持董事会会议，检查董事会决议的实施情况。副董事长协助董事长工作，董事长不能履行职务或者不履行职务的，由副董事长履行职务；副董事长不能履行职务或者不履行职务的，由半数以上董事共同推举一名董事履行职务。

2. 董事会会议及其决议。董事会每年度至少召开两次会议，每次会议应当于会议召开 10 日前通知全体董事和监事。代表 1/10 以上表决权的股东、1/3 以上董事或者监事会，可以提议召开董事会临时会议。董事长应当自接到提议后 10 日内，召集和主持董事会会议。董事会召开临时会议，可以另定召集董事会的通知方式和通知时限。

董事会会议应有过半数的董事出席方可举行。董事会作出决议，必须经全体董事的过半数通过。董事会决议的表决，实行一人一票。董事会会议，应由董事本人出席；董事因故不能出席，可以书面委托其他董事代为出席，委托书中应载明授权范围。董事会应当对会议所议事项的决定作成会议记录，出席会议的董事应当在会议记录上签名。董事应当对董事会的决议承担责任。董事会的决议违反法律、行政法规或者公司章程、股东大会决议，致使公司遭受严重损失的，参与决议的董事对公司负赔偿责任。但经证明在表决时曾表明异议并记载于会议记录的，该董事可以免除责任。

3. 经理。股份有限公司设经理，由董事会决定聘任或者解聘，经理要依法履行职责。公司董事会也可以决定由董事会成员兼任经理。

（三）监事会

1. 监事会的组成。股份有限公司设监事会，其成员不得少于 3 人。监事会应当包括股东代表和适当比例的公司职工代表，其中职工代表的比例不得低于1/3，具体比例由公司章程规定。监事会中的职工代表由公司职工通过职工代表大会、职工大会或者其他形式民主选举产生。监事会设主席一人，可以设副主席。监事会主席和副主席由全体监事过半数选举产生。监事会主席召集和主持监事会会议；监事会主席不能履行职务或者不履行职务的，由监事会副主席召集和主持监事会会议；监事会副主席不能履行职务或者不履行职务的，由半数以上监事共同推举一名监事召集和主持监事会会议。董事、高级管理人员不得兼任监事。监事会行使职权所必需的费用，由公司承担。

股份有限责任公司监事的任期和监事会职权，基本上与有限责任公司的相关规定相同。

2. 监事会会议与决议。监事会每 6 个月至少召开一次会议。监事可以提议召开临时监事会会议。监事会的议事方式和表决程序，由《公司法》和公司章程规定。

监事会决议应当经半数以上监事通过。监事会应当对所议事项的决定作成会议记录，出席会议的监事应当在会议记录上签名。

（四）上市公司组织机构的特别规定

上市公司在 1 年内购买、出售重大资产或者担保金额超过公司资产总额30%的，应当由股东大会作出决议，并经出席会议的股东所持表决权的 2/3 以上通过。

上市公司设立独立董事，具体办法由国务院规定。独立董事是指不在公司担任除董事外的其他职务，并与其所受聘的公司及该公司主要股东不存在可能妨碍其进行客观独立判断的利害关系的董事。上市公司设董事会秘书，负责公司股东大会和董事会会议的筹备、文件保管以及公司股东资料的管理，办理信息披露事务等事宜。上市公司董事与董事会会议决议事项所涉及的企业有关联关系的，不得对该项决议行使表决权，也不得代理其他董事行使表决权。该董事会会议由过半数的无关联关系董事出席即可举行，董事会会议所作决议须经无关联关系董事过半数通过。出席董事会的无关联关系董事人数不足 3 人的，应将该事项提交上市公司股东大会审议。

三、公司董事、监事、高级管理人员及其职责

（一）公司董事、监事、高级管理人员的任职资格

根据《公司法》第 146 条的规定，有下列情形之一的，不得担任公司的董事、监事、高级管理人员：①无民事行为能力或者限制民事行为能力；②因贪污、贿赂、侵占财产、挪用财产或者破坏社会主义市场经济秩序，被判处刑罚，执行期满未逾 5 年，或者因犯罪被剥夺政治权利，执行期满未逾 5 年；③担任破产清算的公司、企业的董事或者厂长、经理，对该公司、企业的破产负有个人责任的，自该公司、企业破产清算完结之日起未逾 3 年；④担任因违法被吊销营业执照、责令关闭的公司、企业的法定代表人，并负有个人责任的，自该公司、企业被吊销营业执照之日起未逾 3 年；⑤个人所负数额较大的债务到期未清偿。公司违反法律规定选举、委派董事、监事或者聘任高级管理人员的，该选举、委派或者聘任无效。董事、监事、高级管理人员在任职期间出现法律禁止情形的，公司应当解除其职务。

（二）公司董事、监事、高级管理人员的义务和责任

1. 遵守法律、法规和公司章程，不得损害社会公共利益。遵守法律、法规和公司章程是公司董事、监事、高级管理人员的一项严格义务。法律、法规是国家制定并实施的行为规范，包括公司董事、监事、高级管理人员在内的公民都必须遵守，公司董事、监事、高级管理人员在履行职务时，不得违反法律、法规的规定。公司章程是公司重要的法律文件，对公司、股东、董事、监事、高级管理人员具有约束力。根据《公司法》第 149 条的规定，董事、监事、高级管理人员执行公司职务时违反法律、行政法规或者公司章程的规定，给公司造成损失的，应当承担赔偿责任。

2. 忠实和勤勉义务及责任。忠实义务，是指董事、监事和高级管理人员在履行职务时，必须承担恪尽职守，忠实于公司利益的义务。忠实义务要求公司董事、监事和高级管理人员在履行职责过程中，应当以实现公司利益最大化为目的，不得将个人利益凌驾于公司利益之上。勤勉义务，是指董事、监事和高级管理人员在履行职务时，应当承担的积极履行职责、谨慎处理公司事务、善待和维

护公司利益的义务。

《公司法》第147、148条对董事、监事和高级管理人员的忠实义务和勤勉义务作出了明确规定，其主要内容包括以下两个方面：①董事、监事、高级管理人员不得利用职权收受贿赂或者其他非法收入，不得侵占公司的财产。②董事、高级管理人员不得有下列行为：挪用公司资金；将公司资金以其个人名义或者以其他个人名义开立账户存储；违反公司章程的规定，未经股东会、股东大会或者董事会同意，将公司资金借贷给他人或者以公司财产为他人提供担保；违反公司章程的规定或者未经股东会、股东大会同意，与本公司订立合同或者进行交易；未经股东会或者股东大会同意，利用职务便利为自己或者他人谋取属于公司的商业机会，自营或者为他人经营与所任职公司同类的业务；接受他人与公司交易的佣金归为己有；擅自披露公司秘密；违反对公司忠实义务的其他行为。董事、高级管理人员违反上述义务所得的收入应当归公司所有。

3. 接受质询和监督的义务。根据《公司法》第150条的规定，股东会或者股东大会要求董事、监事、高级管理人员列席会议的，董事、监事、高级管理人员应当列席并接受股东的质询。董事、高级管理人员应当如实向监事会或者不设监事会的有限责任公司的监事提供有关情况和资料，不得妨碍监事会或者监事行使职权。

（三）公司董事、监事和高级管理人员的责任追究

公司董事、监事和高级管理人员执行公司职务时，违反法律、行政法规或者公司章程的规定，损害公司或股东利益的，《公司法》规定可以通过诉讼方式要求行为人承担赔偿责任。

根据《公司法》第151条的规定，董事、高级管理人员执行公司职务时违反法律、行政法规或者公司章程的规定，给公司造成损失的，有限责任公司的股东、股份有限公司连续180日以上单独或者合计持有公司1%以上股份的股东，可以书面请求监事会或者不设监事会的有限责任公司的监事向人民法院提起诉讼。同样，监事执行公司职务时违反法律、行政法规或者公司章程的规定，给公司造成损失的，上述股东可以书面请求董事会或者不设董事会的有限责任公司的执行董事向人民法院提起诉讼。监事会、不设监事会的有限责任公司的监事，或者董事会、执行董事收到前款规定的股东书面请求后拒绝提起诉讼，或者自收到请求之日起30日内未提起诉讼，或者情况紧急、不立即提起诉讼将会使公司利益受到难以弥补的损害的，上述股东有权为了公司的利益以自己的名义直接向人民法院提起诉讼。他人侵犯公司合法权益，给公司造成损失的，上述股东也可以依法向人民法院提起诉讼。公司的董事、高级管理人员违反法律、行政法规或者公司章程的规定，损害股东利益的，股东可以向人民法院提起诉讼。

第四节　股份有限公司的股份发行和转让

一、股份发行

（一）股份的概念和发行原则

股份，是指按等额划分的、构成股份有限公司资本而表现为股票形式的代表股东地位和权益的金额单位。

通过概括各国通行的做法，我国在《公司法》中明确规定，股份有限公司的资本划分为股份，每股金额相等；公司的股份采取股票形式。这一规定对于促进我国股份有限公司的规范化是十分重要的。

股份有限公司股份的发行，实行公平、公正的原则。

公平原则，是指股份发行中的有关各方所享有的权利和承担的义务要公平合理。就投资者而言，应机会均等，保证其能够在相同条件下，获得平等的投资机会，其所认购的股份，必须是同股同权、同股同利。

公正原则，是指在股份发行工作中要一视同仁，没有偏私。

为了切实保证以上原则的贯彻执行，我国除在《公司法》中作了相应的规定外，还在《证券法》等法律、法规中作了具体规定。

（二）股票的概念和种类

股票是股份有限公司签发的证明股东所持股份的凭证。按照《公司法》第128条的规定，我国股份有限公司的股票既可以采用纸面形式，也可以采用国务院证券监督管理机构规定的其他形式。

随着科学技术的不断发展，股票形式现已发生了很大的变化。目前，无纸化股票已在一定范围内逐步取代了纸面形式的股票。所谓无纸化股票，是一种以电子计算机贮存的有关信息替代纸面形式的股票，作为股东行使股权依据的一种无形凭证。

股票应当载明的主要事项包括：①公司名称；②公司成立的日期；③股票种类、票面金额及代表的股份数；④股票的编号。此外，还应当有法定代表人的签名和公司的印章；发起人的股票，则应标明发起人股票字样。

股票按照不同的划分标准可以分为不同的种类：

1. 根据股东享有的权益，可以分为普通股票和优先股票。普通股票，是指股利随公司利润的大小而增减的股票。这种股票是股份有限公司最重要的、发行量最大的股票。普通股票持有者享有的权利主要包括：①在参加股东大会时，通常享有表决权，可以选举公司的董事、监事等，按法定程序参与公司的重大决策和间接参与公司的经营管理；②在公司盈利水平较高时，有权在把股利优先分配给优先股票持有者之后，获得公司分派的较为丰厚的股利；③在公司终止清算时，有权在公司财产满足公司债权人和优先股股东的请求权之后，参与公司财产的分配；④在公司发行新股时，有按占有公司股份的比例优先购买新股的权利。当然，普通股票的持有者在享有上述权利的同时，也要承担相应的风险。例如，在公司经营状况不好时，可能拿不到股利；若公司破产清算，则有可能得不到公司的任何财产。

优先股票，是指在股利等利益分配方面享有优先权的股票。优先股票持有者的权利主要包括：①按照公司章程优先于普通股股东领取规定的股利；②在公司终止清算时有权在普通股股东之前得到清偿。但在一般情况下，优先股票的持有者没有表决权，不能参与公司的经营决策；当公司盈利水平较高时，其股利亦不能随之增加。

2. 根据是否在股票上记载股东的姓名或名称，可以分为记名股票和无记名股票。记名股票，是指在股票上记载股东姓名或名称的股票。股东的姓名或名称通常写在股票背面，并登记在公司股东名册上。这种股票所代表的权利只能由记名的股东享有；股东在转让股票时，必须办理过户手续。

无记名股票，是指在股票上不记载股东姓名或名称的股票。这种股票可以随意转让，合法持有股票的人就是公司的股东，并可凭持有的股票享有股东的权利。

在我国，股份有限公司的发起人、法人发行的股票，应当为记名股票，并应当记载该发起人或者法人的名称，不得另立户名或者以代表人姓名记名。对于向社会公开发行的股票，则可以为记名股票，也可以为无记名股票。发行记名股票的公司应当在其置备的股东名册中记载的事项包括：①股东的姓名或者名称及住所；②各股东所持股份数；③各股东所持股票的编号；④各股东取得其股份的日期。发行无记名股票的公司不必置备股东名册，但应当记载其股票的数量、编号及发行日期，以备查询。

3. 根据票面上是否标明金额，可以分为有面额股票和无面额股票。有面额股票，是指在股票票面上标明一定金额的股票。无面额股票，是指在股票票面上不标明金额，只载明其占公司资本总额比例的股票。从《公司法》关于股票应载明的事项规定看，我国的股份有限公司不得发行无面额股票。

4. 按照股票发行对象的不同，主要可以分为 A 种股票、B 种股票。A 种股票，是指股份有限公司对境内自然人和法人发行的股票。A 种股票以人民币标价交易。目前境内发行和上市的股票，主要是 A 种股票。B 种股票，是指以人民币计价，以外汇买卖的人民币特种股票。过去，这种股票的发行对象是外国和我国香港、澳门、台湾地区的投资者，现在境内投资者亦可以进行外汇买卖。除 A 种股票和 B 种股票外，部分国内股份有限公司还面向境外发行了一些其他种类的股票。例如，在香港联交所上市的 H 股，在纽约证券交易所上市的 Z 股等。

（三）新股的发行

新股（亦称"子股"）是相对于旧股（亦称"母股"，即公司成立时或以往发行的股份）而言的，是指成立后的股份有限公司为追加资本新发行的股份。

公司发行新股必须由股东大会作出决议。股东大会的决议中应当包括以下事项：①新股种类及数额；②新股发行价格；③新股发行的起止日期；④向原有股东发行新股的种类及数额。其中，在议定新股发行价格时，可以根据公司连续盈利情况和财产增值情况，确定作价方案。

公司经国务院证券监督管理机构核准公开发行新股时，必须公告新股招股说明书和财务会计报告，制作认股书；新股要由依法设立的证券公司承销，签订承销协议，并同银行签订代收股款协议。

股份有限公司发行新股募足股款后，必须办理变更登记，并公告。

二、股份转让

股份转让，是指股份有限公司的股东通过出卖股票而出让所持公司股份的行为。股东持有的股份可以依法转让。

（一）股份转让的场所

股东转让其股份，必须在依法设立的证券交易场所进行。证券交易场所，是指经国务院或国务院证券监督管理委员会等有关部门批准可以进行股票等证券交易的证券交易所和其他证券经营、服务机构。

（二）股份转让的方式

股份转让方式也即股票交易方式。通常按订约与清算期限的关系将之划分为现货交易、期货交易、期权交易、信用交易等。按现行规定，我国的股票交易一般只限于现货交易方式。现货交易又叫做现金现货交易，采用这种方式进行股票交易的，买卖双方成交后马上在很短的时间内交割，卖者交出股票，买者以现金或支票支付买进价款。未经证券监督管理委员会批准，任何人不得对股票及其指数的期权、期货进行交易。任何金融机构（包括证券经营机构）不得为股票交易提供贷款。证券经营机构亦不得将客户的股票借与他人或者作为担保物。

《公司法》仅就记名股票和无记名股票的具体转让方式作了规定。其中，记名股票应由股东以背书方式或者法律、行政法规规定的其他方式转让；转让后由公司将受让人的姓名或者名称及住所记载于股东名册，但除了法律对上市公司股东名册变更登记另有规定的以外，股东大会召开前 20 日内或者公司决定分配股利的基准日前 5 日内，不得进行上述规定的股东名册的变更登记。

无记名股票的转让方式比较简便，由股东将该股票交付给受让人后即发生转让效力。

（三）股份转让和收回的限制

按照《公司法》的规定，发起人持有的本公司股份，自公司成立之日起 1 年内不得转让。公司公开发行股份前已发行的股份，自公司股票在证券交易所上市交易之日起 1 年内不得转让。

公司董事、监事、高级管理人员应当向公司申报所持有的本公司的股份及其变动情况，在任职期间每年转让的股份不得超过其所持有本公司股份总数的 25%；所持本公司股份自公司股票上市交易之日起 1 年内不得转让。上述人员离职后半年内，不得转让其所持有的本公司股份。公司章程可以对公司董事、监事、高级管理人员转让其所持有的本公司股份作出其他限制性规定。

股份收回是指股份有限公司将已发出去的股票购买回来的行为。对此，《公司法》规定，公司不得收购本公司的股份，但是，有下列情形之一的除外：①减少公司注册资本；②与持有本公司股份的其他公司合并；③将股份奖励给本公司职工；④股东因对股东大会作出的公司合并、分立决议持异议，要求公司收购其股份的。公司因第 1~3 项的原因收购本公司股份的，应当经股东大会决议。公司收购本公司股份后，属于第 1 项情形的，应当自收购之日起 10 日内注销；属于第 2 项、第 4 项情形的，应当在 6 个月内转让或者注销。公司依第 3 项规定收购的本公司股份，不得超过本公司已发行股份总额的 5%；用于收购的资金应当从公司的税后利润中支出；所收购的股份应当在 1 年内转让给职工。此外，公司不得接受本公司的股票作为质押权的标的。

（四）股票的失效和补发

《公司法》第 143 条规定，记名股票被盗、遗失或者灭失，股东可以依照《民事诉讼法》规定的公示催告程序，请求人民法院宣告该股票失效。依照公示催告程序，人民法院宣告该股票失效后，股东可以向公司申请补发股票。

第五节 公司债券

一、公司债券的概念和种类

（一）公司债券的概念

公司债券是债券的一种类型。按照《公司法》的规定，公司债券，是指公司依照法定程序发行的、约定在一定期限还本付息的有价证券。在理解公司债券的上述概念时应把握以下三个方面：

1. 公司债券的发行主体具有特定性。可以发行公司债券的公司只限于股份有限公司、国有独资公司和两个以上的国有企业或者其他两个以上的国有投资主体投资设立的有限责任公司。

2. 公司债券是一种债权债务凭证。公司债券与股票不同，其所代表的是一种债权，无论公司是否盈利，持有人都有权在债期届满时请求还本付息，并在公司终止时对公司的财产有优先于股东的受偿权。

3. 公司债券必须依照法定程序发行。为了加强对公司债券的管理，保护投资者的合法权益，国家对公司债券的发行程序作了规定。对这些规定，发行债券的公司和有关的管理部门都必须认真遵守。

（二）公司债券的种类

公司债券主要分为有担保公司债券和无担保公司债券、转换公司债券和非转换公司债券、记名公司债券和无记名公司债券。

1. 有担保公司债券和无担保公司债券。有担保公司债券，一般是指公司以财产作为担保或由第三者以信用等方式作为担保而发行的公司债券。无担保公司债券，是指不提供任何担保而依据发行者信用发行的公司债券。

2. 转换公司债券和非转换公司债券。转换公司债券，是指可转换为发行公司股票的公司债券。这种债券附有股票转换权，在一定时间内，可以根据持有人的请求，按规定条件转换为发行公司的股票。但在公司经营前景不好时，持有人则可以放弃股票转换权，继续作为债券持有。非转换公司债券，是指不能转换为发行公司股票的公司债券。

3. 记名公司债券和无记名公司债券。记名公司债券，是指在券面上记载持有人姓名或名称的公司债券。无记名公司债券，是指券面上不记载持有人姓名或名称的公司债券。

根据《公司法》的规定，我国发行的公司债券主要是：转换公司债券和非转换公司债券、记名公司债券和无记名公司债券。

二、公司债券的发行

公司发行公司债券应当符合证券法规定的发行条件，并公告公司债券募集办法。

公司债券的发行实行核准制。发行公司债券的申请经国务院授权的部门核准后，应当公告公司债券募集办法。公司债券募集办法中应当载明下列主要事项：①公司名称；②债券募集资金的用途；③债券总额和债券的票面金额；④债券利率的确定方式；⑤还本付息的期限和方式；⑥债券担保情况；⑦债券的发行价格、发行的起止日期；⑧公司净资产额；⑨已发行的尚未到期的公司债券总额；⑩公司债券的承销机构。以实物券方式发行的公司债券，必须在债券上载明公司名称、债券票面金额、利率、偿还期限等事项，并由法定代表人签名，公司盖章。

同时，发行公司应当置备公司债券存根簿并载明下列事项：①债券持有人的姓名或者名称及住所；②债券持有人取得债券的日期及债券的编号；③债券总额，债券的票面金额、利率、还本付息的期限和方式；④债券的发行日期。发行无记名公司债券的，应当在公司债券存根簿上载明债券总额、利率、偿还期限和方式、发行日期及债券的编号。

三、公司债券的转让和转换

（一）公司债券的转让

公司债券的转让，是指对已发债券的买卖或交易。为了增强公司债券的流通性，适应投资者不同投资愿望的需要，我国允许公司债券上市转让。但转让活动应在依法设立的证券交易场所进行，在非法定场所进行私下交易的，不受法律保护。

公司债券的转让价格由转让人与受让人约定。约定公司债券的转让价格的方式主要有两种：①转让人委托证券经营机构卖出债券时，通过竞价方式与受让人成交，形成转让价格；②转让人将债券直接卖给从事自营业务的证券经营机构，依证券经营机构挂牌的买入价成交，即以转让人接受受让人报价的方式，形成转让价格。记名公司债券的持有人在转让其债券时，应当采用背书方式或者法律、行政法规规定的其他方式。

无记名公司债券的转让，由债券持有人将该债券交付给受让人后，即发生转让的效力。

（二）公司债券的转换

公司法规定，上市公司经股东大会决议可以发行可转换为股票的公司债券，并在公司债券募集办法中规定具体的转换办法。对此规定应当明确三个方面：①可以发行可转换公司债券的公司只限于上市公司，有限责任公司和其他股份有限公司均无资格发行这种债券；②须经股东大会作出决议；③须在公司债券募集办法中增加转换办法的具体内容。其中应当包括：转换时间、转换价格、所转换股票的种类等事项。

上市公司发行可转换为股票的公司债券，应当报国务院证券监督管理机构核准。公司在发行可转换公司债券时，应当在债券上标明可转换公司债券字样，并在公司债券存根簿上载明可转换公司债券的数额。发行可转换为股票的公司债券的，公司应当按照其转换办法向债券持有人换发股票，但债券持有人对转换股票或者不转换股票有选择权。可转换公司债券未转换为股票的，仍可以作为债券上市交易，并在到期后由持有人取得本金和利息。

第六节　公司的财会制度

《公司法》规定，公司应当依照法律、行政法规和国务院财政主管部门的规定建立本公司的财务、会计制度。从我国现行的企业财会制度的立法情况看，公司在建立本公司的财会制度时，除遵守《公司法》的规定外，还应执行其他一系列法律、行政法规和主管部门的规定。例如，《会计法》《企业财务通则》和《企业会计准则》，以及财政部根据行业经营特点和特定管理要求组织制定的行业的财会制度等。这些法律、法规和规章虽然大多数不是专门针对公司制定的，但公司作为一种企业亦应适用之。

一、公司的财务会计报告

（一）财务会计报告的制作

按照《公司法》的规定，公司应当在每一会计年度终了时制作财务会计报告，并依法经会计师事务所审计。公司的财务会计报告应当包括下列财务会计报表及附属明细表：

1. 资产负债表。根据《企业会计准则》的规定，资产负债表是反映公司在某一特定日期财务状况的报表。用资产负债表来反映公司的财务状况，比较适应市场经济的需要。

2. 损益表。损益表又称收益表，是反映公司在一定期间（如年度、季度、月份）的经营成果及其分配情况的报表。

3. 财务状况变动表。财务状况变动表是综合反映一定会计期间（通常是年度）内营运资金来源和运用及其增减变动情况的报表。

4. 财务情况说明书。财务情况说明书是报告期终了，在会计报表分析的基础上，用文字叙述与相应表格结合的形式，反映公司财务活动情况的一种报告。

5. 利润分配表。利润分配表是反映公司利润分配情况和年末未分配利润情况的会计报表。

（二）财务会计报告的送交、置备和公告

有限责任公司应当按照公司章程规定的期限将财务会计报告送交各股东。与有限责任公司不同，股份有限公司的财务会计报告应当在召开股东大会年会的20日前置备于本公司，供股东查阅。其中，公开发行股票的股份有限公司，还必须公告其财务会计报告。

二、公司利润的分配

(一) 利润的构成

公司的利润，是指公司在一定期间的经营成果。即一定时期公司的全部收入超过全部费用和损失的余额，包括营业利润、投资净收益和营业外收支净额。

营业利润，是指营业收入减去营业成本、期间费用和各种流转税及附加税费后的余额。

投资净收益，是指公司对外投资收入减去投资损失后的余额。

营业外收支净额，是指与公司生产经营没有直接关系的各种营业外收入减去营业外支出后的余额。

(二) 利润的分配顺序

按照《公司法》《企业财务通则》的规定，公司分配当年税后利润时，除法律、行政法规另有规定外，企业年度净利润，按照以下顺序分配：

1. 弥补以前年度亏损。公司的法定公积金不足以弥补以前年度亏损的，在依照规定提取法定公积金之前，应当先用当年利润弥补亏损。

2. 提取10%的法定公积金。公司法定公积金累计额为公司注册资本的50%以上的，可以不再提取。

3. 提取任意公积金。公司从税后利润中提取法定公积金后，经股东会或者股东大会决议，还可以从税后利润中提取任意公积金。任意公积金提取比例由股东会或者股东大会决议。

4. 向投资者分配利润。公司以前年度未分配的利润，并入本年度利润，在充分考虑现金流量状况后，向投资者分配。关于公司弥补亏损和提取公积金后所余税后利润的分配，公司法对有限责任公司和股份有限公司的规定有所不同。有限责任公司股东按照实缴的出资比例分取红利；公司新增资本时，股东有权优先按照实缴的出资比例认缴出资，但全体股东约定不按照出资比例分取红利或者不按照出资比例优先认缴出资的除外。股份有限公司按照股东持有的股份比例分配，但股份有限公司章程规定不按持股比例分配的除外。属于各级人民政府及其部门、机构出资的公司，应当将应付国有利润上缴财政。

股东会、股东大会或者董事会违反上述规定，在公司弥补亏损和提取法定公积金之前向股东分配利润的，股东必须将违反规定分配的利润退还公司。

公司持有的本公司股份不得分配利润。对此，根据《企业财务通则》第51条的规定，股份有限公司依法回购后暂未转让或者注销的股份，不得参与利润分配；以回购股份对经营者及其他职工实施股权激励的，在拟订利润分配方案时，应当预留回购股份所需利润。

公司弥补以前年度亏损和提取盈余公积后，当年没有可供分配的利润时，不得向投资者分配利润，但法律、行政法规另有规定的除外。

公司经营者和其他职工以管理、技术等要素参与企业收益分配的，应当按照国家有关规定在公司章程或者有关合同中对分配办法作出规定，并区别以下情况处理：①取得公司股权的，与其他投资者一同进行公司利润分配；②没有取得公司股权的，在相关业务实现的利润限额和分配标准内，从当期费用中列支。

（三）资本公积金的构成和公积金的用途

1. 资本公积金的构成。根据《公司法》第 167 条的规定，股份有限公司以超过股票票面金额的发行价格发行股份所得的溢价款以及国务院财政部门规定列入资本公积金的其他收入，应当列为公司资本公积金。对此，《企业会计准则》亦有相关规定。按规定，资本公积金的构成应包括以下四个部分：

（1）股本溢价。这实际上包括两种情况：①资本溢价。这是指因出资时间不同等原因，新、老投资者获得相同权益所付出的不同出资额之间的差额。即新投资者为取得与原投资者相同的投资比例和权益而多交付的出资。②股票溢价。即股份有限公司超过股票票面金额发行股份所取得的溢价收入。

（2）法定财产重估增值。即根据财产重估价调整其账面价值，并将增值部分作为股东权益列入资本公积金。

（3）处置公司资产所得的收入。

（4）接受捐赠的资产价值。鉴于捐赠人向公司等企业捐赠的资产在客观上引起了企业所有者权益的增加等因素的存在，将其列入资本公积金是适宜的。

2. 公积金的用途。公积金的用途有以下三项：

（1）弥补公司亏损。与其他企业一样，公司发生亏损应由公司自行弥补。资金来源主要有两个渠道：①用以后年度的利润弥补；②用公积金弥补。公积金作为公司的一种资产储备，弥补公司的亏损应当是其基本用途之一。但《公司法》第 168 条亦明确规定，资本公积金不得用于弥补公司的亏损。

（2）扩大公司的生产经营。即在不增加资本的前提下，为满足公司扩大生产经营的需要，用公积金追加投资。

（3）增加公司资本。股份有限公司在经股东大会决议将公积金转为资本时，应按股东原有股份比例派送新股或者增加每股的面值。但需要注意的是，在法定公积金转为资本时，所留存的该项公积金不得少于转增前公司注册资本的 25%。

第七节　公司的变更、终止与清算

一、合并与分立

公司合并或者分立，应当由公司的股东会作出决议。公司合并可以采取吸收合并和新设合并两种形式。一个公司吸收其他公司为吸收合并，被吸收的公司解散。两个以上公司合并设立一个新的公司为新设合并，合并各方解散。公司合并，应当由合并各方签订合并协议，并编制资产负债表及财产清单。公司应当自作出合并决议之日起10日内通知债权人，并于30日内在报纸上公告。债权人自接到通知书之日起30日内，未接到通知书的自第一次公告之日起45日内，可以要求公司清偿债务或者提供相应的担保。公司合并时，合并各方的债权、债务，应当由合并后存续的公司或者新设的公司承继。

公司分立，其财产作相应的分割。公司分立，应当编制资产负债表及财产清单。公司应当自作出分立决议之日起10日内通知债权人，并于30日内在报纸上公告。公司分立前的债务由分立后的公司承担连带责任。但是，公司在分立前与债权人就债务清偿达成的书面协议另有约定的除外。

公司需要减少注册资本时，必须编制资产负债表及财产清单。公司应当自作出减少注册资本决议之日起10日内通知债权人，并于30日内在报纸上公告。债权人自接到通知书之日起30日内，未接到通知书的自公告之日起45日内，有权要求公司清偿债务或者提供相应的担保。

有限责任公司在增加注册资本时，股东认缴新增资本的出资，依照公司法设立有限责任公司缴纳出资的有关规定执行。股份有限公司为增加注册资本发行新股时，股东认购新股应当按照公司法设立股份有限公司缴纳股款的有关规定执行。

公司合并或者分立，登记事项发生变更的，应当依法向公司登记机关办理变更登记；公司解散的，应当依法办理公司注销登记；设立新公司的，应当依法办理公司设立登记；公司增加或者减少注册资本，应当依法向公司登记机关办理变更登记。

二、终止与清算

引起公司终止的情形包括：①公司章程规定的营业期限届满；②公司章程规定的其他解散事由出现；③股东会或者股东大会决议解散；④因公司合并或者分立需要解散；⑤依法被吊销营业执照、责令关闭或者被撤销；⑥宣告破产；⑦人民法院依法予以解散。公司经营管理发生严重困难，继续存续会使股东利益受到重大损失，通过其他途径不能解决的，持有公司全部股东表决权10%以上的股东，可以请求人民法院解散公司。

公司因公司章程规定的营业期限届满或者公司章程规定的其他解散事由出现而应解散的，可以通过修改公司章程而存续。但因此修改公司章程时，有限责任公司须经持有2/3以上表决权的股东通过，股份有限公司须经出席股东大会会议的股东所持表决权的2/3以上通过。

由于引起公司终止的原因不同，在进行清算时，所依据的法律规定及清算程序等也有所不同。

公司因宣告破产而终止的，按照破产法的规定清算。因公司章程规定的营业期限届满或者公司章程规定的其他解散事由出现；股东会或者股东大会决议解散；依法被吊销营业执照、责令关闭或者被撤销；人民法院依法予以解散等原因而解散的，应当在解散事由出现之日起15日内成立清算组，开始清算。有限责任公司的清算组由股东组成，股份有限公司的清算组由董事或者股东大会确定的人员组成。逾期不成立清算组进行清算的，债权人可以申请人民法院指定有关人员组成清算组进行清算。人民法院应当受理该申请，并及时组织清算组进行清算。

由于公司因"合并或者分立需要解散"时，其债务全部由公司合并或者分立后存续或者新设立的公司承继，故无须成立清算组进行清算。

对因非破产原因而终止的公司，清算组在清算期间行使下列职权：①清理公司财产，分别编制资产负债表和财产清单；②通知、公告债权人；③处理与清算有关的公司未了结的业务；④清缴所欠税款以及清算过程中产生的税款；⑤清理债权、债务；⑥处理公司清偿债务后的剩余财产；⑦代表公司参与民事诉讼活动。

清算组应当自成立之日起10日内通知债权人，并于60日内在报纸上公告。债权人应当自接到通知书之日起30日内，未接到通知书的自公告之日起45日内，向清算组申报其债权。债权人申报债权，应当说明债权的有关事项，并提供证明材料。清算组应当对债权进行登记。在申报债权期间，清算组不得对债权人进行清偿。

清算组在清理公司财产、编制资产负债表和财产清单后，应当制订清算方案，并报股东会、股东大会或者人民法院确认。公司财产在分别支付清算费用、职工的工资、社会保险费用和法定补偿金，缴纳所欠税款，清偿公司债务后的剩余财产，有限责任公司按照股东的出资比例分配，股份有限公司按照股东持有的股份比例分配。清算期间，公司存续，但不得开展与清算无关的经营活动。公司财产在未依照前款规定清偿前，不得分配给股东。

清算组在清理公司财产、编制资产负债表和财产清单后，发现公司财产不足以清偿债务的，应当依法向人民法院申请宣告破产。公司经人民法院裁定宣告破产后，清算组应当将清算事务移交给人民法院。

公司清算结束后，清算组应当制作清算报告，报股东会、股东大会或者人民法院确认，并报送公司登记机关，申请注销公司登记，公告公司终止。

清算组成员应当忠于职守，依法履行清算义务。清算组成员不得利用职权收受贿赂或者其他非法收入，不得侵占公司财产。清算组成员因故意或者重大过失给公司或者债权人造成损失的，应当承担赔偿责任。

另外，按照《公司法》的规定，外国公司撤销其在中国境内的分支机构时，除必须依法清偿债务外，应按照公司法有关公司清算程序的规定进行清算。在未清偿债务之前，不得将其分支机构的财产移至中国境外。

第八节 公司法律实务

一、公司设立法律实务

在公司设立过程中，应重视以下几个方面的工作：

1. 明确有限责任公司和股份有限公司的设立条件和特点，合理选定公司形式。就《公司法》对有限责任公司和股份有限公司这两种公司的规定看，既有共同之处，又有各自的特点。其共同之处主要在于承担责任的有限性。即：这两种公司都是以公司的全部法人财产对外承担债务，其股东仅以其出资额为限对公司负有限责任。其不同点主要有以下几个方面：

（1）法定设立人数不同。现行《公司法》只规定了有限责任公司股东人数的上限，与股份有限公司相比，对其股东人数的规模是有限制的。对于股份有限公司股东的数量，《公司法》没有直接规定，从其对设立股份有限公司的发起人数量的规定看，事实上股份有限公司股东的数量只有下限，没有上限。这与股份有限公司的规模较大、集资广泛、社会影响较大有关。

（2）资金募集形式不同。有限责任公司的资本是由股东（即发起人）出资组成的，不能对外发行股票，向社会公开募集资金；股份有限公司则可向社会发行股票，广泛募集资金。

（3）股份份额的划分不同。股份有限公司的全部股份分成等额股份，每一股的金额是相同的，能够适应企业发行股票募集资金的需要；有限责任公司则不需对其资本作如此划分。

（4）股份转让的自由度不同。有限责任公司股东出资的转让比较严格，股东向本公司以外的人转让其股份必须经全体股东过半数同意。股份有限公司的股东对自己拥有的股份转让比较自由，所受限制较少。

（5）公司内部机构的设置不同。有限责任公司的组织机构设置较为简单。例如，有限责任公司股东人数较少和规模较小的，可以不设董事会、监事会，只设1名执行董事和1～2名监事；股份有限公司则均应设立董事会、监事会。

与其特点相联系，这两种公司也各有优、缺点。有限责任公司的优点主要在于：相对于股份有限公司而言，设立条件要求较低、程序较简便、设立费用较少，比较适宜中小型企业经营者。其缺点主要是：集资范围小、形式不灵活，难以广泛吸收社会闲散资金；所有权与经营权分离程度低，不利于吸收优秀的高素质的管理人才参与经营管理，以提高企业的经营管理水平。与之相对应，股份有限公司的优点主要在于：募集资金快捷、广泛，股份转让比较自由，公司的资金雄厚、竞争力强，经营管理者决策快、效率高，比较符合现代商品经济高度专业化分工的要求。其缺点主要是：设立条件要求严格、程序较复杂、所需费用开支大，不适宜一般投资者直接设立。

不言而喻，只有明确了两种公司各自的特点和由此形成的优、缺点，投资者才能根据自身的实际情况和要求，合理选定公司形式，开展投资活动。

2. 要根据公司的不同形式和实际情况，把握公司设立程序的基本工作流程。从法律规定和公司设立的实践看，不仅不同形式的公司，其设立程序的基本工作流程有所不同，即使是同一种形式的公司，由于经营范围、设立方式、投资主体等方面的情况不同，其设立程序的基本工作流程亦有一定差别。例如，同为有限责任公司，若某一公司的经营范围属于法律、行政法规限制的，该公司在设立过程中便须经相应的审批程序，而无此经营范围限制的公司则不必考虑这一报批工作。再如，同是股份有限公司，采用募集设立方式的设立程序就与采用发起设立方式的设立程序有所不同。实践中应特别注意把握需进行登记注册的前置性审批程序的公司的"基本工作流程"。另外，还应注意有些工作是交叉进行的，其程序不能机械地简单排序。

二、主要法律文书格式及基本制作要求

鉴于有限责任公司的法律文书比较简单，在以下内容中，除公司章程等法律文书之外，主要介绍股份有限公司的有关法律文书格式和基本制作要求。

（一）公司发起人协议书

公司发起人协议书，主要是指股份有限公司发起人之间在订立公司章程之前缔结的以设立公司为目的的协议。尽管发起人协议书不是设立公司所必须提交给有关部门的法律文件，但其在实施设立公司行动之前，对于明确发起人在组建公

司过程中应负的责任或义务，对公司的未来设想达成共识具有重要意义。同时，其亦是设立公司过程中，规范各发起人的行为、办理有关法律手续、解决发起人之间的矛盾或纠纷的法律依据。因此，对这一法律文书的起草和制作应当给予必要的重视。股份有限公司发起人协议书通常应包括下列内容：①总则，主要说明签订协议书的目的；②发起人的姓名或名称、住所、具有法人资格的发起人的法定代表人；③拟订设立公司的名称、宗旨、资金投向、经营范围、经营方式；④设立公司方式、股本总额、股权结构、每股面值；⑤发起人各自认购的股份及出资方式，交款期限；⑥发起人各自的权利、义务，公司设立费用预算；⑦公司组织机构；⑧附则，主要包括：签署协议书的时间、地点，发起人的签字、盖章，以及其他一些需要说明的事项。

发起人协议书是一种契约性法律文书，其在起草过程中，应当按照合同法律规范的要求充分体现平等、自愿的原则，在充分协商的基础上，确定协议的内容（包括发起人各自的权利、义务）。协议书一经签订，即具有法律约束力，发起人均应遵照执行，不得擅自变更和解除，否则应依法承担法律责任。

有限责任公司在设立时，除一人公司或国有独资公司外，发起人（也即其股东）之间也要就公司设立问题进行协商，并达成一定协议。由于有限责任公司的设立程序比较简单，发起人对其达成的协议可以不签订书面的协议书，但是慎重起见，在公司股东人数较多、规模较大的情况下，还是以书面形式签订设立公司的协议为宜。协议书的内容较之股份有限公司发起人协议书的内容可以有所简化和进行相应的变化。至于在签订协议时所要遵循的原则以及协议书（包括口头协议）的法律约束力与股份有限公司发起人协议书则完全相同。

（二）公司章程

公司章程是在法律规定的基础上，确定公司权利义务和公司股东与公司之间以及股东与股东之间的权利义务关系、公司经营管理人员的职责和权限的基本法律文件。其对于将法定内容转化成可以有效操作的具体条款及体现不同公司的特征，并做进一步的说明和完善具有十分重要的意义。因此，从这个意义上讲，法律规定和公司章程均是公司组织活动和业务行为的基本准则，也是国家管理、监督公司的依据。不言而喻，公司章程如何制定，既影响着公司及公司股东对自己合法权益的维护，也涉及国家对公司的管理和监督。关于有限责任公司和股份有限公司章程的法定内容在本章第二节中已经提及，此处不再赘述。对于非上市公司章程的格式和制作要求，目前尚无法律规定。从实践中的情况看，不论是有限责任公司还是股份有限公司的章程，其格式通常是：第一章为总则，最后一章为附则，中间部分根据内容需要，分为若干章。"总则"主要包括：制定公司章程的目的、公司的名称和宗旨、公司的性质和责任形式。"附则"主要包括：公司章程的订立和生效时间、股东的签名和盖章。中间部分的内容主要根据法律规定并结合公司自身的实际情况分别编写。为保证公司章程的起草质量，有些地方和部门分别提供了有限责任公司和股份有限公司章程的范本。这些范本对公司章程通常应当具有的内容都作了比较完整的规定，在参考使用时，根据自己的实际情况稍加增减和修改即可。需要注意的是，在参考使用范本时，不能照搬照抄，对其规定内容的含义应当真正弄懂，然后再根据自己的具体情况酌定，以免因误解造成工作被动或损失。

另外，为了适应上市公司规范运作的实际需要，中国证监会根据《公司法》及相关法律、法规和规章的规定，制定发布了《上市公司章程指引》（2014 年修订），并要求上市公司按照该文件的要求做好公司章程的起草或修订工作。

（三）上市公司申请向社会公开募集股份报送材料标准格式

1. 发行申请材料的纸张、封面及份数。

（1）纸张。A4 纸张规格。

（2）封面。应标有"上市公司向社会公开募集股份申请材料"字样和发行人名称。材料侧面须标注公司名称，正本须注明。

（3）份数。申请材料首次报送 3 份，其中 1 份为原件。提交发行审核委员会审核之前，补报 9 份材料。发行审核委员会通过后，除原件留中国证监会存档外，其余申请材料退还发行人。

2. 向社会公开募集股份申请材料目录。主要包括：发行人公募增发的申请、有关本次发行的授权文件、招股文件、有关本次募集资金运用的文件、发行申请材料的附件等五章。其中，对于各章应包括的具体文件亦逐一作了规定。

（四）公司信息披露的内容与格式准则

为了保证投资者对上市公司生产经营状况的及时了解，使所有投资者都处于平等地位，切实维护公平、公开、公正原则，上市公司必须按照有关法律、法规和规章认真履行公司信息披露义务。上市公司信息的披露，主要通过提交和公开招股说明书、年度报告、中期报告、配股说明书、公司股份变动报告、法律意见书、上市公告书、验证笔录等文书来实现。对于以上文书的内容与格式的要求，国家证券监督管理部门分别作了十分详尽的规定。各上市公司在制作这些文书时，必须严格按规定执行。限于篇幅，对有关规定的具体内容此处不作介绍。

三、法律责任

（一）违反公司设立和筹资规定的法律责任

1. 违反公司设立登记管理规定的责任。办理公司登记手续，是所有公司设立时的必经程序。从现阶段公司登记中存在的问题看，虚报注册资本、提交虚假证明文件等违法行为比较多见。针对这些弄虚作假的违法行为，《公司法》第

198 条明确规定，违反本法规定，虚报注册资本、提交虚假证明文件或者采取其他欺诈手段隐瞒重要事实取得公司登记的，由公司登记机关责令改正，对虚报注册资本的公司，处以虚报注册资本金额 5% 以上 15% 以下的罚款；对提交虚假材料或者采取其他欺诈手段隐瞒重要事实的公司，处以 5 万元以上 50 万元以下的罚款；情节严重的，撤销公司登记或者吊销营业执照。

在公司设立过程中，公司登记机关亦负有对申请设立的公司是否符合法定条件进行审查认定的职责。公司登记机关对不符合法定条件的登记申请予以登记，或者对符合《公司法》规定条件的登记申请不予登记的，对直接负责的主管人员和其他直接责任人员，依法给予行政处分。若公司登记机关的上级部门强令公司登记机关对不符合法定条件的登记申请予以登记，或者对符合《公司法》规定条件的登记申请不予登记的，或者对违法登记进行包庇，亦应按上述规定追究直接负责的主管人员和其他直接责任人员的行政责任。

对于未依法登记为有限责任公司或者股份有限公司，而冒用有限责任公司或者股份有限公司名义的，或者未依法登记为有限责任公司或者股份有限公司的分公司，而冒用有限责任公司或者股份有限公司的分公司名义的，由公司登记机关责令改正或者予以取缔，可以并处 10 万元以下的罚款。而公司成立后无正当理由超过 6 个月未开业或者开业后自行停业连续 6 个月以上的，则可由公司登记机关吊销其营业执照。

外国公司在中国境内设立分支机构，必须经我国主管机关批准，并办理登记手续。如外国公司违反规定，擅自在我国境内设立分支机构，公司登记机关除责令其改正或者关闭外，还可并处 5 万元以上 20 万元以下的罚款。

2. 违反出资和募资规定的责任。公司所具有的资产是其从事生产经营活动的物质基础，也是其他经营者和社会公众对其资信状况进行评判和决定是否与之发生经济关系的重要依据。因此，这就要求公司的发起人、股东的出资必须真实、足额、可靠。公司的发起人、股东虚假出资，未交付或者未按期交付作为出资的货币或者非货币财产的，或者在公司成立后，抽逃其出资的，由公司登记机关责令改正，处以虚假出资或抽逃出资金额 5% 以上 15% 以下的罚款。

（二）违反财会制度的法律责任

1. 非法另立会计账册的责任。会计账册是以会计凭证为依据，全面系统地记录和反映经济业务的簿籍，是制作财务会计报告的根据，须依法设置，并按规定的会计科目、记账规则记账和核算。倘若公司违反规定，在法定的会计账册以外另立会计账册，由县级以上人民政府财政部门责令改正，处以 5 万元以上 50 万元以下的罚款。

2. 提供虚假财务会计报告的责任。公司的财务报告是反映公司财产和经营状况的书面文件。其必须根据会计账册的日常核算资料，按规定的格式要求，如实编报。鉴于各种会计报表是财务会计报告的基本组成部分，有关法律、法规和规章对如何保证会计报表的真实性、准确性、完整性、合法性作了明确规定：

（1）会计报表要按照统一的会计制度规定的报表种类、格式和内容编制，不得漏编、漏报。

（2）必须根据核对无误的账簿记录和有关资料编制会计报表，以保证会计报表内容的真实性和数字的准确性。

（3）单位行政领导人、财务负责人要对会计报表的编报工作负责。单位行政领导人、财务负责人必须对会计报表进行审核、分析，督促有关人员保质保量地按时完成编报工作。

如果公司违反上述规定，在依法向有关主管部门提供的财务会计报告等材料上作虚假记载或者隐瞒重要事实，由有关主管部门对直接负责的主管人员和其他直接责任人员，如财会负责人、分管的财会人员等，处以 3 万元以上 30 万元以下的罚款。

3. 不依法提取法定公积金的责任。《公司法》第 203 条规定："公司不依照本法规定提取法定公积金的，由县级以上人民政府财政部门责令如数补足应当提取的金额，可以对公司处以 20 万元以下的罚款。"从某种意义上讲，《公司法》作此规定在很大程度上是由法定公积金的用途和作用决定的。

（三）公司违反债权人保护程序和违法清算的法律责任

1. 公司违反债权人保护程序的责任。所谓"债权人保护程序"，是指公司在合并、分立、减少注册资本或者进行清算时，通知或公告债权人的法定程序。对此程序，有关公司不得以任何形式或借口予以省略。否则，公司登记机关有权责令改正，并对公司处以 1 万元以上 10 万元以下的罚款。

2. 公司违法清算的责任。所谓"违法清算"，是指在公司清算时，所实施的隐匿财产，对资产负债表或者财产清单作虚伪记载或者未清偿债务前分配公司财产等不依法进行清算的行为。

按照《公司法》的规定，公司在进行清算时，凡有隐匿财产，对资产负债表或者资产清单作虚假记载或者未清偿债务前分配公司财产行为的，由公司登记机关责令其改正，并处以隐匿财产或者未清偿债务前分配公司财产金额 5% 以上 10% 以下的罚款；对直接负责的主管人员和其他直接责任人员处以 1 万元以上 10 万元以下的罚款。另外，公司在清算期间亦不得开展与清算无关的经营活动。否则，应由公司登记机关予以警告，没收违法所得。

（四）公司违反变更登记规定的法律责任

公司登记事项发生变更时，未依照本法规定办理有关变更登记的，由公司登记机关责令限期登记；逾期不登记的，处以 1 万元以上 10 万元以下的罚款。

（五）清算组和中介机构的法律责任

1. 清算组违法清算的责任。针对实际工作中存在的问题，《公司法》对清算组及其成员的某些违法清算行为的处罚作了规定。

（1）清算组不按《公司法》规定向公司登记机关报送清算报告的，或者报送清算报告隐瞒重要事实或者有重大遗漏的，由公司登记机关责令改正。

（2）清算组成员利用职权徇私舞弊、谋取非法收入或者侵占公司财产的，由公司登记机关责令退还公司财产，没收违法所得，并可处以违法所得 1 倍以上 5 倍以下的罚款。

2. 中介机构虚假评估、验资或者验证，以及提供有重大遗漏的报告的责任。这里所说的中介机构，是指依法承担资产评估、验资或者验证业务的社会服务、监督机构。

按照《公司法》的规定，承担资产评估、验资或者验证的机构提供虚假材料的，由公司登记机关没收违法所得，处以违法所得 1 倍以上 5 倍以下的罚款，并可由有关主管部门依法责令该机构停业、吊销直接责任人员的资格证书，吊销营业执照。上述中介机构因过失提供有重大遗漏报告的，应由公司登记机关责令改正，情节较重的，应处以所得收入 1 倍以上 3 倍以下的罚款，亦可由有关主管部门依法责令该机构停业、吊销直接责任人员的资格证书，吊销营业执照。

承担资产评估、验资或者验证的机构因其出具的评估结果、验资或者验证证明不实，给公司债权人造成损失的，除能够证明自己没有过错的外，应在其评估或者证明不实的范围内承担赔偿责任。

复习与思考

1. 如何理解和把握公司和公司法的概念？

2. 怎样设立有限责任公司？

3. 股份有限公司的设立条件和程序与有限责任公司相比有何不同？

4. 《公司法》对于股份有限公司组织机构的设置有哪些特别规定？

5. 如何发行公司债券？

6. 公司的董事、监事、高级管理人员应履行哪些义务？哪些人不能担任公司的董事、监事、高级管理人员？

7. 公司应如何分配利润？

8. 公司变更、终止的原因？公司终止时应如何进行清算？

9. 《公司法》所规定的违法责任有哪些？

10. 材料：A 股份有限公司拟召开 2009 年度股东大会年会，审议批准董事会报告、审议批准监事会报告、审议批准年度财务预算和决算方案、审议批准公司的利润分配方案。公司在国务院证券管理部门指定的报纸上登载了召开股东大会年会的通知。通知内容如下：

A 股份有限公司关于召开 2009 年度股东大会年会的通知

兹定于 2009 年 5 月 15 日在公司本部办公楼二层会议室内召开股东大会年会，特通知如下：

一、凡持有本公司股份 50 万股以上的股东可向本公司索要本通知，并持通知出席股东大会会议。

二、持有本公司股份不足 50 万股的股东，可自行组合，每 50 万股选出一名代表，向本公司索要本通知，并持通知出席股东大会会议。

三、持有本公司股份不足 50 万股的股东，5 月 10 日前不自行组合产生代表的，本公司将向其寄送"通讯表决票"，由其通讯表决。

A 股份有限公司董事长×××

2009 年 5 月 5 日

问：根据《公司法》，指出上述通知有哪些违法之处？（案例来源：首都法律网）

第三章 合伙企业法律制度

教学目的和要求

　　准确掌握合伙企业的概念和特征，理解合伙企业的设立条件、财产的构成以及合伙人的权利和义务。了解合伙企业的产生、发展和立法概况。重点掌握合伙企业的入伙、退伙以及合伙企业的解散和清算。通过学习，能正确把握合伙企业与其他企业形式的区别，并且能够灵活运用合伙企业法律制度的具体规则解决各类合伙企业纠纷。

第一节　合伙企业法概述

　　合伙企业是与独资企业、公司制企业并驾齐驱的三大企业组织形式之一，在社会经济发展中占有举足轻重的地位。合伙企业与公司在组织形式上相比，具有设立简便、出资灵活、结构简单、便于管理的优点。自改革开放以来，我国的合伙企业有了很大的发展，在社会主义市场经济发展中已成为一支重要的力量。随着合伙企业的不断发展，人们对合伙的认识也在不断深化。它在发展经济、扩大就业、方便人民生活、满足社会需要等方面都具有重要的作用。

一、合伙企业的概念

　　所谓合伙企业，应当是指两人以上共同出资、共同经营、共担风险的一种企业组织形式。根据《合伙企业法》第2条的规定，我国的合伙企业是指自然人、法人和其他组织依照本法在中国境内设立的普通合伙企业和有限合伙企业。

　　普通合伙企业由普通合伙人组成，合伙人对合伙企业债务承担无限连带责任。《合伙企业法》对普通合伙人承担责任的形式有特别规定的，从其规定。

　　有限合伙企业由普通合伙人和有限合伙人组成，普通合伙人对合伙企业债务承担无限连带责任，有限合伙人以其认缴的出资额为限对合伙企业债务承担责任。

　　合伙企业具有以下法律特征：

　　1. 合伙企业必须由两个以上合伙人组成。合伙人可以是自然人，也可以是法人和其他组织。法人参与合伙，可以使公司等企业法人利用合伙企业形式灵活、合作简便、成本较低等优势，实现其特定的目的事业，也有利于大型企业在开发新产品、新技术中与创新型中小企业进行合作。同时，为防止国有企业和上市公司等因参加合伙可能使企业全部财产面临承担无限连带责任的风险，保护国家利益和公共利益，维护股东利益，《合伙企业法》第3条规定："国有独资公司、国有企业、上市公司以及公益性的事业单位、社会团体不得成为普通合伙人。"

2. 各合伙人必须共同出资、共同经营、共享收益、依法分担风险。

3. 全体合伙人必须订立书面合伙协议。

4. 各合伙人对合伙企业债务承担无限连带责任或承担有限责任。

二、合伙企业法的概念及立法概况

合伙企业法是调整合伙企业在设立和经营活动中所发生的一定经济关系的法律规范的总称。

在《合伙企业法》颁布以前，我国调整合伙企业的相关法律主要有《民法通则》、最高人民法院对《民法通则》的司法解释等，但这些规定内容粗略，对合伙企业发展遇到的诸多新问题规范不够。为了规范合伙企业的行为，保护合伙企业及合伙人的合法权益，维护社会经济秩序，促进社会主义市场经济的发展，第八届全国人民代表大会常务委员会第二十四次会议于1997年2月23日通过了《中华人民共和国合伙企业法》。该法自1997年8月1日起施行；2006年8月27日第十届全国人民代表大会常务委员会第二十三次会议修订，自2007年6月1日起施行。

第二节 合伙企业设立的一般规定

一、合伙企业的申请

申请设立合伙企业，应当向企业登记机关提交登记申请书、合伙协议书、合伙人身份证明等文件。合伙企业的经营范围中有属于法律、行政法规规定在登记前须经批准的项目的，该项经营业务应当依法经过批准，并在登记时提交批准文件。

合伙协议，是指各合伙人以约定相互权利和义务为内容的合同。《合伙企业法》规定，合伙协议必须依法由全体合伙人协商一致，以书面形式订立，并且经合伙人签名、盖章方能生效。合伙协议应当载明下列事项：

1. 合伙企业的名称和主要经营场所的地点。

2. 合伙目的和合伙经营范围。

3. 合伙人的姓名或者名称、住所。

4. 合伙人的出资方式、数额和缴付期限。

5. 利润分配、亏损分担方式。

6. 合伙事务的执行。

7. 入伙与退伙。

8. 争议解决办法。

9. 合伙企业的解散与清算。

10. 违约责任。

有限合伙企业的合伙协议，除符合以上规定外，还应当载明下列事项：普通合伙人和有限合伙人的姓名或者名称、住所；执行事务合伙人应具备的条件和选择程序；执行事务合伙人权限与违约处理办法；执行事务合伙人的除名条件和更换程序；有限合伙人入伙、退伙的条件、程序以及相关责任；有限合伙人和普通合伙人相互转变程序。合伙协议还可以载明合伙企业的经营期限和合伙人争议的解决方式。

合伙协议经全体合伙人签名、盖章后生效。合伙人按照合伙协议享有权利，履行义务。修改或者补充合伙协议，应当经全体合伙人一致同意；但是，合伙协议另有约定的除外。

二、合伙企业的登记

申请人提交的登记申请材料齐全、符合法定形式，企业登记机关能够当场登记的，应予当场登记，发给营业执照。不能当场登记的，企业登记机关应当自受理申请之日起 20 日内，作出是否登记的决定。予以登记的，发给营业执照；不予登记的，应当给予书面答复，并说明理由。

合伙企业的营业执照签发日期，为合伙企业成立日期。合伙企业领取营业执照前，合伙人不得以合伙企业名义从事合伙业务。合伙企业登记事项发生变更的，执行合伙事务的合伙人应当自作出变更决定或者发生变更事由之日起 15 日内，向企业登记机关申请办理变更登记。

合伙企业设立分支机构，应当向分支机构所在地的企业登记机关申请登记，领取营业执照。

第三节 普通合伙企业的基本规定

一、普通合伙企业设立条件和出资

设立普通合伙企业，应当具备下列条件：

1. 有两个以上合伙人。合伙人为自然人的，应当具有完全民事行为能力。

2. 有书面合伙协议。

3. 有合伙人认缴或者实际缴付的出资。

4. 有合伙企业的名称和生产经营场所。

5. 法律、行政法规规定的其他条件。

关于合伙人的出资形式，《合伙企业法》要求较为宽松。合伙人可以用货币、实物、知识产权、土地使用权或者其他财产权利出资，也可以用劳务出资。合伙人以实物、知识产权、土地使用权或者其他财产权利出资，需要评估作价的，可以由全体合伙人协商确定，也可以由全体合伙人委托法定评估机构评估。合伙人以劳务出资的，其评估办法由全体合伙人协商确定，并在合伙协议中载明。

合伙人应当按照合伙协议约定的出资方式、数额和缴付期限，履行出资义务。以非货币财产出资的，依照法律、行政法规的规定，需要办理财产权转移手续的，应当依法办理。

二、普通合伙企业财产

法律对普通合伙企业的财产的范围界定较宽，即合伙人的出资、以合伙企业名义取得的收益和依法取得的其他财产，均为合伙企业的财产。

一般而言，合伙人在合伙企业清算前，不得请求分割合伙企业的财产；但是，合伙企业法另有规定的除外。为了保护善意第三人的利益，维护交易安全，合伙人在合伙企业清算前私自转移或者处分合伙企业财产的，合伙企业不得以此对抗善意第三人。除合伙协议另有约定外，合伙人向合伙人以外的人转让其在合伙企业中的全部或者部分财产份额时，须经其他合伙人一致同意；合伙人以外的人依法受让合伙人在合伙企业中的财产份额的，经修改合伙协议即成为合伙企业的合伙人，依照本法和修改后的合伙协议享有权利，履行义务。合伙人之间转让在合伙企业中的全部或者部分财产份额时，应当通知其他合伙人。

此外，考虑到合伙企业财产的稳定性之需要，合伙人以其在合伙企业中的财产份额出质的，须经其他合伙人一致同意；未经其他合伙人一致同意，其行为无效，由此给善意第三人造成损失的，由行为人依法承担赔偿责任。

三、普通合伙企业与第三人关系（合伙企业的债务清偿）

普通合伙企业对合伙人执行合伙事务以及对外代表合伙企业权利的限制，不得对抗善意第三人。

普通合伙企业对其债务，应先以其全部财产进行清偿。合伙企业不能清偿到期债务的，合伙人承担无限连带责任。合伙人由于承担无限连带责任，清偿数额超过规定的其亏损分担比例的，有权向其他合伙人追偿。合伙人发生与合伙企业无关的债务，相关债权人不得以其债权抵销其对合伙企业的债务；也不得代位行使合伙人在合伙企业中的权利。合伙人的自有财产不足清偿其与合伙企业无关的债务的，该合伙人可以以其从合伙企业中分取的收益用于清偿；债权人也可以依法请求人民法院强制执行该合伙人在合伙企业中的财产份额用于清偿。人民法院强制执行合伙人的财产份额时，应当通知全体合伙人，其他合伙人有优先购买权；其他合伙人未购买，又不同意将该财产份额转让给他人的，依照规定为该合伙人办理退伙结算，或者办理削减该合伙人相应财产份额的结算。

四、特殊普通合伙制度

特殊的普通合伙企业，是指合伙人依法承担责任的普通合伙企业。特殊的普通合伙企业名称中应当标明"特殊普通合伙"字样。特殊的普通合伙，是普通合伙中的一种特殊情况，这种合伙形式适用于以专业知识和专门技能为客户提供有偿服务的专业服务机构。许多国际专业服务机构，如普华、德勤、安永、毕马威四家国际最大的会计师事务所，都采用了有限责任合伙形式。

一个合伙人或者数个合伙人在执业活动中因故意或者重大过失造成合伙企业债务的，应当承担无限责任或者无限连带责任，其他合伙人以其在合伙企业中的财产份额为限承担责任。合伙人在执业活动中非因故意或者重大过失造成的合伙企业债务以及合伙企业的其他债务，由全体合伙人承担无限连带责任。合伙人执业活动中因故意或者重大过失造成的合伙企业债务，以合伙企业财产对外承担责任后，该合伙人应当按照合伙协议的约定对给合伙企业造成的损失承担赔偿责任。

由于特殊普通合伙限定了合伙人对合伙企业债务承担无限责任的范围，客观上需要增加对客户和第三人的补充保护制度。为此，规定特殊普通合伙企业应当建立执业风险基金、办理职业保险制度，用于偿付由合伙人执业活动造成的债务。执业风险基金应当单独立户管理。

目前，我国有很多专业服务机构如会计师事务所、律师事务所采取合伙制的形式。可以将专业服务机构分为两类：①采取企业形式的，如会计师事务所、建筑师事务所等，可以直接适用《合伙企业法》；②采取非企业形式的，例如，律师事务所属于专业服务机构，但不是企业，由司法部审批管理，不进行工商登记。因此，实行合伙制的律师事务所不适用《合伙企业法》，但其合伙人承担责任的形式可以适用《合伙企业法》关于特殊的普通合伙企业合伙人承担责任的规定。

第四节 入伙和退伙

一、入伙

新合伙人入伙，除合伙协议另有约定外，应当经全体合伙人一致同意，并依法订立书面入伙协议。订立入伙协议时，原合伙人应当向新合伙人如实告知原合伙企业的经营状况和财务状况。

入伙的新合伙人与原合伙人享有同等权利，承担同等责任。入伙协议另有约定的，从其约定。新合伙人对入伙前合伙企业的债务承担无限连带责任。

二、退伙

（一）退伙的种类

退伙依照发生的原因，可以分为以下三类：

1. 自愿退伙。自愿退伙又称声明退伙，是指合伙人自主决定退出合伙。合伙协议约定合伙期限的，在合伙企业存续期间，有下列情形之一的，合伙人可以退伙：

（1）合伙协议约定的退伙事由出现。

（2）经全体合伙人一致同意。

（3）发生合伙人难以继续参加合伙的事由。

（4）其他合伙人严重违反合伙协议约定的义务。

合伙协议未约定合伙期限的，合伙人在不给合伙企业事务执行造成不利影响的情况下，可以退伙，但应当提前 30 日通知其他合伙人。

合伙人违反上述规定退伙的，应当赔偿由此给合伙企业造成的损失。

2. 当然退伙。当然退伙又称法定退伙，是指因出现法定事由而使合伙人当然丧失合伙人资格，退出合伙。

合伙人有下列情形之一的，当然退伙：

（1）作为合伙人的自然人死亡或者被依法宣告死亡。

（2）个人丧失偿债能力。

（3）作为合伙人的法人或者其他组织依法被吊销营业执照、责令关闭撤销，或者被宣告破产。

（4）法律规定或者合伙协议约定合伙人必须具有相关资格而丧失该资格。

（5）合伙人在合伙企业中的全部财产份额被人民法院强制执行。

合伙人被依法认定为无民事行为能力人或者限制民事行为能力人的，经其他合伙人一致同意，可以依法转为有限合伙人，普通合伙企业依法转为有限合伙企业。其他合伙人未能一致同意的，该无民事行为能力或者限制民事行为能力的合伙人退伙。退伙事由实际发生之日为退伙生效日。

3. 除名退伙。除名退伙又称开除退伙，是指由其他合伙人一致同意将某一合伙人除名而使其退出合伙。

合伙人有下列情形之一的，经其他合伙人一致同意，可以决议将其除名：

（1）未履行出资义务。

（2）因故意或者重大过失给合伙企业造成损失。

（3）执行合伙事务时有不正当行为。

（4）发生合伙协议约定的事由。

对合伙人的除名决议应当书面通知被除名人。被除名人接到除名通知之日，除名生效，被除名人退伙。被除名人对除名决议有异议的，可以自接到除名通知之日起 30 日内，向人民法院起诉。

（二）退伙的财产处理

1. 合伙人财产的继承。合伙人死亡或者被依法宣告死亡的，对该合伙人在合伙企业中的财产份额享有合法继承权的继承人，按照合伙协议的约定或者经全体合伙人一致同意，从继承开始之日起，取得该合伙企业的合伙人资格。有下列情形之一的，合伙企业应当向合伙人的继承人退还被继承合伙人的财产份额：

（1）继承人不愿意成为合伙人。

（2）法律规定或者合伙协议约定合伙人必须具有相关资格，而该继承人未取得该资格。

（3）合伙协议约定不能成为合伙人的其他情形。

合伙人的继承人为无民事行为能力人或者限制民事行为能力人的，经全体合伙人一致同意，可以依法成为有限合伙人，普通合伙企业依法转为有限合伙企业。全体合伙人未能一致同意的，合伙企业应当将被继承合伙人的财产份额退还该继承人。

2. 退伙财产的结算。合伙人退伙，其他合伙人应当与该退伙人按照退伙时的合伙企业财产状况进行结算，退还退伙人的财产份额。退伙人对给合伙企业造成的损失负有赔偿责任的，相应扣减其应当赔偿的数额。退伙时有未了结的合伙企业事务的，待该事务了结后进行结算。退伙人在合伙企业中财产份额的退还办法，由合伙协议约定或者由全体合伙人决定，可以退还货币，也可以退还实物。

退伙人对基于其退伙前的原因发生的合伙企业债务，承担无限连带责任。合伙人退伙时，合伙企业财产少于合伙企业债务的，退伙人应当依照《合伙企业法》第33条第1款的规定分担亏损。

第五节　有限合伙企业

一、有限合伙企业的设立

有限合伙企业由 2 个以上 50 个以下合伙人设立；但是，法律另有规定的除外。有限合伙企业至少应当有一个普通合伙人。有限合伙企业名称中应当标明"有限合伙"字样。

有限合伙人的出资方式几乎没有限制，可以用货币、实物、知识产权、土地使用权或者其他财产权利作价出资。但是，有限合伙人不得以劳务出资。有限合伙人应当按照合伙协议的约定按期足额缴纳出资；未按期足额缴纳的，应当承担补缴义务，并对其他合伙人承担违约责任。有限合伙企业登记事项中应当载明有限合伙人的姓名或者名称及认缴的出资数额。在承担责任方面，有限合伙人以其认缴的出资额为限承担责任；普通合伙人则承担无限连带责任。

二、有限合伙企业的债务清偿

有限合伙人的自有财产不足清偿其与合伙企业无关的债务的，该合伙人可以以其从有限合伙企业中分取的收益用于清偿；债权人也可以依法请求人民法院强制执行该合伙人在有限合伙企业中的财产份额用于清偿。人民法院强制执行有限合伙人的财产份额时，应当通知全体合伙人。在同等条件下，其他合伙人有优先购买权。

有限合伙企业仅剩有限合伙人的，应当解散；有限合伙企业仅剩普通合伙人的，转为普通合伙企业。第三人有理由相信有限合伙人为普通合伙人并与其交易的，该有限合伙人对该笔交易承担与普通合伙人同样的责任。有限合伙人未经授权以有限合伙企业名义与他人进行交易，给有限合伙企业或者其他合伙人造成损失的，该有限合伙人应当承担赔偿责任。

新入伙的有限合伙人对入伙前有限合伙企业的债务，以其认缴的出资额为限承担责任。

除合伙协议另有约定外，普通合伙人转变为有限合伙人，或者有限合伙人转变为普通合伙人，应当经全体合伙人一致同意。有限合伙人转变为普通合伙人的，对其作为有限合伙人期间有限合伙企业发生的债务承担无限连带责任。普通合伙人转变为有限合伙人的，对其作为普通合伙人期间合伙企业发生的债务承担无限连带责任。

三、有限合伙企业的退伙

有限合伙人有下列情形之一的，当然退伙：

1. 作为合伙人的自然人死亡或者被依法宣告死亡。

2. 作为合伙人的法人或者其他组织依法被吊销营业执照、责令关闭、撤销，或者被宣告破产。

3. 法律规定或者合伙协议约定合伙人必须具有相关资格而丧失该资格。

4. 合伙人在合伙企业中的全部财产份额被人民法院强制执行。

作为有限合伙人的自然人在有限合伙企业存续期间丧失民事行为能力的，其他合伙人不得因此要求其退伙。作为有限合伙人的自然人死亡、被依法宣告死亡或者作为有限合伙人的法人及其他组织终止时，其继承人或者权利承受人可以依法取得该有限合伙人在有限合伙企业中的资格。

有限合伙人退伙后，对基于其退伙前的原因发生的有限合伙企业债务，以其退伙时从有限合伙企业中取回的财产承担责任。

第六节 合伙企业的解散与清算

一、合伙企业的解散

合伙企业的解散，是指合伙企业因某些法律事实的发生而使其民事主体资格归于消灭的行为。合伙企业有下列情形之一时，应当解散：

1. 合伙期限届满，合伙人决定不再经营。
2. 合伙协议约定的解散事由出现。
3. 全体合伙人决定解散。
4. 合伙人已不具备法定人数满 30 天。
5. 合伙协议约定的合伙目的已经实现或者无法实现。
6. 依法被吊销营业执照、责令关闭或者被撤销。
7. 法律、行政法规规定的其他原因。

二、合伙企业的清算

合伙企业解散，应当由清算人进行清算。清算人由全体合伙人担任；经全体合伙人过半数同意，可以自合伙企业解散事由出现后 15 日内指定一个或者数个合伙人，或者委托第三人，担任清算人。自合伙企业解散事由出现之日起 15 日内未确定清算人的，合伙人或者其他利害关系人可以申请人民法院指定清算人。

清算人在清算期间执行下列事务：

1. 清理合伙企业财产，分别编制资产负债表和财产清单。
2. 处理与清算有关的合伙企业未了结事务。
3. 清缴所欠税款。
4. 清理债权、债务。
5. 处理合伙企业清偿债务后的剩余财产。
6. 代表合伙企业参加诉讼或者仲裁活动。

清算人自被确定之日起 10 日内将合伙企业解散事项通知债权人，并于 60 日内在报纸上公告。债权人应当自接到通知书之日起 30 日内，未接到通知书的自公告之日起45日内，向清算人申报债权。债权人申报债权，应当说明债权的有关事项，并提供证明材料。清算人应当对债权进行登记。清算期间，合伙企业存续，但不得开展与清算无关的经营活动。合伙企业财产在支付清算费用和职工工资、社会保险费用、法定补偿金以及缴纳所欠税款、清偿债务后的剩余财产，依照规定进行分配。清算结束，清算人应当编制清算报告，经全体合伙人签名、盖章后，在15日内向企业登记机关报送清算报告，申请办理合伙企业注销登记。

合伙企业注销后，原普通合伙人对合伙企业存续期间的债务仍应承担无限连带责任。合伙企业不能清偿到期债务的，债权人可以依法向人民法院提出破产清算申请，也可以要求普通合伙人清偿。合伙企业依法被宣告破产的，普通合伙人对合伙企业债务仍应承担无限连带责任。

第七节　合伙企业法律实务

一、合伙事务执行

（一）普通合伙企业的事务执行

合伙人对执行合伙事务享有同等的权利。按照合伙协议的约定或者经全体合伙人决定，可以委托一个或者数个合伙人对外代表合伙企业，执行合伙事务。作为合伙人的法人、其他组织执行合伙事务的，由其委派的代表执行。依法委托一个或者数个合伙人执行合伙事务的，其他合伙人不再执行合伙事务。不执行合伙事务的合伙人有权监督执行事务合伙人执行合伙事务的情况。由一个或者数个合伙人执行合伙事务的，执行事务合伙人应当定期向其他合伙人报告事务执行情况以及合伙企业的经营和财务状况，其执行合伙事务所产生的收益归合伙企业，所产生的费用和亏损由合伙企业承担。合伙人为了解合伙企业的经营状况和财务状况，有权查阅合伙企业会计账簿等财务资料。

合伙人分别执行合伙事务的，执行事务合伙人可以对其他合伙人执行的事务提出异议。提出异议时，应当暂停该项事务的执行。如果发生争议，依法作出决定。受委托执行合伙事务的合伙人不按照合伙协议或者全体合伙人的决定执行事务的，其他合伙人可以决定撤销该委托。合伙人对合伙企业有关事项作出决议，按照合伙协议约定的表决办法办理。合伙协议未约定或者约定不明确的，实行合伙人一人一票并经全体合伙人过半数通过的表决办法。

除合伙协议另有约定外，合伙企业的下列事项应当经全体合伙人一致同意：

1. 改变合伙企业的名称。

2. 改变合伙企业的经营范围、主要经营场所的地点。

3. 处分合伙企业的不动产。

4. 转让或者处分合伙企业的知识产权和其他财产权利。

5. 以合伙企业名义为他人提供担保。

6. 聘任合伙人以外的人担任合伙企业的经营管理人员。

合伙人不得自营或者同他人合作经营与本合伙企业相竞争的业务。除合伙协议另有约定或者经全体合伙人一致同意外,合伙人不得同本合伙企业进行交易。合伙人不得从事损害本合伙企业利益的活动。

合伙企业的利润分配、亏损分担,按照合伙协议的约定办理;合伙协议未约定或者约定不明确的,由合伙人协商决定;协商不成的,由合伙人按照实缴出资比例分配、分担;无法确定出资比例的,由合伙人平均分配、分担。合伙协议不得约定将全部利润分配给部分合伙人或者由部分合伙人承担全部亏损。

合伙人按照合伙协议的约定或者经全体合伙人决定,可以增加或者减少对合伙企业的出资。

被聘任的合伙企业的经营管理人员应当在合伙企业授权范围内履行职务。被聘任的合伙企业的经营管理人员,超越合伙企业授权范围履行职务,或者在履行职务过程中因故意或者重大过失给合伙企业造成损失的,依法承担赔偿责任。

合伙企业应当依照法律、行政法规的规定建立企业财务、会计制度。

(二)有限合伙企业事务的执行

有限合伙企业由普通合伙人执行合伙事务。执行事务合伙人可以要求在合伙协议中确定执行事务的报酬及报酬提取方式。有限合伙人不执行合伙事务,不得对外代表有限合伙企业。有限合伙人的下列行为,不视为执行合伙事务:

1. 参与决定普通合伙人入伙、退伙。

2. 对企业的经营管理提出建议。

3. 参与选择承办有限合伙企业审计业务的会计师事务所。

4. 获取经审计的有限合伙企业财务会计报告。

5. 对涉及自身利益的情况,查阅有限合伙企业财务会计账簿等财务资料。

6. 在有限合伙企业中的利益受到侵害时,向有责任的合伙人主张权利或者提起诉讼。

7. 执行事务合伙人怠于行使权利时,督促其行使权利或者为了本企业的利益以自己的名义提起诉讼。

8. 依法为本企业提供担保。

有限合伙企业不得将全部利润分配给部分合伙人,但是合伙协议另有约定的除外。有限合伙人可以同本有限合伙企业进行交易,但是合伙协议另有约定的除外。有限合伙人可以自营或者同他人合作经营与本有限合伙企业相竞争的业务，但是合伙协议另有约定的除外。有限合伙人可以将其在有限合伙企业中的财产份额出质，但是合伙协议另有约定的除外。

二、法律责任

按照承担责任的主体划分，可以将违反合伙企业法的法律责任分为：合伙企业的法律责任、合伙人的法律责任、清算人的法律责任和行政管理机关及其工作人员的法律责任。

（一）合伙企业的法律责任

合伙企业作为一种营利性组织，有关人员必须经企业登记机关依法登记才能取得合法经营资格，得到法律的保护。倘若其是通过非法手段登记成立的，不仅得不到认可，有关人员还要承担相应的法律责任。

违反规定提交虚假文件或者采取其他欺骗手段，取得合伙企业登记的，由企业登记机关责令改正，处以5000元以上5万元以下的罚款；情节严重的，撤销企业登记，并处以5万元以上20万元以下的罚款。所谓责令改正，是指由合伙企业登记机关依法要求行为人提供真实、合法的文件或纠正其欺骗行为。这是对一般违法行为的处罚；此外，是否处以罚款，由合伙企业登记机关决定，至于何为情节严重，目前立法中尚未作具体规定，亦要由合伙企业登记机关酌情决定。由于这类违法行为比一般违法行为的社会危害性大，给予撤销企业登记的处罚，取消其作为合伙企业的资格，是完全必要的。

合伙企业未在其名称中标明"普通合伙""特殊普通合伙"或者"有限合伙"字样的，由企业登记机关责令限期改正，处以2000元以上1万元以下的罚款。

未领取营业执照，而以合伙企业或者合伙企业分支机构名义从事合伙业务的，由企业登记机关责令停止，处以5000元以上5万元以下的罚款。合伙企业登记事项发生变更时，未依照规定办理变更登记的，由企业登记机关责令限期登记；逾期不登记的，处以2000元以上2万元以下的罚款。

（二）合伙人的法律责任

合伙企业登记事项发生变更，执行合伙事务的合伙人未按期申请办理变更登记的，应当赔偿由此给合伙企业、其他合伙人或者善意第三人造成的损失。

合伙人执行合伙事务，或者合伙企业从业人员利用职务上的便利，将应当归合伙企业的利益据为己有的，或者采取其他手段侵占合伙企业财产的，应当将该利益和财产退还合伙企业；给合伙企业或者其他合伙人造成损失的，依法承担赔偿责任。

为保证合伙企业经营活动的正常进行，合伙人不得擅自处理合伙企业的事务。合伙人对《合伙企业法》规定或者合伙协议约定必须经全体合伙人一致同意始得执行的事务擅自处理，给合伙企业或者其他合伙人造成损失的，依法承担赔偿责任。不具有事务执行权的合伙人擅自执行合伙事务，给合伙企业或者其他合伙人造成损失的，依法承担赔偿责任。合伙人违反法律规定或者合伙协议的约定，从事与本合伙企业相竞争的业务或者与本合伙企业进行交易的，该收益归合伙企业所有；给合伙企业或者其他合伙人造成损失的，依法承担赔偿责任。

合伙人违反合伙协议的，应当依法承担违约责任。合伙人履行合伙协议发生争议的，合伙人可以通过协商或者调解解决。不愿通过协商、调解解决或者协商、调解不成的，可以按照合伙协议约定的仲裁条款或者事后达成的书面仲裁协议，向仲裁机构申请仲裁。合伙协议中未订立仲裁条款，事后又没有达成书面仲裁协议的，可以向人民法院起诉。

（三）清算人的法律责任

清算人对合伙企业及合伙人负有诚实信用的义务，其能否认真依法履行职责，对于合伙企业及合伙人的利益至关重要。为此，合伙企业法除明确其职责外，还对其违法责任作了相应的规定。

清算人未依照规定向企业登记机关报送清算报告，或者报送清算报告隐瞒重要事实，或者有重大遗漏的，由企业登记机关责令改正。由此产生的费用和损失，由清算人承担和赔偿。清算人执行清算事务，牟取非法收入或者侵占合伙企业财产的，应当将该收入和侵占的财产退还合伙企业；给合伙企业或者其他合伙人造成损失的，依法承担赔偿责任。清算人违反规定，隐匿、转移合伙企业财产，对资产负债表或者财产清单作虚假记载，或者在未清偿债务前分配财产，损害债权人利益的，依法承担赔偿责任。

（四）行政管理机关及其工作人员的法律责任

这里所称的行政管理机关及其工作人员，是指依法从事合伙企业监督管理工作的国家行政机关及其工作人员。由于这些机关及其工作人员负有重要的行政管理职责，其能否忠于职守、秉公执法，直接影响政府职能作用的发挥和社会经济秩序的稳定，《合伙企业法》对其违法责任作了专门规定。

有关行政管理机关的工作人员违反规定，滥用职权、徇私舞弊、收受贿赂、侵害合伙企业合法权益的，依法给予行政处分，构成犯罪的，依法追究刑事责任。违反规定，其应当承担民事赔偿责任和缴纳罚款、罚金，其财产不足以同时支付的，先承担民事赔偿责任。

复习与思考

1. 简述合伙模式的划分标准与合伙企业的法律地位。

2. 合伙企业中合伙人享有的权利与承担的义务有哪些？

3. 个人独资企业与合伙企业的区别是什么？

4. 个人独资企业在解散时如何清算？

5. 个人独资企业的投资人有哪些权利？如何行使这些权利？

6. 材料：甲于1998年开办了丁企业，并登记注册为个体工商户，该企业于2000年被注销，甲也于2002年死亡。甲之子丙于2003年收回一笔在其父开办经营丁企业期间的债权。事隔不久，乙诉至法院，请求对该笔债权进行分配，理由是丁企业是其和甲合伙开办，并且乙在丁企业担任副经理一职，在合伙企业清算时，由于该债权已作为坏账处理而未将其纳入财产分配范围，现该债权已实现，故要求对其财产进行分配。乙向法庭提交的证据有丁企业合伙财产分配协议一份和乙曾作为丁企业副经理等的相关证明。

问：根据《合伙企业法》，甲、乙之间是否形成隐名合伙关系，为什么？（案例来源：找法网）

第四章 个人独资企业法律制度

教学目的和要求

通过本章的学习，应掌握个人独资企业的概念；个人独资企业的设立、变更和解散；个人独资企业的权利和义务；投资人及其对企业事务的管理。本章的重点是个人独资企业的特征和经营范围；难点是个人独资企业的解散和清算。

第一节 个人独资企业法律制度概述

一、个人独资企业的概念

个人独资企业，是指依法在中国境内设立，由一个自然人投资，财产为投资人个人所有，投资人以其个人财产对企业债务承担无限责任的经营实体。在国外，通常被称为"业主制企业"。个人独资企业，可谓是最早的一种企业组织形式。由于不存在共同所有权，并且企业的所有者同时就是企业的经营者，因此具有经营灵活、决策迅速、管理成本较小等优点。所以，尽管当今的市场竞争日趋激烈，但这种企业形式仍然在世界范围内普遍存在。

二、个人独资企业的法律特征

1. 投资者只能是一个自然人。这里的自然人只能是具有民事行为能力的中国公民。外商个人不适用《个人独资企业法》，不得开办个人独资企业。

2. 企业财产权属于投资者个人。个人独资企业投资人对本企业的财产依法享有所有权，其有关权利可以依法进行转让或继承。在这一点上，个人独资企业不同于合伙企业以及公司。合伙企业和公司都存在资本的联合，因而企业的财产所有权从主体上来说属于企业。虽然投资人可以依法行使股东权或合伙人权利，但企业本身是财产权的主体。

3. 投资人对企业债务以个人财产承担无限责任。这就意味着当企业财产不足以偿还债务时，投资人有义务以全部个人财产对企业债务承担偿还责任。个人独资企业投资人在申请企业设立登记时明确以其家庭共有财产作为个人出资的，应当依法以家庭共有财产对企业债务承担无限责任。

4. 不具有法人资格，具有独立民事主体地位。个人独资企业不能独立承担民事责任，而要由投资人承担无限责任，这决定了它不是法人企业。在我国，个人独资企业能否作为独立的民事主体参与民事活动，长期以来没有统一的认识。有人认为，个人独资企业没有自己的独立财产。传统民法理论中认可的民事主体只有自然人和法人两种，因而不能将其作为一种独立的民事主体看待。我们认为，个人独资企业虽然不能独立地对外承担民事责任，但它确有相对独立的民事权利能力和行为能力，可以企业自己的名义提起并参加民事诉讼，这与个体工商户相区别。个体工商户即使有字号，也必须是以自然人的名义提起诉讼。

三、个人独资企业法的概念及立法概况

个人独资企业法是调整独资企业法律关系，规范独资企业及其投资人生产经营行为的法律。其调整对象是一个自然人单独投资设立的企业，包括符合该法规定的私营企业和个体工商户，不包括国有企业和集体企业。《个人独资企业法》只适用于个人独资企业，不适用于具有独资特点的全民所有制企业、国有独资公司及外商独资企业。

制定《个人独资企业法》，是我国经济发展和深化企业改革以及建立社会主义市场经济法律体系的客观要求。长期以来，我国对企业分类均以财产所有制作为划分标准，与此相对应，确立了国有企业、集体企业、私营企业三种基本的企业分类形式，以及外商投资企业、联营企业等几种补充企业分类形式。这种分类方式不能突出企业在组织形态上的法律特征，使企业带有浓厚的身份色彩，与社会主义市场经济的根本定位不相符合，也与当今国际通行的企业分类相悖。根据各国的通行标准，通常将企业按其组织形态分为个人独资企业、合伙企业和公司企业。为此，国家分别制定了《公司法》《合伙企业法》和《个人独资企业法》，为三种组织形态的企业提供法律依据，有学者称为"企业三法并行"，这意味着我国已建立起与国际分类一致的企业分类模式。

《个人独资企业法》，于1999年8月30日由第九届人大常委会第十一次会议通过，于2000年1月1日起正式施行。

第二节 个人独资企业的设立

一、设立条件

个人独资企业的设立，需要满足以下几个方面的条件：

1. 投资人为一个自然人，法律、行政法规禁止从事营利活动的人除外。如法官、检察官、人民警察、公务员、现役军人等都不得作为投资人申请设立个人独资企业。

2. 有合法的企业名称。企业名称应当与其责任形式及从事的营业相符合。个人独资企业的名称中不得使用"有限""有限责任"或者"公司"字样，可以叫厂、店、部、中心、工作室等。

3. 有投资人申报的出资。《个人独资企业法》对设立个人独资企业的出资数额未作限制。设立个人独资企业可以用货币出资，也可以用实物、土地使用权、知识产权或者其他财产权利出资。以家庭共有财产作为个人出资的，投资人应当在设立（变更）登记申请书上予以注明。

4. 有固定的生产经营场所和必要的生产经营条件。企业以其主要办事机构所在地为住所。

5. 有必要的从业人员。

二、经营范围

1. 允许经营的行业。一般情况下，个人独资企业经营规模较小，企业财力有限。通常来说，个人独资企业可以在国家法律、法规和政策规定的范围内，从事工业、建筑业、交通运输业、商业、饮食业、服务业、修理业、科技咨询业和营利性的文化艺术、旅游、体育、食品、医药、养殖业等行业。当然，个人独资企业也可以一业为主，兼营他业。

2. 禁止经营的行业。根据有关的法律、法规及相关政策，个人独资企业不得从事的行业主要有以下三类：①任何单位和个人都不得生产经营的产品，如迷信产品、已淘汰的药品、非法出版物等；②由国家指定专由国有企业统一生产经营的产品，如文物古董、珠宝玉器、稀有矿物、集邮品、枪支弹药、军工产品等；③电信、邮政、金融、石油及汽车等行业，根据现行政策个人独资企业也不得经营。

三、设立程序

1. 申请。申请设立个人独资企业，应当由投资人或者其委托的代理人向个人独资企业所在地的登记机关提交设立申请书、投资人身份证明、生产经营场所使用证明等文件。委托代理人申请设立登记时，应当出具投资人的委托书和代理人的合法证明。

个人独资企业设立申请书应当载明下列事项：①企业的名称和住所；②投资人的姓名和居所；③投资人的出资额和出资方式；④经营范围。个人独资企业不得从事法律、行政法规禁止经营的业务；从事法律、行政法规规定须报经有关部门审批的业务，应当在申请设立登记时提交有关部门的批准文件。

2. 登记。登记机关应当在收到设立申请文件之日起 15 日内，对符合《个人独资企业法》规定条件的，予以登记，发给营业执照；对不符合《个人独资企业法》规定条件的，不予登记，并应当给予书面答复，说明理由。个人独资企业的营业执照的签发日期，为个人独资企业成立日期。在领取个人独资企业营业执照前，投资人不得以个人独资企业名义从事经营活动。

个人独资企业设立分支机构，应当由投资人或者其委托的代理人向分支机构所在地的登记机关申请登记，领取营业执照。分支机构的民事责任由设立该分支机构的个人独资企业承担。个人独资企业存续期间登记事项发生变更的，应当在作出变更决定之日起的 15 日内依法向登记机关申请办理变更登记。

第三节　个人独资企业的经营管理及权利、义务

一、两种经营管理模式

个人独资企业投资人可以自行经营管理企业事务，也可以委托或者聘用他人负责企业的事务管理。

1. 投资人自己管理。

2. 委托或者聘用他人管理。投资人委托或者聘用他人管理的，受托人或者受聘人应当具有民事行为能力；应当与受托人或者受聘人签订书面合同，明确委托的具体内容和授予的权利范围；受托人或者受聘人应当履行诚信、勤勉义务，按照与投资人签订的合同负责个人独资企业的事务管理；投资人对受托人或者受聘人职权的限制，不得对抗善意第三人。

受托人或者受聘人不得有下列行为：

（1）利用职务上的便利，索取或者收受贿赂。

（2）利用职务或者工作上的便利侵占企业财产。

（3）挪用企业的资金归个人使用或者借贷给他人。

（4）擅自将企业资金以个人名义或者以他人名义开立账户储存。

（5）擅自以企业财产提供担保。

（6）未经投资人同意，从事与本企业相竞争的业务。

（7）未经投资人同意，同本企业订立合同或者进行交易。

（8）未经投资人同意，擅自将企业商标或者其他知识产权转让给他人使用。

（9）泄露本企业的商业秘密。

（10）法律、行政法规禁止的其他行为。

二、个人独资企业的事务管理

1. 会计事务管理。个人独资企业应当依法设置会计账簿，进行会计核算。根据《会计法》的规定，个人独资企业与其他单位一样，必须根据实际发生的

经济业务事项进行会计核算，填制会计凭证，登记会计账簿，编制财务会计报告，不得以虚假的经济业务事项或者资料进行会计核算。

2. 用工管理。个人独资企业招用职工，应当严格按照劳动法的有关规定进行：①按照平等自愿原则与职工签订劳动合同；②不得招收童工；③遵守国家工时制度；④遵守国家公休日及其他假期制度；⑤遵守国家最低工资制度和特殊工资保障制度；⑥遵守国家劳动保护制度。

个人独资企业职工的自主签订合同权、合理休息权、获得劳动报酬权、接受职业技能培训权、享受劳动保护权、获得社会保障权等合法权益不受侵犯。

3. 社会保险事务。个人独资企业应当按照国家社会保障法的有关规定参加社会保险，为职工缴纳社会保险费。目前我国设有五种强制性社会保险，即养老保险、工伤保险、医疗保险、失业保险和职工生育保险。社会保险基金由国家、企业和职工三方共同负担。个人独资企业应当依法为职工办理各种社会保险事宜，并支付企业应当承担的保险费。

三、个人独资企业的法定权利

1. 依法申请贷款权。

2. 依法取得土地使用权的权利。

3. 摊派拒绝权。即任何单位和个人不得违反法律、行政法规的规定，以任何方式强制个人独资企业提供财力、物力、人力；对于违法强制提供财力、物力、人力的行为，个人独资企业有权拒绝。

4. 法律、行政法规规定的其他权利。

四、个人独资企业的法定义务

1. 个人独资企业从事经营活动必须遵守法律、行政法规，遵守诚实信用原则，不得损害社会公共利益。

2. 依法履行纳税义务。

3. 依法招用职工，应当与职工签订劳动合同，保障职工的劳动安全，按时、足额发放职工工资。

4. 应当按照国家规定参加社会保险，为职工缴纳社会保险费。

5. 依法设置会计账簿、进行会计核算。

第四节　个人独资企业的解散和清算

一、解散的原因

按照《个人独资企业法》第 26 条的规定，个人独资企业有下列情形之一时，

应当解散:

1. 投资人决定解散。

2. 投资人死亡或者被宣告死亡,无继承人或者继承人决定放弃继承。

3. 被依法吊销营业执照。

4. 法律、行政法规规定的其他情形。

二、清算

1. 清算人的确定。由投资人自行清算或者由债权人申请人民法院指定清算人进行清算。

2. 自行清算的通知和公告。投资人自行清算的,应当在清算前15日内书面通知债权人,无法通知的,应当予以公告。债权人应当在接到通知之日起30日内,未接到通知的应当在公告之日起60日内,向投资人申报其债权。

3. 清算期间个人独资企业和投资人的消极义务。清算期间,个人独资企业不得开展与清算目的无关的经营活动。在按规定清偿债务前,投资人不得转移、隐匿财产。

4. 个人独资企业财产分配顺序。个人独资企业解散的,财产应当按照下列顺序清偿:①所欠职工工资和社会保险费用;②所欠税款;③其他债务。

5. 未清偿债务的承担。企业财产不足以清偿债务的,投资人应当以其个人的其他财产予以清偿。投资人在申请企业设立登记时明确以其家庭共有财产作为个人出资的,应当以家庭共有财产予以清偿。

6. 债务清偿责任的消灭。个人独资企业解散后,原投资人对个人独资企业存续期间的债务仍应承担偿还责任,但债权人在5年内未向债务人提出偿债请求的,该责任消灭。

7. 注销登记。个人独资企业清算结束后,投资人或者人民法院指定的清算人应当编制清算报告,并于15日内到登记机关办理注销登记。

第五节 个人独资企业法律实务

一、法律责任

《个人独资企业法》规定了投资人、个人独资企业及受托人、登记机关及其工作人员等违法行为的情形及应承担的法律责任。

(一)投资人的法律责任

投资人提交虚假文件或采取其他欺骗手段,取得企业登记的,责令投资人改正，并对其处以 5000 元以下的罚款；情节严重的，并处吊销营业执照。投资者未领取营业执照，以个人独资企业名义从事经营活动的，责令停止经营活动，处以 3000 元以下的罚款。

投资人在清算前或清算期间隐匿或转移财产，逃避债务的，依法追回其财产，并按照有关规定予以处罚；构成犯罪的，依法追究刑事责任。投资人应当承担民事赔偿责任和缴纳罚款、罚金，其财产不足以支付的，或者被判处没收财产的，应当先承担民事赔偿责任。

（二）个人独资企业的法律责任

1. 个人独资企业使用的名称与其在登记机关登记的名称不相符合的，责令限期改正，处以 2000 元以下的罚款。涂改、出租、转让营业执照的，责令改正，没收违法所得，处以 3000 元以下的罚款；情节严重的，吊销营业执照。伪造营业执照的，责令停业，没收违法所得，处以 5000 元以下的罚款。构成犯罪的，依法追究刑事责任。

2. 个人独资企业成立后无正当理由超过 6 个月未开业的，或者开业后自行停业连续 6 个月以上的，吊销营业执照。登记事项发生变更时，未按法律规定办理有关变更登记的，责令限期办理变更登记；逾期不办理的，处以 2000 元以下的罚款。

3. 个人独资企业违反法律规定，侵犯职工合法权益，未保障职工劳动安全，不缴纳社会保险费用的，按照有关法律、行政法规予以处罚，并追究有关责任人员的责任。

（三）受托人的法律责任

投资人委托或者聘用的人员管理个人独资企业事务时违反双方订立的合同，给投资人造成损害的，承担民事赔偿责任。

投资人委托或者聘用的人员，侵犯个人独资企业财产权益的，责令退还侵占的财产；给企业造成损失的，依法承担赔偿责任；有违法所得的，没收违法所得；构成犯罪的，依法追究刑事责任。

（四）有关机关和人员的法律责任

对违反法律、行政法规的规定强制个人独资企业提供财力、物力、人力的机关和人员，按照有关法律、行政法规予以处罚，并追究有关责任人员的责任。

登记机关对不符合法定条件的个人独资企业予以登记，或者对符合法定条件的企业不予登记的，对直接责任人员依法给予行政处分；构成犯罪的，依法追究刑事责任。登记机关的上级部门的有关主管人员强令登记机关对不符合法定条件的企业予以登记，或者对符合法定条件的企业不予登记的，或者对登记机关的违法登记行为进行包庇的，对直接责任人员依法给予行政处分；构成犯罪的，依法追究刑事责任。

登记机关对符合法定条件的申请不予登记或者超过法定时限不予答复的，当事人可依法申请行政复议或提起行政诉讼。

二、实践中如何掌握个人独资企业与个体工商户的异同

（一）个人独资企业与个体工商户的相同点

1. 两者的投资人数相同。个人独资企业和个体工商户都是由一个自然人投资，投入的财产及由此所产生的收益均归投资者个人所有，可依法转让或继承。

2. 两者承担责任的形式相同。个人独资企业以投资者个人财产对企业债务承担无限责任，投资人在申请个人独资企业设立登记时，明确以其家庭共有财产作为个人出资的，应当依法以家庭共有财产对企业债务承担无限责任。个体工商户可以个人经营，也可以家庭经营。个人经营的，以个人全部财产承担民事责任；家庭经营的，以家庭全部财产承担民事责任。

3. 两者的资本金均无限制。个人独资企业与个体工商户均没有规定最低注册资本金，由投资人根据自己确定的经营范围与规模所具备的必要资本，向工商行政管理机关申报登记的资本数额，不需要经过验资程序。

4. 两者投资人的资格限制相同。凡法律、行政法规禁止从事营利性活动的人员，均不得作为投资人申请设立个人独资企业或申请登记从事个体经营。

（二）个人独资企业与个体工商户的不同点

1. 两者的法律依据不同。个人独资企业是依据《个人独资企业法》成立和运行的；而个体工商户是依据《城乡个体工商户管理暂行条例》成立和运行的。

2. 两者成立的条件不同。①个人独资企业必须具有合法的企业名称，并且由以下部分依次组成：企业所在地行政区划名称、字号（或者商号）、行业或者经营特点、组织形式。企业名称要与其责任形式及从事的营业相符合，不得使用"有限""有限责任"或者"公司"字样；而个体工商户采用字号名称，完全由经营者自行决定，法律、法规无特别要求。②个人独资企业必须具有固定的生产经营场所和必要的生产经营条件以及从业人员；而个体工商户无此限制，从事客货运输、贩运以及摆摊设点、流动服务的个体工商户无需固定的经营场所。

3. 两者享有的权利不同。①个人独资企业享有企业名称专用权，其企业名称可以依法转让；而个体工商户的字号名称一般不能转让。②个人独资企业可以设立分支机构，由投资人或者其委托的代理人向分支机构所在地的工商行政管理机关申请登记，领取营业执照，分支机构的民事责任由设立该分支机构的个人独资企业承担；而个体工商户不能设立分支机构。③个人独资企业享有广泛的经营自主权，包括依法申请贷款权、取得土地使用权、外资经营权、获得有关技术权、广告发布权、商标印制权、招用职工权等；而个体工商户的经营权利没有个人独资企业广泛，其在土地使用、外贸经营、广告发布、商标印制及招用职工等权利上受到一定的限制。④个人独资企业的投资人可以自行管理企业事务，也可以委托或者聘用其他具有民事行为能力的人负责企业事务的管理。受托人或者被聘用的人员应当履行诚信、勤勉义务，按照与投资人签订的合同负责个人独资企业的事务管理，不得侵占企业财产及损害投资人的利益。个体工商户则必须亲自从事经营活动。个人经营的个体工商户改变经营者时，应当重新申请登记；家庭经营的个体工商户改变家庭经营者姓名时，应当向原登记的工商行政管理机关办理变更登记。未经批准，不得擅自改变。

4. 两者核发营业执照的期限不同。工商行政管理机关在收到设立个人独资企业申请或变更申请文件之日起15日内，对符合法定条件的予以登记，发给营业执照；对不符合法定条件的不予登记，并应当给予书面答复，说明理由。工商行政管理机关则应在受理个人经营申请之日起30日内作出审查决定，核准登记的，发给营业执照；不予登记的，书面通知申请人。

5. 两者缴纳的税费不同。个人独资企业依照国家对企业征税的有关规定执行，不需交纳管理费。而个体工商户除依法纳税外，还必须向工商行政管理机关缴纳一定比例的管理费。

6. 两者的清算程序不同。个人独资企业解散，由投资人自行清算或者由债权人申请人民法院指定清算人进行清算。投资人自行清算的，应当在清算前15日内书面通知债权人，无法通知的，应当予以公告。债权人应当在接到通知之日起30日内，未接到通知的应当在公告之日起60日内，向投资人申报其债权。个人独资企业清算结束后，投资人或者人民法院指定的清算人应当编制清算报告，并于15日内到登记机关办理注销登记。而个体工商户歇业时无清算程序，只需向原登记机关办理歇业手续，缴回注销营业执照。

7. 两者承担的行政责任不同。个人独资企业擅自改变登记事项的，由登记机关限期改正；逾期不办理的，处以2000元以下罚款。个人独资企业成立后无正当理由超过6个月未开业或者开业后自行停业连续6个月以上的，吊销营业执照。而个体工商户擅自改变经营方式或者超越核准的经营范围从事经营活动的，没收其非法所得，可以并处5000元以下的罚款；自行停业超过6个月的，由原登记的工商行政管理机关收缴营业执照。个体工商户被吊销营业执照6个月后，方可申请登记，从事个体经营。

8. 两者承担民事责任的时效期间不同。个人独资企业解散后，原投资人对企业存续期间的债务仍应承担偿还责任，但债权人在5年内未向债务人提出偿债请求的，该责任消灭。个人独资企业应当承担民事赔偿责任和缴纳罚款、罚金，其财产不足以支付的，应当先承担民事赔偿责任。而个体工商户偿还债务的时效期间及承担责任的先后顺序无特别规定，适用《民法总则》中有关 3 年的诉讼时效。

复习与思考

1. 个人独资企业与合伙企业的区别是什么？

2. 简述设立个人独资企业应具备的条件。

3. 个人独资企业在解散时如何清算？

4. 个人独资企业的投资人有哪些权利？

5. 实践中如何区分个人独资企业与个体工商户？

6. 材料：甲以个人财产设立一独资企业，后甲病故，其妻和其子女（均已满 18 岁）都明确表示不愿继承该企业，该企业只得解散。

问：根据《个人独资企业法》，该企业解散时，应由谁进行清算，具体程序如何？（该案例改编自 2004 年司法考试试题）

第五章 国有企业法律制度

教学目的和要求

了解国有企业法的概念、立法概况；弄清国有企业的设立条件和设立、变更、终止的程序；明确国有企业的法律地位、权利义务、内部管理体制以及违反国有企业法的单位和个人的法律责任；掌握国有企业改制及布局、结构调整规范或政策的基本内容。

第一节 国有企业法概述

一、国有企业法的概念

国有企业法是调整国有企业在生产经营活动中和国家在管理国有企业过程中所发生的一定经济关系的法律规范的总称。

国有企业，是指国家全资和控股的企业。实行公司制的国有企业，除适用公司法外，国家有特别规定的，亦应适用与其相关的特别规定。

国有企业法调整的经济关系，具体是指四个方面的一定范围的经济关系，这四个方面的经济关系包括：①国家机关与国有企业之间在国民经济管理过程中发生的经济关系；②国有企业内部上下级组织之间、企业内部各级组织与其成员之间，在企业管理过程中发生的经济关系；③国有企业相互之间、国有企业与其他社会组织或经济主体之间，在经济协作过程中发生的经济关系；④国有企业内部各级组织之间，在经济协作过程中发生的经济关系。

国有企业法的调整对象之所以只限于以上四个方面的一定范围的经济关系，是因为在这四个方面的经济关系中，还包括应由其他法律规范调整的部分。例如，国家机关与国有企业之间在国民经济管理过程中发生的经济关系，就包括应由财政法、税法等法律调整的财政关系、税收关系。实行公司制的国有企业，则包括应由公司法调整的经济关系。这些经济关系与国有企业法调整的经济关系如何具体划分，目前还没有统一的意见，尚需进一步研究探讨和界定。在集体和私营企业法中亦存在类似问题。

国有企业在关系我国国计民生的产业组织中居于首要地位，国有企业法作为调整国有企业所发生的一定经济关系的法律，无疑是我国企业立法的基本内容。其对于运用法律手段搞活国有企业，促进国民经济的发展，对于建立具有中国特色的、充满生机和活力的社会主义市场经济体制，都有着十分重要的作用。

二、国有企业立法概况

我国现行的国有企业法律、法规基本都是在党的十一届三中全会以后制定发布的。在现行立法中，1988 年 4 月 13 日第七届全国人大第一次会议通过的《中华人民共和国全民所有制工业企业法》（已被《全国人民代表大会常务委员会关于修改部分法律的规定》修订，2009 年 8 月 27 日发布，2009 年 8 月 27 日实施，以下简称《企业法》），是我国的基本法律之一。该法不仅适用于全民所有制工业企业，而且其规定的原则还适用于全民所有制的交通运输、邮电、地质勘探、建筑安装、商业、外贸、物资，以及农林水利企业。除《企业法》之外，国家和地方立法机关针对国有企业制定的法律、法规，以及国务院有关业务主管部门和地方人民政府所制定的与其相配套的行政规章亦是国有企业立法的重要组成部分。例如，1992 年 7 月 23 日国务院颁布的《全民所有制工业企业转换经营机制条例》（已被《国务院关于废止和修改部分行政法规的决定》修订，2011 年 1 月 8 日发布，2011 年 1 月 8 日实施），《全民所有制工业企业承包经营责任制暂行条例》（1988 年 2 月 27 日发布，根据 1990 年 2 月 24 日《国务院关于修改〈全民所有制工业企业承包经营责任制暂行条例〉第二十一条的决定》第一次修订，根据 2011 年 1 月 8 日《国务院关于废止和修改部分行政法规的决定》第二次修订），《全民所有制小型工业企业租赁经营暂行条例》（1988 年 6 月 5 日发布，根据 1990 年 2 月 24 日《国务院关于修改〈全民所有制小型工业企业租赁经营暂行条例〉第二十二条的决定》修订），等等。

由于历史的原因，我国在计划经济条件下，主要以所有制为标准对企业进行分类，即将企业分为全民所有制企业、集体所有制企业、私营企业等，并以此作为立法和赋予不同所有制企业不同法律地位的依据。在我国确立建设社会主义市场经济体制的目标之后，随着社会主义市场经济体制的逐步建立和完善，这种状况已有了根本性的变化。《公司法》《合伙企业法》《个人独资企业法》的陆续出台，标志着我国借鉴世界大多数国家以企业组织形式为依据进行分类和立法的通常做法所建立的企业法律框架已基本形成。但也应当看到，由于计划经济体制向社会主义市场经济体制的过渡需要一个较长的时期，在此期间，不同经济性质的企业在管理体制、方式等方面不可能完全一致，我国按企业经济属性进行企业立法和法律调整的做法还将在一定时空范围内有所保留。对此，在学习包括国有企业法在内的各种企业立法时，均应有明确的认识。

第二节 国有企业的设立、变更和终止

一、国有企业的设立

（一）设立国有企业的条件

具体条件有：①产品为社会所需要。这由社会主义的生产目的所决定。社会主义的生产目的，是为了满足人民日益增长的物质和文化生活的需要。从这一目的出发，产品不为社会所需要的、没有销路的企业当然不能让其设立，否则不仅与社会主义的生产目的相背离，而且还会影响国民经济的协调发展。②有能源、原材料、交通运输的必要条件。③有自己的名称和生产经营场所。④有符合国家规定的资金。⑤有自己的组织机构。⑥有明确的经营范围。⑦法律、法规规定的其他条件。

以上企业的设立条件，主要是《企业法》针对国有工业企业规定的，其中有些条件的要求，对其他行业的企业并不完全适用。例如，有关能源、原材料、交通运输等方面的条件的规定。

（二）设立企业的审批和登记

1. 设立企业的审批。对于设立国有企业的审批，主要是依照国家基本建设管理法规进行。审批权一般由有关的人民政府和政府业务主管部门行使。就投资而言，凡规定由企业自主决策、自担风险，不使用政府投资建设的项目，一律不再实行审批制，而是根据不同情况实行核准制和备案制。对此，《国务院关于投资体制改革的决定》（国发〔2004〕20号）等有关规定中已有明确要求。今后，随着投资管理体制改革的不断深入，以及不同时期经济建设的实际需要，国家对于有关政府或政府业务主管部门享有的审批权限还将继续有所调整和压缩。

2. 设立企业的登记。按照1988年6月3日国务院发布的《企业法人登记管理条例》的规定，凡是经国务院或者国务院授权部门批准的全国性公司、企业集团、经营进出口业务的公司，由国家工商行政管理局核准登记注册；全国性公司的子公司或分公司，以及经省级人民政府或其授权部门批准设立的企业、企业集团、经营进出口业务的公司，由省级工商行政管理局核准登记注册；其他企业，由所在市、县（包括县级区）的工商行政管理局登记注册。

经国务院有关部门或者各级计划部门批准的新建企业，其筹建期满1年的，还应当按照有关的专项规定办理筹建登记。

二、企业的变更和终止

企业的变更，主要是指企业合并、分立，以及有关登记事项的变动。

企业的终止，是指企业在组织上的彻底解散，永久性停止营业。

企业变更和终止的原因，概括地讲，一般有两个：①经营上的原因。例如，为了扩大经营而进行企业合并，为了适应市场需要改变经营范围，为了避免亏损、破产而自动停业等。②法律上的原因。例如，因企业有违法活动或出现了法定的情形，而被有关部门依法撤销或关闭。

对于国有工业企业终止的原因，《企业法》作了四个方面的规定：①违犯法律、法规被责令撤销。比如，对违反国家工商法规，涂改、转让营业执照的，工商行政管理部门就有权责令其停办，吊销营业执照。②政府主管部门依照法律、法规的规定，决定解散。比如，对于经济效益差、污染严重的企业，环境保护部门就可以会同有关的经济管理部门作出决定，予以关闭。③依法被宣告破产。④其他原因。

另外，《全民所有制工业企业转换经营机制条例》对国有工业企业的变更和终止方式或原因，作了较为具体的规定。按该条例规定，国有工业企业都可以通过转产、停产整顿、合并、分立、解散、破产等方式，进行产品结构和组织结构调整，实现资源合理配置和企业的优胜劣汰。

关于企业变更和终止的程序，除法律、法规另有规定者外，仍要按照企业设立的批准权限由有批准权的主管部门或审批机关决定或批准，并在确定企业变更和终止后，区分不同情况，按工商登记管理权限的规定，向工商行政管理机关办理变更登记、开业登记或注销登记手续。其中，属于企业变更的，要在主管部门或者审批机关批准后30日内，向登记主管机关办理登记手续。

国有企业在发生变更和终止时，必须做好有关的善后工作。在财产交接、处理完毕前，要特别注意加强管理，保护好企业的财产。有关的政府或政府主管部门亦应认真进行检查监督，教育职工和群众维护国家的利益，尽可能避免企业财产的损失和浪费。对于保护变更、终止企业的财产有功的单位和个人，应给予表扬和奖励；对于私分、哄抢、贪污、盗窃和破坏企业财产的单位和个人要依法严肃处理。另外，为了避免发生债权、债务纠纷，维护正常的社会经济秩序，所有发生变更或终止的国有企业必须依法进行债权、债务的清理。根据《民法通则》等法律、法规的规定，企业的债权、债务关系一般不能因企业发生合并、分立等变更事项而消灭。其债权、债务应由变更后的企业享有或承担。对于终止的企业的债权、债务的清理，有两种情况，应分别处理：①凡因宣告破产而终止的企业，其债权、债务应依照破产法规定进行破产清算；②对于因破产以外的原因而终止的企业的债权、债务，应由有关主管机关组织清算小组进行清算。

第三节 国有企业的法律地位和权利、义务

一、国有企业的法律地位

为改变过去国家对国有企业管得过多、过死的状况，提高国有企业的法律地位，在党的十一届三中全会以后，党和国家一方面有步骤地扩大国有企业自主权；另一方面，又从法律上确立了国有企业的法人地位，使其法律地位有了较大的提高。在此基础上，为了进一步巩固和提高国有企业的法律地位，真正搞活企业，使其彻底摆脱行政机关"附属物"的地位，《企业法》和其他有关立法对国有企业的法律地位问题又作了进一步的规定。按规定，国有企业对国家授予其经营管理的财产享有占有、使用和依法处分的权利，并可依法取得法人资格。随着现代企业制度的建立，在国有资产实行国家统一所有、政府分级监管、企业自主经营的体制之后，国有企业将会成为真正的市场主体。

二、国有企业的权利

按照《企业法》和其他有关法律、法规、规章的规定，国有企业的权利可概括为以下十四个方面：

1. 生产经营决策方面的权利。按规定，国有企业在生产经营方面不再是完全被动地执行国家计划，而是有权根据国家宏观计划的指导和市场的需要，自主作出生产经营决策，生产产品和为社会提供服务。企业可以自主决定在本行业内或者跨行业调整生产经营范围，凡符合国家产业政策导向的，政府有关部门应当给予支持，工商部门应当办理变更登记手续，不得进行非法干预，更不得对拒绝干预的企业在原材料、能源供应以及其他方面设置障碍。

2. 物资采购方面的权利。国有企业在物资采购方面的权利主要包括：对于指令性计划供应物资，企业有权与生产企业或者其他供货方签订合同；企业对指令性计划以外所需的物资，可以自行选择供货单位、供货形式、供货品种和数量，自主签订供货合同，并可以自主进行物资调剂；企业有权拒绝执行任何部门和地方政府以任何方式为企业指定指令性计划以外的供货单位和供货渠道。

3. 产品销售方面的权利。国有企业可以在全国范围内自主销售本企业生产的指令性计划以外的产品，任何部门和地方政府不得对其采取封锁、限制和其他歧视性措施。企业根据指令性计划生产的产品，需方企业或者政府指定的单位不履行合同的，企业有权停止生产，并可以向政府或者政府有关部门申诉，要求协调解决，也可以依照《合同法》相关规定，向人民法院起诉，追究违约方企业或者政府指定的单位的违约责任。已经生产的产品，企业可以自行销售。企业生

产国家规定由特定单位收购的产品，有权要求与政府指定的收购单位签订合同。收购单位不按合同收购的，企业亦可向政府或者政府有关部门申诉，要求协调解决。也可以依照有关合同立法规定，向人民法院起诉，追究收购单位的违约责任。已经按照合同生产的产品，收购单位不能按照合同收购的，企业可以自行销售。

4. 确定价格方面的权利。国有企业生产的日用工业消费品，除国务院物价部门和省级物价部门管理价格的个别产品外，由企业自主定价；企业生产的生产资料，除国务院物价部门和省级政府物价部门颁布的价格分工管理目录所列的少数产品外，由企业自主定价；企业提供的加工、维修、技术协作等劳务，由企业自主定价；法律对产品、劳务定价另有规定的，从其规定。随着价格体制改革和市场经济的发展，属于国家控制的产品、劳务价格将逐步减少，绝大部分产品和劳务价格将纳入市场调节的范围。

5. 对外经济贸易方面的权利。国有企业可以在全国范围内自行选择外贸代理企业从事进出口业务，并有权参与同外商的谈判。企业根据国家外汇管理的有关规定，自主使用外汇。企业根据国家规定，可以在境外承揽工程、进行技术合作或者提供其他劳务；可以进口自用的设备和物资。具备条件的企业，经政府有关部门批准，依法享有进出口经营权。可根据开展业务的实际需要，自主使用自有外汇安排业务人员出境。

6. 留用资金使用等方面的权利。企业留用资金，是指国有企业依法缴纳税金、费用、利润后，留归企业依法自主支配使用的资金。国有企业的留用资金属全民所有，但根据所有权和经营权"两权分离"的原则和《企业法》的规定，企业有权依照国务院规定支配和使用。

7. 固定资产处置方面的权利。国有企业根据生产经营的需要，对一般固定资产，可以自主决定出租、抵押或者有偿转让；对关键设备、成套设备或者重要建筑物，经政府主管部门批准也可以抵押、有偿转让。法律和行政法规另有规定的除外。实践中，企业用于出租、抵押和有偿转让的固定资产，大多是企业闲置的固定资产。但应当明确，企业有权处置的并不限于闲置的固定资产，对于国家授予其经营管理的固定资产，不论是否闲置，企业都可以依照国务院规定出租、抵押或者有偿转让，并不受地区、部门和所有制的限制。

8. 工资、奖金分配方面的权利。工资和奖金都是支付给劳动者的劳动报酬形式。在工资、奖金分配方面国有企业享有以下权利：①企业的工资总额依照政府规定的工资额与经济效益挂钩的办法确定，企业在相应提取的工资总额内，有权自主使用、自主分配工资和奖金。②企业有权根据职工的劳动技能、劳动强度、劳动责任、劳动条件和实际贡献，决定工资、奖金的分配档次。企业可以实行岗位技能工资制或者其他适合本企业特点的工资制度，选择适合本企业的具体分配形式。③企业有权制定职工晋级增薪、降级减薪的办法，自主决定晋级增薪、降级减薪的条件和时间。④除国务院另有规定外，企业有权拒绝任何部门和单位提出的由企业对职工发放奖金和晋级增薪的要求。今后，国有企业将依法享有更为充分的工资分配的自主权。从改革的趋势看，随着企业工资制度改革的深入，国家对企业工资分配的宏观调控将逐步由直接调控向间接调控过渡，由调控工资总量向调控工资水平转变。

9. 劳动用工方面的权利。企业有权按照面向社会、公开招收、全面考核、择优录用的原则，自主决定招工的时间、条件、方式、数量，从所在城镇人口中招工，不受城镇内行政区划的限制。

企业有权决定用工形式，可以实行合同化管理或者全员劳动合同制；可以与职工签订有固定期限、无固定期限或者以完成特定生产工作任务为期限的劳动合同。企业和职工按照劳动合同规定，享有权利和承担义务。企业有权在做好定员、定额的基础上，通过公开考评，择优上岗，实行合理劳动组合。企业有权在法律、法规允许的范围内依照企业规章，解除劳动合同，辞退、开除职工。

10. 人事管理方面的权利。企业按照德才兼备、任人唯贤原则和责任与权利相统一的要求，自主行使人事管理权。企业对管理人员和技术人员可以实行聘用制、考核制。对被解聘或者未聘用的管理人员和技术人员，可以安排其他工作，包括到工人岗位上工作。企业可以从优秀工人中选择聘用管理人员和技术人员。经政府有关部门批准，企业可以招聘境外技术人员、管理人员。企业有权根据实际需要，设置在本企业内有效的专业技术职务。按照国家统一规定评定的具有专业技术职称的人员，其职务和待遇由企业自主决定。

11. 机构设置及人员编制方面的权利。除法律另有规定和国务院有特殊规定的外，企业有权根据自己生产经营的实际需要，按照精简、效能的原则，自行确定内部机构的设立、调整、撤销和人员的配备。企业有权拒绝任何部门和单位提出的设置对口机构、规定人员编制和级别待遇的要求。上级行政管理部门可根据工作需要，向企业提出任务要求，但不得硬性规定企业设置对口机构和人员的比例。

12. 投资决策方面的权利。企业享有法人财产权，依照法律和国务院有关规定，有权以留用资金、实物、土地使用权、工业产权和非专利技术等向国内各地区、各行业的企业、事业单位投资，购买和持有其他企业的股份。经政府有关部门批准，企业可以向境外投资或者在境外开办企业。

企业遵照国家产业政策和行业、地区发展规划，以留用资金和自行筹措的资金从事生产性建设，能够自行解决建设和生产条件的，由企业自主决定立项，报政府有关部门备案并接受监督。政府有关部门应当根据登记注册的会计师事务所或者审计事务所的验资证明，出具认可企业自行立项的文件。经土地管理、城市规划、城市建设、环境保护等部门依法办理有关手续后，企业自主决定开工。

企业根据经济效益和承受能力，可以增提新产品开发基金，报财政部门备案。按照国家统一制定的有关固定资产折旧的规定，企业有权选择具体的折旧办法确定加速折旧的幅度。

13. 联营、兼并方面的权利。企业有权按照下列方式与其他企业、事业单位联营：①与其他企业、事业单位组成新的经济实体，独立承担民事责任，具备法人条件的，经政府有关部门核准登记，取得法人资格；②与其他企业、事业单位共同经营，联营各方按照出资比例或者协议的约定，承担民事责任；③与其他企业、事业单位订立联营合同，确立各方的权利和义务，联营各方各自独立经营、各自承担民事责任。

企业按照自愿、有偿的原则，可以兼并其他企业，报政府主管部门备案。任何单位和个人不能用行政命令强制或阻挠优势企业兼并劣势企业。除国家有特殊规定者外，企业兼并不受地区、所有制、行业和隶属关系的限制。

14. 拒绝摊派方面的权利。所谓摊派，就企业而言，是指机关、团体和其他社会组织，在法律、法规的规定之外，以任何方式要求企业提供人力、物力、财力的行为。

除法律和国务院另有规定者外，企业有权抵制任何部门和单位对企业进行检查、评比、评优、达标、升级、鉴定、考试、考核。政府职能部门按国务院规定对企业进行财政、税收、物价、审计、质量安全等监督和检查，也要依法办事，精减人员，简化程序，避免重复，为政清廉，并不得干预企业的正常生产经营活动。对企业进行检查，除国家明文规定需要收费的项目外，一律不得收费。收费标准要符合国家有关规定。各类协会、学会、研究会等社会团体和民间组织以及新闻、事业单位一律不得对企业进行检查。

三、国有企业的义务

国有企业的义务主要包括以下九个方面：

1. 履行依法订立的合同。《企业法》第 35 条规定："企业必须履行依法订立的合同。"

合同，是包括国有企业在内的各种经济主体从事经济往来活动的基本形式。根据《合同法》等法律、法规的规定，合同依法成立，即具有法律约束力，当事人必须全面履行合同规定的各项义务，除遇有法定的情况外，不得擅自变更和解除。否则，应依法追究其违约责任和有关人员的个人责任。

2. 保障固定资产的正常维修、改进和设备更新。国有企业的固定资产是其进行生产经营的主要物质基础。这些资产的性能和状况如何，直接影响企业的产品质量和经济效益。保障这些国有资产的正常维修、改进和更新，不仅是企业持续、稳定发展的保证，也是企业为保护国家财产所应尽的义务。

3. 遵守国家关于财务、劳动工资和物价管理等方面的规定，并接受有关机关的监督。企业的财务管理制度，是国家对企业财务活动进行组织、调度、监督和调节而规定的行为规则。国有企业财务管理制度的内容主要包括：资本金管理、成本管理、销售收入与纯收入管理等方面的规定。对这些规定，企业在生产经营中必须严格执行。

在劳动工资方面，国有企业在享有录用、辞退职工和工资、奖金分配权利的同时，必须遵守相应的管理规定。

国家关于物价管理方面的规定，主要涉及企业产品价格和劳务价格的制定、调整的管理权限。为了充分发挥价格的经济杠杆作用，有效地组织、调节各项经济活动，保证企业依法行使定价权，防止乱涨价和变相提价，在实行市场经济体制之后，企业对国家必要的、现行的物价管理法规仍应认真执行。

国家财政（包括国有资产管理）、审计、劳动工资和物价管理机关对于国有企业的监督，属于行政监督。这种监督权是由法律赋予行政管理机关的，因而其既带有行政的强制性，又具有法律的约束力，企业必须无条件接受，并应在有关机关执行监督时，主动配合工作，如实报告情况，不得以任何借口阻碍监督检查。

4. 保证产品质量和服务质量，对用户和消费者负责。由于产品质量和服务质量的高低不仅直接影响着企业的信誉和自身的存在、发展，而且直接关系到用户和消费者的权益。为此，《企业法》第38条规定："企业必须保证产品质量和服务质量，对用户和消费者负责。"这一规定明确了企业对用户和消费者应承担的基本义务。

5. 厉行节约，反对浪费，提高劳动效率和经济效益。国有企业作为社会主义生产经营单位，在享有国家赋予的经营管理自主权的同时，有义务为社会创造出更多的物质财富，并为国家增加积累。而要做到这一点就必须遵循《企业法》第39条的规定，"提高劳动效率，节约能源和原材料，努力降低成本"，凡经营性亏损严重的企业，均应停产整顿或者采取其他措施予以处置。

6. 加强保卫工作，维护企业的生产经营秩序，保护国家财产。保证企业的正常生产经营秩序和国家财产的安全，是国有企业生产经营活动得以顺利进行的前提。国有企业作为国家财产的经营管理者和生产经营任务的承担者，有义务做好自身的安全保卫工作，保证企业的生产经营秩序不受破坏，国家授予其经营管理的财产不受侵害。

7. 安全生产和文明生产。《企业法》第 41 条规定："企业必须贯彻安全生产制度，改善劳动条件，做好劳动保护和环境保护工作，做到安全生产和文明生产。"

贯彻安全生产制度，改善劳动条件，做好劳动保护工作，这是企业对其职工应尽的义务，也是我们社会主义国家企业管理的基本原则之一。只有使企业职工的健康、安全切实得到保障，才能使安全生产、文明生产得以落实和实现，才能充分调动职工的劳动积极性，促进生产的发展。

做好环境保护工作，这不仅是企业对其职工应尽的义务，也是企业对国家和社会应承担的义务。因而，无论是从保护职工的身体健康而言，还是从防治污染的角度考虑，国有企业均应把做好环境保护工作作为义不容辞的责任。

8. 努力提高职工队伍的素质。所谓职工队伍的素质，主要是指职工在思想、文化、技术等方面的水平和能力。根据《企业法》第 42 条的规定，国有企业在提高职工队伍素质方面，主要应从"加强思想政治教育、法制教育、国防教育、科学文化教育和技术业务培训"入手，履行自己的义务。

9. 支持和奖励职工进行有益生产经营的活动。其基本内容包括：支持和奖励职工进行科学研究、发明创造，开展技术革新、合理化建议和社会主义劳动竞赛活动。

第四节 国有企业内部管理体制

一、厂长（经理）

（一）厂长（经理）的任免和任期

厂长（经理）产生的方式主要有两种：①政府主管部门委任或者招聘；②企业职工代表大会选举。除国务院另有规定的外，以上两种方式采用哪一种，由政府主管部门根据企业的情况决定。

不论采用哪种方式产生厂长（经理），都必须坚持条件，把好用人关。为保证厂长（经理）人选的质量，避免片面性，政府主管部门委任或者招聘的厂长人选，须征求企业职工代表大会的意见；企业职工代表大会选举的厂长（经理），须报请政府主管部门批准。

厂长（经理）实行任期制，除法律、法规另有规定的外，每届任期 3~5 年，可以连任。厂长（经理）在任期内，实行目标责任制。厂长（经理）应当根据国家的要求、社会的需要，结合企业的实际，提出企业的长远发展目标和实现长远发展目标的任期责任目标，经过企业管理委员会和职工代表大会讨论并报政府主管部门批准后组织实施。

厂长（经理）任期届满前，原任命或批准机关应当根据厂长（经理）在任期内的实绩，在听取职工代表大会意见的基础上作出连任或离职的决定。厂长（经理）要求辞职的，必须向政府主管部门提出书面报告，经原任命或批准机关同意后方可离职。职工代表大会提出要求罢免厂长建议的，企业主管部门应当在30日内调查处理完毕。

企业职工代表大会选举的厂长（经理），由职工代表大会罢免，但需报政府主管部门批准。

（二）厂长（经理）在企业中的法律地位及其权限和责任

厂长（经理）是企业的法定代表人，在企业中处于中心地位，对企业的物质文明建设和精神文明建设负有全面的责任。

厂长（经理）在领导企业的生产经营管理工作中，具体行使下列职权：①依照法律和国务院规定，决定或者报请审查批准企业的各项计划。②决定企业行政机构的设置。③除法律和国务院另有规定的外，提请政府主管部门任免或者聘任、解聘副厂级行政领导干部；任免或者聘任、解聘企业中层行政领导干部。④提出工资调整方案、奖金分配方案和重要的规章制度，提请职工代表大会审查同意；提出福利基金使用方案和其他有关职工生活福利的重大事项的建议，提请职工代表大会审议决定。对职工代表大会在职权范围内决定的事项如有不同意见，可以提请复议。复议后仍有不同意见的，厂长（经理）应当按决定执行，但可同时报告上级主管机关。⑤依法奖惩职工；提请政府主管部门奖惩副厂级行政领导干部。

关于厂长（经理）的责任，根据《企业法》第46条的规定，主要包括：厂长必须依靠职工群众履行法律所规定的企业的各项义务，支持职工代表大会、工会和其他群众组织的工作，执行职工代表大会依法作出的决定。

（三）协助厂长（经理）决策的组织形式

随着社会化大生产的发展和科学技术的进步，对企业内部生产经营管理活动的要求越来越高，影响企业生产经营活动的外部因素也越来越复杂。在这种情况下，对企业生产经营活动的重大问题作出正确决策，仅凭厂长（经理）个人的经验、知识、领导能力和精力显然是困难的。为了保证厂长（经理）在生产经营活动中能够及时、正确地作出决策，避免失误，《企业法》规定，企业要设立管理委员会或者通过其他形式，协助厂长（经理）决定企业的重大问题。

企业管理委员会由厂长（经理）、副厂长（副经理）、总工程师、总经济师、总会计师、党委书记、工会主席、团委书记等各方面的负责人和职工代表组成。

其中职工代表（包括工会主席）的人数一般应占管理委员会全体成员的1/3。由厂长（经理）任管理委员会主任。除管理委员会这种组织形式外，企业还可以通过其他形式，讨论企业的重大问题，协助厂长（经理）作出决定。需要协助厂长（经理）决定的企业重大问题包括：经营方针、长远规划和年度计划、基本建设方案和重大技术改造方案，职工培训计划，工资调整方案，留用资金分配和使用方案，承包和租赁经营责任制方案；工资列入企业成本开支的企业人员编制和行政机构的设置和调整；制订、修改和废除重要规章制度的方案。

　　以上重大问题，经管理委员会等机构讨论、厂长（经理）作出决定后，需要报请政府主管部门批准的，由厂长（经理）负责上报；需要经职工代表大会审议的，由厂长（经理）负责提出。在没有履行法定的程序之前，所作的决定不能生效、执行。

　　二、职工代表大会

　　职工代表大会，是企业实行民主管理的基本形式，是职工行使民主权利的机构。职工代表中应当有工人、技术人员、管理人员、领导干部和其他方面的职工。青年职工和女职工应占适当比例。为了吸收有经验的技术人员、经营管理人员参加职工代表大会，可以在企业和车间范围内，经过民主协商，推选一部分代表。职工代表每2年改选一次，可以连选连任。职工代表大会的工作机构是企业的工会委员会。工会委员会负责职工代表大会的日常工作。职工代表大会可根据需要，设立若干精干的、临时的或经常性的专门小组或专门委员会，完成职工代表大会交办的有关事项。

　　职工代表大会至少每半年召开一次。每次会议必须有1/3以上的职工代表出席。遇有重大事项，经厂长（经理）、企业工会和1/3以上的代表的提议，可召开临时会议。会议由大会选举的主席团主持。主席团成员应有工人、技术人员、管理人员和企业的领导干部。其中工人、技术人员、管理人员应超过半数。职工代表大会闭会期间，需要临时解决的重要问题，由企业工会委员会召集职工代表团（组）长和专门小组负责人联席会议，协商处理，并向下一次职工代表大会报告予以确认。

　　职工代表大会实行民主集中制，进行选举和作出决议，必须经全体职工代表过半数通过方为有效。职工代表大会在其职权范围内决定的事项，非经职工代表大会同意不得修改。

　　职工代表大会行使下列职权：①听取和审议厂长（经理）关于企业的经营方针、长远规划、年度计划、基本建设方案、重大技术改造方案、职工培训计划、留用资金分配和使用方案、承包和租赁经营责任制方案的报告，并提出意见和建议；②审查同意或者否决企业的工资调整方案、奖金分配方案、劳动保护措施、奖惩办法以及其他重要的规章制度；③审议决定职工福利基金使用方案、职工住宅分配方案和其他有关职工生活福利的重大事项；④评议、监督企业各级行政领导干部，提出奖惩和任免的建议；⑤根据政府主管部门的决定选举厂长（经理），报政府主管部门批准。

职工代表大会的责任主要是：支持厂长（经理）依法行使职权，教育职工履行法定的义务。

三、企业党委

企业党委（含不设党委会的总支部委员会和支部委员会）作为企业的政治领导核心，在实行厂长（经理）负责制后，仍然要对企业实行思想政治领导，发挥政治核心作用，保证企业沿着社会主义方向发展。

企业党委的政治核心作用主要体现在：保证、监督党和国家方针政策在本企业的贯彻执行；参与企业重大问题决策，支持厂长（经理）依法行使职权；全心全意依靠工人群众，领导和支持工会、共青团等群众组织及职工代表大会依照法律和各自章程独立自主地开展工作；领导企业思想政治工作和精神文明建设，努力建设有理想、有道德、有文化、有纪律的职工队伍；加强党组织自身建设，搞好党性党风教育，发挥党支部的战斗堡垒作用和党员的先锋模范作用。

第五节　国有企业法律实务

一、企业审批登记管理工作实务

经政府或政府有关部门审批方可设立的国有企业，通常可能涉及三种审批程序：①主管部门的审批；②行业归口管理部门的审批；③政府授权部门的审批。

主管部门的审批，主要是对企业的产品或者经营业务是否符合社会需要和行业发展要求，以及能源、交通运输、原材料、资源供应等条件的审核。

行业归口管理部门的审批，是指按国务院规定对某些行业的企业实行的集中归口审批。此即不论哪个部门投资设立，不论什么类型的企业，都必须经某个部门集中审批。

政府授权部门的审批，是指根据国家有关专卖、专营规定进行的审批。现阶段，国家出于维护经济环境或经济秩序的需要，往往对一些关系到国计民生的商品实行专卖或专营。凡是经销或销售这类特定商品的企业法人，在申请设立时，必须经国家授权部门对其专卖或专营的资格进行审查。

在办理审批手续时，申请设立的企业应根据自身的情况和国家现行规定，首先明确所应办理的审批手续。其中，应特别注意的情况是，没有主管部门的企业，虽然可直接向工商行政管理机关申请登记注册，但涉及行业归口审批和专卖、专营审批的，仍须先行办理有关的审批手续。

根据国家工商行政管理总局《企业登记程序规定》（2004 年 6 月 10 日公布），登记主管机关对包括国有企业在内的企业法人申请登记的程序，大体可分为受理、审查、核准、发照、公告五个步骤。

1. 受理。受理，是指登记主管机关依法作出的接受企业登记申请的行为，是登记注册程序中的重要环节，是登记主管机关运用登记程序，承担登记责任的起点。按规定，登记主管机关只能在规定的管辖范围内，对申请人的登记申请作出受理决定。越权管辖属于无效管辖，越权受理也为无效受理。另外，登记主管机关对申请人提出的申请登记事由和提交的申请登记文件、证件是否符合法律、法规和规章的规定，要进行咨询性审查和情况调查，对不符合规定的申请人和申请行为，有义务提出咨询指导意见，使申请人的申请登记事由和申请登记文件符合法定要求。

由于登记主管机关作出受理决定后，应在 30 日内作出核准或不予核准的决定。因此，受理时间应当是准确的、公开的、双方认同的，并应当具有书面形式，以便明确登记双方的责任和作为双方诉讼的证据。

申请人按照法律、法规规定将申请登记报告及应提交的文件、证件和填报的《登记注册书》送交登记主管机关后，登记主管机关应对其进行初审。初审的内容包括：申请登记单位是否属于登记注册的范围和管辖范围；提交的文件、证件是否齐全、有效；《登记注册书》填写得是否准确、清楚。符合规定条件的应予以受理。

申请受理后，登记受理工作人员应在《登记注册书》有关栏目中签署予以受理的意见和受理时间。凡不属于本登记机关管辖范围的，应通知申请人，向有管辖权的登记主管机关申请登记。

2. 审查。审查，是指登记主管机关依照规定，对企业的申请登记事项进行审理、核查的程序性行为，属于登记注册程序中的重要环节。审查应按程序性审查、实质性审查和实地调查的顺序进行。

程序性审查内容包括：对申请人提交的申请报告和有关文件、证件进行审查，看其是否符合登记管理法规的规定；对申请人提交的有关文件、证件进行审查，看其是否真实、完整、合法和有效；主管部门或审批机关是否具有审批资格。对不符合规定和审批手续不完备的，审查工作人员应提出解决的具体意见和办法，并指导申请人提交所需文件和补办手续。

实质性审查内容包括：企业组织章程是否符合国家法律、法规及政策规定，是否经过主管部门批准；企业法定代表人是否符合国家有关规定；企业经济性质是否与资金来源、财产所有权、分配形式、管理制度相一致；注册资金来源及构成是否符合国家规定，是否达到法定标准并与经营范围相适应；从业人员是否符合国家规定，是否达到法定人数和有与经营规划和业务相适应的从业人员及专职人员；经营场所和设施是否与企业经营范围相适应；经营范围是否符合国家有关规定，是否与其经营能力相适应；有专项规定的行业和经营范围的，是否报经有关部门审查同意，经营范围用语是否规范等。

实地调查，是指登记主管机关工作人员为保证登记事项的真实性而深入企业住所和经营场所进行的实地考察。实地调查的工作人员，应在规定的时间内及时到申请登记单位调查核实以下主要内容：申请人所填住所、地址与实际住所、地址是否相一致；生产经营场所（包括生产车间、库房、营业室等）及生产经营设施与申报的情况是否相符合；法定代表人与申报情况是否相同；从业人员、专职人员与填报情况是否相一致；注册资金是否真实；财务、会计制度是否健全；特殊行业是否具备生产经营和服务条件等。实地调查工作人员在调查核实后，应在《登记注册书》有关栏目中填写实地调查核实情况，并签署意见。

3. 核准。核准，是指登记主管机关对申请登记事由及登记注册事项审查核实后签署的同意核发执照的结论性意见。登记主管机关的处（科、股）长或局长应对经调查核实的申请登记注册材料进行全面复审。其中包括：是否属于登记范围和管辖范围的企业；受理、审查、实地调查工作人员的意见是否一致，意见是否具体、正确；是否符合登记注册程序；是否符合国家有关法律、法规和政策的规定。

对经审定认为应予核准登记注册的，处（科、股）长或局长应在《登记注册书》上签署准予核准的意见，由有关人员及时通知申请人。对经审定认为不能予以核准登记注册的，应在《登记注册书》上注明不予核准登记注册的原因和理由，由有关人员填写核驳通知书，及时通知申请人。

核准与审查在性质上有所不同。审查是登记主管机关经办人员个人的行为，个人向组织负责。经办人员审查不当，复审人员和审批人员可以纠正，也可以退回重审。核准是整个登记主管机关的行为，审批人员代表登记主管机关履行职责。因此，一旦核准并通知企业后，就对登记主管机关发生制约作用，除非有特殊理由，原则上不能撤销核准意见。登记主管机关记载在《登记注册书》上的核准意见，应存入档案备查。

4. 发照。在颁发执照时，登记主管机关应编制注册号，通知法定代表人领取执照，办理法定代表人签字备案手续。登记主管机关应将有关登记注册材料及时建立企业登记档案。

5. 公告。对核准登记注册的企业法人，由国家工商行政管理局和省、自治区、直辖市工商行政管理局依法统一组织发布企业法人登记公告，其他任何部门、单位和个人不得组织发布企业法人登记公告。登记主管机关对登记公告内容必须认真审核，应与核准登记事项的内容相一致，经确认准确无误后，方可发布。有关审核资料应记入企业登记档案。企业法人登记公告的基本形式为期刊或在规定的报纸上刊登。登记主管机关发布企业法人登记公告按规定的标准收取公告费。

二、法律责任

按照承担法律责任的主体划分，可以把《企业法》和《全民所有制工业企业转换经营机制条例》规定的法律责任分为四类。

（一）企业的法律责任

1. 企业在开业登记或变更、注销登记方面的责任。按照《企业法》的规定，凡未经政府或政府主管部门审核批准和工商行政管理部门核准登记，以企业名义进行生产经营活动的，应责令停业，没收非法所得；向登记机关弄虚作假、隐瞒真实情况的，则应给予警告或者处以罚款，情节严重的吊销营业执照。《企业法人登记管理条例》及其施行细则，对企业违反开业登记、变更登记、注销登记等诸方面规定的法律责任作了全面规定。

2. 企业在产品质量方面的责任。企业的产品质量责任主要有三种情况：①产品质量损害赔偿责任。即企业因生产、销售质量不合格产品，给用户和消费者造成财产、人身损害，所要承担的赔偿责任。这种责任是因产品质量不合格在使用时发生质量事故引起的。②产品质量违约责任。即产品质量不符合合同的约定条件所应承担的违约责任。产品质量条款是以产品为标的的合同的主要内容之一，其反映的是当事人对产品质量的特定要求，对于实现当事人签订合同的经济目的至关重要，一经确定即应认真执行。否则，不论违约方是否给对方造成经济损失，均应追究其违约责任。③产品质量行政、刑事责任。鉴于目前生产、销售假冒伪劣商品的违法行为屡禁不止，已成为我国经济生活中亟待解决的突出问题，《产品质量法》以及《刑法》等法律、法规对生产、销售质量不合格产品的行政责任和刑事责任作了具体规定。

按规定，行政责任主要包括：责令停止生产、销售；没收违法生产的产品和违法所得；罚款；吊销营业执照，等等。

对于构成犯罪的，除对直接责任者个人追究刑事责任外，对企业还可以给予没收财产的刑事处罚，即对其违法生产、销售的产品，以及违法所得的一切财物予以没收。

（二）政府和政府有关部门的法律责任

1. 撤销违法决定。众所周知，在当前实践中存在的侵犯企业合法权益的行为，有相当一部分是政府或政府有关部门实施的。例如，企业政府主管部门无视企业商品生产者和经营者的法定地位，随意干预企业的生产经营活动；政府行业或综合行政管理部门截留企业的经营自主权；一些地方政府或其职能部门违反国家规定，向企业摊派人力、物力、财力，等等。对由此类违法行为产生的违法决定，按照《企业法》《禁止向企业摊派暂行条例》《全民所有制工业企业转换经营机制条例》以及《行政诉讼法》的规定，有关行政机关或人民法院有权予以撤销。

2. 赔偿损失。政府和政府有关部门侵犯企业合法权益赔偿责任的规定，是我国行政侵权赔偿制度的重要内容。这既是保护企业合法权益的重要措施，也是改进政府和政府有关部门工作的重要手段，有利于调节政府与企业之间的关系，保证国家关于搞活企业的各项改革措施的顺利实施。

根据《国家赔偿法》《行政处罚法》和《行政诉讼法》规定，企业的合法权益受到国家机关和国家机关工作人员违法行使职权的行为侵犯造成损害的，有权请求赔偿。就侵犯企业合法权益的现实情况看，实施侵权行为的主要是作为行政机关的政府和政府有关部门及其工作人员，政府和政府有关部门对企业的赔偿大多是行政赔偿。

（三）企业和政府有关部门领导干部的法律责任

1. 企业领导干部侵犯职工合法权益、报复陷害职工的责任。对于企业领导干部滥用职权，侵犯职工合法权益，情节严重的，分别由政府主管部门或者上级管理机关按照干部管理权限给予行政处分。企业领导干部滥用职权，假公济私，对职工进行报复陷害的，应依法追究刑事责任。

2. 企业和政府有关领导干部损害国家、社会和企业利益的责任。按照《企业法》第 63 条的规定，企业和政府有关部门的领导干部，因工作过失给企业和国家造成较大损失的，由政府主管部门或者有关上级机关给予行政处分。企业和政府有关部门的领导干部玩忽职守，致使企业财产、国家和人民利益遭受重大损失的，依照刑法有关规定追究刑事责任。

根据《企业法》规定的精神，《全民所有制工业企业转换经营机制条例》分别对企业和政府有关部门实施有关违法行为时，其领导干部等有关人员的法律责任作了具体规定。

除上述规定外，在国家关于产品质量责任、工商行政管理、会计、审计、统计、物价、财政、税收、基本建设管理、金融、劳动人事、自然资源和环境保护等诸多方面的法律法规中，还有许多具体规定。这些规定亦是确认和追究责任者法律责任的重要依据。

（四）企业职工及其他有关人员的法律责任

按照《企业法》《治安管理处罚法》和《刑法》的规定，企业职工及其他有关人员主要有以下两个方面的违法责任：

1. 阻碍企业管理人员依法执行职务的责任。这种责任的主体主要是本企业的一般职工，亦包括企业职工的家属等其他有关人员。

2. 扰乱企业秩序的责任。扰乱企业秩序是指对企业正常的工作、生产、营业等秩序的破坏。这种违法行为在客观上的表现形式多种多样，比较典型的有：冲击、强占企业的办公室、会议室、生产车间、营业场所，阻挠企业职工进行生产经营活动；在企业的生产或工作区聚众喧嚣、哄闹；设置障碍，封锁企业外出道路、围困企业；等等。从责任主体看，企业所在地的当地居民或者基层单位的人员居多。

按规定，对于扰乱企业秩序，致使生产、营业、工作不能正常进行，尚未造成严重损失的，由企业所在地公安机关依照《治安管理处罚法》第23条的规定给予行政处罚；对于扰乱企业秩序，情节严重，致使生产、营业、工作无法进行，造成严重损失的，依照《刑法》追究刑事责任。

复习与思考

1. 现阶段国有企业法存续有何意义？

2. 国有企业的设立程序应如何变革？

3. 联系实际分析国有企业法定权利义务的落实情况。

4. 目前国有企业内部管理体制存在的主要问题是什么？

5. 国有企业改制及布局、结构调整中应注意哪些问题？

第六章　集体企业法律制度

教学目的和要求

　　了解集体企业法的概念和立法概况；明确各种集体企业的特点和设立条件，以及设立、变更、终止企业的程序；掌握各种集体企业的权利义务、内部管理和分配制度以及集体企业与有关单位和个人的法律责任等方面的基本法律规定。

第一节　集体企业法概述

一、集体企业法的概念

　　集体企业法是调整集体企业在生产经营活动中和国家在管理集体企业的过程中所发生的一定经济关系的法律规范的总称。

　　集体企业，是以生产资料的劳动群众集体所有制为基础，实行自主经营、自负盈亏、独立核算的经济组织。目前，集体企业主要有城镇集体企业、乡村集体企业、股份合作企业三种类型。

　　集体企业法调整的经济关系，具体是指四个方面的一定范围的经济关系。这四个方面的经济关系包括：①国家机关与集体企业之间在国民经济管理过程中发生的经济关系；②集体企业内部上下级组织之间、企业内部各级组织与其成员之间，在企业管理过程中发生的经济关系；③集体企业相互之间、集体企业与其他社会组织和经济主体之间，在经济协作过程中发生的经济关系；④集体企业内部各级组织之间，在经济协作过程中发生的经济关系。

　　集体企业法是我国企业立法的重要组成部分。鉴于城镇集体企业、乡村集体企业、股份合作企业各有特点，国家对其发生的社会关系，有时又分别立法，予以调整，但这些立法都应属于集体企业法的范畴。

二、集体企业立法概况

　　自中华人民共和国成立以来，特别是党的十一届三中全会以后，为了加快城乡集体经济的发展，国家在宪法和法律有关规定的基础上，针对集体企业的特点，制定了一系列的法规和规章。目前适用于集体企业的立法主要有：《城镇集体所有制企业条例》（1991 年 9 月国务院发布）、《乡村集体所有制企业条例》（1990 年 6 月国务院发布）、《农民股份合作企业暂行规定》（1990 年 2 月农业部发布，1997 年 12 月 25 日修订）。另外，为促进乡镇企业持续健康发展，实现国家发展乡镇企业的总体目标，1996 年 10 月 29 日第八届全国人民代表大会常务委员会第二十二次会议通过了《中华人民共和国乡镇企业法》。鉴于集体所有制性质的乡镇企业是其所适用的主要法律关系主体，因而其有关法律规范亦应属集体企业法的范畴。

第二节　城镇集体企业法

一、城镇集体企业的设立、变更和终止

（一）城镇集体企业的设立

根据《城镇集体所有制企业条例》的规定，设立城镇集体企业的条件包括：有企业名称、组织机构和企业章程；有固定的生产经营场所、必要的设施并符合规定的安全卫生条件；有符合国家规定并与其生产经营和服务规模相适应的资金数额和从业人员；有明确的经营范围；能够独立承担民事责任；法律、法规规定的其他条件。

设立城镇集体企业应经省、自治区、直辖市人民政府规定的审批部门批准，并依法经工商行政管理机关核准登记，领取《企业法人营业执照》，取得法人资格后，方可开始生产经营活动。

（二）城镇集体企业的变更和终止

城镇集体企业的合并、分立、停业、迁移或者主要登记事项的变更，必须符合国家的有关规定，由企业提出申请，报经原审批部门批准，依法向原登记机关办理变更登记。

城镇集体企业的合并和分立，应当遵照自愿平等的原则，由有关各方依法签订协议，处理好债权债务、其他财产关系和遗留问题，妥善安置企业人员。合并、分立前的企业的权利和义务，由合并、分立后的法人享有和承担。

城镇集体企业有下列原因之一的，应当予以终止：①企业无法继续经营而申请解散，经原审批部门批准；②依法被撤销；③依法宣告破产；④其他原因。例如，领取《营业执照》后满 6 个月未开展经营活动或者停止营业活动满 1 年的。

城镇集体企业终止，应当依照国家有关规定清算企业财产。企业财产按下列顺序清偿各种债务和费用：①清算工作所需各项费用；②所欠职工工资和劳动保

险费用；③所欠税款；④所欠银行和信用合作社贷款以及其他债务。

不足清偿同一顺序的清偿要求的，按照比例分配。

城镇集体企业财产清算后的剩余财产，应当按照两种办法处理：①有国家、本企业外的单位和个人以及本企业职工个人投资入股的，应当依照其投资入股金额占企业总资产的比例，从企业剩余财产中按相同的比例偿还；②其余财产，由企业上级管理机关作为该企业职工失业和养老救济、就业安置和职业培训等费用，专款专用，不得挪作他用。城镇集体企业不论因何种原因终止，均应按规定办理注销登记手续并公告。

二、城镇集体企业的权利和义务

根据《城镇集体所有制企业条例》的规定，城镇集体企业在国家法律、法规的规定范围内享有的权利包括：对其全部财产享有占有、使用、收益和处分的权利，有权拒绝任何形式的平调；自主安排生产、经营、服务活动；除国家规定由物价部门和有关主管部门控制价格的以外，企业有权自行确定产品价格、劳务价格；依法享有外贸权；依照国家规定确定适合本企业情况的经济责任制形式、工资形式和奖金分红办法；享受国家规定的各种优惠待遇；吸收职工和其他企业、事业单位、个人集资入股，与其他企业，事业单位联营，向其他企业、事业单位投资，持有其他企业的股份；按照国家规定决定本企业的机构设置、人员编制、劳动组织形式和用工办法，录用和辞退职工；奖惩职工。

城镇集体企业应当承担下列义务：遵守国家法律、法规，接受国家计划指导；依法缴纳税金和交纳费用；依法履行合同；改善经营管理，推进技术进步，提高经济效益；保证产品质量和服务质量，对用户和消费者负责；贯彻安全生产制度，落实劳动保护和环境保护措施；做好企业内部的安全保卫工作；维护职工合法权益，尊重职工的民主管理权利，改善劳动条件，做好计划生育工作，提高职工物质文化生活水平；加强对职工的思想政治教育、法制教育、国防教育、科学文化教育和技术业务培训，提高职工队伍素质。

除上述权利、义务外，城镇集体企业还有权按照国家规定自愿组建、参加和退出城镇集体企业的联合经济组织，并依照该联合经济组织的章程规定，享有权利、承担义务。

三、城镇集体企业的内部领导制度

城镇集体企业实行民主管理制度。职工大会或者职工代表大会是企业的最高权力机构。按《城镇集体所有制企业条例》的规定，100 人以下的企业，建立职工大会制度；300 人以上的企业，建立职工代表大会制度；100 人以上 300 人以下的企业，建立职工大会或者职工代表大会制度，由企业自定。职工代表大会代表由职工选举产生。代表应当是思想进步、工作积极、联系群众、有参加民主管理能力的职工。

城镇集体企业的职工（代表）大会在国家法律、法规的规定范围内行使下列职权：制定、修改企业章程；按照国家规定选举、罢免、聘用、解聘厂长（经理）、副厂长（副经理）；审议厂长（经理）提交的各项议案，决定企业经营管理的重大问题；审议并决定企业职工工资形式、工资调整方案、奖金和分红方案、职工住宅分配方案和其他有关职工生活福利的重大事项；审议并决定企业的职工奖惩办法和其他重要规章制度；法律、法规和企业章程规定的其他职权。

职工（代表）大会依照企业章程规定定期召开，每年不得少于 2 次。城镇集体企业的职工代表大会，可以设立常设机构，负责职工代表大会闭会期间的工作。常设机构的人员组成、产生方式、职权范围及名称，由集体企业职工代表大会规定，报上级管理机构备案。

城镇集体企业实行厂长（经理）负责制。厂长（经理）对职工（代表）大会负责，是企业的法定代表人。在通常情况下，厂长（经理）由企业职工（代表）大会选举或者招聘产生。由企业联合经济组织投资开办的城镇集体企业，其厂长（经理）可以由该联合经济组织任免。投资主体多元化的城镇集体企业，其中国家投资达到一定比例的，其厂长（经理）可以由上级管理机构按照国家有关规定任免。

厂长（经理）在法律、法规的规定范围内行使下列职权：领导和组织企业日常生产经营和行政工作；主持编制并向职工（代表）大会提出企业的中长期发展规划、年度生产经营计划、固定资产方案；主持编制并向职工（代表）大会提出企业机构设置方案，决定劳动组织的调整方案；按照国家规定任免或者聘任、解聘企业中层行政领导干部，提出企业年度财务预算、决算方案和利润分配方案；提出企业的经济责任制方案、工资调整方案、劳动保护措施方案、奖惩办法和其他重要的规章制度；奖惩职工；遇到特殊情况时，提出召开职工（代表）大会的建议；企业章程规定的其他职权。

厂长（经理）的职责主要包括：贯彻执行党和国家的方针、政策，遵守国家的法律、法规，执行职工（代表）大会的决议；组织职工完成企业生产经营任务和各项经济技术指标，推进企业技术进步，提高经济效益，增强企业发展能力；严格遵守财经纪律，坚持民主理财，定期向职工公布财务账目；保护企业的合法权益和职工在企业内的正当权利；办好职工生活福利等事业；组织落实安全保卫措施，实现安全文明生产；定期向本企业职工（代表）大会报告工作，听取意见，并接受监督。

由以上内容可以看出，在厂长（经理）代表企业行使职权，对企业的经营管理进行决策方面，城镇集体企业与国有企业的内部领导制度有所不同。对企业经营管理的重大问题，城镇集体企业厂长（经理）应执行职工（代表）大会的决定，并且厂长（经理）还应对职工（代表）大会负责。职工（代表）大会所具有的企业财产所有者代表的身份，决定了其企业权力机构的地位。

中国共产党在城镇集体企业的基层组织是企业的政治领导核心，领导企业的思想政治工作，保证监督党和国家的方针、政策在本企业的贯彻执行。

四、城镇集体企业的财产管理和收益分配

（一）财产管理

鉴于城镇集体企业的财产来源关系十分复杂，《城镇集体所有制企业条例》对城镇集体企业资产的归属问题作了具体规定。其中规定，企业的公共积累，归本企业劳动群众集体所有；企业的联合经济组织的投资，归该联合经济组织范围内的劳动群众集体所有；职工股金，归职工个人所有；企业外的单位和个人的投资，归投资者所有；职工股金和企业吸收的各种投资，投资者可以依法转让和继承。如果城镇集体企业是在其他企业、事业单位、社会团体等扶持下设立的，其扶持资金可按下列办法之一处理：①作为企业向扶持单位的借用款，按双方约定的方法和期限由企业归还扶持单位；②作为扶持单位对企业的投资，按其投资占企业总资产的比例，参与企业的利润分配。

企业、事业单位、社会团体等与其扶持设立的城镇集体企业，应当明确划清产权和财务关系。扶持单位不得干预企业的经营管理活动，企业也不得依赖扶持单位。

城镇集体企业必须保证财产的完整性，合理使用、有效经营企业的财产；必须认真执行国家有关财务、会计制度，接受审计监督，切实加强企业内部的财务管理。

（二）城镇集体企业的收益分配

城镇集体企业的收益分配，必须遵循兼顾国家、集体和个人三者利益的原则。目前，国家利益主要体现在企业按税法规定如期向国家缴纳税收方面，因此，依法纳税是保证国家利益的主要方式。城镇集体企业的税后利润，由企业依法自主支配。企业应当按照国家规定确定公积金、公益金、劳动分红和股金分红的比例，以保证集体和个人之间的利益关系的合理性。职工的劳动报酬必须坚持按劳分配的原则；股金分红要同企业盈亏相结合。企业盈利，按股分红；企业亏损，在未弥补亏损之前，不得分红。另外，企业还应按照国家规定在征收所得税前提取职工养老、失业等保险基金，专项存储，专款专用。

五、城镇集体企业与政府的关系

根据《城镇集体所有制企业条例》的规定，城镇集体企业与政府或政府有关部门的关系应按照以下规定和要求处理：

　　各级人民政府应当把包括城镇集体企业在内的城镇集体经济的发展纳入各级政府的国民经济和社会发展计划，从各方面给予扶持和指导，保障其健康发展。

　　城镇集体企业要接受市（含县级市）以上各级人民政府的指导、管理和监督，并可要求政府有关部门提供服务。按照规定，国务院城镇集体经济的主管机构，负责全国城镇集体经济的宏观指导和管理，其主要职责是：拟定城镇集体经济的发展政策和法律法规，协调全国城镇集体经济发展中的重大问题，组织有关方面监督、检查集体企业政策、法规的执行情况；市（含县级市）以上"人民政府应当根据城镇集体经济发展的需要，确定城镇集体企业的指导部门，加强对集体企业的政策指导，协调当地城镇集体经济发展中的问题，组织有关方面监督、检查集体企业政策、法规的执行情况"；"政府有关行业管理部门，应当依照法律、法规的规定，在各自的职责范围内，负责本行业集体企业的行业指导和管理工作"；"各级人民政府的其他有关部门，依法对集体企业进行监督和提供服务"。以上规定，分别对政府城镇集体经济的主管机构、指导部门、行业管理部门、其他有关部门在城镇集体企业的管理、监督和指导、服务方面的问题作了具体要求。这也是政府对城镇集体企业进行管理、监督和指导、服务的基本法律依据。

　　任何政府部门及其他单位和个人不得改变企业的集体所有制性质、损害企业的财产所有权，不得向企业摊派人力、物力、财力，不得干预企业的生产经营和民主管理。

第三节　乡村集体企业法

一、乡村集体企业的设立、变更和终止

　　1. 乡村集体企业的设立。按照《乡村集体所有制企业条例》第13条的规定，设立乡村集体企业应当具备下列条件：①产品和提供的服务为社会所需要，并符合国家法律、法规和政策规定；②有自己的名称、组织机构和生产经营场所；③有确定的经营范围；④有与生产经营和服务规模相适应的资金、设备、从业人员和必要的原材料条件；⑤有必要的劳动卫生、安全生产条件和环境保护措施；⑥符合当地乡村建设规划，合理利用土地。

　　设立乡村集体企业必须依照法律、法规，经乡级人民政府审核后，报请县级人民政府乡镇企业主管部门以及法律、法规规定的有关部门批准，持有关批准文件向企业所在地工商行政管理机关办理登记，经核准领取《企业法人营业执照》

或者《营业执照》后始得营业，并向税务机关办理税务登记。

2. 乡村集体企业的变更和终止。乡村集体企业分立、合并、迁移、停业或者终止以及改变名称、经营范围等，须经原批准企业设立的机关批准，向当地工商行政管理机关和税务机关办理变更或者注销登记，并通知开户银行。乡村集体企业变更或者终止，必须保护其财产，依法清理债权、债务。企业破产的，应当进行破产清算，法人以企业的财产对企业的债权人清偿债务。

二、乡村集体企业的所有者和经营者

乡村集体企业财产属于举办该企业的乡或者村范围内的全体农民集体所有，由乡或者村的农民大会（农民代表会议）或者代表全体农民的集体经济组织行使企业的所有权。企业实行承包、租赁制或者与其他所有制企业联营的，企业财产的所有权不变。

企业所有者依法决定企业的经营方向、经营形式、厂长（经理）人选或者选聘方式，依法决定企业税后利润在其与企业之间的具体分配比例，有权作出关于企业分立、合并、迁移、停业、终止、申请破产等决议。企业所有者应当为企业的生产、供应、销售提供服务，并尊重企业的自主权。

企业经营者是企业的厂长（经理），企业实行厂长（经理）负责制。厂长（经理）对企业全面负责，代表企业行使职权。实行承包或者租赁制的企业，订立承包或者租赁合同时，应当坚持平等、自愿、协商的原则，兼顾国家、集体和个人的利益。

三、乡村集体企业的权利和义务

乡村集体企业在生产经营活动中享有的权利主要包括：占有和使用企业财产；在核准登记的范围内自主安排生产经营活动；自主确定企业内部的机构设置和人员配备，依法招聘、辞退职工，并确定工资形式和奖惩办法；依法享有本企业产品的定价权和销售权；有权依法对外开展投资和贸易活动；有权拒绝非法摊派。

乡村集体企业在生产经营活动中的义务主要有：缴纳税金；依照国家和省级人民政府的规定上缴支农资金和管理费；依法建立健全财务会计、审计、统计等制度，按期编报财务、统计报表；保护自然资源和环境，防止和治理污染；努力降低原材料和能源消耗，发展符合国家产业政策的产品；做好劳动保护工作，实行安全生产；保证产品质量和服务质量；依法履行合同；对职工进行政治思想、科学文化、技术业务和职业道德等方面的教育。

四、乡村集体企业的管理

企业职工有参加企业民主管理，对厂长（经理）和其他管理人员提出批评和控告的权利。企业职工大会或者职工代表大会有权对企业经营管理中的问题提出意见和建议，评议、监督厂长（经理）和其他管理人员，维护职工的合法权益。

企业应当兼顾国家、集体和个人的利益，合理安排积累与消费的比例。企业税后利润，留给企业的部分不应低于 60%，由企业自主安排，主要用作增加生产发展基金，进行技术改造和扩大再生产，并适当增加福利基金和奖励基金。企业税后利润交给企业所有者的部分，主要用于扶持农业基本建设、农业技术服务、农村公益事业、企业更新改造或者发展新企业。

企业招用职工应当依法签订劳动合同，实行灵活的用工形式和办法。对技术要求高的企业，应当逐步形成专业化的技术职工队伍。

第四节　股份合作企业法

一、股份合作企业的概念和特征

股份合作企业，又称股份合作制企业，是我国改革开放以后出现并迅速发展起来的一种新型企业组织形式。其首先产生于农村，而后又被引入城市，并得到了进一步的发展和完善。随着城乡股份合作企业数量的迅速增加，1998 年 8 月国家统计局、国家工商行政管理局《关于划分企业登记注册类型的规定》中正式将股份合作企业作为一种企业类型予以规定。股份合作企业作为企业职工共同劳动、共同出资、民主管理、实行按劳分配和按股分红相结合的新型集体经济组织，主要有以下四个特征：

1. 劳动合作和资本合作有机结合。在股份合作企业中，职工既是劳动者又是企业出资人，劳动合作是基础，企业职工应共同参与企业的生产经营活动，资本合作则采取了股份的形式，是职工共同为劳动合作提供的物质条件。劳动合作与资本合作相结合有利于共同劳动条件的改善、企业凝聚力的提高，可使企业利益和职工利益更好地协调统一。

2. 民主管理。股份合作企业实行职工股东大会制度，职工股东大会是企业的权力机构。在股东大会中职工享有平等权利，实行一人一票的表决方式。这与按出资额享有表决权的股份制企业不同。

3. 按劳分配与按股分红相结合。众所周知，股份制企业是按资分配，合作制企业主要是按劳分配，而股份合作企业采取按劳分配与按股分红相结合的分配方式。这是其在分配制度上的突出特点。

4. 能够以企业全部资产对外独立承担民事责任。尽管股份合作企业主要由本企业职工个人出资，但出资人及企业均承担有限责任，并可依法取得法人资格。这是股份合作企业不同于合伙企业的一个重要特征。

根据农业部和国家体改委（现已终止运行）的相关规定，可以把股份合作企业大体分为农民股份合作企业和城市股份合作企业两类。其中，按农业部《农民股份合作企业暂行规定》第6条的规定（1990年2月12日农业部令第14号发布，1997年12月25日农业部令第39号修改），农民股份合作企业是指，由3户以上农民，按照协议，以资金、实物、技术、劳力等作为股份，自愿组织起来从事生产经营活动，接受国家计划指导，实行民主管理，以按劳分配为主，又有一定比例的股金分红，有公共积累，能独立承担民事责任，经依法批准建立的经济组织。

二、股份合作企业的设立

设立股份合作企业应当遵循"资金共筹、风险共担、利益共享、积累共有"的原则，坚持生产力标准，实事求是，一切从有利于发展生产力，有利于巩固发展城乡集体经济，有利于群众共同富裕出发。

在股份合作制企业的设立过程中，核资折股和设股是核心问题。

在设立股份合作企业时，不论是新建企业还是老企业的改造，投资人对企业的投资除现金外，其他形式的投资都应进行核资折股，以保证企业资产的真实有效。在进行核资折股时，首要的是进行资产评估。资产评估应由具有资产评估能力和资格的资产评估机构进行，并依法出具资产评估报告书。

股份合作企业的股权设置，大多按出资主体来划分。目前，实践中主要有：职工个人股、职工集体股、国家股、法人股等。为确立企业职工的主体地位，体现劳动与资本的有机结合，股份合作企业的股权结构中，职工个人股和职工集体股应在总股本中占大多数。职工个人股是职工以自己的合法财产向本企业投资所形成的股份。职工集体股是本企业职工以共有的财产折股或向本企业投资所形成的股份。在一定条件下，企业还可以酌情设置国家股和法人股。国家股、法人股是国家、法人单位已经投入的资产折股或新增投资入股所形成的股份。应当明确，职工个人股是企业的股权结构中不可缺少的，而企业是否设置国家股、法人股和职工集体股以及国家股、法人股的出资人如何保障投资收益则可由企业出资人协商议定。

关于股份合作企业的设立程序，按照《农民股份合作企业暂行规定》第6条的规定，开办农民股份合作企业须持有村民委员会证明，并提交合股者的协议书和企业股份合作章程等文件报乡级以上乡镇企业主管部门批准，依法办理工商和税务登记。在设立城市股份合作企业时，实行改制设立的，应取得职工代表大会、出资人和主管部门的同意，由企业提出申请，经政府指定的部门审批。完成改制或新设立的企业，均应到工商管理部门办理登记手续。符合条件、手续齐全的，工商部门应准予登记。

三、股份合作企业的组织制度

股份合作企业的权力机构为职工股东大会。企业实行职工民主管理，职工享有平等权利。职工股东大会实行一人一票的表决方式。职工股东大会的职权主要包括：选举产生董事会和监事会成员；在不设董事会的企业，选举产生或聘任总经理；批准企业的年度预、决算和利润分配方案，重大投资事项，企业分立、合并、解散等重大决策；批准企业章程。董事会是职工股东大会的常设机构，向职工股东大会负责。董事长是企业法定代表人，由董事会选举产生。除董事长外其他董事应为兼职。

设立董事会的企业，总经理负责企业日常工作，向董事会报告工作。总经理可以由董事会聘任，也可以由董事长兼任。不设董事会的企业，总经理是企业法定代表人，负责企业经营管理，向职工股东大会负责并报告工作。

监事会负责对董事会和总经理及其他管理人员的工作进行监督，直接向职工股东大会报告工作。企业是否设立监事会由股东大会决定，不设立监事会的企业应设 1~2 名监事。

四、股份合作企业的分配制度

如前所述，股份合作企业实行按劳分配与按股分红相结合的分配方式。职工工资、奖金分配要遵循"效率优先，兼顾公平"的原则，工资总额的增长幅度应低于企业经济效益的增长幅度，职工实际平均工资增长幅度应低于本企业劳动生产率增长幅度。企业的税后利润应按规定提取法定公积金和公益金，有条件的企业还应提取任意公积金。剩余的部分为可分配利润，实行按股分红。经职工股东大会同意，还可以在可分配利润中提取一部分进行按劳分配，用于奖励对企业有特殊贡献的职工。职工集体股的红利也可以用于按劳分配，还可以用于补充职工社会保障费用，或用于职工集体股的增资扩股。

第五节 集体企业法律实务

一、集体企业法的有关适用问题

由于不同类型的集体企业各有特点，国家立法机关分别制定了相关的法律、法规对其进行规范。这种法律调整方式虽然增强了立法的针对性，但同时也带来一些法律适用方面的问题。其中，《乡镇企业法》的适用及其与《城镇集体所有制企业条例》《乡村集体所有制企业条例》等法律、法规的适用关系问题就是一个需要重视并妥为解决的问题。

按照《乡镇企业法》的规定，乡镇企业，是指农村集体经济组织或者农民投资为主，在乡镇（包括所辖村）举办的承担支援农业义务的各类企业。乡镇企业在城市设立的分支机构，或者农村集体经济组织在城市开办并承担支援农业义务的企业，按照乡镇企业对待。就企业的组织形式而言，乡镇企业可以设立为公司、合伙企业、独资企业和股份合作制企业；从企业的所有制性质看，乡镇企业除集体所有制企业外，还有混合所有制企业和私营企业。按照《乡镇企业法》关于乡镇企业范围的规定，只要承担支援农业的义务，城镇集体企业、乡村集体企业、农民股份合作企业均属乡镇企业，都应适用《乡镇企业法》，并享有该法规定的优惠待遇。由此而论，是否承担支援农业的义务，能否符合"乡镇企业"的条件，是上述几种集体企业可否适用《乡镇企业法》的关键所在。另外，在适用《乡镇企业法》时还应正确理解其立法意图，明确其不同于《城镇集体所有制企业条例》《乡村集体所有制企业条例》等法律、法规的内容。

由于在立法时考虑到现行的《公司法》《乡村集体所有制企业条例》《城镇集体所有制企业条例》《私营企业暂行条例》《农民股份合作企业暂行规定》等法律、法规和规章中，已对不同所有制性质和组织形式的企业的设立、变更和终止，权利义务，内部领导制度，企业与政府的关系，法律责任等内容分别作了比较系统的规定，并且国家还要制定《合伙企业法》《个人独资企业法》《股份合作企业法》等法律，《乡镇企业法》主要侧重规定了有关鼓励、扶持政策和企业行为规范的内容。因此，即使是适用《乡镇企业法》的集体企业也不应排斥《城镇集体所有制企业条例》《乡村集体所有制企业条例》等法律、法规的适用。明确《乡镇企业法》的这一特点，对于正确适用包括《乡镇企业法》在内的集体企业立法是十分必要的。

二、关于集体企业登记注册的分类问题

按照国家统计局关于企业经济成分的划分和推算规定，城镇集体企业、乡村集体企业和股份合作企业均为集体所有制。但按照1998年国家统计局、国家工商局《关于划分企业登记注册类型的规定》和《企业登记注册类型与代码》的规定，股份合作企业是独立于城镇、乡村集体企业之外的一种企业类型。按规定，股份合作企业有自己单独的企业登记注册代码，而对城镇集体企业和乡村集体企业则未加区分，二者亦使用同一企业登记注册代码。对此，在办理企业登记注册手续、填报有关材料时应予注意。

三、法律责任

（一）企业的法律责任

按《城镇集体所有制企业条例》的规定，城镇集体企业有下列行为之一的，由工商行政管理机关依照国家有关法律、法规的规定给予行政处罚：①未经审批和核准登记，以集体企业名义进行活动的；②登记时弄虚作假或者不按规定申请变更登记的；③违反核准登记事项或者超越核准登记的经营范围从事经营活动的；④利用分立、合并、终止和清算等行为抽逃资金、隐匿和私分财产的；⑤其他违法行为。

城镇集体企业因生产、销售伪劣商品，给用户和消费者造成财产损失和人身伤害的，应当承担赔偿责任；构成犯罪的，对负有直接责任的企业领导人员和其他直接责任人员依法追究刑事责任。

城镇集体企业违反《城镇集体所有制企业条例》有关企业领导人员的产生、罢免条件和程序规定的，上级管理机构应当予以纠正，并追究直接责任人员的行政责任。

《乡村集体所有制企业条例》主要针对乡村集体企业的产品质量问题，对产品质量责任作了规定。按规定，企业产品质量达不到国家规定标准的，企业所有者和企业主管部门应当责令其限期整顿，经整顿无效者，应当责令其停产或者转产，直至建议有关机关撤销生产许可证，吊销营业执照。因生产、销售不合格产品，给用户和消费者造成财产损失、人身损害的，亦应承担赔偿责任；构成犯罪的，须依法追究刑事责任。另外，该条例第42条还原则性地规定，企业违反财政、税收、劳动、工商行政、价格、资源、环境保护等法律、法规的，依照有关法律、法规处理。

《乡镇企业法》规定的企业法律责任主要是：停止享受部分或全部法定优惠待遇。按照该法规定，乡镇企业违反国家产品质量、环境保护、土地管理、自然资源开发、劳动安全、税收及其他有关法律、法规的，除依照有关法律、法规处理外，在其改正之前，应当根据情节轻重停止其享受《乡镇企业法》规定的部分或者全部优惠。另外，乡镇企业不承担法定支农义务的，应由乡镇企业行政管理部门责令改正，在其改正之前，亦可停止其《乡镇企业法》规定的部分或全部优惠。

《农民股份合作企业暂行规定》对企业的法律责任仅作了原则性规定。即对于有违法行为的企业，应由有关行政机关视其情节，依法给予处罚。

（二）政府有关部门和企业上级管理机构的法律责任

就《城镇集体所有制企业条例》《乡村集体所有制企业条例》和《乡镇企业法》的规定而言，政府有关部门和企业上级管理机构的法律责任，主要是指政府有关部门或者企业上级管理机构侵犯企业合法权益所应承担的法律责任。其中，对侵犯企业合法财产权益的法律责任的规定又是其重要内容。例如，上述法律、法规中均明确规定了向企业摊派的行政责任，有的还对摊派财物的归还，以及所造成损失的赔偿等问题作了规定。此外，《乡镇企业法》还规定，对非法改变乡镇企业所有权的，由县级以上人民政府乡镇企业行政管理部门责令改正。这对于防止和制止对乡镇企业财产所有权的非法侵犯具有积极意义。

关于侵犯企业其他合法权益的法律责任，《城镇集体所有制企业条例》和《乡镇企业法》还针对现实中非法任免企业负责人的现象较为突出的问题，对这类违法行为的法律责任作了规定。例如，《城镇集体所有制企业条例》第61条第2款规定："集体企业上级管理机构违反本条例有关集体企业领导人员产生、罢免条件和程序规定的，其上一级主管部门应当予以纠正；情节严重的，应当追究直接责任人员的行政责任。"根据《乡镇企业法》第38条的规定，非法撤换乡镇企业负责人的，由县级以上人民政府乡镇企业行政管理部门责令改正。因此给乡镇企业造成损失的，应依法赔偿。

（三）企业领导人员和政府有关部门工作人员的责任

乡村集体企业厂长（经理）侵犯职工合法权益，情节严重的，由企业所有者给予行政处分；构成犯罪的，依法追究刑事责任。城镇集体企业领导人员滥用职权、侵犯职工合法权益，情节严重的，由上级管理机构按照干部管理权限给予行政处分；滥用职权假公济私，对职工进行报复陷害的，依法追究刑事责任。

城镇集体企业的领导人员或者政府有关部门的工作人员，因工作过失给企业造成损失的，由企业的上级管理机构或政府有关部门按照干部管理权限给予行政处分；因玩忽职守，使企业合法权益遭受重大损失，构成犯罪的，依法追究刑事责任。

（四）其他有关人员的法律责任

按照《城镇集体所有制企业条例》的规定，这类法律责任主要有两种：①阻碍企业领导人员依法执行职务的责任；②扰乱企业秩序的责任。

阻碍企业领导人员依法执行职务的，由公安机关依据《治安管理处罚法》予以处罚；构成犯罪的，依法追究刑事责任。

扰乱企业的秩序，致使生产、营业、工作不能正常进行的或者无法进行的，由公安机关依据《治安管理处罚法》予以处罚；构成犯罪的，依法追究刑事责任。

复习与思考

1. 集体企业的主要立法有哪些？在适用这些立法时应注意什么问题？

2. 城镇集体企业与乡村集体企业的内部管理体制有何异同？

3. 为什么说股份合作制企业是一种新型的集体经济组织？这种企业组织形式的发展趋势如何？

4. 集体企业的经营自主权与国有企业相比有何不同？

第七章　外商投资企业法律制度

教学目的和要求

　　本章学习的重点是：中外合资经营企业的概念、设立、登记、注册资本、出资方式、组织机构和经营管理；中外合作经营企业的设立、组织形式、组织机构、出资方式、利润分配等；中外合作经营企业与中外合资经营企业的区别。应重点了解和掌握我国中外合资、合作经营企业法和外资企业法的主要内容，这三种企业的特点、区别以及它们在生产经营和管理活动中产生的法律关系的调整方法等，从而加深理解有关法律规定在我国社会主义现代化建设中的重要意义，并能运用这些知识去处理与外商投资企业有关的各种法律问题。

第一节　外商投资企业法概述

一、外商投资企业的概念和种类

　　外商投资企业，是指依照中华人民共和国法律的规定，在中国境内设立的，由中国投资者和外国投资者共同投资或者仅由外国投资者投资的各类企业的总称。

　　目前我国的外商投资企业主要有中外合资经营企业、中外合作经营企业和外资企业。

　　外商投资企业与其他企业形式相比，具有以下法律特征：

　　1. 外商投资企业是有外商资本投入的企业，即企业的出资人至少有一方是外国投资者。这一特征使外商投资企业区别于内资企业，即完全由中国投资者投资设立的企业。外国投资者，是指具有外国国籍的法人和自然人，包括外国的公司、企业、其他经济组织和个人，此外还包括我国香港、澳门、台湾地区的公司、企业、其他经济组织和个人。其中，中外合资经营企业、中外合作经营企业和中外合资股份有限公司是由外国投资者与中国投资者共同投资设立的，而外资企业则是全部资本都由外国投资者投资设立的。

　　2. 外商投资企业是依照中华人民共和国法律在中国境内设立的企业，具有中国国籍。这一特征使得外商投资企业区别于外国企业。《中外合资经营企业法实施条例》第 2 条及最高人民法院司法解释规定，我国根据法人注册登记地确定法人的国籍。由此可见，依据我国法律在我国境内登记设立的外商投资企业具有我国国籍。

3. 外商投资企业是外国私人资本在我国直接投资设立的企业，即以国际私人直接投资设立的企业：①这种投资属于国际私人投资，区别于政府（官方）投资。②这种国际私人投资采取的是直接投资的方式。直接投资的方式包括以参与经营管理为目的持股、收买、兼并、设立全资子公司、分公司或营业所，单独或联合从事资源开发等，设立外商投资企业只是方式之一。国际资本流动根据流动的方向不同分为资本流入和资本流出。相对我国而言，外商投资企业是资本流入的方式，而海外投资企业则是资本流出的方式。

二、外商投资企业法的立法概况

我国关于外商投资企业的法律、法规主要有：《中外合资经营企业法》（1979年 7 月 1 日第五届全国人民代表大会第二次会议通过，根据 1990 年 4 月 4 日第七届全国人民代表大会第三次会议《关于修改〈中华人民共和国中外合资经营企业法〉的决定》第一次修正，根据 2001 年 3 月 15 日第九届全国人民代表大会第四次会议《关于修改〈中华人民共和国中外合资经营企业法〉的决定》第二次修正，根据 2016 年 9 月 3 日第十二届全国人民代表大会常务委员会第二十二次会议《关于修改〈中华人民共和国外资企业法〉等四部法律的决定》第三次修正），《中外合作经营企业法》（1988 年 4 月 13 日第七届全国人民代表大会第一次会议通过，根据 2000 年 10 月 31 日第九届全国人民代表大会常务委员会第十八次会议《关于修改〈中华人民共和国中外合作经营企业法〉的决定》修正，根据 2016 年 9 月 3 日中华人民共和国第十二届全国人民代表大会常务委员会第二十二次会议《全国人民代表大会常务委员会关于修改〈中华人民共和国外资企业法〉等四部法律的决定》第二次修正，根据 2016 年 11 月 7 日第十二届全国人民代表大会常务委员会《全国人民代表大会常务委员会关于修改〈中华人民共和国对外贸易法〉等十二部法律的决定》第三次修正，根据 2017 年 11 月 4 日第十二届全国人民代表大会常务委员会第三十次会议《关于修改〈中华人民共和国会计法〉等十一部法律的决定》第四次修正），《外资企业法》（1986 年 4月 12 日第六届全国人民代表大会第四次会议通过，根据 2000 年 10 月 31 日第九届全国人民代表大会常务委员会第十八次会议《关于修改〈中华人民共和国外资企业法〉的决定》第一次修正，根据 2016 年 9 月 3 日第十二届全国人民代表大会常务委员会第二十二次会议《关于修改〈中华人民共和国外资企业法〉等四部法律的决定》第二次修正等）。

第二节　中外合资经营企业法律制度

一、中外合资经营企业的概念和特征

中外合资经营企业，是指中国合营者与外国合营者依照中华人民共和国法律的规定，在中国境内共同投资、共同经营，并按投资比例分享利润，分担风险与亏损的企业。

合营企业有以下法律特征：

1. 合营企业由中外合营者共同举办。

2. 合营企业依照中国法律在中国境内设立，受中国法律管辖。

3. 合营企业的中外合营者共同投资、共同经营、共负盈亏、共担风险，是合营企业最本质的法律特征。

二、中外合资经营企业的组织形式和法律地位

1. 合营企业的组织形式。《中外合资经营企业法》第 4 条第 1 款规定："合营企业的形式为有限责任公司。"合营各方以其认缴的出资额对企业承担有限责任，合营企业以其全部资产对其债务承担责任。

2. 合营企业的法律地位。合营企业是中国法人，受中国法律管辖和保护。作为中国企业法人，必须具备《民法总则》规定的法人条件。其与中国境内其他公司、企业和其他组织或个人发生的经济纠纷，按照国内法律规定解决。

三、中外合资经营企业的注册资本与出资方式

（一）合营企业的注册资本与投资总额

合营企业的注册资本，是指为设立合营企业在登记管理机构登记的资本总额，应为合营各方认缴的出资额之和。

合营企业的注册资本在该企业合营期间内不得减少，但可以增加。增加注册资本应由合营企业董事会会议通过，并报原审批机关批准，向原登记管理机构办理变更登记手续。

在合营企业的注册资本中，外国合营者的投资比例一般不得低于 25%，对外国投资者投资比例的上限未作规定，这比多数发展中国家不允许外资超过 49% 的规定更为开放，以利于吸引外资。

经合营他方同意和审批机关批准，合营一方可以向第三者转让其全部或部分出资额；合营一方在转让其全部或部分出资额时，合营他方有优先购买权。

合营企业投资总额是按照合营企业合同、章程规定的规模需要投入的基本建

设资金和生产流动资金的总和。如果合营各方的出资额之和达不到投资总额，可以合营企业的名义进行借款。在这种情况下，投资总额包括注册资本和企业借款。

（二）中外合资经营企业合营各方的出资方式

合营各方可以用作出资的方式有：①货币；②实物，如建筑物、厂房、机器设备或其他物资；③工业产权、专有技术；④场地使用权。以实物、工业产权、专有技术作为出资的，其作价由合营各方按照公平、合理的原则协商确定，或者聘请合营各方同意的第三者评定。外国合营者作为出资的机器设备或其他物料、工业产权或专有技术，应符合我国法律规定的条件，并报审批机关批准。

此外，外国合营者以工业产权或专有技术出资签订技术转让协议的，还应当符合以下规定：①技术使用费应当公平、合理，一般应采取提成方式支付，提成率不得高于国际上通常的水平；②除双方另有约定外，技术输出方不得限制技术输入方出口其产品的地区、数量和价格；③技术转让协议的期限不得超过10年；④技术转让协议期满后，输入方有权继续使用该技术；⑤双方互相交换改进技术的条件应当对等；⑥输入方有权按照自己认为合适的来源购买需要的机器设备零部件和原材料；⑦不得含有为中国法律、法规所禁止的不合理的限制性条款。

合营企业的场地使用权可以通过以下方式取得：①作为中方的出资投入合营企业；②由合营企业向企业所在地的市（县）级土地管理部门申请，通过签订合同、交纳土地使用费取得；③按照国家有关规定取得土地使用权。按照《中外合资经营企业法实施条例》第46条的规定，场地使用费标准应根据该场地的用途、地理环境条件、征地拆迁安置费用和合营企业对基础设施的要求等因素，由所在地的省、自治区、直辖市人民政府规定，并向国家对外经济贸易主管部门和国家土地主管部门备案。如果场地使用权作为中国合营者出资的一部分，其作价金额应与取得同类场地使用权所应缴纳的使用费相同。

四、中外合资经营企业的组织结构

（一）合营企业的权力机构

合营企业的董事会是合营企业的最高权力机构。

董事会的职权是按合营企业章程的规定，讨论决定合营企业的一切重大问题。

董事会的人数由合营各方协商，在合营企业章程中确定，但不得少于3人。董事名额的分配，由合营各方参照出资比例协商确定。然后，由合营各方按照分配的名额分别委派董事。董事的任期为4年，经合营者继续委派可以连任。

董事长和副董事长由合营各方协商确定或由董事会选举产生。中外合营者的一方担任董事长的，由他方担任副董事长。董事长是合营企业的法人代表。董事长不能履行职责时，应当授权副董事长或其他董事代表合营企业。

董事会会议每年至少召开一次。经 1/3 以上的董事提议，可以召开董事会临时会议。董事会会议应有 2/3 以上董事出席方能举行。举行董事会会议的地点，一般应在合营企业的法定地址所在地。

董事会的职权是按合营企业章程规定，讨论决定合营企业的一切重大问题，这些问题具体包括：企业发展规划、生产经营活动方案、收支预算、利润分配、劳动工资计划、停业，以及总经理、副总经理、总工程师、总会计师、审计师的任命或聘请及其职权和待遇等。

下列事项由出席董事会会议的董事一致通过方可作出决议：合营企业章程的修改；合营企业的终止、解散；合营企业的注册资本的增加、转让；合营企业与其他经济组织的合并。关于其他事项，可以根据合营企业章程载明的议事规则作出决议。

（二）合营企业的经营管理机构

合营企业的经营管理机构，负责企业的日常管理工作。经营管理机构设总经理 1 人，副总经理若干人。总经理、副总经理，可以由中国公民担任，也可以由外国公民担任。总会计师由合营企业董事会聘请，通常由中国公民担任。

总经理执行董事会会议的各项决议，组织领导合营企业的日常经营管理工作。在董事会授权范围内，总经理对外代表合营企业，对内任免下属人员，行使董事会授予的其他职权。副总经理协助总经理工作。

五、中外合资经营企业的期限、解散与清算

1. 合营企业的合营期限。根据我国《中外合资经营企业法》第 13 条的规定，除法律特别规定的以外，合营企业可以约定也可以不约定合营期限。约定合营期限的合营企业，合营各方同意延长合营期限的，应在距合营期限满 6 个月前向审批机关提出申请。审批机关应自接到申请之日起 1 个月内决定批准或不批准。

2. 合营企业的解散。已经开业的合营企业，具有下列情况之一时解散：①合营期限期满；②合营企业发生严重亏损，无力继续经营；③合营一方不履行合营企业协议、合同、章程规定的义务，致使企业无法继续经营；④合营企业因自然灾害、战争等不可抗力遭受严重损失，无法继续经营；⑤合营企业无法达到其经营目的，同时又无发展前途；⑥合营企业合同、章程所规定的其他解散原因已经出现。

上述第②、④、⑤、⑥项情况发生的，由董事会提出解散申请书，报审批机构批准；第③项情况发生的，由履行合同的一方提出申请，报审批机构批准。在第③项情况下，不履行合营企业协议、合同、章程规定的义务一方，应当对合营企业由此造成的损失负赔偿责任。

3. 合营企业的清算。合营企业解散，应依法组成清算委员会进行清算。合营企业清算工作结束后，由清算委员会提出清算结束报告，提请董事会会议通过后，报告原审批机构，并向原登记管理机构办理缴销登记手续，注销营业执照。

第三节　中外合作经营企业法律制度

一、中外合作经营企业的概念和特征

中外合作经营企业，是指外国公司、企业和其他经济组织或个人与我国的公司企业或其他经济组织，根据中国法律，在中国境内共同投资设立，由合同确定双方权利、义务，按照合同从事经营管理活动的企业。中外合作经营企业具有以下法律特征：

1. 合作企业是典型的契约式的合营。也就是合营双方利润分配、风险承担、管理方式等权利、义务的确定依据合作企业合同的约定，而非依出资比例。这是合作企业与合营企业最根本的区别。

2. 合作企业一般规模较小，灵活多样，更有利于吸引外资。合作企业的灵活性表现为：①合作企业出资更加灵活、简便，中外双方可以出资也可以提供合作条件；②合作企业的组织形式灵活，规模可大可小，可以设立规范的有限公司，也可以采取非法人组织的形式；③合作企业的经营管理方式灵活，可以由合作双方共同经营，也可以委托其中一方甚至委托第三人经营；④合作企业分配方式灵活，可以采取利润分成的方式，也可以采取产品分成的方式。

3. 周期短、风险小。合作企业合同可以约定外方提前收回出资的方法，外方合作者投资回收周期短，投资风险小。

4. 程序简便。合作企业设立中的申请、审批、登记等手续更加简便。

二、中外合作经营企业合同

中外合作经营企业合同，是指合作各方为设立合作企业就相互之间的权利、义务关系达成一致意见后形成的书面文件。

合作经营合同应当载明下列事项：①合作各方的名称、注册地、住所及法定代表人的姓名、职务、国籍（外国合作者是自然人的，其姓名、国籍和住所）；②合作企业的名称、住所、经营范围；③合作企业的投资总额、注册资本，合作各方投资或者提供合作条件的方式、期限；④合作各方投资或者提供的合作条件

的转让；⑤合作各方收益或者产品的分配，风险或者亏损的分担；⑥合作企业的董事会或者联合管理委员会的组成以及董事或者联合管理委员会名额的分配，总经理及其他高级管理人员的职责和聘任、解聘办法；⑦采用的主要产品设备、生产技术及其来源；⑧产品在中国境内销售和境外销售的安排；⑨合作企业外汇收支的安排；⑩合作企业的期限、解散和清算；⑪合作各方其他义务以及违反合同的责任；⑫财务、会计、审计的处理原则；⑬合作各方之间争议的处理；⑭合作企业合同的修改程序。

三、中外合作经营企业的出资

合作各方依法和依合作企业合同的约定，向合作企业投资或提供合作条件。出资的方式可以是货币，也可以是实物或者工业产权、专有技术、土地使用权等财产权利。合作各方缴纳投资或提供合作条件后，应当由中国注册会计师验资，合作企业据此发给合作各方出资证明书。

依法取得法人资格的中外合作企业，外方合作者的投资一般不低于合作企业注册资本的25%。不具备法人资格的中外合作企业，外方合作者的投资一般不低于中国和外国合作者投资之和的25%。

中外合作企业的合作各方应当根据合作企业的生产经营需要，在合作企业合同中约定合作各方投资或提供合作条件的期限。最长出资期限的规定与合营企业相同。合作各方未按期缴纳投资，提供合作条件的，工商管理部门应当限期履行，期限届满仍未履行的，审查批准机关应当撤销批准证书，工商行政管理机关应当吊销营业执照，并予以公告。未按合作企业合同缴纳投资或提供合作条件的一方，应当向已经缴纳投资或提供合作条件的他方承担违约责任。

四、中外合作经营企业的组织形式与经营管理

（一）中外合作经营企业的组织形式

根据我国法律规定，合作企业依法取得中国法人资格的，其组织形式为有限责任公司。合作各方对合作企业的责任以各自认缴的出资额或提供的合作条件为限。合作企业以其全部资产对其债务承担责任。不具有法人资格的合作企业，则依照我国《民法总则》的有关规定，由合作企业的出资人或设立人向合作企业债权人承担无限责任。

（二）中外合作经营企业的经营管理

1. 中外合作经营企业的管理方式。《中外合作经营企业法》第12条第1款规定，合作企业应当设立董事会或者联合管理机构，依照合作企业合同或者章程的规定，决定合作企业的重大问题。此外，该条第2款还规定，合作企业成立后可以改为委托中外合作者以外的他人经营管理。可见，合作企业在组织机构的设置上有较大的灵活性，同中外合资经营企业有很大的区别，合作企业的管理形式

有以下三种：

（1）董事会制。具有法人资格的合作企业，一般采取董事会制。董事会是合作企业的最高权力机构，董事会可以决定任命或者聘请总经理负责合作企业的日常经营管理工作。总经理对董事会负责。

（2）联合管理制。不具有法人资格的合作企业，一般采取联合管理制。联合管理机构由合作各方代表组成，是合作企业的最高权力机构，决定合作企业的重大问题。

（3）委托管理制。经合作各方一致同意合作企业可以委托中外合作一方或第三方进行经营管理，委托第三方进行管理的，必须经董事会或者联合管理机构一致同意，并报审批机关审批，向工商行政管理机关办理变更登记手续。

2. 议事规则。合作企业的董事会会议或者联合管理委员会会议每年至少召开 1 次，由董事长或联合管理委员会主任召集并主持。董事长或者联合管理委员会主任因特殊原因不能履行职务时，由副董事长、副主任或者其他董事、委员召集并主持。1/3 以上董事或委员可以提议召开董事会会议或联合管理委员会会议。董事会会议或者联合管理委员会会议应当有 2/3 以上董事或者委员出席方能举行，不能出席董事会会议或者联合管理委员会会议的董事或委员应当书面委托他人代表其出席和表决。董事会会议或者联合管理委员会会议作出决议，须经全体董事或者委员的过半数通过。董事或者委员无正当理由不参加又不委托他人代表其参加董事会会议或者管理委员会会议的，视为出席董事会会议或者管理委员会会议并在表决中弃权。

召开董事会会议或者联合管理委员会会议应当在会议召开的 10 日前通知全体董事或者委员。董事会或者联合管理委员会也可以用通信方式作出决议。

董事会或联合管理委员会作出决议一般由出席会议董事或委员过半数同意。但是，合作企业章程的修改，合作企业注册资本的增加和减少，合作企业的解散，合作企业的资产抵押，合作企业的合并、分立和变更组织形式以及合作各方约定由董事会会议的董事或联合管理委员会会议一致通过方可作出决议的其他事项，应由出席董事会会议或者管理委员会的委员一致通过，方可作出决议。

3. 会计账簿管理。不具有法人资格的合作企业，应当在合作企业所在地设置统一会计账簿，合作各方还应当设置各自的会计账簿。

五、中外合作经营企业的利润分配与投资回收

（一）合作企业的利润分配

合作企业可以采取利润分成或产品分成的分配方式，后者一般在资源开发项目中采用。关于合作企业收益或者产品的分配，以及利润与产品的分成比例，由中外合作者依照法律规定，在合作企业合同中约定。

（二）合作企业外国合作者投资的回收

根据《中外合作经营企业法》第 21 条第 2 款的规定，中外合作者在合作企业合同中约定合作期满时合作企业的全部固定资产归中国合作者所有的，可以在合作企业合同中约定外国合作者在合作期限内先行回收投资的办法。

回收投资的办法一般有三种：①在按照投资或提供合作条件的基础上，在合作企业合同中约定扩大外国合作者收益分配的比例；②外国合作者在缴纳所得税之前回收投资；③经财政税务机关和审查批准机关批准的其他提前回收投资方式。

先行回收投资须明确以下四个问题：

1. 要保持合作企业正常经营的必要条件。为在盈利年度回收投资，须以保持下一年度的企业正常经营的资金为限。例如，亏损年度外方就不应回收投资，否则会造成企业难以为继。

2. 外国合作者依照上述第②、③种方式，提出先行回收投资的申请，应当具体说明先行回收投资的总额、期限和方式，经财政税务机关审查同意后，报审批机构审批。

3. 外国合作者提前收回出资的，中外合作者应当依照有关法律的规定和合作企业合同的约定，对合作企业的债务承担责任。

4. 回收投资的来源，属资本内部转移的性质，实际上是中方合作者以自己应得利润购买外国合作者的投资，并非是外国合作者无偿转让。

如果外国合作者在合作期限内回收投资尚未完毕，经过审批机关批准，可以延长合作期限，以保证外商继续回收应予以回收而尚未回收的投资。

第四节　外资企业法律制度

一、外资企业的概念和特征

外资企业，是指依照中国法律在中国境内设立的全部资本由外国投资者投资的企业，不包括外国的企业和其他经济组织在中国境内设立的分支机构。

外资企业具有以下法律特征：

1. 外资企业是中国法人或非法人企业。由于这里所称的外资企业是在中国境内设立的，按照我国关于法人国籍标准的有关法律规定，外资企业应当为中国法人或非法人企业。

2. 外资企业的资本全部由外国投资者出资。这一点与合作企业和合营企业不同。后两者都有中方出资者的出资，而外资企业的出资中则没有中国出资者的出资。

二、外资企业的出资

1. 外国投资者的出资方式。外国投资者可以用可自由兑换的外币出资，也可以用机器设备、工业产权、专有技术等作价出资。经审批机关批准，外国投资者也可以用其从中国境内兴办的其他外商投资企业获得的人民币利润出资。

外国投资者以机器设备作价出资的，该机器设备必须符合下列要求：①外资企业生产所必需的；②中国不能生产，或者虽然能生产，但在技术性能或者供应时间上不能保证需要的。

外国投资者以工业产权、专有技术作价出资时，该工业产权、专有技术必须符合下列要求：①外国投资者自己所有的；②能生产中国急需的新产品或者出口适销产品的。该工业产权、专有技术的作价应当与国际上通常的作价原则相一致，其作价金额不得超过外资企业注册资本的20%。

2. 外国投资者的出资期限。外国投资者缴付出资的期限应当在设立外资企业申请书和外资企业章程中载明。外国投资者可以分期缴付出资，但最后一期出资应当在营业执照签发之日起3年内缴清，其第一期出资不得少于外国投资者认缴的出资额的25%，并应当在外资企业营业执照签发之日起90日内缴清。

外国投资者未能在外资企业营业执照签发之日起90日内缴付第一期出资的，或者无正当理由逾期30日不缴付其他各期出资的，外资企业批准证书即自动失效。外国投资者有正当理由要求延期出资的，应当经审批机关同意并报工商行政管理机关备案。

三、外资企业的组织形式与机构设置

1. 外资企业的组织形式和法律地位。《外资企业法实施细则》第18条规定："外资企业的组织形式为有限责任公司。经批准也可以为其他责任形式。外资企业为有限责任公司的，外国投资者对企业的责任以其认缴的出资额为限。外资企业为其他责任形式的，外国投资者对企业的责任适用中国法律、法规的规定。"

2. 外资企业的机构设置。《外资企业法》及其实施细则均未对外资企业的管理机构作出具体的法律规定，只是规定外资企业管理机构须在外资企业章程中确定。外资企业为有限责任公司的，而且股东较多的，可以设股东会；股东较少或一家独资的，可以直接设董事会，不设股东会；企业股东人数较少、规模较小的，可以设立1名执行董事，不设董事会，执行董事可以兼任公司经理，执行董事是企业的法定代理人，并设1~2名监事。董事、经理及财务负责人不得兼任监事。

四、外资企业的经营期限

1. 外资企业的经营期限。根据《外资企业法》及其实施细则的有关规定，外资企业的经营期限，根据不同行业和企业的具体情况，由外国投资者在设立外资企业的申请书中拟定，并经审批机关批准。外资企业的经营期限，从其营业执照签发之日起计算。外资企业经批准延长经营期限的，应当自收到批准延长期限文件之日起 30 日内，向工商行政管理机关申请变更登记手续。

2. 外资企业的清算。外资企业资格终止前应进行清算，清算委员会应由外资企业的法定代表人、债权人代表以及有关主管机关的代表组成，并聘请中国的注册会计师、律师等参加。

清算委员会的职权包括：①召集债权人会议；②接管并清理企业财产，编制资产负债表和财产目录；③提出财产作价和计算依据；④制订清算方案；⑤收回债权和财产目录；⑥收回债权和清偿债务；⑦追回股东应缴而未缴的款项；⑧分配剩余财产；⑨代表外资企业起诉和应诉。

在外资企业清算结束前，外国投资者不得将该企业的资金汇出或者携带出中国境外，不得自行处理企业财产。

清算委员会负责清理外资企业的债权、债务，代表外资企业起诉和应诉。外资企业清算结束后，应当向工商行政管理机关办理注销登记手续，缴销营业执照。

第五节 外商投资企业法律实务

一、外商投资企业设立登记实务

(一) 中外合资经营企业的设立条件和需要提交的审批文件

1. 设立合营企业的条件。在中国境内设立的合营企业，应能促进中国经济的发展和科学技术水平的提高，有利于社会主义现代化建设。

申请设立合营企业有下列情况之一的，不予以批准：①有损中国主权的；②违反中国法律的；③不符合中国国民经济发展要求的；④造成环境污染的；⑤签订的协议、合同、章程显属不公平，损害合营一方权益的。

2. 设立合营企业需要提交的审批文件。申请设立合营企业，由中外合营者共同向审批机关报送下列正式文件：①设立合营企业的申请书；②合营各方共同编制的可行性研究报告；③由合营各方授权代表签署的合营企业协议、合同和章程；④由合营各方委派的合营企业董事长、副董事长、董事人选名单；⑤审批机构规定的其他文件。

3. 设立合营企业的审批。

（1）设立合营企业的审批机关。在中国境内设立合营企业，必须经国家商务部审查批准。但具备以下两个条件的，国家商务部得委托有关的省、自治区、直辖市人民政府或国务院有关部门审批，报国家商务部备案：①投资总额在国务院规定的投资审批权限以内，中国合营者的资金来源已落实的；②不需要国家增拨原材料，不影响燃料、动力、交通运输、外贸出口配额等的全国平衡的。

（2）设立合营企业的审批期限。审批机关自接到中国合营者按规定报送的全部文件之日起，要在3个月内决定批准或不批准。审批机关如果发现前述文件有不当之处，就应要求限期修改，否则不予以批准。

4. 设立合营企业的登记。

（1）登记的申请和登记注册的主要事项。合营企业办理开业登记，应当在收到批准证书之日起1个月内，按照国家有关规定向登记主管机关提出申请。

合营企业申请开业登记，应当提交下列文件、证件：①组建负责人签署的登记申请书；②国家对外经济贸易主管部门发给的批准证书；③合营各方签订的合营企业章程；④资金信用证明、验资证明或者资金担保；⑤企业主要负责人的身份证明、住所和经营场所使用证明；⑥其他有关文件、证件。

合营企业登记注册的主要事项：企业法人名称、住所、经营场所、法定代表人、经济性质、经营范围、经营方式、注册资本、从业人数、经营期限、分支机构。

（2）登记的核准及其意义。合营企业由国家工商行政管理总局或者国家工商行政管理总局授权的地方工商行政管理局核准登记。上述工商行政管理局是合营企业的登记主管机关。登记主管机关应当在受理申请后30日内，作出核准登记或者不予以核准登记的决定。

（二）中外合作经营企业的设立条件和需要提交的审批文件

1. 设立中外合作经营企业的条件。《中外合作经营企业法》第4条规定："国家鼓励举办产品出口的或者技术先进的生产型合作企业。"

产品出口企业，是指产品主要用于出口，年度外汇总收入额减除年度生产经营支出额和外国投资者汇出分得利润所需外汇额以后，外汇有结余的生产型企业。先进技术企业，是指外国投资者提供先进技术，从事新产品开发，实行产品升级换代，以增加出口创汇或者替代进口的生产型企业。

在下列情况下，设立合作企业的申请将不予以批准：①损害国家主权或者社会公共利益的；②危害国家安全的；③对环境造成污染损害的；④违反法律、行政法规或者国家产业政策的其他规定的。

2. 设立中外合作经营企业需要提交的审批文件。申请设立中外合作经营企业，应当由中方合作者向审查批准机关报送下列文件：①设立中外合作经营企业的项目申请书，并附送主管部门审查同意的文件；②合作各方共同编制的可行性研究报告，并附送主管部门审查同意的文件；③由合作各方的法定代表人或授权的代表签署的合作企业协议、合同、章程；④合作各方的营业执照、资信证明及法定代表人的有效证明文件，外国合作者是自然人的，应提供有关其身份、履历和资信情况的有效证明；⑤合作各方协商确定的董事长、副董事长、董事或者联合管理委员会主任、副主任、委员的名单；⑥审查批准机关要求报送的其他文件。

3. 设立中外合作经营企业的审批。中外合作经营企业的设立由商务部或者国务院授权的部门和地方人民政府批准。属于下列情形的，由国务院授权部门或者地方人民政府批准：①投资总额在国务院规定由国务院授权部门或地方人民政府审批的投资限额以内的；②自筹资金，且不需要国家平衡建设、生产条件的；③产品出口不需要领取国家有关主管部门发放的出口配额、许可证，或者需要领取，但在报送项目建设书前已征得国家有关主管部门同意的；④由法律、行政法规规定由国务院授权的部门或者地方人民政府审查批准的其他情形的。

4. 设立中外合作经营企业的登记。设立中外合作经营企业的申请经批准后，应当自接到批准之日起 30 日内向工商行政管理机关申请登记，领取营业执照。营业执照签发日期为企业的成立日期。合作经营企业自成立之日起 30 日内向税务机关办理税务登记。

（三）外资企业的设立条件和需要提交的审批文件

1. 设立外资企业的条件。根据《外资企业法》第 3 条和《外资企业法实施细则》第 3 条的规定，设立外资企业，必须有利于中国国民经济的发展，能够取得显著的经济效益，并应当至少符合下列两项条件：①采用先进技术和设备，从事新产品开发，节约能源和原材料，实现产品升级换代，可以替代进口的；②年出口产品的产值达到当年全部产品产值的 50% 以上，实现外汇收支平衡或者有余的。

禁止设立外资企业的行业包括：新闻、出版、广播、电视、电影；国内商业、对外贸易、保险；邮电通信；中国政府规定禁止设立外资企业的其他行业。限制设立外资企业的行业包括：公用事业；交通运输；房地产；信托投资；租赁。

申请设立外资企业，有下列情况之一的，不予以批准：①有损中国主权或者社会公共利益的；②危及中国国家安全的；③违反中国法律、法规的；④不符合中国国民经济发展要求的；⑤可能造成环境污染的。

2. 设立外资企业需要提交的审批文件。外国投资者在提出设立外资企业的申请前，应当就下列事项向拟设立外资企业所在地的县级或者县级以上地方人民政府提交报告。报告内容包括：设立外资企业的宗旨；经营范围、规模；生产产品；使用的技术设备；产品在中国和外国市场的销售比例；用地面积及要求；需要用水、电、煤、煤气或者其他能源的条件及数量；对公共设施的要求等。县级或者县级以上地方人民政府应当在收到外国投资者提交的报告之日起 30 日内以书面形式答复外国投资者。

外国投资者设立外资企业，应当通过拟设立外资企业所在地的县级或者县级以上人民政府向审批机关提出申请，并报送下列文件：①设立外资企业申请书；②可行性研究报告；③外资企业章程；④外资企业法定代表人（或者董事会人选）名单；⑤外国投资者的法律证明文件和资信证明文件；⑥拟设立外资企业所在地的县级或县级以上人民政府的书面答复；⑦需要进口的物资条件；⑧其他需要报送的文件。

两个或者两个以上外国投资者共同申请设立外资企业，应当将其签订的合同副本报送审批机关备案。

3. 设立外资企业的审批。《外资企业法》第 6 条规定："设立外资企业的申请，由国务院对外经济贸易主管部门或者国务院授权的机关审查批准。审查批准机关应当在接到申请之日起 90 天内决定批准或者不批准。"根据上述规定，《外资企业法实施细则》对设立外资企业的审批作了具体的规定。

设立外资企业的申请，由国务院对外贸易经济主管部门审查批准后，发给批准证书。设立外资企业的申请属于下列情形的，国务院授权省、自治区、直辖市和计划单列市、经济特区人民政府（以下简称委托机关）审查批准后，发给批准证书：①投资总额在国务院规定的投资审批权限以内的；②不需要国家调拨原材料，不影响能源、交通运输、外贸出口配额等全国综合平衡的。

受托机关在国务院授权范围内批准设立外资企业，应当在批准后 15 日内报国务院对外经济贸易主管部门备案。

还需要指出的是，申请在国家规定限制设立外资企业的行业中设立外资企业，除法律、法规另有规定外，须经国务院对外经济贸易主管部门批准。申请设立的外资企业，其产品涉及出口许可证、出口配额、进口许可证或者属于国家限制进口的，应当依照有关管理权限事先征得国务院对外经济贸易主管部门的同意。

审批机关应当在收到申请设立外资企业的全部文件之日起 90 日内决定批准或者不批准。审批机关如果发现上述文件不齐备或者有不当之处，可以要求限期补报或者修改。

4. 设立外资企业的登记。设立外资企业的申请批准后，外国投资者应当在接到批准证书之日起 30 日内向国家工商行政管理总局或者国家工商行政管理总局授权的地方工商行政管理局申请开业登记。登记主管机关应当在受理申请后 30 日内，作出核准登记或者不予以核准登记的决定。申请开业登记的外国投资者，经登记主管机关核准登记注册，领取营业登记执照后，企业即告成立。外资企业应当在企业成立之日起 30 日内在税务机关办理税务登记。

（四）外商投资企业注册登记程序

工商行政管理机关是外商投资企业登记的主管机关，对外商投资企业实行国家工商行政管理和授权登记管理的原则。国家工商行政管理局授权市以上地方工商行政管理局负责对外商投资企业的登记管理。

外商投资企业申请企业法人登记，应当具备以下条件：①有符合规定的名称；②有审批机关批准的合同、章程；③有固定的经营场所、必要的设施和从业人员；④有符合国家规定的注册资本；⑤有符合国家法律、法规和政策规定的经营范围；⑥有健全的财会制度，能够实行独立核算，自负盈亏，独立编制资金平衡表或者资产负债表。

外商投资企业登记注册的主要事项有：名称、住所、经营范围、投资总额、注册资本、企业类别、董事长、副董事长、总经理、副总经理、经营期限、分支机构等。

二、涉外投资争议的解决

涉外投资争议，是指外国私人直接投资关系中的争议，根据争议主体不同，可以分为两类：内、外国投资者之间的争议和外国投资者与东道国政府之间的争议。其中，后者因为争议的特殊性而更加复杂且难于处理，通常所说的国际投资争议即指这类争议。

根据我国国内法、我国签署的双边条约、我国缔结或参加的国际公约的规定，外国投资者与我国政府或中方投资者发生的投资争议，可以采用以下方式解决：

（一）外国投资者与中国政府间争议的解决方式

1. 协商。根据我国与有关国家签订的双边投资协定，协商为必经程序，协商期限一般为 6 个月。但《中外合作经营企业法》则规定协商、调解为非必经程序。

2. 调解。采用调解的方式解决纠纷要求当事人双方自始至终基于自愿，但调解达成的协议对当事人不具有强制执行的效力。国际上的国际投资争端调解机构有解决投资争议国际中心（ICSID）、国际商会的调解委员会和一些常设仲裁机构；国内的调解机构有北京调解中心、中国国际经济贸易仲裁委员会以及一些民间调解机构，还可以通过行政机构调解或在诉讼中由法院调解；此外，当事人还可以协商一致选任临时调解机构实施调解。

3. 当地行政或司法救济。根据我国签署的双边投资协定，外国投资者向我国行政或司法机关寻求救济，有以下三种情况：①有关征收和国有化补偿数额的争议，投资者可以选择当地救济，也可以直接提请国际仲裁；②有关国有化的合法性争议，只能由我国法院审理；③上述两类争端以外的争议，除非争议双方已有协议，否则只能通过当地救济手段解决，即行政复议和诉讼。

4. 国际仲裁。国际仲裁包括国际商事仲裁和专门的投资争端仲裁。我国已于1990年加入《解决国家与他国国民间投资争议公约》，对与缔约国国民发生的投资争议，可以协议提交解决投资争议国际中心裁决。我国签署的双边投资协定，则一般规定仲裁双方任命仲裁人组成临时仲裁庭裁决。

5. 通过外方投资者本国解决。将外国投资者与我国政府间的争议转化为投资者母国与东道国之间的争议，按照有关双边投资保护协定解决，方法有协商和仲裁。

（二）外国投资者与中国投资者间的争议解决

这类争议不同于以上争议，外国投资者与中国投资者之间的争议属于平等民事主体间的争议，适用国内法提供的平等主体间争议解决的途径。

1. 争议解决方法。①协商和调解。②仲裁。依仲裁协议，可以提请中国国际经济贸易仲裁委员会仲裁，也可以提请外国投资者本国或第三国的仲裁机构仲裁。在实践中，约定由中立国瑞典的斯德哥尔摩商会仲裁院裁决者为多。③诉讼。诉讼只能由中国法院管辖，且与仲裁相排斥。

2. 解决争议所适用法律的特殊要求。《合同法》第126条第2款规定："在中华人民共和国境内履行的中外合资经营企业合同、中外合作经营企业合同、中外合作勘探开发自然资源合同，适用中华人民共和国法律。"

复习与思考

1. 利用外国私人直接投资举办企业的形式有哪些？
2. 简述设立中外合作经营企业的条件和程序。
3. 我国法律对中外合资经营企业资本是怎样规定的？
4. 中外合资经营企业与中外合作经营企业的区别有哪些？
5. 简述外资企业的特征。
6. 材料：中外双方经过多次协商，准备签署一项中外合作经营的合同，合作经营企业合同的内容中有以下条款：

（1）中外合作经营企业设立董事会，中方担任董事长，外方担任副董事长。董事会每届任期 4 年，董事长和董事均不得连任。

（2）中外合作经营企业投资的注册资本为 50 万美元，中方出资 40 万美元，外方出资 10 万美元，自营业执照核发之日起一年半内，双方应将资本全部缴齐。

（3）中外合作经营企业的合作期限为 12 年，合作期满时，企业的全部固定资产无偿归中国合作者所有，外国合作者依法可以在合作期限内先行回收投资。

问：根据相关法律规定，上述条款是否合法，为什么？（案例来源：2009 年注册会计师《经济法》精选模拟试题）

第八章 企业破产法律制度

教学目的和要求

通过对企业破产法的学习，了解企业破产的意义、我国企业破产立法的概况，掌握企业破产的适用范围和破产条件，破产重整、破产和解、破产清算三大破产制度的主要内容，以及在企业破产过程中对各方利益主体的法律保护，熟悉法院在审理企业破产案件中具体法律事务的处理。

第一节 企业破产法概述

一、企业破产法的概念

破产法是规定在债务人不能清偿到期债务或负债超过资产时，由法院根据特定人的申请宣告其破产，并主持对其全部财产强制进行清算分配，公平清偿全体债权人，或由债务人与债权人会议达成和解协议、进行企业重整，避免破产的法律规范的总称。破产法有广义与狭义之分。狭义的破产法专指破产清算程序，其结果是企业法律人格的消灭和出资人权益的丧失。广义上的破产法除破产清算程序以外，还包括以避免债务人破产为主要目的的各种关于企业重整、和解等制度的法律。现代破产法通常采取广义上的破产法，将破产清算制度和各种以避免破产为目的的和解、重整法律制度都视为破产法律制度的组成部分。所谓企业破产法，是指规定企业作为债务人不能清偿到期债务或负债超过资产时，由法院根据特定人的申请宣告其破产，并主持对其全部财产强制进行清算分配，公平清偿全体债权人，或者由债务人与债权人会议达成和解协议、进行企业重整，避免破产的法律规范的总称。企业破产法是规范企业破产行为，公正审理破产案件，全面保护各方当事人利益，维护社会主义市场经济秩序的法律，是法律体系的重要组成部分。

破产是商品经济发展到一定阶段必然出现的法律现象，是市场竞争的必然产物。在经济活动中，破产通常是指当事人的经营活动发生严重亏损，经济上已不可能继续维持下去的状态。法律上的破产是指处理经济上破产时债务如何清偿的一种法律制度，即在债务人不能清偿债务时，由法院强制执行其全部财产，公平清偿全体债权人，或者在法院主持下，由债务人与债权人会议达成和解协议，避免倒闭清算的法律制度。破产法上的破产专指法律上的破产。破产制度的本质在于当某些企业丧失生存和发展的能力时，为防止损失进一步扩大，保护债务人和债权人的合法权益，将这些企业的财产通过司法程序，按照法定顺序和比例平等地予以清偿，从而免除其清偿不够的责任，并让其退出市场。

破产法的基本内容从性质上可分为实体性法律规范、程序性法律规范和罚则三部分。实体性法律规范主要有破产原因即破产界限、破产财产、破产债权、取回权、别除权、抵消权、撤销权、破产费用等内容；程序性法律规范主要有破产申请与受理、管辖、破产宣告、债权人会议、破产管理人、破产财产的清理、变价与分配、和解与整顿、破产程序的终结等内容；罚则部分主要规定对破产违法或犯罪行为的责任承担等内容。

二、企业破产法的立法概况

中华人民共和国成立以后，由于长期实行计划经济体制，企业破产制度一直空缺。直至 1986 年 12 月 2 日第六届全国人大常务委员会第十八次会议通过了《中华人民共和国企业破产法（试行）》（以下简称《破产法（试行）》），才填补了这一法律空白。《破产法（试行）》的颁布，标志着我国企业破产制度得以确立。由于《破产法（试行）》规定该法自全民所有制工业、企业法实施满 3 个月之日起施行，当时全民所有制工业企业法尚未制定，因此，《破产法（试行）》实际施行时间为 1988 年 11 月 1 日。

受到当时经济体制的局限，《破产法（试行）》规定只适用于全民所有制工业企业，其他市场主体的破产清算不能适用该法，为解决其他市场主体的破产清算问题，1991 年全国人大在修改《民事诉讼法》时，在第十九章专章规定了"企业法人破产还债程序"，适用于全民所有制企业以外的其他企业法人，初步建立起破产法律体系。然而，由于《破产法（试行）》只有 6 章 43 条的法律规定，《民事诉讼法》第十九章也只有 8 个条文，这些法律规定，无论是在实体权利的处理方面还是程序规范的适用方面，都不能充分满足司法实践的需求。因此，最高人民法院于 1991 年 11 月 17 日颁布了《关于贯彻执行〈中华人民共和国企业破产法（试行）〉若干问题的意见》，1992 年 7 月 13 日颁布了《关于适用〈中华人民共和国民事诉讼法〉若干问题的意见》，对企业破产案件审理中可能遇到的问题作了较为详细的司法解释，以求保障破产法的正确实施。为了解决破产国有企业职工的失业救济、安置费用等问题，国务院于 1994 年发布了《关于在若干城市试行国有企业破产有关问题的通知》，1997 年再次下发《关于在若干城市试行国有企业兼并破产和职工再就业有关问题的补充通知》，在法律规定之外，又确定了一些政策性破产制度。针对审理破产案件的实际情况和需要，最高人民法院于 2002 年 7 月 30 日发布了《关于审理企业破产案件若干问题的规定》（2002 年 9 月 1 日施行），进一步完善了对破产案件的审理。上述法律规定和政策的实施，对于规范我国企业破产行为，公正审理企业破产案件发挥了重要作用。

　　但是，随着社会主义市场经济体制的逐步确立和国有企业改革的深化，我国企业破产中出现了一些新情况：①随着《公司法》《合伙企业法》《个人独资企业法》的颁布实施，使《破产法（试行）》的某些规定已经不能满足所有破产企业的平等保护要求；②《破产法（试行）》对于破产程序的规定比较原则，难于操作，虽然经过最高人民法院两次作出司法解释予以补充，但仍然缺乏可操作性。特别是缺少了重整等企业挽救程序以及切实保护债务人财产、维护职工合法权益、保证程序正常进行等其他相关制度。此外，人民法院在审理破产案件中积累了许多实践经验，有的需要上升为法律。因此，第十届全国人大常委会第二十三次会议于 2006 年 8 月 27 日通过了《中华人民共和国企业破产法》（以下简称《破产法》），该法于 2007 年 6 月 1 日起施行，并同时废止《破产法（试行）》。《破产法》施行以后，普遍适用于依法设立的企业法人，对于其他法律规定的企业法人以外的组织的清算，属于破产清算的，也可以参照适用该法规定的破产清算程序。

第二节　企业破产案件的申请与受理

一、破产申请

　　破产申请，是指有权申请破产的人根据法定的事实和理由向有管辖权的法院请求对债务人进行重整、和解或者破产清算的意思表示。破产案件由债务人住所地的人民法院管辖。破产申请是启动破产程序的必要条件，没有相应主体的破产申请，法院不得自行启动破产程序。

（一）破产申请主体

　　依《破产法》的规定，破产申请的主体包括债务人、债权人和特殊情况下对债务人企业负有清算责任的人。

　　1. 债务人申请。债务人不能清偿到期债务，并且资产不足以清偿全部债务或者明显缺乏清偿能力的，可以向人民法院提出重整、和解或者破产清算申请。依《破产法》的规定，能作为债务人提出破产申请的债务人是各类企业法人，商业银行、证券公司、保险公司等金融机构不能清偿到期债务，并且资产不足以清偿全部债务或者明显缺乏清偿能力的，由国务院金融监督管理机构作为申请人。

2. 债权人申请。债务人不能清偿到期债务，债权人可以向人民法院提出对债务人进行重整或者破产清算的申请。

3. 对企业负有清算责任的人。企业法人已解散但未清算或者未清算完毕，资产不足以清偿债务的，由负有清算责任的人向人民法院申请破产清算。

（二）破产申请的提出与撤回

破产案件由债务人住所地人民法院管辖。申请人向人民法院提出破产申请时，应当提交破产申请书和有关证据。

破产申请书应当载明下列事项：①申请人、被申请人的基本情况；②申请目的；③申请的事实和理由；④人民法院认为应当载明的其他事项。债务人提出申请的，还应当向人民法院提交财产状况说明、债务清册、债权清册、有关财务会计报告、职工安置预案以及职工工资的支付和社会保险费用的缴纳情况。

人民法院受理破产申请前，申请人可以请求撤回申请。

二、破产申请的受理

破产申请的受理，是指人民法院对申请人的破产申请予以审查后，认为符合法定条件的以裁定的形式予以立案的司法行为。

（一）破产申请的受理、送达与公告期限

1. 受理。债权人提出破产申请的，人民法院应当自收到申请之日起 5 日内通知债务人。债务人对申请有异议的，应当自收到人民法院的通知之日起 7 日内向人民法院提出。人民法院应当自异议期满之日起 10 日内裁定是否受理。对于债务人或者对债务人企业负有清算责任的人提出的破产申请，人民法院应当自收到破产申请之日起 15 日内裁定是否受理。有特殊情况需要延长裁定受理期限的，经上一级人民法院批准，可以延长 15 日。

2. 送达。人民法院受理破产申请的，应当自裁定作出之日起 5 日内送达申请人。债权人提出申请的，人民法院应当自裁定作出之日起 5 日内送达债务人。债务人应当自裁定送达之日起 15 日内，向人民法院提交财产状况说明、债务清册、债权清册、有关财务会计报告以及职工工资的支付和社会保险费用的缴纳情况。

人民法院裁定不受理破产申请的，应当自裁定作出之日起 5 日内送达申请人并说明理由。申请人对裁定不服的，可以自裁定送达之日起 10 日内向上一级人民法院提起上诉。人民法院受理破产申请后至破产宣告前，经审查发现债务人不符合法定破产情形的，可以裁定驳回申请。申请人对裁定不服的，可以自裁定送达之日起 10 日内向上一级人民法院提起上诉。

3. 公告。人民法院应当自裁定受理破产申请之日起25日内通知已知债权人，并予以公告。通知和公告应当载明下列事项：①申请人、被申请人的名称或者姓名；②人民法院受理破产申请的时间；③申报债权的期限、地点和注意事项；④管理人的名称或者姓名及其处理事务的地址；⑤债务人的债务人或者财产持有人应当向管理人清偿债务或者交付财产的要求；⑥第一次债权人会议召开的时间和地点；⑦人民法院认为应当通知和公告的其他事项。

（二）破产申请受理的法律效力

法院裁定受理破产申请，是破产程序开始的标志，该行为发生一系列法律效力：

1. 债务人的有关人员产生相应义务。自人民法院受理破产申请的裁定送达债务人之日起至破产程序终结之日，债务人企业的法定代表人、经人民法院决定的企业财务管理人员和其他经营管理人员须承担下列义务：①妥善保管其占有和管理的财产、印章和账簿、文书等资料；②根据人民法院、管理人的要求进行工作，并如实回答询问；③列席债权人会议并如实回答债权人的询问；④未经人民法院许可，不得离开住所地；⑤不得新任其他企业的董事、监事、高级管理人员。

2. 债务人对个别债权人的债务清偿无效。人民法院受理破产申请后，债务人对于未到期的债务进行的清偿，或者在有多个无担保债权的债权人的情况下，仅对其中一个或部分债权人进行的清偿应当确认无效，人民法院可以追回债务人清偿的财产，纳入债务人的财产之中。

3. 解除或中止有关债务人财产的保全与执行。人民法院受理破产申请后，有关债务人财产的保全措施应当解除，执行程序应当中止。已经开始而尚未终结的有关债务人的民事诉讼或者仲裁也应当中止，在管理人接管债务人的财产之后，该诉讼或者仲裁再继续进行。有关债务人的民事诉讼，也只能向受理破产申请的人民法院提起。

4. 指定管理人。人民法院裁定受理破产申请时，同时指定管理人，但债权人会议认为管理人不能依法、公正执行职务或者有其他不能胜任职务情形的，可以申请人民法院予以更换。

管理人是指破产程序启动之后，由人民法院指定并在法院的指挥和监督之下，全面接管债务人企业并负责债务人财产的保管、清理、估价、处理和分配等事务的专门机构。管理人对法院负责，并接受债权人会议和债权人委员会的监督，依法行使权利和承担义务。管理人可以由有关部门、机构的人员组成的清算组或者依法设立的律师事务所、会计师事务所、破产清算事务所等社会中介机构担任。人民法院根据债务人的实际情况，可以在征询有关社会中介机构的意见后，指定该机构具备相关专业知识并取得执业资格的人员担任管理人。但是有下列情形之一的，不得担任管理人：①因故意犯罪受过刑事处罚；②曾被吊销相关专业执业证书；③与本案有利害关系；④人民法院认为不宜担任管理人的其他情形。个人担任管理人的，应当参加执业责任保险。

管理人应当履行下列职责：①接管债务人的财产、印章和账簿、文书等资料；②调查债务人财产状况，制作财产状况报告；③决定债务人的内部管理事务；④决定债务人的日常开支和其他必要开支；⑤在第一次债权人会议召开之前，决定继续或者停止债务人的营业；⑥管理和处分债务人的财产；⑦代表债务人参加诉讼、仲裁或者其他法律程序；⑧提议召开债权人会议；⑨人民法院认为管理人应当履行的其他职责。

管理人应当勤勉尽责，忠实执行职务，没有正当理由不得辞去职务，辞去职务时应当经过人民法院许可。管理人的报酬由人民法院确定。债权人会议对管理人的报酬有异议的，有权向人民法院提出。

第三节　债务人财产与债权人的债权

一、债务人财产

（一）债务人财产的概念与特征

债务人财产，是指破产申请受理时属于债务人的全部财产，以及破产申请受理后至破产程序终结前债务人取得的财产。破产法上的债务人财产，指的是特定时段内属于债务人的财产，在债务人被宣告破产以后，债务人财产就成为破产财产，因此，债务人财产具有如下特征：

1. 目的性。债务人财产具有特定的目的，专门用于依破产程序向全体债权人进行清偿。

2. 法定性。债务人财产的范围由法律明确规定，不在法律规定范围内的财产，不能列入债务人财产之中。我国《破产法》第30条规定："破产申请受理时属于债务人的全部财产，以及破产申请受理后至破产程序终结前债务人取得的财产，为债务人财产。"

3. 独立性。债务人财产虽然归债务人所有，但是在破产申请受理之后，债务人财产即依法脱离债务人的管理和支配，由管理人支配和依法处分，呈现出对债务人的独立性。

（二）债务人财产的管理

管理和处分债务人的财产是管理人的法定职责，对于债务人在法定期间内不适当处分财产的行为，管理人有权请求人民法院予以撤销或确认无效，并依法追回相应财产；对于债务人的质物或者留置物，可以依法取回；对于债务人所占有的不属于债务人的财产，协助权利人取回或对债权人实施破产抵销等。

1. 破产程序中撤销权及其行使。破产程序中撤销权（以下简称撤销权），又称否认权，是指在破产程序中，管理人对于债务人在破产申请受理前的法定期限内，与他人进行的欺诈债权人利益的行为或者损害全体债权人公平清偿的行为，享有请求人民法院予以撤销的权利。

人民法院受理破产申请前 1 年内，涉及债务人财产的下列行为，管理人有权请求人民法院予以撤销：①无偿转让财产的；②以明显不合理的价格进行交易的；③对没有财产担保的债务提供财产担保的；④对未到期的债务提前清偿的；⑤放弃债权的。

人民法院受理破产申请前 6 个月内，债务人不能清偿到期债务，并且资产不足以清偿全部债务或者明显缺乏清偿能力，但仍对个别债权人进行清偿的，管理人有权请求人民法院予以撤销。但是，个别清偿使债务人财产受益的除外。

2. 破产无效行为及其认定。破产无效行为，是指债务人在破产状态之下所实施的不当减少其财产，或者违反公平清偿原则损害债权人一般清偿利益的行为。破产法所规定的破产无效行为分为两类：①为逃避债务而隐匿、转移财产的；②虚构债务或者承认不真实的债务的。

3. 管理人对债务人财产的追回。在管理债务人财产期间，对于应当属于债务人所有但却不受管理人支配的财产，管理人有权取回。管理人有权取回的财产包括三种类型：①他人因破产程序前的可撤销行为和无效行为所取得的债务人财产；②债务人的出资人应当缴纳的出资；③债务人的董事、监事和高级管理人员利用职权从企业获取的非正常收入和侵占的企业财产。

4. 管理人对债务人的质物或者留置物的取回。在人民法院受理破产申请以前，债务人与债权人之间可能存在质押或留置法律关系。债权人作为质权人或留置权人，占有债务人的质物或留置物。在人民法院受理破产申请以后，管理人可以通过清偿债务或者提供为债权人接受的担保，取回质物、留置物。当质物或者留置物的价值低于被担保的债权额时，以该质物或者留置物当时的市场价值为限。

5. 财产权利人的破产取回权。破产取回权，是指财产的权利人可以不依破产程序直接从管理人占有和管理的债务人财产中，取回不属于债务人财产的权利。人民法院受理破产申请后，债务人占有的不属于债务人的财产，该财产的权利人可以通过管理人取回。但是，破产法另有规定的情形除外。对于人民法院受理破产申请时，出卖人已将买卖标的物向作为买受人的债务人发运，债务人尚未收到且未付清全部价款的，出卖人可以取回在运途中的标的物。但是，管理人也可以支付全部价款，请求出卖人交付标的物。

6. 债权人的破产抵销权。破产抵销权，是指债权人对于在破产申请受理前所负有的对债务人的债务，可以不按照破产程序，以自己的债权与所负的债务的相应数额相互抵销的权利。

《破产法》第40条规定："债权人在破产申请受理前对债务人负有债务的，可以向管理人主张抵销。但是，有下列情形之一的，不得抵销：①债务人的债务人在破产申请受理后取得他人对债务人的债权的；②债权人已知债务人有不能清偿到期债务或者破产申请的事实，对债务人负担债务的；但是，债权人因为法律规定或者有破产申请1年前所发生的原因而负担债务的除外；③债务人的债务人已知债务人有不能清偿到期债务或者破产申请的事实，对债务人取得债权的；但是，债务人的债务人因为法律规定或者有破产申请1年前所发生的原因而取得债权的除外。"

二、债权人的债权

债权人的债权，是指人民法院受理破产申请时，债权人对债务人享有的债权。一旦债务人被人民法院宣告破产，债权人的债权即转化为破产债权。具体而言，破产债权，是指债权人对债务人所享有的，在人民法院受理破产申请前成立的，依破产程序申报、确认并受偿的财产请求权。《破产法》第44条规定："人民法院受理破产申请时对债务人享有债权的债权人，依照本法规定的程序行使权利。"

（一）债权人的债权申报

1. 债权申报的期限。人民法院受理破产申请后，应当确定债权人申报债权的期限。债权申报期限自人民法院发布受理破产申请公告之日起计算，最短不得少于30日，最长不得超过3个月。债权人应当在人民法院确定的债权申报期限内向管理人申报债权。但是，债务人所欠职工的工资和医疗、伤残补助、抚恤费用，所欠的应当划入职工个人账户的基本养老保险、基本医疗保险费用，以及法律、行政法规规定应当支付给职工的补偿金，不必申报，由管理人调查后列出清单并予以公示。职工对清单记载有异议的，可以要求管理人更正；管理人不予更正的，职工可以向人民法院提起诉讼。

在人民法院确定的债权申报期限内，债权人未申报债权的，可以在破产财产最后分配前补充申报；但是，在补充申报前已进行的分配，不再对其补充分配。为审查和确认补充申报债权的费用，由补充申报人承担。债权人未依照规定申报债权的，不得按规定的程序行使权利。

2. 债权申报的种类和方式。由于债权种类不同，《破产法》对特殊债权的申报作出特别规定。主要包括：

（1）未到期债权的申报。未到期的债权，在破产申请受理时视为到期。附利息的债权自破产申请受理时起停止计息。

（2）附条件、附期限的债权和诉讼、仲裁未决的债权，债权人可以申报。

（3）连带债权人可以由其中一人代表全体连带债权人申报债权，也可以共同申报债权。

（4）连带债务人数人被裁定适用《破产法》规定的程序的，其债权人有权就全部债权分别在各破产案件中申报债权。

（5）债务人的保证人或者其他连带债务人已经代替债务人清偿债务的，以其对债务人的求偿权申报债权。债务人的保证人或者其他连带债务人尚未代替债务人清偿债务的，以其对债务人的将来求偿权申报债权。但是，债权人已经向管理人申报全部债权的除外。

（6）管理人或者债务人依照破产法规定解除合同的，对方当事人以因合同解除所产生的损害赔偿请求权申报债权。

（7）债务人是委托合同的委托人，被裁定适用《破产法》规定的程序，受托人不知该事实，继续处理委托事务的，受托人以由此产生的请求权申报债权。

（8）债务人是票据的出票人，被裁定适用《破产法》规定的程序，该票据的付款人继续付款或者承兑的，付款人以由此产生的请求权申报债权。

债权人申报债权时，应当书面说明债权的数额和有无财产担保，并提交有关证据。申报的债权是连带债权的，应当说明。

（二）债权申报的审查确认

管理人对所收到的债权申报材料应当登记造册，在对申报的债权进行审查以后编制债权表。债权表和债权申报材料由管理人保存，供利害关系人查阅，并提交第一次债权人会议核查。债务人、债权人对债权表记载的债权无异议的，由人民法院裁定确认。债务人、债权人对债权表记载的债权有异议的，可以向受理破产申请的人民法院提起诉讼。

第四节 债权人会议

一、债权人会议的概念

债权人会议，是由所有申报债权的债权人组成的，讨论决定相关破产事宜，表达债权人意志，协调债权人行为的议事机构。债权人会议，是债权人实现破产程序参与权的基本方式。

二、债权人会议的组成和职权

（一）债权人会议的组成

依法申报债权的债权人为债权人会议的成员，有权参加债权人会议，享有表决权。债权尚未确定的债权人，除人民法院能够为其行使表决权而临时确定债权额的以外，不得行使表决权。对债务人的特定财产享有担保权的债权人，未放弃优先受偿权利的，在通过和解协议和通过破产财产的分配方案等事项的表决中不享有表决权。债权人可以委托代理人出席债权人会议，行使表决权。代理人出席债权人会议，应当向人民法院或者债权人会议主席提交债权人的授权委托书。债权人会议应当有债务人的职工和工会的代表参加，并对有关事项发表意见。

债权人会议设主席一人，由人民法院从有表决权的债权人中指定。债权人会议主席主持债权人会议。

（二）债权人会议的职权

债权人会议依法行使下列职权：①核查债权；②申请人民法院更换管理人，审查管理人的费用和报酬；③监督管理人；④选任和更换债权人委员会成员；⑤决定继续或者停止债务人的营业；⑥通过重整计划；⑦通过和解协议；⑧通过债务人财产的管理方案；⑨通过破产财产的变价方案；⑩通过破产财产的分配方案；⑪人民法院认为应当由债权人会议行使的其他职权。

三、债权人会议的召集、召开与决议

第一次债权人会议由人民法院召集，自债权申报期限届满之日起15日内召开。以后的债权人会议，在人民法院认为必要时，或者管理人、债权人委员会、占债权总额1/4以上的债权人向债权人会议主席提议时召开。

召开债权人会议，管理人应当提前15日通知已知的债权人。债权人会议的决议，除《破产法》另有规定以外，由出席会议的有表决权的债权人过半数通过，并且其所代表的债权额占无财产担保债权总额的1/2以上。其中，关于债务人财产的管理方案和破产财产的变价方案经债权人会议表决未通过的，由人民法院裁定；破产财产的分配方案经债权人会议二次表决仍未通过的，由人民法院裁定。人民法院可以在债权人会议上宣布或者另行通知债权人。债权人对人民法院作出的前一裁定不服的，债权额占无财产担保债权总额1/2以上的债权人对人民法院作出的后一裁定不服的，可以自裁定宣布之日或者收到通知之日起15日内向该人民法院申请复议。复议期间不停止裁定的执行。债权人会议应当对所议事项的决议做成会议记录。债权人认为债权人会议的决议违反法律规定，损害其利益的，可以自债权人会议作出决议之日起15日内，请求人民法院裁定撤销该决议，责令债权人会议依法重新作出决议。债权人会议的决议，对于全体债权人均有约束力。

四、债权人委员会

债权人会议可以决定设立债权人委员会。债权人委员会由债权人会议选任的债权人代表和1名债务人的职工代表或者工会代表组成。债权人委员会成员不得超过9人，成员应当经人民法院书面决定认可。

债权人委员会行使下列职权：①监督债务人财产的管理和处分；②监督破产财产分配；③提议召开债权人会议；④债权人会议委托的其他职权。债权人委员会执行职务时，有权要求管理人、债务人的有关人员对其职权范围内的事务作出说明或者提供有关文件。管理人、债务人的有关人员违反《破产法》规定拒绝接受监督的，债权人委员会有权就监督事项请求人民法院作出决定；人民法院应当在5日内作出决定。

管理人实施下列行为，应当及时报告债权人委员会：①涉及土地、房屋等不动产权益的转让；②探矿权、采矿权、知识产权等财产权的转让；③全部库存或者营业的转让；④借款；⑤设定财产担保；⑥债权和有价证券的转让；⑦履行债务人和对方当事人均未履行完毕的合同；⑧放弃权利；⑨担保物的取回；⑩对债权人利益有重大影响的其他财产处分行为。未设立债权人委员会的，管理人实施上述行为应当及时报告人民法院。

第五节　破产重整与破产和解

一、破产重整

（一）破产重整的概念

破产重整，是指经利害关系人申请，在人民法院和利害关系人的参与下，对不能清偿到期债务的困难企业，进行生产经营的整顿和债权债务的清理，使其摆脱困境，避免破产的法律程序。重整属于再建型债务清理制度，其目的是使有复苏希望的企业法人通过重整程序，焕发新的生机，免于破产倒闭。

（二）重整申请和重整期间

《破产法》第70条规定，债务人或者债权人可以依照本法规定，直接向人民法院申请对债务人进行重整。债权人申请对债务人进行破产清算的，在人民法院受理破产申请后、宣告债务人破产前，债务人或者出资额占债务人注册资本1/10以上的出资人，可以向人民法院申请重整。

人民法院经审查认为重整申请符合法律规定的，裁定债务人重整，并予以公告。自人民法院裁定债务人重整之日起至重整程序终止，为重整期间。

重整发生以下法律效力：

1. 重整期间的财产管理与营业事务执行。经债务人申请，人民法院批准，债务人可以在管理人的监督下自行管理财产和营业事务。已经依法接管债务人财产和营业事务的管理人应当向债务人移交财产和营业事务，管理人的职权由债务人行使。由管理人负责管理财产和营业事务的，可以聘任债务人的经营管理人员负责营业事务。

2. 对债务人的特定财产享有的担保权暂停行使。但是，担保物有损坏或者价值明显减少的可能，足以危害担保权人权利的，担保权人可以向人民法院请求恢复行使担保权。

3. 债务人或者管理人可以为继续营业而借款，但要为该借款设定担保。

4. 债务人合法占有的他人财产，该财产的权利人在重整期间要求取回的，应当符合事先约定的条件。

5. 债务人的出资人不得请求投资收益分配。

6. 非经人民法院同意，债务人的董事、监事、高级管理人员不得向第三人转让其持有的债务人的股权。

在重整期间，有下列情形之一的，经管理人或者利害关系人请求，人民法院应当裁定终止重整程序，并宣告债务人破产：①债务人的经营状况和财产状况继续恶化，缺乏挽救的可能性；②债务人有欺诈、恶意减少债务人财产或者其他显著不利于债权人的行为；③由于债务人的行为致使管理人无法执行职务。

（三）重整计划的制定和批准

1. 重整计划的制定。债务人或者管理人应当自人民法院裁定债务人重整之日起6个月内，同时向人民法院和债权人会议提交重整计划草案。经债务人或者管理人请求，有正当理由的，人民法院可以裁定延期3个月。债务人或者管理人未按期提出重整计划草案的，人民法院应当裁定终止重整程序，并宣告债务人破产。

债务人自行管理财产和营业事务的，由债务人制作重整计划草案。管理人负责管理财产和营业事务的，由管理人制作重整计划草案。重整计划草案应当包括下列内容：①债务人的经营方案；②债权分类；③债权调整方案；④债权受偿方案；⑤重整计划的执行期限；⑥重整计划执行的监督期限；⑦有利于债务人重整的其他方案。

重整计划草案由以下各类债权的债权人参加债权人会议讨论，并依照债权分类，分组对重整计划草案进行表决，这包括：①对债务人的特定财产享有担保权的债权；②债务人所欠职工的工资和医疗、伤残补助、抚恤费用，所欠的应当划入职工个人账户的基本养老保险、基本医疗保险费用，以及法律、行政法规规定应当支付给职工的补偿金；③债务人所欠税款；④普通债权。人民法院在必要时可以决定在普通债权组中设小额债权组对重整计划草案进行表决。

重整计划不得规定减免债务人欠缴的职工工资和医疗、伤残补助、抚恤费用，所欠的应当划入职工个人账户的基本养老保险、基本医疗保险费用，以及法律、行政法规规定应当支付给职工的补偿金以外的社会保险费用，该项费用的债权人不参加重整计划草案的表决。

2. 重整计划的批准。人民法院应当自收到重整计划草案之日起 30 日内召开债权人会议，对重整计划草案进行表决。出席会议的同一表决组的债权人过半数同意重整计划草案，并且其所代表的债权额占该组债权总额的 2/3 以上的，即为该组通过重整计划草案。债务人或者管理人应当向债权人会议就重整计划草案作出说明，并回答询问。债务人的出资人代表可以列席讨论重整计划草案的债权人会议。计划草案涉及出资人权益调整事项的，应当设出资人组，对该事项进行表决。各表决组均通过重整计划草案时，重整计划即为通过。

自重整计划通过之日起 10 日内，债务人或者管理人应当向人民法院提出批准重整计划的申请。人民法院经审查认为符合本法规定的，应当自收到申请之日起 30 日内裁定批准，终止重整程序，并予以公告。部分表决组未通过重整计划草案的，债务人或者管理人可以同未通过重整计划草案的表决组协商。该表决组可以在协商后再表决一次。双方协商的结果不得损害其他表决组的利益。

未通过重整计划草案的表决组拒绝再次表决或者再次表决仍未通过重整计划草案，但重整计划草案符合下列条件的，债务人或者管理人可以申请人民法院批准重整计划草案：

（1）按照重整计划草案，对债务人的特定财产享有担保权的债权就该特定财产将获得全额清偿，其因延期清偿所受的损失将得到公平补偿，并且其担保权未受到实质性损害，或者该表决组已经通过重整计划草案。

（2）按照重整计划草案，债务人所欠职工的工资和医疗、伤残补助、抚恤费用，所欠的应当划入职工个人账户的基本养老保险、基本医疗保险费用，以及法律、行政法规规定应当支付给职工的补偿金与所欠税款债权将获得全额清偿，或者相应表决组已经通过重整计划草案。

（3）按照重整计划草案，普通债权所获得的清偿比例，不低于其在重整计划草案被提请批准时依照破产清算程序所能获得的清偿比例，或者该表决组已经通过重整计划草案。

（4）重整计划草案对出资人权益的调整公平、公正，或者出资人组已经通过重整计划草案。

（5）重整计划草案公平对待同一表决组的成员，并且所规定的债权清偿顺序不违反法定顺序。

（6）债务人的经营方案具有可行性。

人民法院经审查认为重整计划草案符合规定的，应当自收到申请之日起30日内裁定批准，终止重整程序，并予以公告。

重整计划草案未获得通过且未依法获得批准，或者已通过的重整计划未获得批准的，人民法院应当裁定终止重整程序，并宣告债务人破产。

（四）重整计划的执行

重整计划由债务人负责执行。人民法院裁定批准重整计划后，已接管财产和营业事务的管理人应当向债务人移交财产和营业事务。

自人民法院裁定批准重整计划之日起，在重整计划规定的监督期内，由管理人监督重整计划的执行。在监督期内，债务人应当向管理人报告重整计划执行情况和债务人财务状况。监督期届满时，管理人应当向人民法院提交监督报告。自监督报告提交之日起，管理人的监督职责终止。管理人向人民法院提交的监督报告，重整计划的利害关系人有权查阅。经管理人申请，人民法院可以裁定延长重整计划执行的监督期限。

经人民法院裁定批准的重整计划，对债务人和全体债权人均有约束力。债权人未依法申报债权的，在重整计划执行期间不得行使权利；在重整计划执行完毕后，可以按照重整计划规定的同类债权的清偿条件行使权利。债权人对债务人的保证人和其他连带债务人所享有的权利，不受重整计划的影响。

债务人不能执行或者不执行重整计划的，人民法院经管理人或者利害关系人请求，应当裁定终止重整计划的执行，并宣告债务人破产。人民法院裁定终止重整计划执行的，债权人在重整计划中作出的债权调整的承诺失去效力。债权人因执行重整计划所受的清偿仍然有效，债权未受清偿的部分作为破产债权。按照重整计划减免的债务，自重整计划执行完毕时起，债务人不再承担清偿责任。

二、破产和解

（一）破产和解的概念

破产和解，是指为避免破产宣告或破产分配，由债务人提出和解申请及和解协议草案，债权人会议讨论通过并经法院认可的，解决债权人与债务人之间的债权、债务问题的法律制度。

（二）破产和解的提出、受理

债务人可以依法直接向人民法院申请和解，也可以在人民法院受理破产申请后、宣告债务人破产前，向人民法院申请和解。债务人申请和解，应当提出和解协议草案。

人民法院经审查认为和解申请符合《破产法》规定的，应当裁定和解，予以公告，并召集债权人会议讨论和解协议草案。对债务人的特定财产享有担保权的权利人，自人民法院裁定和解之日起可以行使权利。

债权人会议通过和解协议的决议，由出席会议的有表决权的债权人过半数同意，并且其所代表的债权额占无财产担保债权总额的2/3以上。债权人会议通过和解协议的，由人民法院裁定认可，终止和解程序，并予以公告。管理人应当向债务人移交财产和营业事务，并向人民法院提交执行职务的报告。和解协议草案经债权人会议表决未获得通过，或者已经债权人会议通过的和解协议未获得人民法院认可的，人民法院应当裁定终止和解程序，并宣告债务人破产。

（三）和解协议及其效力

经人民法院裁定认可的和解协议，对债务人和全体和解债权人均有约束力。和解债权人，是指人民法院受理破产申请时对债务人享有无财产担保债权的人。和解债权人未依法申报债权的，在和解协议执行期间不得行使权利；在和解协议执行完毕后，可以按照和解协议规定的清偿条件行使权利。和解债权人对债务人的保证人和其他连带债务人所享有的权利，不受和解协议的影响。债务人应当按照和解协议规定的条件清偿债务，按照和解协议减免的债务，自和解协议执行完毕时起，债务人不再承担清偿责任。

但是，因债务人的欺诈或者其他违法行为而成立的和解协议，人民法院应当裁定无效，并宣告债务人破产。和解债权人因执行和解协议所受的清偿，在其他债权人所受清偿同等比例的范围内，不予返还。

债务人不能执行或者不执行和解协议的，人民法院经和解债权人请求，应当裁定终止和解协议的执行，并宣告债务人破产。人民法院裁定终止和解协议执行的，和解债权人在和解协议中作出的债权调整的承诺失去效力。和解债权人因执行和解协议所受的清偿仍然有效，和解债权未受清偿的部分作为破产债权。

第六节　破产清算

一、破产宣告

（一）破产宣告的概念与方式

破产宣告，是指法院在受理破产申请后，在确认债务人具有无法消除的破产原因时依法所作出的对债务人进行破产清算的裁定或命令。根据《破产法》第107条的规定，人民法院依法宣告债务人破产的，应当自裁定作出之日起5日内送达债务人和管理人，自裁定作出之日起 10 日内通知已知债权人，并予以公告。在破产宣告前，如果出现第三人为债务人提供足额担保或者为债务人清偿全部到期债务的情形，或者债务人已经清偿全部到期债务的，人民法院应当裁定终结破产程序，并予以公告。

（二）破产宣告的法律效力

1. 对债务人的效力。债务人被宣告破产后，债务人就被称为破产人，债务人财产被称为破产财产，人民法院受理破产申请时对债务人享有的债权被称为破产债权。

2. 债权人行使别除权。别除权，是指债权人对于债务人的特定财产享有担保物权的，不依破产程序，优先就该担保财产受偿的权利。《破产法》第 109、110 条规定了别除权制度：对破产人的特定财产享有担保权的权利人，对该特定财产享有优先受偿的权利；该债权人行使优先受偿权利未能完全受偿的，其未受偿的债权作为普通债权；放弃优先受偿权利的，其债权作为普通债权。

二、破产财产的变价和分配

（一）破产财产的变价

管理人应当及时拟订破产财产变价方案，提交债权人会议讨论，按照债权人会议通过的或者人民法院裁定的破产财产变价方案，适时变价出售破产财产。

除债权人会议另有决议以外，变价出售破产财产应当通过拍卖进行。破产企业可以全部或者部分变价出售。企业变价出售时，可以将其中的无形资产和其他财产单独变价出售。按照国家规定不能拍卖或者限制转让的财产，应当按照国家规定的方式处理。

（二）破产财产的分配

1. 支付破产费用和共益债务。人民法院受理破产申请后发生的下列费用，为破产费用：①破产案件的诉讼费用；②管理、变价和分配债务人财产的费用；③管理人执行职务的费用、报酬和聘用工作人员的费用。

人民法院受理破产申请后发生的下列债务，为共益债务：①因管理人或者债务人请求对方当事人履行双方均未履行完毕的合同所产生的债务；②债务人财产受无因管理所产生的债务；③因债务人不当得利所产生的债务；④为债务人继续营业而应支付的劳动报酬和社会保险费用以及由此产生的其他债务；⑤管理人或者相关人员执行职务致人损害所产生的债务；⑥债务人财产致人损害所产生的债务。

破产费用和共益债务由债务人财产随时清偿。债务人财产不足以清偿所有破产费用和共益债务的，先行清偿破产费用；债务人财产不足以清偿所有破产费用或者共益债务的，按照比例清偿；债务人财产不足以清偿破产费用的，管理人应当提请人民法院终结破产程序。人民法院应当自收到请求之日起 15 日内裁定终结破产程序，并予以公告。

2. 破产财产在优先清偿破产费用和共益债务后，依照下列顺序清偿：①破产人所欠职工的工资和医疗、伤残补助、抚恤费用，所欠的应当划入职工个人账户的基本养老保险、基本医疗保险费用，以及法律、行政法规规定应当支付给职工的补偿金；②破产人欠缴的除前项规定以外的社会保险费用和破产人所欠税款；③普通破产债权。

破产财产不足以清偿同一顺序的清偿要求的，按照比例分配。破产企业的董事、监事和高级管理人员的工资按照该企业职工的平均工资计算。

除债权人会议另有决议以外，破产财产的分配应当以货币分配方式进行。管理人应当及时拟订破产财产分配方案，提交债权人会议讨论。

破产财产分配方案应当载明下列事项：①参加破产财产分配的债权人名称或者姓名、住所；②参加破产财产分配的债权额；③可供分配的破产财产数额；④破产财产分配的顺序、比例及数额；⑤实施破产财产分配的方法。

债权人会议通过的破产财产分配方案，由管理人提请人民法院裁定认可后，由管理人执行。管理人按照破产财产分配方案实施多次分配的，应当公告本次分配的财产额和债权额。管理人实施最后分配的，应当在公告中指明。对于附生效条件或者解除条件的债权，管理人应当将其分配额提存。在最后分配公告日，生效条件未成就或者解除条件成就的，应当分配给其他债权人；在最后分配公告日，生效条件成就或者解除条件未成就的，应当交付给债权人。债权人未受领的破产财产分配额，管理人应当提存。债权人自最后分配公告之日起满 2 个月仍不领取的，视为放弃受领分配的权利，管理人或者人民法院应当将提存的分配额分配给其他债权人。

破产财产分配时，对于诉讼或者仲裁未决的债权，管理人应当将其分配额提存。自破产程序终结之日起满 2 年仍不能受领分配的，人民法院应当将提存的分配额分配给其他债权人。

三、破产程序的终结

破产人无财产可供分配的，管理人应当请求人民法院裁定终结破产程序。

管理人在最后分配完结后，应当及时向人民法院提交破产财产分配报告，并提请人民法院裁定终结破产程序。人民法院应当自收到管理人终结破产程序的请求之日起 15 日内作出是否终结破产程序的裁定。裁定终结的，应当予以公告。

管理人应当自破产程序终结之日起 10 日内，持人民法院终结破产程序的裁定，向破产人的原登记机关办理注销登记，并于办理注销登记完毕的次日终止执行职务。但是，存在诉讼或者仲裁未决情况的除外。

自破产程序依法终结之日起 2 年内，有下列情形之一的，债权人可以请求人民法院按照破产财产分配方案进行追加分配：①发现有依法应当追回的财产的；②发现破产人有应当供分配的其他财产的。但上述财产数量不足以支付分配费用的，不再进行追加分配，由人民法院将其上交国库。

破产人的保证人和其他连带债务人，在破产程序终结后，对债权人依照破产清算程序未受清偿的债权，依法继续承担清偿责任。

第七节 破产法律实务

一、破产条件的掌握

破产条件，也称破产界限，是指可以对企业法人进行破产重整、破产和解或破产清算的实质要件，即一个企业法人的生产经营和财产达到何种状况就达到了破产的界限，可以申请其破产。《破产法》第 2 条规定："企业法人不能清偿到期债务，并且资产不足以清偿全部债务或者明显缺乏清偿能力的，依照本法规定清理债务。企业法人有前款规定情形，或者有明显丧失清偿能力可能的，可以依照本法规定进行重整。"根据最高人民法院《关于适用〈中华人民共和国企业破产法〉若干问题的规定（一）》（2011 年 8 月 29 日最高人民法院审判委员会第 1527 次会议通过）的规定，"不能清偿到期债务"是指：下列三种情形同时存在：债权债务关系依法成立；债务履行期限已经届满；债务人未完全清偿债务。债务人的资产负债表，或者审计报告、资产评估报告等显示其全部资产不足以偿付全部负债的，人民法院应当认定债务人资产不足以清偿全部债务，但有相反证据足以证明债务人资产能够偿付全部负债的除外。"明显缺乏清偿能力"是指债务人账面资产虽大于负债，但存在下列情形之一：因资金严重不足或者财产不能变现等原因，无法清偿债务；法定代表人下落不明且无其他人员负责管理财产，无法清偿债务；经人民法院强制执行，无法清偿债务；长期亏损且经营扭亏困难，无法清偿债务。

二、企业破产中有关人员的法律责任

（一）企业董事、监事或者高级管理人员的法律责任

企业董事、监事或者高级管理人员违反忠实义务、勤勉义务，致使所在企业破产的，依法承担民事责任，并自破产程序终结之日起 3 年内不得担任任何企业的董事、监事、高级管理人员。有义务列席债权人会议的债务人的有关人员，经人民法院传唤，无正当理由拒不列席债权人会议的，人民法院可以拘传，并依法

处以罚款。债务人的有关人员违反法律规定，拒不陈述、回答，或者作虚假陈述、回答的，人民法院可以依法处以罚款。

（二）债务人及其有关人员的法律责任

债务人拒不向人民法院提交或者提交不真实的财产状况说明、债务清册、债权清册、有关财务会计报告以及职工工资的支付情况和社会保险费用的缴纳情况的，人民法院可以对直接责任人员依法处以罚款。

债务人拒不向管理人移交财产、印章和账簿、文书等资料的，或者伪造、销毁有关财产证据材料而使财产状况不明的，人民法院可以对直接责任人员依法处以罚款。

债务人故意损害债权人利益的，债务人的法定代表人和其他直接责任人员依法承担赔偿责任。

债务人的有关人员擅自离开住所地的，人民法院可以予以训诫、拘留，可以依法并处罚款。

（三）管理人的法律责任

管理人未依照《破产法》规定勤勉尽责，忠实执行职务的，人民法院可以依法处以罚款；给债权人、债务人或者第三人造成损失的，依法承担赔偿责任。

复习与思考

1. 企业法人破产的条件是什么？
2. 简述债权申报的种类和方式。
3. 简述债权人会议的组成和职权。
4. 简述破产和解的条件和效力。
5. 简述破产重整的申请和效力。
6. 破产财产的分配顺序是什么？
7. 千叶公司因不能清偿到期债务，被债权人百草公司申请破产，法院指定甲律师事务所为管理人。下列哪一选项是错误的？（ ）（2007 年司法考试试题）

A. 甲律师事务所租赁百草公司酒店用作管理人办公室的行为不违反破产法的规定

B. 甲律师事务所有权处分千叶公司的财产

C. 甲律师事务所有权因担任管理人而获得报酬

D. 如果甲律师事务所不能胜任职务，债权人会议有权罢免其管理人资格。

第九章　反不正当竞争法律制度

教学目的和要求

　　反不正当竞争法是市场规制法律制度的核心组成部分，通过对该法的学习，了解我国的竞争立法概况，掌握不正当竞争的概念和特征，重点掌握各种不正当竞争行为的表现及其法律责任，熟悉行政执法部门对不正当竞争的监督检查和司法部门对不正当竞争案件的审理等具体法律事务的处理。

第一节　反不正当竞争法概述

一、不正当竞争的概念和特征

（一）不正当竞争的概念

　　反不正当竞争法，是调整在制止不正当竞争行为过程中发生的社会关系的法律规范的总称。反不正当竞争法是竞争法的重要组成部分。在采取分别立法模式的国家，竞争法主要包括反垄断法和反不正当竞争法。竞争法以市场经济的核心社会关系，即市场竞争关系为调整对象，是市场经济的基本法，在很多国家被称为"经济宪法"。在我国，从法律渊源上讲，反不正当竞争法有广义和狭义之分，狭义的反不正当竞争法仅指 1993 年 9 月 2 日第八届全国人大常委会通过、自 1993 年 12 月 1 日起实施、2017 年 11 月 4 日第十二届全国人民代表大会常务委员会第三十次会议修订的《反不正当竞争法》，广义的反不正当竞争法泛指所有调整在制止不正当竞争行为过程中发生的社会关系的各种法律规范。

　　由于不正当竞争行为表现形式的多样性、复杂性和变动性，在立法上很难给不正当竞争下一个具体而准确的定义。例如，1909 年德国《反不正当竞争法》规定："不正当竞争是在营业中为竞争目的，采取违反善良风俗的行为。"1986 年瑞士《反不正当竞争法》规定："不正当竞争是指任何欺骗性商业行为，或以其他手段，违反诚实信用原则的任何商业行为。"《保护工业产权巴黎公约》在 1925 年的海牙修订本中给不正当竞争下了一个被认为是经典的定义："凡在工商业活动中违反诚实经营的竞争行为即构成不正当竞争行为。"因此，为了更加准确地界定不正当竞争行为，包括我国在内的很多国家都采取了和《保护工业产权巴黎公约》相一致的概括加列举的立法体例。即先给不正当竞争下一个高度概括的定义，作为一般条款，再详细列举各种具体的不正当竞争行为。

我国《反不正当竞争法》第2条第2款规定："本法所称的不正当竞争行为，是指经营者在生产经营活动中，违反本法规定，扰乱市场竞争秩序，损害其他经营者或者消费者的合法权益的行为。"因此，不正当竞争，是指经营者在市场竞争中，违反反不正当竞争法的规定，损害其他经营者或者消费者的合法权益，扰乱社会经济秩序的行为。

（二）不正当竞争行为的特征

1. 不正当竞争行为的主体主要是经营者。所谓经营者，是指从事商品经营或者提供营利性服务的法人、自然人和非法人组织。

2. 不正当竞争行为是违反反不正当竞争法的违法行为。《反不正当竞争法》对不正当竞争行为作了封闭性的规定，列举了7种不正当竞争行为，没有其他条款。

3. 不正当竞争行为侵害的客体是其他经营者或者消费者的合法权益和市场经济秩序。不正当竞争行为侵害了其他经营者的合法权益，使市场经济规律失灵，破坏了正常的市场经济秩序。不正当竞争行为也会间接地损害消费者的利益，造成消费者的人身、财产损失。

二、反不正当竞争法的立法宗旨和基本原则

（一）反不正当竞争法的立法宗旨

根据《反不正当竞争法》第1条的规定，我国反不正当竞争法的立法宗旨包括三个层次：①制止不正当竞争行为，维护市场经济秩序；②保护经营者和消费者的合法权益；③鼓励和保护公平竞争，保障社会主义市场经济健康发展。

（二）反不正当竞争法的基本原则

反不正当竞争法的基本原则即《反不正当竞争法》规定的市场竞争原则。根据《反不正当竞争法》第2条第1款的规定，经营者在市场交易中应遵守的市场竞争原则包括：

（1）自愿原则。自愿，是指经营者按照自己的真实意愿与他人进行市场交易，不得有欺诈、胁迫和乘人之危的行为。

（2）平等原则。平等，是指经营者之间在市场交易中的法律地位都是平等的，应相互尊重，平等协商，不得歧视和以强凌弱。

（3）公平原则。公平，是指经营者在市场交易中的交易机会是均等的，交易条件是公平的，不得显失公平。

（4）诚实信用原则。诚实信用，是指经营者在市场交易中应讲诚实、守信用，不得欺诈他人，忠实履行承诺和约定。

（5）遵守法律和商业道德原则。经营者应当遵守法律和那些在长期市场经济活动中形成的、为社会普遍认可的商业道德规范，因为这些规范起到了弥补法律规范调整之不足的作用，同时也是判断经营者的竞争行为是否正当的依据。

三、反不正当竞争立法概况

1980 年 10 月 17 日，国务院发布了《关于开展和保护社会主义竞争的暂行规定》，根据该规定的授权，各地区、各部门先后制定了一些竞争法规，如 1985 年 11 月公布实施的《武汉市制止不正当竞争行为试行办法》是我国第一个反不正当竞争的地方立法，其他省市也相继制定了反不正当竞争的地方法规。1987 年颁布的《广告管理条例》第一次在部门立法中出现反不正当竞争的概念。此后，《国营工业企业暂行条例》《价格管理条例》等法规也有禁止不正当竞争行为的规定。我国确立实行市场经济后，很快于 1993 年 9 月 2 日由第八届全国人民代表大会常务委员会第三次会议通过了《反不正当竞争法》，并于 1993 年 12 月 1 日起施行，这是反不正当竞争的基本法。2017 年 11 月 4 日第十二届全国人民代表大会常务委员会第三十次会议对该法进行了修订。

我国现行的反不正当竞争法律规范除《反不正当竞争法》外，还包括最高人民法院关于不正当竞争诉讼适用法律的相关司法解释，典型的如：《最高人民法院关于审理不正当竞争民事案件应用法律若干问题的解释》（2006 年 12 月 30 日由最高人民法院审判委员会第 1412 次会议通过）、《最高人民法院关于审理涉及驰名商标保护的民事纠纷案件应用法律若干问题的解释》（2009 年 4 月 22 日由最高人民法院审判委员会第 1467 次会议通过）；另外，国家工商行政管理局为贯彻实施该法而发布了大量规定、答复、通知等部门规章，如 1993 年 11 月 17 日发布的《国家工商行政管理局关于实施〈中华人民共和国反不正当竞争法〉的通知》，1993 年 12 月 24 日发布的《关于禁止有奖销售活动中不正当竞争行为的若干规定》和《关于禁止公用企业限制竞争行为的若干规定》，1995 年 7 月 6 日发布的《关于禁止仿冒知名商品特有的名称、包装、装潢的不正当竞争行为的若干规定》，1995 年 11 月 23 日发布、1998 年 12 月 3 日修订的《关于禁止侵犯商业秘密行为的若干规定》，1996 年 11 月 15 日发布的《关于禁止商业贿赂行为的暂行规定》等。

第二节　不正当竞争行为及其法律责任

一、混淆行为

混淆行为，或称之为欺骗性交易行为、假冒行为，行政执法实践中称之为仿冒行为，是指经营者在市场经营活动中，以仿冒等欺骗性手段对自己的商品或服务作出虚假表示，引人误认为是他人商品或者与他人存在特定联系，损害其他经营者和消费者利益的行为。《反不正当竞争法》第6条列举了四种混淆行为：

（一）擅自使用有一定影响的商品的名称、包装、装潢

该行为是指擅自使用与他人有一定影响的商品名称、包装、装潢等相同或者近似的标识，造成和他人的知名商品相混淆，使购买者误认为是该商品。有一定影响的商品特有的名称、包装、装潢是该商品经营者的创造性劳动成果，也是其商品的识别性标志，依法受保护。在我境内具有一定的市场知名度，为相关公众所知悉的商品，可以被认定为"有一定影响力的商品"。认定商品是否具有一定影响力，应当考虑该商品的销售时间、销售区域、销售额和销售对象，进行任何宣传的持续时间、程度和地域范围，作为知名商品受保护的情况等因素，进行综合判断。在诉讼中，原告应当对其商品在市场上的影响力负举证责任。所谓有一定影响力的商品的名称、包装、装潢，是指该商品独有的与通用的名称、包装、装潢有显著区别的名称、包装、装潢。在相同商品上使用相同或者视觉上基本无差别的商品名称、包装、装潢，应当视为足以造成和他人知名商品相混淆。

（二）擅自使用他人具有一定影响力的企业名称、社会组织名称和姓名

企业名称和生产经营者的姓名是区分生产经营者的重要标志，是生产经营者的商业信誉和商品声誉的载体，不经许可他人不得使用。擅自使用他人的企业名称或者姓名，引人误认为是他人的商品的，侵犯了他人的合法权益，是不正当竞争行为。企业名称包括简称、字号，社会组织名称包括简称，姓名则包括笔名、艺名、译名等。

（三）擅自使用他人有一定影响的域名主体部分、网站名称、网页等行为

（四）其他足以引人误认为是他人商品或者与他人存在特定联系的混淆行为

在实践中，这类行为包括在商品上伪造或者冒用认证标志、名优标志等质量标志，伪造产地，对商品质量作引人误解的虚假表示，对商品作片面的宣传或者对比，将科学上未定论的观点、现象等当作定论的事实用于商品宣传，以歧义性语言或者其他引人误解的方式进行商品宣传等情形。

根据《反不正当竞争法》第18条的规定，经营者实施混淆行为的，由监督检查部门责令停止违法行为，没收违法商品。违法经营额5万元以上的，可以并处违法经营额五倍以下的罚款；没有违法经营额或者违法经营额不足5万元的，可以并处25万元以下的罚款。情节严重的，吊销营业执照。

二、商业贿赂行为

商业贿赂行为，是指经营者为了谋取交易机会和竞争优势，暗中给予交易对方或能够影响交易的有关人员以财物或其他利益的行为。《反不正当竞争法》第

7条规定，经营者不得采用财物或者其他手段贿赂下列单位或者个人，以谋取交易机会或者竞争优势：①交易相对方的工作人员；②受交易相对方委托办理相关事务的单位或者个人；③利用职权或者影响力影响交易的单位或者个人。经营者在交易活动中，可以以明示方式向交易相对方支付折扣，或者向中间人支付佣金。经营者向交易相对方支付折扣、向中间人支付佣金的，应当如实入账。接受折扣、佣金的经营者也应当如实入账。经营者的工作人员进行贿赂的，应当认定为经营者的行为；但是，经营者有证据证明该工作人员的行为与为经营者谋取交易机会或者竞争优势无关的除外。

根据《关于禁止商业贿赂行为的暂行规定》第2条第3、4款的解释，"财物"，是指现金和实物，包括经营者为销售或者购买商品，假借促销费、宣传费、赞助费、科研费、劳务费、咨询费、佣金等名义，或者以报销各种费用等方式，给付对方单位或者个人的财物。"其他手段"，是指提供国内外各种名义的旅游、考察等给付财物以外的其他利益的手段。

根据《反不正当竞争法》第19条的规定，经营者违反本法第7条规定贿赂他人的，由监督检查部门没收违法所得，处10万元以上300万元以下的罚款。情节严重的，吊销营业执照。

三、虚假宣传行为

虚假宣传行为，是指经营者利用广告、虚假交易或者其他方法，对自己或者他人的商品或服务作引人误解的不实宣传。《反不正当竞争法》第8条规定："经营者不得对其商品的性能、功能、质量、销售状况、用户评价、曾获荣誉等作虚假或者引人误解的商业宣传，欺骗、误导消费者。经营者不得通过组织虚假交易等方式，帮助其他经营者进行虚假或者引人误解的商业宣传。"虚假宣传的主要手段是广告，也包括组织虚假交易、新闻报道、现场演示等其他方式。

根据《反不正当竞争法》第20条的规定，经营者对其商品作虚假或者引人误解的商业宣传，或者通过组织虚假交易等方式帮助其他经营者进行虚假或者引人误解的商业宣传的，由监督检查部门责令停止违法行为，处20万元以上100万元以下的罚款；情节严重的，处100万元以上200万元以下的罚款，可以吊销营业执照。属于发布虚假广告的，依照《广告法》的规定处罚。

四、侵犯商业秘密行为

侵犯商业秘密行为，是指经营者或其他主体通过不正当手段，违法获取、披露、使用或允许他人使用商业秘密权利人的商业秘密的行为。根据《反不正当竞争法》第9条的规定，商业秘密，是指不为公众所知悉、具有商业价值并经权利人采取相应保密措施的技术信息和经营信息。技术信息如产品配方、产品设计、生产工艺、程序等，经营信息如经营策略、产销计划、客户名单、货源情报等。

商业秘密具有三个方面的特征：①商业性，即具有现实的或者潜在的商业价值，能为权利人带来竞争优势；②保密性，即权利人采取了适当的保密措施，使他人通过正当方法无法获取或探明；③秘密性或非公知性，即该信息未被以任何方式公开成为公知信息。

侵犯商业秘密的行为有以下几种表现：①以盗窃、贿赂、欺诈、胁迫或者其他不正当手段获取权利人的商业秘密；②披露、使用或者允许他人使用以前项手段获取的权利人的商业秘密；③违反约定或者违反权利人有关保守商业秘密的要求，披露、使用或者允许他人使用其所掌握的商业秘密；④第三人明知或者应知商业秘密权利人的员工、前员工或者其他单位、个人实施前款所列违法行为，仍获取、披露、使用或者允许他人使用该商业秘密的，视为侵犯商业秘密。在实践中，第三人通常与侵权人构成共同侵权。

根据《反不正当竞争法》第 21 条的规定，经营者侵犯商业秘密的，由监督检查部门责令停止违法行为，处 10 万元以上 50 万元以下的罚款；情节严重的，处 50 万元以上 300 万元以下的罚款。

五、不正当有奖销售行为

不正当有奖销售行为，是指经营者在销售商品和提供服务时，为了吸引消费者，以违反法律规定的方式进行有奖销售。有奖销售作为一种商业促销手段，可以分为两种：①附赠式有奖销售，即所有的购买者都有奖的有奖销售；②抽奖式有奖销售，即仅有部分购买者有奖，并以抽签、摇号等带有偶然性的方法决定购买者是否中奖的有奖销售。各国对有奖销售都运用法律手段加以规范和限制，规定有奖销售不得妨碍公平竞争，其方法必须是正当、诚实的，否则应予禁止。我国《反不正当竞争法》第 10 条列举了三种不正当有奖销售行为，包括：

1. 所设奖的种类、兑奖条件、奖金金额或者奖品等有奖销售信息不明确，影响兑奖。

2. 谎称有奖或者故意让内定人员中奖的欺诈性有奖销售行为。

3. 抽奖式有奖销售，最高奖的金额超过 5 万元。

《反不正当竞争法》第 22 条规定，经营者违法进行有奖销售的，由监督检查部门责令停止违法行为，处 5 万元以上 50 万元以下的罚款。

六、诋毁商誉行为

诋毁商誉行为，是指经营者为牟取市场竞争优势，通过编造、传播虚假信息或者误导性信息，借以损害竞争对手的商业信誉或商品声誉的行为。商业信誉和商品声誉是两个有密切联系的概念，是社会对经营者整体形象和产品的积极评价，是经营者的无形财富。诋毁商誉就是直接削弱经营者的竞争能力，性质十分恶劣。

诋毁商誉行为的特征主要包括：①主体是经营者或经营者指使的人；②客观上经营者编造、传播了损害他人商誉的虚假性或者误导性信息；③诋毁商誉行为必须有特定的诋毁对象，必须是有竞争关系的经营者，可以是一人，也可以是多人，诋毁对象不特定，不构成侵权。无竞争关系的主体之间诋毁商誉，不是出于竞争的目的，虽构成侵权，但不属于不正当竞争。

根据《反不正当竞争法》第 23 条的规定，经营者损害竞争对手商业信誉、商品声誉的，由监督检查部门责令停止违法行为、消除影响，处 10 万元以上 50 万元以下的罚款；情节严重的，处 50 万元以上 300 万元以下的罚款。

七、妨碍、破坏其他经营者合法提供的网络产品或者服务正常运行的行为

《反不正当竞争法》第 12 条将该行为列举为四类具体行为，分别为：①未经其他经营者同意，在其合法提供的网络产品或者服务中，插入链接、强制进行目标跳转；②误导、欺骗、强迫用户修改、关闭、卸载其他经营者合法提供的网络产品或者服务；③恶意对其他经营者合法提供的网络产品或者服务实施不兼容；④其他妨碍、破坏其他经营者合法提供的网络产品或者服务正常运行的行为。

《反不正当竞争法》第 24 条规定，经营者违反本法第 12 条规定妨碍、破坏其他经营者合法提供的网络产品或者服务正常运行的，由监督检查部门责令停止违法行为，处 10 万元以上 50 万元以下的罚款；情节严重的，处 50 万元以上 300 万元以下的罚款。

第三节 反不正当竞争法律实务

一、不正当竞争行为的监督检查

（一）监督检查部门

《反不正当竞争法》第 4 条规定，县级以上人民政府履行工商行政管理职责的部门对不正当竞争行为进行查处；法律、行政法规规定由其他部门查处的，依照其规定。所谓其他部门，在实践中是指与不正当竞争有关的某专门领域的行政主管部门，以及银行业、保险业、证券业、通信业等行业的主管部门。各级人民政府依法负有采取措施，制止不正当竞争行为，为公平竞争创造良好的环境和条件的职责。国务院建立反不正当竞争工作协调机制，研究决定反不正当竞争重大政策，协调处理维护市场竞争秩序的重大问题。

（二）监督检查部门的职权和义务

根据《反不正当竞争法》第 13 条的规定，监督检查部门在调查涉嫌不正当竞争行为时，享有以下职权：

1. 入场权，即进入涉嫌不正当竞争行为的经营场所进行检查的权力。

2. 询问和资料获取权，即询问被调查的经营者、利害关系人及其他有关单位、个人，要求其说明有关情况或者提供与被调查行为有关的其他资料的权力。

3. 查询、复制权，即查询、复制与涉嫌不正当竞争行为有关的协议、账簿、单据、文件、记录、业务函电和其他资料。

4. 查封扣押权，即查封、扣押与涉嫌不正当竞争行为有关的财物的权力。

5. 查询账户权，即查询涉嫌不正当竞争行为的经营者的银行账户的权力。

监督检查部门在行使上述五项权力时应当向监督检查部门主要负责人书面报告，经其批准，并应当遵守《行政强制法》和其他有关法律、行政法规的规定，将查处结果及时向社会公开。在行使查封扣押权和查询账户权时则应当向设区的市级以上人民政府监督检查部门主要负责人书面报告，并经批准。

6. 行政处罚权，即监督检查部门对构成不正当竞争行为查证属实的，依法作出处罚决定的权力。当事人对监督检查部门作出的处罚决定不服的，依法享有申请复议和行政诉讼权。

监督检查部门及其工作人员对调查权行使过程中知悉的商业秘密负有保密义务。监督检查部门应当向社会公开受理举报的电话、信箱或者电子邮件地址；对涉嫌不正当竞争行为的举报，应当依法及时处理，并为举报人保密；对实名举报并提供相关事实和证据的，应当将处理结果告知举报人。

二、《反不正当竞争法》与其他法的法律竞合问题

《反不正当竞争法》规定的许多不正当竞争行为，在《产品质量法》《广告法》《价格法》《招标投标法》等相关法中也都作了相应规定，如擅自使用有一定影响的企业名称或者姓名、对商品质量作引人误解的虚假表示、虚假广告行为等，对这些不正当竞争行为应当优先适用哪些法律呢？如何正确处理《反不正当竞争法》和这些相关法的关系？这两个问题的答案就在取决于《反不正当竞争法》的法律地位。《反不正当竞争法》作为竞争法的重要组成部分，是我国市场经济的基本法，应处于"经济宪法"的地位，是调整竞争关系的普通法，是兜底法或补充法，其他法律在调整竞争关系上是特别法，因此《反不正当竞争法》和其他法律之间的关系应当是普通法和特别法的关系，在法律适用上，按照特别法优于普通法的原则，特别法有规定的，先适用特别法，特别法没有规定、《反不正当竞争法》有规定的，适用《反不正当竞争法》。

三、不正当竞争行为的民事责任

根据《反不正当竞争法》第17条的规定，经营者违反反不正当竞争法的规定，给他人造成损害的，应当依法承担民事责任。经营者的合法权益受到不正当

竞争行为损害的，也可以向人民法院提起诉讼。

因不正当竞争行为受到损害的经营者的赔偿数额，按照其因被侵权所受到的实际损失确定；实际损失难以计算的，按照侵权人因侵权所获得的利益确定。赔偿数额还应当包括经营者为制止侵权行为所支付的合理开支。经营者实施混淆行为和侵犯商业秘密行为的，权利人因被侵权所受到的实际损失、侵权人因侵权所获得的利益难以确定的，由人民法院根据侵权行为的情节判决给予权利人300万元以下的赔偿。

复习与思考

1. 简述不正当竞争的概念和特征。

2. 简述不正当竞争行为的表现及其法律责任。

3. 不正当竞争监督检查部门的职权有哪些？

4. 材料：2013年4月2日~2014年6月19日，某省佛山市南海××饮料有限公司以每张0.05元的价格购进"椰树下大"清凉饮料瓶贴15 650张，以每个1元的价格购进外包装纸箱1040个，并使用上述包装、装潢生产清凉饮料。佛山市工商局执法人员发现，佛山市南海××饮料有限公司生产的"椰树下大"清凉饮料与绍兴椰树饮料有限公司生产的"椰树吓火"清凉茶饮料的包装、装潢十分相似，主要有以下几点：一是两者包装均为塑料包装瓶，大小和形状相差无几；二是两者瓶贴均覆盖瓶肚部分，覆盖部位相同，瓶贴大小相差无几，瓶贴的颜色均以红色为主要底色，上面均印有黄色、黑色的图案；三是"椰树"与"椰树"字形相像，"下大"中的"大"字印制得与"火"字极为相像，容易被误认为"下火"，且"下大"字体颜色与"吓火"的字体颜色均为黄色，"下火"与"吓火"读音相同，字形字义相似；四是瓶贴中部均有黄色底色黑色字体"配方"图案，大小和形状极为相似；五是"下大"与"吓火"字体的左下方分别是"清凉·饮料"和"清凉茶饮料"，大小和形状十分相似。而两者生产的产品主要有以下区别：一是瓶贴的商标不同，前者为黑色底色、黄色字体的"椰树"商标图案，后者为绿色底色、黄色字体的"椰树"注册商标标识并在上方标有"正宗椰树牌"的字样；二是瓶贴中部均有黄色底色、黑色字体"配方"图案内的字体，但图案内容不同，前者内容为"纯科学配制"，后者为"用草本萃取"；三是标注的厂名不同，前者标注的生产者为佛山市南海××饮料有限公司，后者标注的厂名是绍兴椰树饮料有限公司。

问：请运用反不正当竞争法的相关理论分析上述行为。（案例来源：找法网）

第十章 反垄断法律制度

教学目的和要求

反垄断法是竞争法的重要支柱，也是自由经济的大宪章和保护神。本章重点介绍垄断与反垄断法的概念和特征，反垄断法的历史发展和作用，垄断行为的法律规制等问题。通过教学，使学生了解英美和欧盟反垄断立法的基本状况；明白我国制定反垄断法的必要性；熟悉我国《反垄断法》所规制的垄断行为；基本掌握反垄断的操作程序；学会运用反垄断知识对现实生活中的垄断行为进行判断。

第一节 垄断与反垄断法概述

一、垄断

（一）垄断的含义

垄断一词，在经济学中和法学中的含义是不同的。经济学中的垄断，是指少数大公司、企业或者若干企业联合独占生产和市场，它们控制一个或几个部门的生产和流通，在经济活动中取得统治地位，操纵这些部门产品的销售价格和某些生产资料的购买价格，以保证获得高额利润。垄断是竞争的异化物，垄断在一定程度上排除竞争、限制竞争，使竞争机制的正常功能难以发挥。

法学中的垄断，是指违反国家法律、法规、政策和社会公共利益，通过合谋性协议、安排和协同行动，或者通过滥用经济优势地位，排斥或者控制其他经营者正当的经济活动，在某一生产领域或者流通领域内实质上限制竞争的行为。垄断行为有两个特征：①危害性，即这种行为和状态将会导致某一生产和流通领域的竞争受到限制和损害。②违法性，即这种行为和状态是违反法律条文明确规定的行为。有些公共事业也会限制竞争，但这是国家法律特许的，因而不构成法律概念上的垄断。

（二）垄断的分类

垄断可以根据不同的标准进行分类。如依据垄断者的市场状况，垄断可分为独占垄断、寡头垄断和联合垄断；依据垄断产生的原因，垄断可分为市场垄断、国家垄断和自然垄断；依据法律对垄断的态度，垄断可以分为合法垄断与非法垄断。后一种划分反映了反垄断法的实质，因而是一种最重要的划分。

1. 合法垄断。合法垄断是指国家为了保护整个国民经济的健康发展，在反垄断法中明确规定的不适用垄断禁止法律的垄断行为。

合法垄断即反垄断法中的除外制度。各国反垄断法的除外规定一般包括两种情况：①对某些特定经济部门垄断行为的豁免；②对特定时期、特定情况下以及具有特定内容的某些垄断行为的豁免。关于这些除外规定的原因，各国都没有形成比较完整的、统一的理论。一般认为，反垄断法规定除外制度主要是基于两方面的考虑：①有些部门和行业的经济活动关系到整个社会经济生活，如果允许自由竞争必然导致国家资源的浪费，竞争的过程和结果可能与公众利益相违背，而垄断经营则有利于社会经济发展和国计民生。②为了增强法的灵活性，使其能更好地适应经济发展的复杂性，以便更好地实现保护竞争、促进经济发展的立法目的。可见，在普遍禁止垄断的同时，又承认某些垄断的合法性，既可以发挥竞争机制的积极作用，又可以兼顾某些经济领域需要缓和竞争的合理要求，既可以发挥竞争机制的调节作用，又可以为国家对经济生活的宏观调控留出必要的空间。

合法垄断的范围和种类有：①特定经济部门的垄断。这种合法垄断形式主要有：具有自然垄断性质的公用事业，如铁路、邮电、电力等部门；自然资源的开采业，如石油、煤炭等部门；比较分散，容易发生过度竞争的产业，如农业等部门。②知识产权领域。知识产权法赋予人们对其智力成果拥有排他的垄断权利。所以，反垄断法不应禁止权利主体依法享有的对知识产权的独占权。③对外贸易领域。鼓励出口是世界各国普遍推行的经济政策。为了使本国的出口商在国际市场上同外国商人竞争时处于有利的地位，各国的反垄断法对于国际贸易中的限制竞争行为基本上不予禁止。④协同组合行为。这类行为主要表现为企业间的协作行为，中小企业的联合行为，消费者之间的协调行为等。其目的是在垄断发展的情况下与大企业相抗衡。这类行为在形式上与反垄断法相违背，但是，只要能有利于改进产品的生产、分配或促进技术、经济的发展，并使消费者适当地分享因此产生的利润，就不应被反垄断法禁止。

2. 非法垄断。即反垄断法所禁止的垄断，它是指违反法律、法规和社会公共利益，通过合谋性协议、安排和协同行动，或者通过滥用经济优势地位，排斥或控制其他经营者正当的活动，在某一生产领域或流通领域实质上限制竞争的行为。

非法垄断的主要形式有：

（1）独占。独占，是指在特定的市场上，一个经营者处于无竞争的状态，或取得了压倒性地位和排除竞争的能力；也指两个以上经营者不进行价格竞争，在他们对外的关系上具有上述地位和能力。

（2）兼并。兼并，是指两个或两个以上的企业组成以长期经营为目的的一个新的统一体。广义的兼并还包括两企业全部资产合一的企业合并。兼并的形式有很多，如取得另一企业一定数额的股份或出资额；受让或承租其他企业一定资产或业务；控制其他企业的业务经营或人事任免；等等。兼并又可分为三类：①横向兼并，即生产相同产品或替代性很高产品的企业之间的兼并；②纵向兼并，即同一生产过程中前后两个阶段企业之间的兼并；③混合兼并，即不同行业，生产不同产品的企业之间的兼并。

（3）股份保有。股份保有，是指一个企业不正当地占有另一个企业的股票或资本份额，也包括两个企业彼此占有对方的股票或资本份额。

（4）董事的交叉任职。董事的交叉任职，是指一个公司的董事同时担任其他公司的董事。在这种董事交叉任职的情况下，无论是一方向另一方派遣董事，还是双方的相互派遣，抑或双方向其他公司共同派遣，均会使几个企业有可能采取统一行动，并进行实质上的限制竞争行为。

（5）联合行为。联合行为，是指两个或两个以上经营者，以合同、协议等方式，共同决定商品或服务的价格或就商品的产销数量、技术标准以及销售地区、销售对象等进行限制，以损害竞争对手的公平竞争。联合行为可分为横向联合、纵向联合以及混合三种形式。其内容主要有：联合限定商品价格、产销数量、技术标准，划定市场或顾客，以及联合拒绝购买或销售，串通投标等。

（三）垄断的几种不同表述

考虑到为垄断统一定义的困难性以及垄断表现形式的多样性，许多国家在制定反垄断法时并未直接使用垄断一词，而是用其他相近语提示垄断的内涵，以此来界定垄断。垄断的几种不同表述如下：

1. 垄断状态。垄断状态，是指一种在相关市场中因企业占据市场支配地位而致使在相当的期间内产生市场弊害，应受反垄断法处罚的状态。

对垄断状态予以禁止的反垄断法，至今仅出现在日本的《禁止垄断法》之中。根据日本《禁止垄断法》第2条第7款的规定，其构成要件为市场规模与特点、市场结构和市场弊害。具备这三个要件，垄断状态即被证实，并根据《禁止垄断法》第8条第4款的规定，企业可以被命令解割。

2. 垄断化。垄断化，是介于垄断状态与垄断力滥用之间的反垄断法所规范的垄断类型，乃是指企业在相关市场故意取得和维持垄断力量，或图谋垄断，应受反垄断法禁止的行为。

3. 垄断力的滥用。垄断力的滥用，是指拥有市场支配地位的企业滥用其市场支配力，并在一定交易领域内实质性地限制竞争，违背公共利益，应受反垄断法禁止的行为。垄断力的滥用是大多数国家反垄断法所规范的内容，其构成要件一般是：市场支配地位、滥用行为与损害竞争的结果。

二、反垄断法

（一）反垄断法的定义

反垄断法，是指通过规范垄断和限制竞争行为来调整企业和企业联合组织相互间竞争关系的法律规范的总和。

反垄断法在立法传统上，一直都存在着松散型立法和法典型立法之别。松散型立法指由一系列反垄断单项法律规范组成的反垄断法，其中每个单项法律规范的名称可能相同也可能相异，但内容都是调整垄断或限制竞争行为的。松散型反垄断法以美国、英国、澳大利亚的反垄断法为典型。法典型立法是指以一部反垄断法典来统一调整反垄断关系或反限制竞争关系。法典型反垄断法以日本和德国的反垄断法为代表。

（二）反垄断法的法律适用

1. 主体适用。反垄断法的主体适用对象在世界各个国家或地区的法律规定中多有差别，日本的《反垄断法》明确规定该法的适用对象为事业者和事业者团体；德国《反限制竞争法》则将"企业和企业联合组织"作为主体的适用对象；美国、英国的反垄断法仅使用"个人"一词来表述其适用对象。我国《反垄断法》将适用对象明确为"经营者"，即从事商品生产、经营或者提供服务的自然人、法人和其他组织。

2. 客体适用。反垄断法的客体适用即反垄断法的规制对象。关于反垄断法的客体适用，各国立法的规定不尽相同。如德国法将横向限制竞争行为、纵向限制竞争行为、企业合并、垄断力滥用或者滥用市场优势地位行为设定为反垄断法的适用对象；日本法将垄断状态、私人垄断、不当的交易限制、不公正的交易方法等设定为反垄断法的适用对象；我国反垄断法的适用对象问题在学术界还有不同的认识，争论也还在进行之中。我国《反垄断法》规制的垄断行为包括三项：经营者达成垄断协议；经营者滥用市场支配地位；具有或者可能具有排除、限制竞争效果的经营者集中。

3. 适用除外制度。反垄断法原则上对一切垄断行为都应当进行规制。但是，由于历史传统、自身性质以及经济政策等方面的原因，各国都规定对于特定领域和特定行为排除反垄断制度的适用，这就是反垄断法的适用除外制度。总结各国反垄断法的实践，适用除外的对象大致有以下四类：①特定行业。如保险业、银行业、体育业、农业和公用事业等。②特定的组织和人员。如工会、劳工、自由职业者等。③特定行为。如卡特尔的某些类型、小企业的某些行为等。④知识产权的使用行为。如行使著作权、专利权、特许权等知识产权法所承认的行为。

（三）反垄断法的执法机关

反垄断执法机构如何设置，显然是关系未来反垄断法实施效果的重要因素。目前世界主要国家设立反垄断执法机构的经验，可概括为"法定机构、法定程序、独立行使职权、严格统一执法"。全世界除了美国司法部和联邦贸易委员会都享有执法权之外，其他国家都是单一执法机构。这其中又分为两种类型：①韩国、日本、法国、英国，都有一个中央级别的反垄断机构；②德国，将反垄断机构（卡特尔局）设置在经济部下边（相当于我国一司局级单位）。

第二节　反垄断法的历史发展

一、反垄断法的雏形

反垄断法的早期历史可以追溯到古罗马时期。在古罗马的一些法律规定中，一些制度已与现代反垄断法的规定相同。比如，公元前后古罗马颁布的禁止粮行蓄意提高粮价的法律和公元482年颁布的《宪法》（内容包括对提高价格在内的所有垄断的禁止）与现代反垄断法规范价格的法律制度雷同。在我国，唐律中也出现了类似的内容，如《唐律》规定："诸买卖不和而较固取者，及更出开闭其限一价，若参市而规自入者杖八十。已得赃重者，计利准盗论。"

在世界范围内，英国是最早直接保护竞争的国家。17世纪初，英国的判例法就开始担负起了反对垄断和保障竞争的任务，它们形成了普通法中的"限制贸易应受谴责"的法律原则。法国在1791年也颁布过《沙彼利耶法》，其作用是"反对组成卡特尔和其他限制竞争措施"。在其他国家的民法典中也有类似表述。但是，由于上述内容较为零散，对反垄断及限制竞争起的作用不大，因而只能称之为现代反垄断法的雏形。

二、现代反垄断法的产生与发展

现代意义上的反垄断法产生于19世纪末叶的美国，以1890年《谢尔曼法》的颁布为标志，其间还有1914年的《克莱顿法》及其此后的修正案、1914年的《联邦贸易委员会法》。

美国作为反垄断法的最早诞生地，有其深刻的经济和社会原因。美国南北战争后，国内市场得到了统一，北方工业迅速扩展到南方，现代化规模工厂生产飞速发展。随着国家工业化的基本完成，生产集中和资本集中带来的经济支配力量的无限扩大几乎摧毁了旧有的自由竞争的市场秩序。到19世纪末，美国又进入了历史上第一次合并高潮。这次合并高潮的特点是数量大、时间短，大量中小企业合并为巨型企业，合并遍及所有经济部门。据统计，1895～1904年平均每年合并公司数为301家，合并资产额为6.9亿美元。通过这次合并高潮，在美国各个经济部门中形成了各该部门的垄断组织。少数垄断公司控制着各个部门的主要份额。资本的高度集中，必然形成市场中的经济支配力量。在没有法律约束的情况下，属于市场支配地位的经济支配力量扭曲市场、取消竞争、破坏自由贸易，从而引起社会各界的强烈不满。美国反垄断法正是在如此资本集中的背景下，在社会各界日益强烈要求限制经济支配力量滥用的压力下，登上了历史舞台。从美国颁布《谢尔曼法》的背景中可以看出，反垄断法的历史使命就是限制市场支配力量的滥用并维护公正、自由的市场竞争秩序，而反垄断法的出现也同时意味着垄断势力蔓延到了需要完备的法律制度予以钳制的地步。

对世界各国反垄断法有着深刻影响的立法例，除美国的《反托拉斯法》外，还有德国1957年制定的《反限制竞争法》和日本1947年制定的《禁止垄断法》。19世纪下半叶，德国的煤炭、钢铁、纸、钾等许多行业形成了卡特尔组织。纳粹上台后，为了推行国家统制经济，纳粹于1933年制定了《强制卡特尔法》，卡特尔组织遂得以在德国迅猛发展。战后，新自由主义经济学在德国的重要分支弗莱堡学派的代表人物路·艾哈德就任政府总理。他极力推行自由主义经济政策，反对卡特尔组织。自此，为限制卡特尔的立法终于被提到了议事日程。1949年，联邦德国开始制定自己的反垄断法，到1957年通过了《反限制竞争法》。

日本也是在战后制定的反垄断法。该法与美军执行经济民主化政策是分不开的。战后日本欲实行经济民主化，必须首先解散财阀，消除日本资本主义发展中残存的封建因素。在《禁止垄断法》颁布后不久，1947年12月和1948年1月日本政府又先后颁布了《经济力量过度集中排除法》和《财阀同族支配力量排除法》。从中可见，日本反垄断法是为限制经济支配力量应运而生的，而且主要是限制带有封建因素的财阀势力。

三、反垄断法在当代的扩展

反垄断法在形成和发展时期仅适用于工商业领域，到了当代，它已广泛适用于体育、文化、教育、科研、旅游、医疗和社会保障等各领域，只要这样的领域存在商事活动和竞争。换句话来讲，反垄断法的适用领域已有较大的拓展。

反垄断法适用领域在当代拓展的第二个目标是国际领域。在第二次世界大战以前，反垄断法主要是各国的国内法，国际领域的立法还很薄弱。二战以后，随着世界经济的高速发展，国际领域的反垄断立法不断加强。尤其是近二十年来，经济体制在世界范围内的一体化，世界各国贸易关系的密切化，使得世界经济比以往任何时候都更需要市场的竞争和竞争的自由，也使得反垄断的国际立法变得比以往任何时候都重要。当代国际垄断和不公平贸易的做法大部分发生在发达国家与发展中国家之间，发生在发达国家之间的只是一小部分。这些垄断和不公平贸易的做法通常有跨国兼并、组成出口卡特尔、特定不合理的"转售价格"、在技术转让中附加限制性条款、高额收取专利权转让或使用费等。

反垄断的国际立法自二战以来不断出现且日益扩大。1948 年《哈瓦那宪章》设专章就限制性商业做法作出了专门规定。《哈瓦那宪章》虽因未获各国政府的批准，未生效，但其所确立的原则与处理问题的方法仍对以后其他国际组织签订类似条约具有指导价值。与公约相比，以多边或双边国际条约表现的反垄断立法更为发达。其中以欧共体《罗马条约》第 85、86 条以及其他欧共体反垄断法规（如《企业结合管制》）共同构成的完整的欧共体反垄断法为典型，对于欧共体统一大市场的形成起了决定性的作用。《欧洲煤钢共同体条约》第 60、65 条和第 66 条对限制竞争、企业结合、不当价格惯例进行了详细规定。该条约对共同体的煤炭企业、钢铁企业和炼钢企业协会具有约束力，极大地维护了欧洲市场的统一和市场竞争的自由、公正。

第三节　反垄断法的作用

一、保障企业自由

在市场经济体制下，企业自主经营。为了追求利润，企业可以依法进入和退出某一产业部门，自由从事商事活动不受非法干扰和阻碍。这就是西方作为基本人权之一而由宪法加以保护的企业自由。法律对自由权利的保护有两种途径：一种是正面规定自由权利的内容、范围、使用方式；另一种是从反面列举妨碍自由权利行使的行为并予以打击。反垄断法对企业自由的保护方式属后一种。①反垄断法各个法律制度针对一种或多种妨碍企业自由的行为而订立自己的制度内容。如经济性和行政性垄断是企业自由的大敌，因而反垄断及垄断力滥用制度成为反垄断法的主要篇章；价格限制和各种限制竞争的企业间协议对企业自由贸易形成障碍，故而反价格限制和企业间限制竞争的协议又成为反垄断法的又一重要组成部分。②反垄断法为不能穷尽的其他妨碍企业自由的行为设置了一般条款，原则地规范一切限制竞争的行为。

由企业实施的割裂市场、排斥市场进入者的独占行为又被称作经济性垄断，或自然垄断，是反垄断法打击的主要对象。企业如果具有市场支配力，它就是以独占或分割市场的方式以排除新的市场进入者；企业如果不具有这种支配力，它仍然可以通过与其他企业订立卡特尔的协议来控制市场并且阻碍新的竞争者进入市场。这就是垄断，形式上有托拉斯、康采恩、辛迪加、卡特尔等。同时，垄断形式也可以因政府支持而出现，有合法与非法之分。合法的垄断是因政府的支持、法律的许可而出现于特殊行业的垄断。一般存在于公用事业中，如电力、煤气、铁路等。反垄断法对这些事业特别规定了适用除外制度。然而，虽然反垄断法不适用于这些公用事业，但法律对这些事业允许垄断有严格的规定，并且有其他相关的制度保证消费者不受垄断者的侵害。一般来说，允许垄断的事业有如下特点：①该事业提供的服务是日常必需的东西；②如果放任竞争必然会出现垄断，最终也必然不再有新的市场进入者；③该事业需要巨额固定投资，规模经济发挥着优势，即随着供给量的增大，单位成本会减少。

具有这些特点的事业垄断符合经济效益和秩序的要求。与其让它们在激烈竞争中走向垄断，不如立法允许少数垄断者经营，关键是建立严格的配套管理制度。收费认可制和公平供应制是其中核心的配套管理制度。

二、打击行政性垄断

因政府支持而妨碍企业自由的非法垄断即行政性垄断。它是一种制度性的、具有取消竞争功能的垄断情形。现行行政性垄断几乎都是计划经济的产物。西方发达国家从18世纪取消重商主义而遵从经济自由主义至今，已无行政垄断之虞。

从计划经济向市场经济转变的国家，行政性管理和行政性垄断大量存在，其对市场经济建设的破坏力极其明显。在这些国家，如果要有效地维护公平竞争、企业自由和建立一个健康的市场，制定反垄断法并将反行政性垄断作为反垄断法的首要任务应属当务之急。我国正属于此种情形。

目前存在于我国的行政性垄断主要有行业壁垒、地区壁垒和行政性公司。

1. 行业壁垒。行业壁垒是由国家通过政策手段设置于一些特殊行业的进入壁垒，阻碍企业自由开业，参与竞争。这些行业通常是与国计民生有关的重要部门，但它不同于公共事业，并不需要国家来扶植垄断企业。在我国存在着行业壁垒的典型行业是金融业和通信业，它们在国内由于缺乏外部竞争，其服务质量和服务费用长期得不到改善。行业壁垒属于典型的国家垄断政策的体现，受歧视的只是市场众多主体中的一部分，主要是私营和集体企业。

2. 地区壁垒。地区壁垒实质为地方保护主义，是一道由地方政府设置的、用以保护本地区的落后企业免遭外来企业冲击的屏障。它如同经济地方割据，严重影响我国国内统一市场的形成。

三、消灭企业差别待遇制

因政府因素而妨碍企业自由的方式并非只有行政性垄断这一种，给企业进入市场附加不同的权利义务是妨碍企业自由的另一种方式。行政性垄断是直接阻碍企业进入市场，而给企业进入市场附加不同的权利义务，并实质性导致企业间竞争能力的差别，是排斥企业进入市场的间接手段，我们称之为企业差别待遇制。

企业差别待遇制的制度形式可以是行政措施，也可以是法律、法规，实施者只能是政府。在现代，企业差别待遇制主要存在于计划经济占统治地位或计划经济的因素还在发挥作用的国家。以我国为例，我国现有企业在性质上可分为私有制企业、集体所有制企业、全民所有制企业和外商投资企业。在进入市场时因企业所有制之不同各自享有不同的权利，承担不同的义务，各类型企业此后在市场竞争中便拥有不同的竞争能力。在我国，国民经济中最活跃的是小型企业，它们当中很大一部分是私有制企业。但私有制企业在企业设立时总是千方百计地登记为集体所有制企业，原因就在于中国大部分地区私有制企业进入市场时所遇到的麻烦太多，如果登记为集体企业就方便多了。例如，集体所有制企业在税负水平和减免税收上有着私有制企业所不能及的优越之处；在企业活动的国家审批中，获得水、电、通信等公共服务方面集体所有制企业又要顺利得多。另一类得到政府特别关照的企业是外商投资企业。外商投资企业不仅可以得到一系列减免税收、免付"两个基金"等优惠，而且在项目审批、经营权限上受约束很少。正是由于外商投资企业用地、纳税、外汇使用、雇佣员工等各方面都享有远超国内企业的待遇，所以有经济学家称之为"超国民待遇"现象。这种"超国民待遇"大大增强了外商投资企业的竞争能力，使得外商投资企业在与国内企业竞争中独领风骚。全民所有制企业、集体所有制企业和私有制企业与外商投资企业相比所受束缚要多得多。

以上是我国企业差别待遇的现状。我们知道，没有歪曲的竞争是指只靠财产条件、技术和营业能力的竞争。企业差别待遇人为造成不同企业竞争能力的差别，它与行政性垄断一明一暗地行使着阻碍和歪曲竞争的功能，结果只能导致市场失灵或半失灵。反垄断法以反垄断为名，但它并非只反垄断，它其实是所有限制竞争、取消竞争行为的克星。因此，对企业差别待遇制也必须制止。

四、维护竞争秩序和市场的自由、统一、公正

反垄断法为了"企业在市场上的总体自由"而干预经济生活，这是反垄断法的作用之一，直接关乎着现代经济民主化在一国的实现。此外，反垄断法还担负着保护作为一种机制而存在的竞争的重任，这是反垄断法另一作用的体现，即维护竞争秩序，保证市场健康。这一作用则直接关乎着社会的物质进步。众所周知，市场并非十全十美，它有自身的弱点，在无限制的自由运行中，市场会走向自身的反面——取消市场。无限制的市场必然出现过度竞争，最后产生经济力量的集中，从而割裂市场的统一。在现代，无限制的市场是不存在的，无论是国内市场还是国际市场都是国家力量干预下的市场，干预的手段主要是以反垄断法为核心的经济法。由此，市场其实是法律制度规制下的各种社会关系的总体系，健康的市场则要求各种交换关系在良好的法制环境下不会被非法限制、阻隔和歧视。

反垄断法就是为了维护国内市场的统一和国际市场的统一、自由公正和竞争而存在的。市场的统一，含国内市场的统一和国际市场的统一。国内市场的统一主要障碍就是垄断，有经济性垄断和行政性垄断，解决的方法有政治方法、军事方法和法律方法，最经济实用的当属法律方法。反垄断法以反垄断——包括反行业壁垒、地区壁垒、卡特尔、托拉斯等为己任，以法律手段保证市场的统一当然只能丰富完善各项反垄断法律制度，建立以反垄断法为核心的法制体系。国际市场的统一意味着消除国际贸易中各种关税、非关税壁垒等各种阻却国际市场统一的障碍。消除这些障碍的方法主要是靠国际社会的政治谈判，谈判的成果最终还要以法律的形式记录下来并施行于国际贸易之中。

市场的自由性、公正性和竞争性实质即是一个健康市场的存在形式和标志，自由、公平、竞争是针对市场主体所应享有的权利而言的。自由即企业自由；公平，即企业享受权利和承担义务的公平；竞争，即企业只能在财产、技术、管理水平条件上的自由竞争。与自由、公平、竞争相对的，是限制、歧视和垄断，而有能力造成限制、歧视和垄断的主要是市场中具有支配力的经济实体和政府机关。反垄断法的立法目的之一就是防止经济力量的过度集中和实现经济民主化，这意味着一切经济性垄断和行政性垄断都是有悖于反垄断法的立法目的的。具体到反垄断法的制度上，反垄断法一般是通过两类制度建设来控制经济力量的过度集中：①通过控制企业合并、制止独占或割据市场、控制卡特尔协议来打击垄断势力本身；②调查优势地位企业的定价、销售、内部结构、供应对象并对所有实施妨碍公平竞争行为的企业给予惩戒，以杜绝垄断力量的滥用，进而维护市场的自由、公正和竞争。

第四节　垄断行为的法律规制

一、对垄断协议的法律规制

《反垄断法》第二章专门规定了对经营者达成的各种垄断协议的法律规制方式，概括起来，主要有：对横向垄断协议的法律规制、对纵向垄断协议的法律规制和对行业协会组织垄断协议的规制三方面的内容。

（一）对横向垄断协议的法律规制

所谓横向垄断协议，是指存在竞争关系的经营者之间达成的，以排除竞争为内容的协议，通常被称为卡特尔。各国反垄断法对于卡特尔的规制一般遵循两种原则：①合理原则，即对一个限制竞争的卡特尔对经济的利与弊进行权衡，如果其对经济的好处超过坏处，就应当认定该协议的合法性，这一原则来源于美国最高法院1911年对美孚石油公司案的判决，根据该判决，《谢尔曼法》只是禁止不合理的限制竞争行为，而并非是对所有限制竞争的行为都一概予以禁止。②本身违法原则，即如共谋固定价格、限制生产或者销售数量、分割销售市场或者联合抵制等排除、限制竞争的协议行为，不管其对经济的影响如何，均为应予禁止的违法行为。对于这些行为之所以认定它们为本身违法，主要是因为它们对于市场竞争和消费者利益的损害是巨大的。

我国《反垄断法》第13条明确禁止的各类横向垄断协议都属于本身违法的协议类型，因此，这些协议行为一旦发生，即为违法，受到协议损害的各类主体以及反垄断法执法机构只要有证据证明这些行为存在，都可依法请求或者予以禁止。具体而言，法律所规定的横向垄断协议包括以下类型：

1. 价格卡特尔，即经营者之间达成的固定或者变更商品价格的协议。所谓固定价格既包括协议固定最低价格，也包括协议固定最高价格。

2. 数量卡特尔，即经营者之间达成的限制商品的生产数量或者销售数量的协议。这类协议一般与价格卡特尔并存。

3. 地域卡特尔，即经营者之间达成的分割销售市场或者原材料采购市场的协议。

4. 限制开发和购买的卡特尔，即经营者之间达成的限制购买新技术、新设备或者限制开发新技术、新产品的协议。

5. 联合抵制交易，即某些经营者联合起来，以停止业务往来相威胁，要求与其潜在竞争者进行交易的经营者停止交易，以此孤立潜在竞争者，达到将其排挤出相关交易市场的目的。

6. 国务院反垄断执法机关认定的其他垄断协议。

（二）对纵向垄断协议的法律规制

纵向垄断协议，是指在生产、销售链条中处于上下游关系之中的相关经营者，为排除、限制竞争而订立的垄断协议，如原材料供应商与生产加工经营者之间达成的垄断协议、生产商与商品批发商之间达成的垄断协议、商品批发商与零售商之间达成的垄断协议等。与横向垄断协议不同，纵向垄断协议的各方主体之间并不存在相互竞争的关系，而是互补、依赖的关系。

我国《反垄断法》第14条禁止经营者与其交易相对人达成以下垄断协议：①固定向第三人转售商品的价格；②限定向第三人转售商品的最低价格；③国务院反垄断执法机关认定的其他垄断协议。

从该条来看，法律所明定的纵向垄断协议主要涉及转售商品价格的限制，因此，既有可能发生于生产商与批发商之间，也有可能发生于批发商与零售商之间。

（三）对行业协会组织垄断协议的规制

行业协会，是指同一行业或者相关行业的经营者为保护和增进自身的共同利益，依法组建的为其成员提供各类服务的非营利的自律性社会团体。在实践中，行业协会协调、组织甚至促使其会员达成各类限制和排除竞争的垄断协议的现象非常常见，对经济发展和消费者福利危害甚大，因此，必须予以禁止。

我国《反垄断法》第16条并未明确应当予以禁止的行业协会的行为类型，仅是原则性地规定行业协会不得组织本行业的经营者从事本章禁止的垄断行为。从实践来看，行业协会组织成员达成各类垄断协议的典型行为一般包括：

1. 通过提供生产经营成本、价格、销售、市场产品的存量等经济信息并进行交流，为本行业经营者达成垄断协议提供前提条件。

2. 通过制定行业指导规范、行业标准等方式，促使本行业经营者在产品、信贷、运费等方面采取统一的行为。

3. 积极组织本行业经营者组成价格联盟，固定商品价格。

4. 通过决议要求本行业经营者采取一致行动，共同对付交易相对人或者非协会竞争者，迫使他们按照协会的要求行事。

（四）垄断协议的豁免

我国《反垄断法》在明确规定了应予禁止的横向和纵向垄断协议的同时，对一系列有利于国民经济发展、社会公共利益和消费者福利的经营者之间的协同一致行为进行了豁免性规定，即这些协同一致行为并不适用反垄断法，因此也不能被认定为非法。

我国《反垄断法》第15条明确规定了7项予以豁免的协同一致行为，具体为：

1. 为改进技术、研究开发新产品而进行的协同一致行为。

2. 为提高产品质量、降低成本、增进效率，统一产品规格、标准或者实现专业化分工的协调一致行为。

3. 为提高中小企业经营者经营效率，增强中小企业者竞争力的协同一致行为。这种协同一致行为主要表现为中小企业在采购、销售、研究开发、融资、管理、广告宣传等方面进行的合作。

4. 为实现节约能源、保护环境、救灾救助等社会公共利益而进行的协同一致行为。

5. 因经济不景气，为缓解销售量严重下降或者生产明显过剩而进行的协同一致行为。

6. 为保障对外贸易和对外经济合作中的正当利益而进行的协同一致行为。这种协同一致行为主要涉及商品出口和劳务输出。

7. 法律和国务院规定的其他情形。

对于前5项协同一致行为的反垄断法豁免，法律为从事这些行为的相关经营者设定了两项举证责任：①必须举证证明其所采取的协同一致行为不会产生严重限制相关市场竞争的后果；②必须举证证明其所采取的协同一致行为所产生的利益能够为消费者所分享。

二、对滥用市场支配地位的法律规制

（一）市场支配地位的含义及其认定

我国《反垄断法》第17条第2款规定，市场支配地位是指经营者在相关市场内具有能够控制商品价格、数量或者其他交易条件，或者能够阻碍、影响其他经营者进入相关市场能力的市场地位。这一法定含义可以做以下理解：

1. 市场支配地位是经营者在交易中所具备的某种优势力量，而这种优势力量来源于市场竞争，因此，反垄断法并不反对这种市场支配地位，而仅是禁止它的滥用。

2. 市场支配地位是经营者在相关市场内所具有的，所谓相关市场，根据《反垄断法》第12条第2款的规定，是指经营者在一定时期内就特定商品或者服务进行竞争的商品范围和地域范围。

3. 市场支配地位客观上表现为经营者在相关市场内具有两种能力：①能够控制商品或者服务的价格、数量或者其他交易条件的能力；②能够阻止、影响其他经营者进入相关市场的能力。

我国《反垄断法》第18条详细列举了认定经营者是否具有市场支配地位所必须依据的法定因素，包括以下几点：

1. 该经营者在相关市场的市场份额，以及相关市场的竞争状况。相关市场的竞争状况一般依据竞争者数量和开放程度来综合判断，如果相关市场内的竞争者较多，且开放程度较高，其他经营者能够自由进入，则其竞争状况好，反之，则差。

2. 该经营者控制销售市场或者原材料采购市场的能力。

3. 该经营者的财力与技术条件。

4. 其他交易者对该经营者在交易上的依赖程度。

5. 其他经营者进入相关市场的难易程度。

6. 与认定该经营者市场支配地位有关的其他因素。

除了上述的抽象性和原则性规定外，我国《反垄断法》还规定了推定经营者具有市场支配地位的客观、具体的标准，这些标准主要涉及经营者在相关市场上的市场份额。根据《反垄断法》第 19 条的规定，有下列情形之一的，可以推定经营者具有市场支配地位：

1. 一个经营者在相关市场的市场份额达到 1/2 的。

2. 两个经营者在相关市场的市场份额合计达到 2/3 的。

3. 三个经营者在相关市场的市场份额合计达到 3/4 的。

在第 2、3 项情形中，如果其中有经营者的市场份额不足 1/10 时，不应当推定该经营者具有市场支配地位。

被推定为具有市场支配地位的经营者，有证据证明自己不具有市场支配地位的，不应当认定其具有市场支配地位。可见，对反垄断法执法机关认定自己具有市场支配地位的结果有异议的经营者，可以举证证明自己并不具有市场支配地位，如果举证成立，则反垄断法执法机关的认定被推翻。

（二）对滥用市场支配地位的禁止

为我国《反垄断法》所禁止的滥用市场支配地位的行为类型包括以下几种：

1. 垄断高价与垄断低价，即以不公平的高价销售商品或以不公平的低价购买商品。

2. 掠夺性定价，即没有正当理由，以低于成本的价格销售商品。

3. 拒绝交易行为，即没有正当理由，拒绝与交易相对人进行交易。在实践中，拒绝交易行为因为实施的具有市场支配地位的经营者的数量不同，一般表现为两种形式：①一家具备市场支配地位的经营者拒绝向其经销商供货的单方拒绝；②多个有竞争关系的经营者之间联合拒绝向特定交易相对方供货的联合拒绝交易。

4. 独家交易行为，即没有正当理由，限定交易相对人只能与其交易或者只能与其指定的经营者进行交易。

5. 搭售行为，即没有正当理由，搭售商品，或者在交易时附加其他不合理的交易条件。就商品（包括服务）的搭售而言，在反垄断法理论上，交易的商品被称为结卖品，搭售的商品被称为搭卖品，认定为法律所禁止的搭售行为的第一个要件就是结卖品与搭卖品必须是两个独立的商品，第二个要件则是具有市场支配地位的经营者的商品搭售行为限制、排除了市场竞争。

6. 歧视行为，即没有正当理由，对条件相同的交易相对人在交易价格等交易条件上实行差别待遇。

7. 国务院反垄断执法机关认定的其他滥用市场支配地位的行为。

三、对经营者集中的法律规制

（一）经营者集中的类型

根据我国《反垄断法》第 20 条的规定，经营者集中是指下列情形：

1. 经营者合并。根据《公司法》的规定，这里的经营者合并既包括新设合并，也包括吸收合并。

2. 经营者通过取得股权或者资产的方式取得对其他经营者的控制权。根据《公司法》的规定，此处通过股权或资产取得其他经营者控制权的经营者，在公司这一企业类型中，就是指控股股东，即其出资额占有限责任公司资本总额50%以上或者持有的股份占股份有限公司股本总额50%以上的股东；出资额或持有股份的比例虽然不足50%，但依其出资额或者持有的股份所享有的表决权已足以对股东会、股东大会的决议产生重大影响的股东。在其他非公司的经营者类型中，控制权的情形可作相同或相似的理解。

3. 经营者通过合同等方式取得对其他经营者的控制权或者能够对其他经营者施加决定性影响。在实践中，这些合同一般涉及授权经营、联合经营、人事兼任等内容。

（二）经营者集中的申报

根据我国《反垄断法》第21条的规定，如果经营者集中达到国务院规定的申报标准的，经营者应当事先向国务院反垄断执法机构申报，未申报的不得实施集中。本条规定为实施达到规定标准的上述各类集中行为的经营者设定了事先申报的法律义务，但却并未明确申报的具体时间。

根据我国《反垄断法》的规定，经营者在向国务院反垄断执法机构履行申报义务时，必须提交以下文件：①申报书；②集中对相关市场竞争状况影响的说明；③集中协议；④参与集中的经营者经会计师事务所审计的上一会计年度财务会计报告；⑤国务院反垄断执法机构规定的其他文件、资料。

申报书应当载明参与集中的经营者的名称、住所、经营范围、预定实施集中的日期和国务院反垄断执法机构规定的其他事项。

经营者提交的文件、资料不完备的，应当在国务院反垄断执法机构规定的期限内补交文件、资料。经营者逾期未补交文件、资料的，视为未申报。

我国《反垄断法》第22条还对免予申报的集中情形进行了规定：

1. 参与集中的一个经营者拥有其他每个经营者50%以上有表决权的股份或者资产的。

2. 参与集中的每个经营者50%以上的有表决权的股份或者资产被同一个未参与集中的经营者拥有的。

这两种免予申报的集中，从实践中来看，都发生在同一公司或者企业集团内部，或者是母公司对子公司的收购，或者是同一母公司的诸多子公司之间的整合，一般来说，对外部市场的竞争造成损害的可能性不大。这也正是法律予以豁免的原因。

（三）经营者集中的审查

1. 对经营者集中审查的两个阶段。我国《反垄断法》将国务院反垄断执法机构对经营者集中的审查大体分为两个阶段：

（1）初步审查阶段。国务院反垄断执法机构自收到经营者提交的法定文件、资料之日起 30 日内，对申报的经营者集中进行初步审查，作出是否实施进一步审查的决定，并书面通知经营者。在未作出决定前，经营者不得实施集中。

国务院反垄断执法机构作出不实施进一步审查的决定或者超过 30 日未作出决定的，经营者可以实施集中。

（2）进一步审查阶段。国务院反垄断执法机构决定实施进一步审查的，应当自决定之日起 90 日内审查完毕，作出是否禁止经营者集中的决定，并书面通知经营者。作出禁止经营者集中的决定，应当说明理由。审查期间，经营者不得实施集中。

有下列情形之一的，国务院反垄断执法机构经书面通知经营者，可以延长审查期限，但最长不得超过 60 日：①经营者同意延长审查期限的；②经营者提交的文件、资料不准确，需要进一步核实的；③经营者申报后，有关情况发生重大变化的。

国务院反垄断执法机构超过 90 日（依法延期的，超过延长期限）未作出决定的，经营者可以实施集中。

2. 审查中应当考虑的因素。根据我国《反垄断法》第 27 条的规定，审查经营者集中，应当考虑下列因素：①参与集中的经营者在相关市场的市场份额及其对市场的控制力；②相关市场的市场集中度；③经营者集中对市场进入、技术进步的影响；④经营者集中对消费者和其他有关经营者的影响；⑤经营者集中对国民经济发展的影响；⑥国务院反垄断执法机构认为应当考虑的影响市场竞争的其他因素。

3. 审查决定。通过审查，国务院反垄断执法机构认为经营者集中具有或者可能具有排除、限制竞争效果的，应当依法作出禁止集中的决定。

经营者能够证明该集中对竞争产生的有利影响明显大于不利影响，或者符合社会公共利益的，国务院反垄断执法机构可以作出对经营者集中不予禁止的决定。

对于不予禁止的经营者集中，国务院反垄断执法机构可以决定附加减少集中对竞争产生不利影响的限制性条件。

国务院反垄断执法机构有义务将禁止经营者集中的决定或者对经营者集中附加限制条件的决定，及时向社会公布。

4. 国家安全审查。根据我国《反垄断法》第 31 条的规定，外资并购境内企业或者以其他方式参与经营者集中，涉及国家安全的，除依照本法规定进行经营者集中审查外，还应当按照国家有关规定进行国家安全审查。

四、对滥用行政权力排除、限制竞争的法律规制

我国《反垄断法》第五章专门规定了为法律所禁止的相关主体滥用行政权力排除、限制竞争的行为类型，主要包括以下几类：

（一）指定交易

指定交易，即行政机关和法律、法规授权的具有管理公共事务职能的组织滥用行政权力，限定或者变相限定单位或者个人经营、购买、使用其所指定的经营者提供的商品。

准确理解指定交易应当从以下几个方面来进行：

1. 指定交易的主体既包括行政机关也包括法律、行政法规授权从事某些公共事务管理的组织。这类授权组织并非行政机关，但却依法行使着某些公共事务管理的行政权力。

2. 指定交易包括限定和变相限定。限定，是指上述主体以行使相关行政权力的方式，直接命令或者要求相对人必须经营、购买或者使用其所指定的经营者的商品；变相限定则是指上述主体以行使相关行政权的方式，为相对人设定某些所谓"标准""规格"或其他条件，而这些都只有其所指定的经营者提供。

3. 指定交易的对象既包括经营者也包括消费者。

（二）地区封锁

地区封锁，即行政机关和法律、法规授权的具有管理公共事务职能的组织滥用行政权力，实施各种行为，妨碍商品在地区之间的自由流通。这些行为类型包括：

1. 对外地商品设置歧视性收费项目、实行歧视性收费标准，或者规定歧视性价格。

2. 对外地商品规定与本地同类商品不同的技术要求、检验标准，或者对外地商品采取重复检验、重复认证等歧视性技术措施，限制外地商品进入本地市场。

3. 采取专门针对外地商品的行政许可，限制外地商品进入本地市场。

4. 设置关卡或者采取其他手段，阻碍外地商品进入或者本地商品运出。

5. 妨碍商品在地区之间自由流通的其他手段。

（三）限制跨地区招投标

限制跨地区招投标，即行政机关和法律、法规授权的具有管理公共事务职能的组织滥用行政权力，以设定歧视性资质要求、评审标准或者不依法发布信息等方式，排斥或者限制外地经营者参加本地的招标投标活动。

（四）限制跨地区投资

限制跨地区投资，即行政机关和法律、法规授权的具有管理公共事务职能的组织滥用行政权力，采取与本地经营者不平等待遇等方式，排斥或者限制外地经营者在本地投资或者设立分支机构。

在实践中，相关地方行使行政权的主体对外地经营者采取的不平等对待方式一般表现为以下几种典型行为类型：

1. 税收差别，包括对本地企业的优惠税收和对外地企业的加重税收。

2. 当地股权要求，即要求投资于本地的外地企业中，必须要有一定比例的本地股份。

3. 销售要求，即要求投资于本地的外地企业，其所生产的商品必须要有相当数量在本地市场销售或者到外地市场销售。

4. 当地采购要求，即要求投资于本地的外地企业，其生产经营必须采购一定比例本地的原材料。

5. 以所谓预测本地特定行业的发展需求为借口，设置外地企业在本地设立的数量配额。

6. 以所谓预测本地特定行业的发展需求为借口，设置外地企业在本地设立的产品数量配额。

（五）强制经营者从事垄断行为

强制经营者从事垄断行为，即行政机关和法律、法规授权的具有管理公共事务职能的组织滥用行政权力，强制经营者从事我国《反垄断法》所禁止的垄断行为，具体包括：达成垄断协议、滥用市场支配地位和经营者集中三种行为。

除了以上五类具体行为外，我国《反垄断法》第 37 条还禁止行政机关滥用行政权力，制定含有排除、限制竞争内容的规定。

第五节 反垄断法律实务

一、对涉嫌垄断行为的调查

所谓涉嫌垄断行为，是指具有垄断嫌疑，但尚未被有权机关依法确认的行为。这是我国《反垄断法》创造的概念，其意蕴在于：任何市场竞争行为，在未被法定的垄断法执法机构依法调查、认定为为法律所禁止的垄断行为之前，都不应当受到法律上的负面评价。但这也并不意味着这些竞争行为就一定没有任何法律上的瑕疵，而是说这些行为的某些外在表现在一定程度上引起了反垄断执法机构的怀疑，而怀疑正是引发调查的主观因素。

（一）对涉嫌垄断行为进行调查的法定机构

根据我国《反垄断法》第 38 条第 1 款的规定，反垄断执法机构依法对涉嫌垄断的行为进行调查。这里的反垄断执法机构既包括国务院规定的承担反垄断职责的机构，也包括国务院反垄断执法机构依法授权的省、自治区、直辖市人民政府相应的机构。

（二）对涉嫌垄断行为的举报

根据我国《反垄断法》第 38 条第 2 款的规定，对涉嫌垄断的行为，任何单位和个人都有权向反垄断执法机构举报，反垄断执法机构应当为举报人保密。

举报采用书面形式并提供相关事实和证据的，反垄断执法机构有进行必要调查的法定义务。

（三）对涉嫌垄断行为的调查

1. 调查措施。根据我国《反垄断法》第 39 条的规定，反垄断执法机构调查涉嫌垄断行为，可以采取以下调查措施：

（1）进入被调查的经营者的营业场所或者其他有关场所进行检查。营业场所，是指被调查的经营者用来开展经营活动的场地和处所，包括办公室、经营店面、摊铺等。其他有关场所，是指与涉嫌垄断行为或交易行为具有关联的除营业场所以外的场所，含义较广。进入，是指强行进入，因此不需要经过经营者的同意。

（2）询问被调查的经营者、利害关系人或者其他有关单位和个人，要求其说明有关情况。

（3）查阅、复制被调查的经营者、利害关系人或者其他单位和个人的有关单证、协议、会计账簿、业务函电、电子数据等文件、资料。

（4）查封、扣押相关证据。查封，是指反垄断执法机构依法对调查涉嫌垄断行为所需的相关证据进行强制性查实、封存的行政行为。扣押，是指反垄断执法机构依法对调查涉嫌垄断行为所需的相关证据强行使其脱离原所有人或管理人之手，转由自己掌控的行政行为。

（5）查询经营者的银行账户。

反垄断执法机构采取上述措施前，应当向其主要负责人书面报告，并经批准。

反垄断执法机构调查涉嫌垄断行为，执法人员不得少于 2 人，并应当向被检查者出示执法证件。执法人员进行询问和调查，应当制作笔录，并由被询问人或者被调查人签字。

2. 反垄断执法机构的保密义务。反垄断执法机构及其工作人员对执法过程中所知悉的商业秘密负有保密义务。

3. 被调查者的义务。被调查的经营者、利害关系人或者其他有关单位和个人依法负有配合反垄断执法机构进行调查的义务，不得拒绝、阻碍反垄断执法机构的调查行为。

4. 被调查者的陈述权。被调查的经营者、利害关系人有权陈述意见。反垄断执法机构应当对被调查的经营者、利害关系人提出的事实、理由和证据进行核实。

（四）被调查者的承诺制度

被调查者的承诺制度，其实质是以被调查的经营者承诺停止涉嫌的垄断行为并主动消除不利后果为代价，换取反垄断执法机构对其涉嫌垄断行为的调查中止，该制度的目的在于以一种非正式的处理方式，及时制止涉嫌垄断行为的继续和进一步扩大，从而能以较小的成本维护竞争秩序。被调查者的承诺制度在欧共体竞争法和日本禁止垄断法中都有体现，我国《反垄断法》第45条对其进行了原则性规定。

1. 被调查者的承诺及反垄断执法机构的中止调查。根据我国《反垄断法》第45条第1款的规定，对反垄断执法机构调查的涉嫌垄断行为，被调查的经营者承诺在反垄断执法机构认可的期限内采取具体措施消除该行为后果的，反垄断执法机构可以决定中止调查。对该款的理解应当从以下几个方面进行：

（1）被调查的经营者作出承诺应当是在反垄断执法机构开始对涉嫌垄断行为进行调查至其依法作出调查决定之前这一期间进行。

（2）被调查的经营者作出的承诺内容是在反垄断执法机构认可的期限内采取具体措施消除行为后果。

（3）反垄断执法机构是否决定中止调查属于其自由裁量权范围，由其权衡后自主决定，并不意味着只要被调查的经营者作出承诺，反垄断执法机构就应当中止调查。

反垄断执法机构一旦决定中止调查涉嫌垄断行为，就应当作出中止调查的决定，并应在决定中载明被调查的经营者承诺的具体内容。

2. 反垄断执法机构对承诺履行情况的监督与终止调查。根据我国《反垄断法》第45条第2款的规定，反垄断执法机构决定中止调查的，应当对经营者履行承诺的情况进行监督。经营者履行承诺的，反垄断执法机构可以决定终止调查。

所谓终止调查，是指反垄断执法机构对涉嫌垄断行为不再进行调查，也不会追究该行为在反垄断法上的法律责任。终止调查以经营者已经履行承诺为前提，亦即经营者不但依其承诺采取了具体措施，而且相关措施的实施也消除了涉嫌垄断行为对竞争秩序所造成的不良后果。

3. 恢复调查。根据我国《反垄断法》第 45 条第 3 款的规定，有下列情形之一的，反垄断执法机构应当恢复调查：①经营者未履行承诺的；②作出中止调查决定所依据的事实发生重大变化的；③中止调查的决定是基于经营者提供的不完整或者不真实的信息作出的。

二、垄断行为的法律责任。

（一）垄断协议的法律责任

1. 达成、实施垄断协议的法律责任。根据我国《反垄断法》第 46 条第 1 款的规定，经营者违反本法规定，达成并实施垄断协议的，由反垄断执法机构责令停止违法行为，没收违法所得，并处上一年销售收入 1% 以上 10% 以下的罚款；尚未实施所达成的垄断协议的，可以处 50 万元以下的罚款。

可见，法律对垄断协议的法律责任是区分处理的：对于达成并实施垄断协议的，规定了责令停止违法行为、没收违法所得及罚款等责任形式；对于达成但并未实施垄断协议的，则仅处以罚款。

2. 宽恕政策。根据我国《反垄断法》第 46 条第 2 款的规定，经营者主动向反垄断执法机构报告达成垄断协议的有关情况并提供重要证据的，反垄断执法机构可以酌情减轻或者免除对该经营者的处罚。

3. 行业协会组织达成垄断协议的法律责任。根据我国《反垄断法》第 46 条第 3 款的规定，行业协会违法本法规定，组织本行业的经营者达成垄断协议的，反垄断执法机构可以处 50 万元以下的罚款；情节严重的，社会团体登记机关可以依法撤销登记。

（二）滥用市场支配地位的法律责任

根据我国《反垄断法》第 47 条的规定，经营者违反规定，滥用市场支配地位的，由反垄断执法机构责令停止违法行为，没收违法所得，并处上一年度销售额 1% 以上 10% 以下的罚款。

可见，法律对经营者滥用市场支配地位所设定的责任形式与达成并实施垄断协议的责任形式相同，都包括责令停止违法行为、没收违法所得和罚款。

（三）违法集中的法律责任

根据我国《反垄断法》第 48 条的规定，经营者违反本法规定实施集中的，由国务院反垄断执法机构责令停止实施集中、限期外分股份或者资产、限期转让营业以及采取其他必要措施恢复到集中前的状态，可以处 50 万元以下的罚款。

本条规定需要从以下两个方面进行解读：

1. 对经营者违法实施的集中课以处罚的主体只能是国务院反垄断执法机构。

2. 法律为经营者违法实施集中设定了三种责任形式，分别是：

（1）责令停止实施集中。从实践来看，这种法律责任只可能发生在违法集中完成以前，其直接针对的是正在实施的违法集中行为，因此，一旦违法集中完成，这种责任形式即失去用武之地，必须转用其他责任形式。

（2）责令限期处分、转让资产与营业。这种法律责任适用的目的在于使市场恢复到集中以前的状态，因此，其只可能发生在违法集中完成以后，这一责任形式与责令停止实施集中相配合，共同构成了可以全面适用于集中全过程的、完善的经营者违法集中的反垄断法律责任体系。

（3）罚款。

（四）行政垄断的法律责任

根据我国《反垄断法》第 51 条的规定，行政机关和法律、法规授权的具有管理公共事务职能的组织滥用行政权力，实施排除、限制竞争行为的，由上级机关责令改正；对直接负责的主管人员和其他直接责任人员依法给予处分。反垄断执法机构可以向有关上级机关提出依法处理的建议。法律、行政法规对行政机关和法律、法规授权的具有管理公共事务职能的组织滥用行政权力实施排除、限制竞争行为的处理另有规定的，依照其规定。

我国《反垄断法》为不服反垄断执法机构相关决定的当事人设置了救济途径，从该法第 53 条的规定来看，针对不同的决定类型，存在着两种法定的救济方式：

1. 以行政复议为前置程序的行政诉讼。它适用的情形是：不服反垄断执法机构依据本法第 28 条、第 29 条所作出的决定，即不服反垄断执法机构所作出的禁止或者不予禁止经营者集中的决定，以及对不予禁止的经营者集中附加限制条件的决定。不服这两种决定的当事人，只能先依法申请行政复议，对复议决定不服的，才可以依法提起行政诉讼。

2. 自由选择行政复议或者行政诉讼。它适用的情形是：除上述两种决定之外的由反垄断执法机构作出的其他决定。对这些决定不服的当事人，可以选择先依法申请复议，对复议决定不服的，可以依法提起行政诉讼，也可以选择直接提起行政诉讼。

我国《反垄断法》遵从各国反垄断法和竞争法的惯例，明确规定了对农业的反垄断豁免。该法第 56 条规定："农业生产者及农村经济组织在农产品生产、加工、销售、运输、储存等经营活动中实施的联合或者协同行为，不适用本法。"

复习与思考

1. 法律意义上的垄断和经济学上的垄断有何不同？

2. 合法垄断的具体表现有哪些?

3. 试述反垄断法的作用。

4. 简述行政性垄断的概念、表现和法律对策。

5. 简述企业合并的法律规制。

6. 材料:

商务部关于美国可口可乐公司收购中国
汇源公司案反垄断审查的公告

中华人民共和国商务部收到美国可口可乐公司（以下简称可口可乐公司）与中国汇源果汁集团有限公司（以下简称中国汇源公司）的经营者集中反垄断申报，根据《反垄断法》第30条，现公告如下:

一、立案和审查过程。2008年9月18日，可口可乐公司向商务部递交了申报材料。9月25日、10月9日、10月16日和11月19日，可口可乐公司根据商务部要求对申报材料进行了补充。11月20日，商务部认为可口可乐公司提交的申报材料达到了《反垄断法》第23条规定的标准，对此项申报进行立案审查，并通知了可口可乐公司。由于此项集中规模较大、影响复杂，2008年12月20日，初步阶段审查工作结束后，商务部决定实施进一步审查，书面通知了可口可乐公司。在进一步审查过程中，商务部对集中造成的各种影响进行了评估，并于2009年3月20日前完成了审查工作。

二、审查内容。根据《反垄断法》第27条，商务部从如下几个方面对此项经营者集中进行了全面审查:

1. 参与集中的经营者在相关市场的市场份额及其对市场的控制力;

2. 相关市场的市场集中度;

3. 经营者集中对市场进入、技术进步的影响;

4. 经营者集中对消费者和其他有关经营者的影响;

5. 经营者集中对国民经济发展的影响;

6. 汇源品牌对果汁饮料市场竞争产生的影响。

三、审查工作。立案后，商务部对此项申报依法进行了审查，对申报材料进行了认真核实，对此项申报涉及的重要问题进行了深入分析，并通过书面征求意见、论证会、座谈会、听证会、实地调查、委托调查以及约谈当事人等方式，先后征求了相关政府部门、相关行业协会、果汁饮料企业、上游果汁浓缩汁供应商、下游果汁饮料销售商、集中交易双方、可口可乐公司中方合作伙伴以及相关法律、经济和农业专家等方面意见。

四、竞争问题。审查工作结束后，商务部依法对此项集中进行了全面评估，确认集中将产生如下不利影响：

1. 集中完成后，可口可乐公司有能力将其在碳酸软饮料市场上的支配地位传导到果汁饮料市场，对现有果汁饮料企业产生排除、限制竞争效果，进而损害饮料消费者的合法权益。

2. 品牌是影响饮料市场有效竞争的关键因素，集中完成后，可口可乐公司通过控制"美汁源"和"汇源"两个知名果汁品牌，对果汁市场控制力将明显增强，加之其在碳酸饮料市场已有的支配地位以及相应的传导效应，集中将使潜在竞争对手进入果汁饮料市场的障碍明显提高。

3. 集中挤压了国内中小型果汁企业生存空间，抑制了国内企业在果汁饮料市场参与竞争和自主创新的能力，给中国果汁饮料市场有效竞争格局造成不良影响，不利于中国果汁行业的持续健康发展。

五、附加限制性条件的商谈。为了减少审查中发现的不利影响，商务部与可口可乐公司就附加限制性条件进行了商谈。商谈中，商务部就审查中发现的问题，要求可口可乐公司提出可行解决方案。可口可乐公司对商务部提出的问题表述自己的看法，并先后提出了初步解决方案及其修改方案。经过评估，商务部认为可口可乐公司针对影响竞争问题提出的救济方案，仍不能有效减少此项集中产生的不利影响。

六、审查决定。鉴于上述原因，根据《反垄断法》第28条和第29条，商务部认为，此项经营者集中具有排除、限制竞争效果，将对中国果汁饮料市场有效竞争和果汁产业健康发展产生不利影响。鉴于参与集中的经营者没有提供充足的证据证明集中对竞争产生的有利影响明显大于不利影响或者符合社会公共利益，在规定的时间内，可口可乐公司也没有提出可行的减少不利影响的解决方案，因此，决定禁止此项经营者集中。

本决定自公告之日起生效。

中华人民共和国商务部

2009 年 3 月 18 日

（案例来源：中华人民共和国商务部网站）

第十一章　消费者权益保护法律制度

教学目的和要求

　　消费者权益保护法是市场规制法律制度的重要组成部分，通过本法的学习，了解消费者权益保护的必要性、我国消费者权益保护的基本原则和立法概况，掌握消费者的权利和经营者的义务、侵犯消费者权益的法律责任，熟悉消费争议解决和有关部门在保护消费者权益过程中的具体法律事务的处理。

第一节　消费者权益保护法概述

一、消费者和消费者保护

　　消费者是与经营者相对应的市场经济活动的基本主体。在市场经济条件下，消费决定生产，在消费者与经营者的关系中，消费者处于主导和决定地位。消费者的权益得不到保障，必将抑制消费，最终必然影响经营者的利益，所以经营者奉行"消费者是上帝"，既是对消费者地位的肯定，也是在维护自身的利益。美国《布莱克法律辞典》中解释："消费者区别于制造商、批发商和零售商，是指那些购买、使用、持有、维护以及处理产品或服务的个人。"英国《牛津法律大辞典》将消费者解释为那些购买、取得和使用各类物品和服务的个人。国际标准化组织消费者政策委员会将消费者定义为"为个人消费目的购买或使用商品和接受服务的个体社会成员"。综上所述，所谓消费者，就是指为个人消费需要购买、使用商品和接受服务的自然人。

　　消费者作为分散的个人，在与经营者之间形成的消费关系中明显处于弱势地位，双方无论在人力、物力上，还是在拥有商品或服务的信息量上都是极不对称的。而且，随着科技的进步和生产的日益社会化，产品的技术含量越来越高，生产日益集中和国际化，经营者和消费者的强弱对比日益加剧。在消费关系中，经营者往往利用其强势地位侵害消费者的利益。消费者虽然在名义上与经营者处于平等的法律地位，但在传统的私法体制下，以合同法处理消费关系，当消费者受到不法经营者的损害时，实际上很难与经营者相抗衡，在诉讼中往往处于不利地位，合法权益得不到保护，这就成为消费者问题。而且随着生产力水平的提高和市场经济的发展，消费者问题越发突出，一度成为社会的主要矛盾之一，很多国家爆发了消费者保护运动，消费者保护组织纷纷成立。1898 年，世界上第一个全国性消费组织——"全国消费者同盟"——在美国成立。1960 年，国际消费者组织联盟在海牙成立（中国消费者协会在 1987 年被接纳为正式会员）。在日益广泛的消费者保护运动的推动下，各市场经济国家开始运用法律手段干预消费关系，对消费者给予特殊保护，纠正在传统私法体制下向经营者严重倾斜的利益天平，制定和颁布保护消费者的专门法律。这些专门立法以强制性规范为主，已经突破了传统的私法体系，属于国家干预经济活动的典型的经济法。消费者则是典型的经济法主体。在国际上，消费者保护不仅局限于各国国内立法，而且向国际化趋势发展，自 20 世纪 70 年代开始，先后出台了一系列有关消费者保护的国际公约。其中，1985 年联合国大会通过的《保护消费者准则》是影响最大的一个消费者保护的综合性国际公约，这对于各国的消费者保护具有重要的指导意义和示范作用。

二、消费者权益保护法的概念、特征

消费者权益保护法在多数国家称之为"消费者保护法"，也有的称为"消费者权利保护法"，我国在立法中称为"消费者权益保护法"。消费者权益保护法，是调整在保护消费者权益的过程中发生的经济关系的法律规范的总称。在经济法体系中，消费者权益保护法属于国家干预市场交易和市场秩序的市场规制法的一部分。

消费者权益保护法有广义和狭义之分，狭义的消费者权益保护法仅指《消费者权益保护法》（1993 年 10 月 31 日第八届全国人民代表大会常务委员会第四次会议通过，根据 2009 年 8 月 27 日第十一届全国人民代表大会常务委员会第十次会议《关于修改部分法律的规定》进行第一次修正，根据 2013 年 10 月 25 日第十二届全国人民代表大会常务委员会第五次会议《关于修改〈中华人民共和国消费者权益保护法〉的决定》第二次修正）。广义的消费者权益保护法包括调整保护消费者权益过程中发生的经济关系的所有法律规范，除《消费者权益保护法》这一基本法外，还包括国家工商行政管理总局及有关部委发布的规章，如1995 年 2 月 25 日国家工商行政管理总局发布的《关于实施〈消费者权益保护法〉的若干意见》，2015 年 1 月 5 日国家工商行政管理总局发布的《侵害消费者权益行为处罚办法》等，消费者权益保护的地方法规，以及其他法律中有关消费者权益保护的法律规定，如《产品质量法》《反不正当竞争法》《商标法》《广告法》《价格法》《食品安全法》《药品管理法》等。

《消费者权益保护法》是对消费者这一弱势群体给予特殊保护的法律，其规范多为强制性规范，其规定的权利和义务具有不对等性，只规定了消费者的权利，没有规定消费者的义务，只规定了经营者的义务，没有规定经营者的权利，这些特点表明它不同于传统的民商法，而是具有强烈的国家干预性的经济法。

三、消费者权益保护法的适用范围

《消费者权益保护法》第 2 条规定："消费者为生活消费需要购买、使用商品或者接受服务，其权益受本法保护；本法未作规定的，受其他有关法律、法规保护。"因此，《消费者权益保护法》规定的消费者是指为生活消费需要购买、使用商品或接受服务的自然人个人。

1. 消费者是自然人个人。之所以认为消费者是弱势群体应给予特殊保护，就在于消费者是分散的个人，与生产经营者相比明显处于弱势地位。认为消费者是个人也符合国际惯例。在我国，有人认为消费者也包括单位，有的地方性法规明确规定消费者包括单位和个人。在实际生活中确实存在以单位名义消费的情况，但最终的消费者仍然是单位里的个人。

2. 消费者是为满足生活消费需要的个人。根据消费者权益保护法的规定，购买、使用商品或者接受服务必须是为满足生活消费需要的人才是消费者。在经济学上，消费是相对于生产、分配、交换的社会再生产循环的最后一环。消费者又是相对于生产经营者的一个概念，因此，消费者保护法中的消费不应当是以生产经营为目的，而是为满足个人的生活需要。但是，"生活消费需要"并不是一个严谨的法律概念，其含义十分广泛，在理解时容易出现歧义。在法律实践中确实因此出现了对消费者的范围掌握不一致的现象，其中最典型的就是以王海为代表的打假购买行为，有的执法者认为王海以打假为目的的购物属于生活消费需要，是消费者，有的执法者则持相反态度。实际上只要购买、使用商品或者接受服务的是自然人个人，又不是以生产经营为目的，就是消费者。至于消费者购买、使用商品或者接受服务是为了个人使用，还是为了收藏、送人、打假，都属于生活消费需要，不影响其消费者的身份。所以，不能对"生活消费需要"作狭隘的理解。《消费者权益保护法》关于生活消费需要的规定过于笼统，应作进一步限定。

消费者权益保护法适用范围的例外。消费者权益保护法适用于生活消费的消费者，即个人购买、使用商品或者接受服务不是以生产经营为目的，但是也有一个例外。《消费者权益保护法》第 62 条规定："农民购买、使用直接用于农业生产的生产资料，参照本法执行。"农民购买、使用农业生产资料显然不是为了生活消费，但是农民与消费者有相似的处境，都属于市场交易中的弱势群体。在我国，伪劣农业生产资料坑农事件时有发生，给农民造成了巨大的经济损失，但是并没有专门的法律保护农民的利益。《消费者权益保护法》将其纳入该法的适用范围，填补了这一空白。从实际执法效果来看，这一立法是成功的，有效地保护了农民的合法权益。

四、消费者权益保护法的宗旨和基本原则

（一）消费者权益保护法的宗旨

《消费者权益保护法》第1条规定："为保护消费者的合法权益，维护社会经济秩序，促进社会主义市场经济健康发展，制定本法。"保护消费者的合法权益是《消费者权益保护法》的中心宗旨。保护消费者的权益就是对经营者生产经营活动的监督，通过监督维护市场经济秩序。同时，保护消费者就是保护消费，消费旺盛，经营者才能赚取更多的利润，供需两旺才能推动社会主义市场经济更快、更好地发展。

（二）消费者权益保护法的基本原则

1. 经营者与消费者进行交易，应当遵循自愿、平等、公平、诚实信用的原则。自愿，是指经营者与消费者按照自己的真实意愿达成消费交易，不得对消费者有欺诈、胁迫和乘人之危的行为。平等，是指消费者与经营者在消费关系中的法律地位是平等的，应相互尊重，平等协商，不得歧视和以强凌弱。公平，是指消费者在与经营者进行消费交易时，交易机会是均等的，交易条件是公平的，不得显失公平。诚实信用，是指经营者在消费交易中应讲诚实、守信用，忠实履行自己的承诺和约定，不得欺诈消费者。只有经营者严格遵守这些市场交易的基本原则，才能尽可能地避免和减少对消费者合法权益的损害。

2. 国家对消费者权益特殊保护的原则。消费者权益保护法是对消费者给予特殊保护的法律，其规定的权利和义务具有不对等性，强调保护消费者的权利，而对于经营者主要是义务性的规定。为了切实保护消费者的权益，《消费者权益保护法》第5条第1、2款规定："国家保护消费者的合法权益不受侵害。国家采取措施，保障消费者依法行使权利，维护消费者的合法权益。"国家对消费者权益的保护主要体现在以下三个方面：

（1）立法保护。国家首先通过制定有关消费者权益保护的法律、法规和政策，为保护消费者的权益提供法律和政策依据。国家在制定有关消费者权益的法律、法规和政策时，应听取消费者的意见和要求。

（2）行政保护。各级人民政府应当加强领导、组织、协调、督促有关行政部门做好保护消费者合法权益的工作；应当加强监督，预防危害消费者人身、财产安全行为的发生，及时制止危害消费者人身、财产安全的行为。

各级工商行政管理部门作为维护消费者权益的主管部门，应当切实履行自己的职责，严格执行有关消费者权益保护的法律、法规，制止和查处侵犯消费者合法权益的行为，积极维护消费者的利益。

其他有关行政部门，如质量监督检验检疫部门、物价部门、食品药品监管部门、卫生监管部门、公安部门、各行业主管部门等，应当依照法律、法规的规定，在各自的职责范围内，制止和查处侵犯消费者合法权益的行为，采取措施，保护消费者的合法权益。

有关行政部门应当认真听取消费者及其社会团体对经营者交易行为、商品和服务质量问题的意见，及时调查处理。在制止和查处侵犯消费者合法权益的案件时，如发现经营者涉嫌犯罪，应及时将案件移交司法机关处理。国家机关工作人员玩忽职守或者包庇经营者侵害消费者合法权益的行为的，由其所在单位或者上级机关给予行政处分；情节严重，构成犯罪的，依法追究刑事责任。

（3）司法保护。人民法院应当采取措施，方便消费者提起诉讼。对符合《民事诉讼法》起诉条件的消费者权益争议，必须受理，及时审理。对侵犯消费者权益构成犯罪的，公安机关、检察机关、法院应及时受理，密切配合，依法追究行为人的刑事责任。

3. 社会监督原则。《消费者权益保护法》第 6 条规定："保护消费者的合法权益是全社会的共同责任。国家鼓励、支持一切组织和个人对损害消费者合法权益的行为进行社会监督。大众传播媒介应当做好维护消费者合法权益的宣传，对损害消费者合法权益的行为进行舆论监督。"主要是指：①消费者应积极行使自己的监督权，对生产经营者的商品和服务以及各有关部门对消费者权益的保护工作积极地提出意见、建议，有问题的可以提出批评、控告和检举；对经营者损害其合法权益的，消费者应积极追究经营者的法律责任，不能忍气吞声、放任纵容。②大众传媒应发挥好舆论监督作用，正面引导消费，对损害消费者合法权益的现象及时曝光，施加舆论压力，督促经营者改正。通过舆论宣传，也可以提高广大消费者的维权意识。

消费者协会是对经营者的商品和服务以及消费者权益保护进行社会监督的组织。我国在 1985 年建立了中国消费者协会，在 1987 年正式加入国际消费者组织联盟。根据《消费者权益保护法》的规定，消费者协会和其他消费者组织是依法成立的对商品和服务进行社会监督的保护消费者合法权益的社会团体。消费者协会在维护消费者权益过程中具有以下职能：①向消费者提供消费信息和咨询服务。消费者协会应及时向消费者提供有关的消费信息、消费者保护方面的知识，经常发布消费警示，对消费者的咨询，应当作出耐心、真实、准确的答复。②参与有关行政部门对商品和服务的监督、检查。③就有关消费者合法权益的问题，向有关行政部门反映、查询、提出建议。消费者协会应该成为消费者与有关行政部门沟通的一个桥梁和纽带。④受理消费者的投诉，并对投诉事项进行调查、调解。消费者协会是一个社会团体，对消费者与经营者之间的消费纠纷，应当在自愿的原则上依法调解。⑤投诉事项涉及商品和服务质量问题的，可以提请鉴定部门鉴定，鉴定部门应当告知鉴定结论。在消费纠纷中，就商品和服务的质量问题，消费者可以和经营者约定共同委托法定的鉴定机构鉴定，或由案件受理机构指定的法定鉴定机构鉴定。⑥就损害消费者合法权益的行为，支持受损害的消费者提起诉讼。消费者协会对消费纠纷调解无果的，应当支持受损害的消费者提起诉讼，为消费者提供法律帮助。⑦对损害消费者合法权益的行为，通过大众传播媒介予以揭露、批评。消费者协会应建立与媒体的经常联系机制，充分发挥大众传媒的舆论监督作用，对损害消费者合法权益的行为及时曝光，予以揭露、批评。消费者协会以维护消费者合法权益为根本宗旨，不得从事商品经营和营利性服务，不得以牟利为目的向社会推荐商品和服务。各级人民政府应当对消费者协会依法履行维护消费者合法权益的职能予以大力支持。

第二节　消费者的权利与经营者的义务

一、消费者的权利

消费者的权利，是指消费者在消费领域依法所享有的为或不为一定行为，以及要求经营者为或不为一定行为的权能。世界上最早明确提出消费者权利的是美国总统肯尼迪，1962 年 3 月 15 日，他在向国会提交的国情咨文法案中，提出了消费者应享有四项权利：获得安全保障的权利、获得正确的商品信息的权利、自由选择商品的权利、提出消费意见的权利。3 月 15 日后来被国际消费者组织联盟确定为"国际消费者权益保护日"。国际消费者组织联盟主张消费者享有八项权利：得到必要的商品和服务以维持生存的权利、得到公平价格和选择的权利、得到安全的权利、获得充足资料的权利、寻求咨询的权利、得到公平赔偿和法律援助的权利、得到消费教育的权利、享受健康消费环境的权利。我国《消费者权益保护法》规定消费者享有九项权利。

消费者的权利是个人作为消费者的身份在消费领域所享有的权利，是法定权利，具有强制性，任何人无权剥夺。国家采取立法、行政、司法等各种措施，保障消费者依法行使权利。侵犯消费者权利的应依法承担侵权责任。

《消费者权益保护法》规定的消费者的九项权利包括：

1. 安全保障权，是指消费者在购买、使用商品和接受服务时享有人身、财产安全不受损害的权利。消费者有权要求经营者提供的商品和服务，符合保障人身、财产安全的要求。安全保障权是消费者最起码的和首要的权利，因为人身、财产安全关系到消费者的生命健康和财产，也是每个公民最基本的人权。安全保障权包括人身安全权和财产安全权两方面。消费者有权要求经营者提供的商品和服务，符合保障人身、财产安全的要求，不损害消费者的生命健康和财产安全。

2. 知情权，即知悉真情权，是指消费者享有知悉其购买、使用的商品或者接受的服务的真实情况的权利。消费者有权根据商品或者服务的不同情况，要求经营者提供商品的价格、产地、生产者、用途、性能、规格、等级、主要成分、生产日期、有效期限、检验合格证明、使用方法说明书、售后服务，或者服务的内容、规格、费用等有关情况。知情是进行消费选择和接受消费的前提，也是正确使用商品和接受服务以及避免损害的必备条件。

3. 自主选择权，是指消费者享有自主选择商品和服务的权利。自主选择权表现为以下几个方面：①有权自主选择提供商品或者服务的经营者；②有权自主选择商品品种或者服务方式；③有权自主决定是否购买任何一种商品或者是否接受任何一项服务；④有权对商品或服务进行比较、鉴别和挑选。自主选择权体现消费者的消费自由，经营者不得实行强迫交易。

4. 公平交易权，是指消费者享有在购买商品或接受服务时获得公平交易条件的权利。消费者与经营者具有平等的法律地位，在购买、使用商品或者接受服务时，有权获得质量有保障、价格合理、计量正确等公平交易条件，有权拒绝经营者的强制交易行为。

5. 求偿权，是指消费者因购买、使用商品或者接受服务受到人身、财产损害时依法所享有的获得赔偿的权利。求偿权是消费者所有其他权利得以实现的保障，当其他权利受到损害后最终都要落实到求偿权上，可以这样说，没有求偿权，其他权利都是一句空话。值得注意的是，求偿权的主体不仅仅是与经营者缔结消费合同的商品的购买者、使用者或服务的接受者，还包括受商品、服务损害的第三人。

6. 结社权，是指消费者享有的依法成立维护自身合法权益的社会团体的权利。结社权是宪法赋予公民的基本权利之一，体现在消费领域，就是消费者享有依法成立消费者协会等维护自身合法权益的社会团体的权利。消费者是孤立、分散的个体，成立消费者团体，从分散走向集中，可以利用集体的力量与经营者抗衡，更好地实现和保护消费者的权利。

7. 获取消费知识权，或称为接受消费教育权，是指消费者有权获得有关商品或服务的消费知识和消费者权益保护方面的知识。消费者通过掌握这些知识，可以正确地选择、使用商品和接受服务，提高自我保护意识。一般认为，获取消费知识权是从知情权引申出来的一项权利，积极行使这些权利可以有效地改变消费者与经营者之间的信息不对称，对于保护消费者的合法权益具有重要意义。

8. 人格尊严、民族风俗习惯和个人信息受尊重、保护权。根据《消费者权益保护法》第14条的规定，消费者在购买、使用商品和接受服务时，享有人格尊严、民族风俗习惯得到尊重的权利，享有个人信息依法得到保护的权利。根据《宪法》和《民法总则》等法律规范的规定，消费者享有的人格权，包括姓名权、肖像权、名誉权、荣誉权、隐私权、人格尊严权、人身自由权等，应得到经营者的尊重和保护，不得侵犯，这是公民享有的人格权在消费领域中的体现。

9. 监督权。根据《消费者权益保护法》第15条的规定，消费者享有对商品和服务以及保护消费者权益工作进行监督的权利。消费者的监督是保护消费者权益的社会监督的重要组成部分。消费者有权对经营者的商品和服务进行监督，对有关问题可以向经营者或有关部门提出批评、建议或者检举、控告；消费者还有权对保护消费者权益工作提出批评、建议。消费者有权检举、控告侵害消费者权益的行为和国家机关及其工作人员在保护消费者权益工作中的违法失职行为。

二、经营者的义务

《消费者权益保护法》中的经营者的义务，是指经营者在消费领域对消费者必须为一定行为或不为一定行为的约束。消费者权利的实现有赖于经营者完全按照法律的规定或者与消费者的约定诚实地履行对消费者的义务，经营者不履行或不完全履行义务，侵害消费者合法权益的，应依法承担法律责任。经营者包括商品的生产者、销售者和服务的提供者，既包括取得合法经营资格的经营者，也包括不具有经营者资格但通过市场交易提供商品或服务的人。

《消费者权益保护法》规定的经营者的义务包括：

1. 依法定或约定诚实履行义务。经营者向消费者提供商品或者服务，应当依照法律、法规的规定履行义务。经营者和消费者有约定的，应当按照约定履行义务，但双方的约定不得违背法律、法规的规定。经营者向消费者提供商品或者服务，应当恪守社会公德，诚信经营，保障消费者的合法权益；不得设定不公平、不合理的交易条件，不得强制交易。

2. 接受消费者监督的义务。经营者应当听取消费者对其提供的商品或者服务的意见，接受消费者的监督。该义务是与消费者的监督权相对应的经营者的义务。经营者积极履行该义务不仅保障了消费者监督权的实现，也有利于其提高产品和服务质量、改进产品和服务性能、改善形象、增强自身竞争力。

3. 保障消费者人身、财产安全的义务。经营者应当保证其提供的商品或者服务符合保障人身、财产安全的要求。对可能危及人身、财产安全的商品和服务，应当向消费者作出真实的说明和明确的警示，并说明和标明正确使用商品或者接受服务的方法以及防止危害发生的方法。宾馆、商场、餐馆、银行、机场、车站、港口、影剧院等经营场所的经营者，应当对消费者尽到安全保障义务。经营者发现其提供的商品或者服务存在缺陷，有危及人身、财产安全危险的，应当立即向有关行政部门报告和告知消费者，并采取停止销售、警示、召回、无害化处理、销毁、停止生产或者服务等措施。采取召回措施的，经营者应当承担消费者因商品被召回支出的必要费用。该义务与消费者的安全保障权相对应。

4. 提供商品和服务的真实信息的义务。经营者向消费者提供有关商品或者服务的质量、性能、用途、有效期限等信息，应当真实、全面，不得作虚假或者引人误解的宣传。经营者对消费者就其提供的商品或者服务的质量和使用方法等问题提出的询问，应当作出真实、明确的答复。商店提供商品应当明码标价。该义务与消费者知情权相对应。

5. 标明真实名称和标记的义务。经营者应当标明其真实名称和标记。租赁他人柜台或者场地的经营者，应当标明其真实名称和标记。经营者履行该义务便于消费者识别提供商品或服务的经营者，以便作出适当的消费选择。而且当发生消费纠纷时，消费者也可以准确地确定赔偿义务的主体。经营者履行该义务能够保障消费者的知情权、自主选择权和求偿权。

6. 出具购货凭证或者服务单据的义务。经营者提供商品或者服务，应当按照国家有关规定或者商业惯例向消费者出具购货凭证或者服务单据；消费者索要购货凭证或者服务单据的，经营者必须出具。购货凭证或者服务单据是消费者和经营者之间形成消费关系的书面证据，通常包括专用发票、货款或收费收据、保修证、保修单、服务卡等。消费者索要发票的，经营者不得以收据、购货卡、服务卡、保修证等代替。该义务可以督促经营者保证商品和服务的质量，履行"三包"义务，做好售后服务。当发生纠纷时，购货凭证或者服务单据就是消费者依法求偿的书面凭证。该义务能够保障消费者求偿权的实现。

7. 保证商品或服务质量的义务。经营者应当保证在正常使用商品或者接受服务的情况下其提供的商品或者服务应当具有的质量、性能、用途和有效期限；但消费者在购买该商品或者接受该服务前已经知道其存在瑕疵，且存在该瑕疵不违反法律强制性规定的除外。经营者以广告、产品说明、实物样品或者其他方式表明商品或者服务的质量状况的，应当保证其提供的商品或者服务的实际质量与表明的质量状况相符。经营者提供的机动车、计算机、电视机、电冰箱、空调器、洗衣机等耐用商品或者装饰装修等服务，消费者自接受商品或者服务之日起6个月内发现瑕疵，发生争议的，由经营者承担有关瑕疵的举证责任。该义务与消费者的公平交易权相对应。

8. 接受退货以及更换、修理义务。经营者提供的商品或者服务不符合质量要求的，消费者可以依照国家规定、当事人约定退货，或者要求经营者履行更换、修理等义务。没有国家规定和当事人约定的，消费者可以自收到商品之日起

7 日内退货；7 日后符合法定解除合同条件的，消费者可以及时退货，不符合法定解除合同条件的，可以要求经营者履行更换、修理等义务。依照前款规定进行退货、更换、修理的，经营者应当承担运输等必要费用。经营者采用网络、电视、电话、邮购等方式销售商品，消费者有权自收到商品之日起 7 日内退货，且无需说明理由，但消费者定作，鲜活易腐，在线下载或者消费者拆封的音像制品、计算机软件等数字化商品，交付的报纸、期刊，根据商品性质并经消费者在购买时确认不宜退货的商品等除外。消费者退货的商品应当完好。经营者应当自收到退回商品之日起 7 日内返还消费者支付的商品价款。退回商品的运费由消费者承担。

9. 依法利用格式条款的义务。经营者在经营活动中使用格式条款的，应当以显著方式提请消费者注意商品或者服务的数量和质量、价款或者费用、履行期限和方式、安全注意事项和风险警示、售后服务、民事责任等与消费者有重大利害关系的内容，并按照消费者的要求予以说明。经营者不得以格式条款、通知、声明、店堂告示等方式，作出排除或者限制消费者权利、减轻或者免除经营者责任、加重消费者责任等对消费者不公平、不合理的规定，不得利用格式条款并借助技术手段强制交易。格式条款、通知、声明、店堂告示等含有前款所列内容的，其内容无效。格式合同，是经营者为了重复使用而单方面拟定的，消费者不能就合同条款与经营者协商，只能表示接受或不接受的合同。

10. 不得侵犯消费者人格权的义务。经营者应当尊重和保护消费者享有的人格权，不得以各种方式侵犯。经营者不得对消费者进行侮辱、诽谤，不得搜查消费者的身体及其携带的物品，不得侵犯消费者的人身自由。该义务与消费者的人格尊严受尊重权相对应。

11. 特殊经营者的信息提供义务。采用网络、电视、电话、邮购等方式提供商品或者服务的经营者，以及提供证券、保险、银行等金融服务的经营者，应当向消费者提供经营地址、联系方式、商品或者服务的数量和质量、价款或者费用、履行期限和方式、安全注意事项和风险警示、售后服务、民事责任等信息。

12. 依法、正当收集、使用消费者信息的义务。经营者收集、使用消费者个人信息，应当遵循合法、正当、必要的原则，明示收集、使用信息的目的、方式和范围，并经消费者同意。经营者收集、使用消费者个人信息，应当公开其收集、使用规则，不得违反法律、法规的规定和双方的约定收集、使用信息。经营者及其工作人员对收集的消费者个人信息必须严格保密，不得泄露、出售或者非法向他人提供。经营者应当采取技术措施和其他必要措施，确保信息安全，防止消费者个人信息泄露、丢失。在发生或者可能发生信息泄露、丢失的情况时，应当立即采取补救措施。经营者未经消费者同意或者请求，或者消费者明确表示拒绝的，不得向其发送商业性信息。

第三节　消费者权益保护法律实务

一、消费争议的解决途径

消费争议，是指消费者和经营者在消费关系中发生的权利、义务纠纷，通常是经营者侵犯消费者人身、财产权益引发的纠纷。

《消费者权益保护法》规定了五种可供消费者选择的解决消费争议的途径或方式：

1. 与经营者协商和解。协商和解是消费者与经营者在平等、自愿的基础上进行协商，最终达成和解协议的方式。当消费者与经营者因商品或服务发生争议时，协商和解是首选方式。

2. 请求消费者协会调解。消费者协会具有受理消费者的投诉，对投诉事项进行调查、调解的职能，消费者可就其与经营者之间的消费纠纷请求消费者协会依法调解。消费者协会的调解以自愿为原则，表现为经营者和消费者自愿接受调解、自愿达成和履行调解协议。

3. 向有关行政部门申诉。政府有关行政部门依法具有规范经营者的经营行为和维护消费者合法权益的职责，这些部门如工商行政管理部门、质量监督检验检疫部门、物价部门、食品药品监管部门、卫生监管部门、公安部门、各行业主管部门等。当消费者在某个领域受到经营者侵害时，可以向有关行政部门提出申诉，要求有关行政部门作出行政处理，制止违法行为，对违法行为人给予行政处罚，并可以请求有关行政部门对损害赔偿问题进行调解。

4. 提请仲裁。消费者与经营者可以在达成书面仲裁协议的前提下，以仲裁方式解决他们之间的消费争议。仲裁是解决民事经济纠纷的有效形式，但它要求当事人应事先达成书面的仲裁协议，否则，仲裁机构无权受理。

5. 向人民法院提起诉讼。诉讼是解决消费争议的最后手段，是最强有力的手段，但也是成本最高的手段。当发生消费争议时，当事人可以直接向人民法院提起诉讼，也可以先通过前面的方式解决，解决不了的，再到法院起诉。

二、消费争议中赔偿义务主体的确定

在消费争议中，消费者的合法权益受到侵害的，消费者要想顺利地实现求偿权，获得及时、足额的赔偿，就必须首先准确地确定赔偿义务的主体。这也是消费争议处理机构正确处理和解决消费争议的先决条件。《消费者权益保护法》根

据有利于消费者求偿的原则，规定了在以下几种情况下赔偿义务主体的确定方法：

1. 销售者。消费者在购买、使用商品时，其合法权益受到损害的，可以向销售者要求赔偿。销售者赔偿后，属于生产者的责任或者属于向销售者提供商品的其他销售者的责任的，销售者有权向生产者或者其他销售者追偿。

2. 生产者或销售者。消费者或其他受害人因商品缺陷造成人身、财产损害的，可以向销售者要求赔偿，也可以向生产者要求赔偿。属于生产者责任的，销售者赔偿后，有权向生产者追偿。属于销售者责任的，生产者赔偿后，有权向销售者追偿。

3. 服务者。消费者在接受服务时，合法权益受到损害的，可以向服务者要求赔偿。

4. 变更后承受权利义务的经营者。消费者在购买、使用商品或者接受服务时，合法权益受到损害，因原企业分立、合并的，可以向变更后承受其权利义务的企业要求赔偿。经营者不得因为发生组织变更而逃避对消费者应承担的法律责任。

5. 使用他人营业执照的违法经营者或营业执照的持有人。根据有关工商管理规定，营业执照不得出租、出借。出租、出借营业执照或租用、借用他人营业执照经营都是违法行为。所以，使用他人营业执照提供商品或者服务，损害消费者合法权益的，消费者可以向经营者要求赔偿，也可以向营业执照的持有人要求赔偿。

6. 销售者、服务者，展销会举办者、柜台的出租者。消费者在展销会、租赁柜台购买商品或者接受服务，其合法权益受到损害的，可以向销售者或者服务者要求赔偿。展销会结束或者柜台租赁期满，也可以向展销会举办者、柜台的出租者要求赔偿。展销会举办者、柜台的出租者赔偿后，有权向销售者或者服务者追偿。

7. 经营者，广告经营者、广告发布者，社会团体或者其他组织。消费者因经营者利用虚假广告或者其他虚假宣传方式提供商品或者服务，其合法权益受到损害的，可以向经营者要求赔偿。广告经营者、发布者不能提供经营者的真实名称、地址和有效联系方式的，应当承担赔偿责任。广告经营者、发布者设计、制作、发布关系消费者生命健康商品或者服务的虚假广告，造成消费者损害的，应当与提供该商品或者服务的经营者承担连带责任。社会团体或者其他组织、个人在关系消费者生命健康商品或者服务的虚假广告或者其他虚假宣传中向消费者推荐商品或者服务，造成消费者损害的，应当与提供该商品或者服务的经营者承担连带责任。

8. 网络交易平台提供者。消费者通过网络交易平台购买商品或者接受服务，其合法权益受到损害的，可以向销售者或者服务者要求赔偿。网络交易平台提供者不能提供销售者或者服务者的真实名称、地址和有效联系方式的，消费者也可以向网络交易平台提供者要求赔偿；网络交易平台提供者作出更有利于消费者的承诺的，应当履行承诺。网络交易平台提供者赔偿后，有权向销售者或者服务者追偿。网络交易平台提供者明知或者应知销售者或者服务者利用其平台侵害消费者合法权益，未采取必要措施的，依法与该销售者或者服务者承担连带责任。

复习与思考

1. 简述消费者权益保护法的适用范围。

2. 消费者权益保护法的基本原则有哪些？

3. 消费者有哪些权利？经营者有哪些义务？

4. 消费争议中如何确定赔偿义务的主体？

5. 简述侵犯消费者权益的民事责任。

6. 材料：2006 年 1 月 30 日，消费者王某某和两个老乡，在环球设备通讯公司（宝安区）龙华二店买了 3 部中电通信科技有限公司生产的手机。其中 1 部为 CECT8380，另 2 部为 CECT – S560，两种型号价格分别为 1370 元和 1640 元。售货员说："我们是大型连锁店，在全市有七八家分店，质量绝对没问题，假一赔十！"王某某于是让该销售人员在收款收据备注栏中写上了"假一赔十"的字样。

不久，王某某等人就发现了手机有质量问题，中电通信科技有限责任公司和深圳质量技术监督局为他们提供的检测鉴定报告显示：这 3 部手机都系假冒产品。王某某等人要求售假店铺退货，并兑现"假一赔十"的承诺，但商家表示只能按照《消费者权益保护法》的规定，给予双倍赔偿。王某某等 3 人于是将环球设备通讯公司起诉至深圳市宝安区法院，要求其承担 10 倍于购买价的赔偿责任。

问：根据《消费者权益保护法》，该案应如何处理？（案例来源：找法网）

第十二章　产品质量法律制度

教学目的和要求

　　通过对产品质量法的学习，了解我国产品质量法的立法概况和产品质量监督管理的具体制度，掌握生产者和经营者的产品质量义务和产品质量责任，重点掌握生产者和销售者的产品责任，熟悉产品质量监督检查和解决产品质量纠纷过程中有关具体法律事务的处理。

第一节　产品质量法概述

一、产品质量法的概念

　　产品质量法，是调整产品在生产、流通、交换、消费领域中因产品质量而产生的社会关系的法律规范的总称。产品质量法所调整的社会关系可分为两大类：①产品质量监督检查过程中产生的监督与被监督、检查与被检查的关系；②产品交换过程中因产品质量责任和义务而产生的社会关系。狭义的产品质量法是指《产品质量法》。

　　根据《产品质量法》的规定，所谓产品，是指经过加工、制作，用于销售的产品。据此，构成产品有两个重要标准：①必须是经过加工、制作的产品，主要是指经过工业和手工业加工制作的工业产品、工艺品以及经过加工的农副产品等；②必须是用于销售，即投入流通的产品。

　　所谓"产品质量"，通常是指产品满足需要的适用性、安全性、可靠性、耐用性、可维修性、经济性等特征和特性的总和。按照国际标准化组织制定的国际标准《质量管理和质量保证——术语》中的定义，产品质量是指产品"反映实体满足明确和隐含需要的能力和特性的总和"。

二、产品质量立法概况

　　我国的产品质量立法主要由产品质量基本法、基本法的配套法规和其他法律、法规中的有关产品质量的规定等三类规范构成。

　　《中华人民共和国产品质量法》（1993年2月22日第七届全国人民代表大会常务委员会第三十次会议通过，根据2000年7月8日第九届全国人民代表大会常务委员会第十六次会议《关于修改〈中华人民共和国产品质量法〉的决定》修正，根据中华人民共和国主席令第十八号 2009 年 8 月 27 日第十一届全国人民代表大会常务委员会第十次会议通过的《全国人民代表大会常务委员会关于修改部分法律的决定》修改）是我国调整产品质量的基本立法。

与《产品质量法》配套实施的法规或行政规章主要有国家质量技术监督局《关于适用新〈中华人民共和国产品质量法〉有关问题的通知》（2000 年 9 月 1 日国家质量技术监督局发布）、《产品质量申诉处理办法》（1998 年 3 月 12 日国家质量技术监督局发布）等。

另外，近年来随着我国社会主义市场经济体制的建立和逐步完善，我国陆续颁布了一批与产品质量有关的法律、法规，如《食品安全法》《药品管理法》《标准化法》《计量法》《消费者权益保护法》《反不正当竞争法》《进出口商品检验法》《化妆品卫生监督条例》《工业产品生产许可证管理条例》《进口商品质量监督管理办法》《工业产品质量责任条例》等。

这些法律、法规、行政规章的颁布和实施标志着我国适应社会主义市场经济发展需要的、比较完整的产品质量法律体系已经建立起来了。

三、《产品质量法》的立法宗旨和适用范围

1. 立法宗旨。《产品质量法》第 1 条开宗明义，规定了《产品质量法》的立法目的：①为了加强国家对产品质量的监督管理，促使生产者、销售者保证产品质量；②为了明确产品质量责任，严厉惩治生产、销售假冒伪劣产品的违法行为；③为了切实地保护用户、消费者的合法权益，完善我国的产品质量民事赔偿制度；④为了遏制假冒伪劣产品的生产和流通，维护正常的社会经济秩序。

2. 适用范围。《产品质量法》适用的产品，是指经过加工、制作，用于销售的产品。

根据法律规定，建筑工程不适用《产品质量法》的规定。建筑工程，是指工业、民用建筑物，包括土木建筑工程和建筑业范围内的线路、管道、设备安装工程的新建、扩建、改建活动及建筑装修装饰工程。建筑工程产品投资大，建筑工期长，有特殊的质量要求，难以与经过加工、制作的工业产品共同进行规范，需要由专门的法律调整。《建筑法》是调整建筑工程质量的法律。但是，建筑工程使用的建筑材料、建筑构配件和设备，属于加工、制作并用于销售的产品的，适用《产品质量法》规定。

军工产品的质量管理办法另行制定，不适用《产品质量法》。

第二节　产品质量监督检查制度

一、产品质量监督管理体制

产品质量监督管理体制是产品的质量监督管理机构及其职权的统称。我国目前实行"统一领导、分工负责、分级管理"的产品质量监督管理体制。

（一）产品质量监督部门及其职权

1. 国务院产品质量监督部门及县级以上地方产品质量监督部门分别主管全国或地方本行政区域内的产品质量监督工作。按照现行的国务院机构设置，国务院产品质量监督部门是指国家质量技术监督局；县级以上地方产品质量监督部门以及作为省级人民政府产品质量监督部门直属机构的设在市、县一级的产品质量监督部门。依照《产品质量法》的规定，产品质量监督部门执行产品质量监督工作的主要职责包括：①统一规划和组织对产品质量的监督抽查，发布产品质量监督抽查结果的公告；②责令监督抽查质量不合格的企业限期改正；③负责对企业质量体系认证机构和产品质量认证机构的认可，对违反《产品质量法》规定的行为进行调查并可在法定范围内采取必要的强制措施；④对违反《产品质量法》规定的行为依法实施行政处罚等。

2. 国务院有关主管部门及县级以上地方政府有关主管部门在各自的职责范围内负责产品质量监督工作。国务院有关主管部门包括国家发改委、农业部、信息产业部、国家工商行政管理局，这些部门在各自的职责范围内负有产品质量监督职责。县级以上地方人民政府有关主管部门，是指按照有关地方人民政府的规定，对本行政区域内的有关产品质量工作负有监督职责的政府主管部门。

3. 法律对产品质量的监督部门另有规定的，依照其规定。这主要是指对食品卫生和药品的质量监督，应分别按《食品安全法》和《药品管理法》的规定执行。

4. 依照《产品质量法》的规定，各级政府的产品质量监督部门和其他有关主管部门，对产品质量依法履行监督职责，而不是负责产品质量的具体管理工作。这是对政府部门在市场经济条件下的产品质量职能的准确定位。

（二）各级人民政府的法定职责

政府作为社会经济活动的宏观组织者和管理者，为维护正常的经济秩序，引导经济的健康发展，维护消费者的合法权益，也必须对产品质量问题实施必要的监督和宏观管理。为此，《产品质量法》在总则中对各级人民政府在产品质量问题上的主要职责作了规定：①各级人民政府要把提高产品质量纳入国民经济和社会发展规划，加强对产品质量工作的统筹规划和组织领导；②要引导、督促生产者、销售者加强产品质量管理，提高产品质量；③要组织各有关部门依法采取措施，制止产品生产、销售中违反《产品质量法》规定的行为，保障产品质量法的施行。

二、产品质量监督检查制度

（一）企业质量体系认证制度

所谓"企业质量体系认证"，是指根据企业申请，由国家认可的认证机构依据认证标准，按照规定的程序对企业的质量保证体系，包括企业的质量管理制度、企业的生产、技术条件等保证产品质量的诸因素进行全面的评审，对符合认证要求的，通过颁发认证证书的形式证明企业的质量保证能力符合相应标准的活动。企业质量体系认证的目的，在于确认企业对其产品的质量保证及控制能力是否符合标准要求，以衡量企业能否持续稳定地保证产品质量。从一般意义上讲，企业经质量体系认证合格，可增加消费者对该企业产品的信任度，从而会增强企业在市场上的竞争能力。

依照《产品质量法》的规定，企业质量体系认证由国务院产品质量监督部门认可或者由其授权的部门认可的认证机构负责。目前主要包括国务院产品质量监督部门直接设立的认证委员会和授权其他行政主管部门设立的行业认证委员会。认证机构的主要职责是：制定实施认证的具体规则、程序，受理认证申请，对申请人的质量体系按标准评审，批准认证，颁发认证证书，对证书持有人进行事后监督等。

《产品质量法》规定，企业质量体系认证应当"根据国际通用的质量管理标准"。国际标准化组织颁布了 ISO 9000《质量管理和质量保证》系列国际标准，为开展国际的质量体系认证提供了统一的依据。我国于 1988 年正式发布等效采用 ISO 9000 系列标准的国家标准。

企业质量体系认证的内容通常包括以下几方面：①保证质量体系有效运行的组织机构；②保证质量体系运行的物质和人力等资源；③企业有关质量管理的各项规章制度，包括各岗位人员在质量体系运行中应尽的质量职责、质量管理工作的程序等；④产品自原材料输入到成品输出的全过程的质量管理和质量保证。质量体系认证，即由认证机构对上述各方面所包含的全部要素进行审查，看这些要素是否符合相应的标准，从而确定企业是否具有质量保证能力。

按照《产品质量法》的规定，申请企业质量体系认证实行自愿的原则。任何单位或个人都不应强迫企业申请质量体系认证。

（二）产品质量认证制度

所谓产品质量认证，是由依法取得产品质量认证资格的认证机构依据有关的产品标准和要求，按照规定的程序对申请认证的产品进行工厂审查和产品检验，并对符合条件要求的，通过颁发认证证书和认证标志以证明该产品符合相应标准要求的活动。产品质量认证的对象是企业生产的某一产品；认证依据的标准是相关的产品标准；认证的结论证明产品是否符合产品标准。

推行产品质量认证制度的目的，是通过对符合认证标准的产品核准使用认证标志，便于消费者识别，也有利于提高经认证合格的企业和产品的市场信誉，增强产品的市场竞争能力，以激励企业加强质量管理，提高产品质量水平。

按照《产品质量法》及国务院有关行政法规的规定，对产品进行质量认证，通常应当以具有国际水平的国家标准或行业标准为依据。对于现行国家标准或行业标准内容不能满足认证需要的，应当由认证委员会组织制订补充技术要求。对于我国名、特、优产品开展产品质量认证，应当以经国家质量技术监督局确认的标准和技术要求作为认证依据。对于我国已与国外有关认证机构签订双边或多边合作协议的产品，应按照合作协议规定采用的标准为依据进行产品质量认证。

实施产品质量认证的机构，是国务院产品质量监督部门认可的或者经国务院产品质量监督部门授权的部门认可的认证机构。产品质量认证活动是由专门的认证机构所开展的活动。从事认证活动的认证机构是独立于生产方和购买方之外的第三方机构。我国的产品质量认证工作是由专门的认证委员会完成的。对每类认证的产品，都要成立相应的认证委员会，由这些认证委员会在国务院产品质量监督部门统一管理下，以第三方身份具体开展产品质量的认证活动。

国务院产品质量监督部门对认证标志的作用有较为严格的规定，主要包括：①使用认证标志的企业须是持有产品质量认证证书的企业，在证书规定的一定型号、规格的产品上使用认证标志；②认证证书持有企业可以将认证标志标示在产品、产品铭牌、包装物、产品使用说明书、出厂合格证上；③使用认证标志的企业应当保持其企业的质量体系始终符合认证要求；④其认证产品的质量长期稳定合格等。

（三）产品质量监督抽查制度

国家对产品质量实行以抽查为主要方式的监督检查制度。监督抽查制度的目的在于加强对生产、流通领域的产品质量实施监督，以督促企业提高产品质量，从而保护国家和广大消费者的利益，维护社会经济秩序。

按照《产品质量法》的规定，产品质量监督部门组织产品质量的监督抽查，以下列产品为重点：①可能危及人体健康和人身、财产安全的产品，如电器产品、易燃易爆产品等；②影响国计民生的重要工业产品，包括工业原材料、基础件，农业生产资料和重要的民用日常工业品等；③消费者和有关组织反映有质量问题的产品，包括通过消费者权益保护组织反映的发生质量问题较多的产品。

国家对产品质量的监督检查方式，应当以抽查为主要方式。监督检查应当由产品质量监督部门统一规划和组织。国家的产品质量监督检查应由国务院产品质量监督部门统一规划和组织，同时县级以上的地方产品质量监督管理部门也可以在本行政区域内统一组织对产品质量的监督抽查。对药品、食品等特殊商品的监督抽查，按照《药品管理法》《食品安全法》等相关法律的规定，分别由药品监督管理部门、卫生行政部门负责实施。

为避免对企业产品的多头重复抽查，加重企业负担，《产品质量法》还规定，对已经过国家监督抽查的产品，地方不得重复抽查；上级监督抽查的产品，下级不得重复抽查。对产品质量的监督抽查是政府监督行为，不得向被检查人收取检验费用，所需经费应按国务院的规定列支。

为便于社会了解经产品质量监督部门依法抽查的相关产品的质量状况，保障公众对被抽查产品质量的知情权，以利于对产品质量实施社会监督，《产品质量法》规定，国务院和省、自治区、直辖市人民政府的产品质量监督部门应当定期发布其监督抽查的产品的质量状况公告。依照《产品质量法》的规定，有权并应当发布监督抽查的产品质量状况公告的机关，是国务院产品质量监督部门和省、自治区、直辖市人民政府的产品质量监督部门。国务院产品质量监督部门发布全国产品质量状况公告；省、自治区、直辖市人民政府的产品质量监督部门公告本行政区域内的产品质量状况。应当明确的是，由国务院产品质量监督部门监督抽查的产品的质量状况，应当在全国性的媒体上公告；由省级人民政府产品质量监督部门监督抽查的产品质量状况，应在本省、自治区、直辖市范围内发行的报刊上公告。

被监督抽查的产品不合格，有严重质量问题的，应按以下规定处理：①由实施监督抽查的产品质量监督部门责令限期改正。②超过规定的期限未作改正，产品质量经复查仍不合格的，由省级以上人民政府产品质量监督部门予以公告；通过报纸、电视等新闻媒体对企业产品质量存在严重问题，并经责令限期改正而又不改正的行为予以"曝光"。③公告后经再次复查产品质量仍不合格的，由省级以上人民政府产品质量监督部门责令停业，限期整顿。④整顿期满，产品质量经复查仍不合格的，表明该生产者已不具备生产合格产品的能力，应由工商行政管理部门依法吊销企业的营业执照。对产品质量监督抽查不合格者采取上述行政处理措施，并不影响产品质量监督部门依法对其给予应有的处罚。

产品质量监督抽查检验结果应当是准确、公正的，为了保护被抽查的生产者、销售者的合法权益，避免错检给生产者、销售者造成不必要的损失，《产品质量法》规定了对抽查检验结果的异议制度。即被抽查检验的生产者、销售者对检验结果有异议的，可以在收到检验结果之日起 15 日内申请复检，生产者、销售者可以向原实施检验的部门申请复检，也可以向其上级产品质量监督部门申请复检。向上级产品质量监督部门申请复检的，上级产品质量监督部门一般不应再委托原检验机构检验。

（四）社会监督制度

消费者有权就产品质量问题，向产品的生产者、销售者查询，向产品质量监督部门、工商行政管理部门及有关部门申诉，有关部门应当负责处理。保护消费者权益的社会组织可以就消费者反映的产品质量问题建议有关部门负责处理，支持消费者对因产品质量造成的损害向人民法院起诉。

任何单位和个人有权对产品质量的违法行为，向产品质量监督管理部门或者其他有关部门检举。产品质量监督管理部门和有关部门应当为检举人保密，并按照省、自治区、直辖市人民政府的规定给予奖励。

第三节　生产者、销售者的产品质量义务和责任

一、生产者的产品质量义务

（一）保证产品的质量合法

根据《产品质量法》第26条的规定，生产者应当对其生产的产品质量负责，生产者的产品质量应当符合下列要求：

1. 产品无缺陷，即产品不存在危及人身、财产安全的不合理的危险，有保障人体健康和人身、财产安全的国家标准、行业标准的，应当符合该标准。

2. 产品具备产品应当具备的使用性能，但是，对产品存在使用性能的瑕疵作出说明的除外。

3. 符合在产品或者其包装上注明采用的产品标准，符合以产品说明、实物样品等方式表明的质量状况。

（二）保证产品或者其包装上的标识真实、准确、合法

产品标识，是指用于识别产品或其特征、特性所做的各种表示的统称。产品标识可以用文字、符号、标志、标记、数字、图案等表示。根据不同产品的特点和使用要求，产品标识可以标注在产品上，也可以标注在产品包装上。根据《产品质量法》第27条的规定，生产者的产品或者其包装上的标识必须真实，并符合下列要求：

1. 有产品质量检验合格证明。

2. 有中文标明的产品名称、生产厂厂名和厂址（包括进口产品）。

3. 根据产品的特点和使用要求，需要标明产品规格、等级、所含主要成分的名称和含量的，用中文相应予以标明；需要事先让消费者知晓的，应当在外包装上标明，或预先向消费者提供有关资料。

4. 限期使用的产品，应当在显著位置清晰地标明生产日期和安全使用期或者失效日期。

5. 使用不当，容易造成产品本身损坏或者可能危及人身、财产安全的产品，应当有警示标志或者中文警示说明。

裸装的食品和其他根据产品的特点难以附加标识的裸装产品，可以不附加产品标识。

（三）特殊产品包装符合要求

根据《产品质量法》第28条的规定，易碎、易燃、易爆、有毒、有腐蚀性、有放射性等危险物品以及储运中不能倒置和其他有特殊要求的产品，其包装必须符合相应要求，有警示标志或者中文警示说明，标明储运注意事项。

（四）不得为法律禁止实施的行为

生产者不得生产国家明令淘汰的产品。生产者不得伪造产地，不得伪造或者冒用他人的厂名、厂址。生产者不得伪造或者冒用认证标志、名优标志等质量标志。生产者生产产品，不得掺杂、掺假，不得以假充真、以次充好，不得以不合格产品冒充合格产品。

二、销售者的产品质量义务

1. 严格执行进货检查验收制度。根据《产品质量法》第33条的规定，销售者应当建立并执行进货检查验收制度，验明产品合格证明和其他标识。进货检查验收包括产品标识检查、产品感观检查和必要的产品内在质量的检验。

2. 保持产品原有质量的义务。根据《产品质量法》第34条的规定，销售者应当采取措施，保持销售产品的质量。这主要是指销售者应当根据产品的特点，采取必要的防雨、防晒、防霉变措施，对某些特殊产品采取控制温度、湿度等措施，保持产品进货时的质量状况。

3. 保证产品或者其包装上的标识真实、准确、合法。根据《产品质量法》第36条的规定，销售者销售产品的标识应当符合法律的规定，其具体内容同于生产者的产品标识义务。

4. 不得为法律禁止实施的行为。销售者不得销售国家命令淘汰并停止销售的产品和失效、变质的产品。销售者不得伪造产地，不得伪造或者冒用他人的厂名、厂址。销售者不得伪造或者冒用认证标志、名优标志等质量标志。销售者销售产品，不得掺杂、掺假，不得以假充真、以次充好，不得以不合格产品冒充合格产品。

三、产品质量责任

产品质量责任，是指产品的生产者、销售者、对产品质量负有直接责任的人员违反产品质量义务所应承担的法律后果。产品质量责任包括民事责任、行政责任和刑事责任。

（一）产品质量民事责任

产品质量民事责任，是指生产者、销售者违反产品质量义务应承担的民事法律后果。生产者、销售者的产品质量民事责任分为产品质量合同责任和产品侵权责任（简称产品责任）两种。

1. 产品质量合同责任。产品质量合同责任，是指销售者违反明示或默示的产品质量担保义务，给消费者造成损失所应当承担的损害赔偿责任。

销售者对产品质量的担保义务包括明示的担保义务和默示的担保义务。前者是指产品符合在产品或其包装上注明采用的产品标准以及符合以产品说明、实物样品等方式表明的质量状况；后者是指产品具备产品应当具备的使用性能。销售者违反上述担保义务，即产品有瑕疵，就应向购买者承担产品质量合同责任。

根据《产品质量法》的规定，销售者销售产品违反以上义务的，即应承担产品质量责任，销售者应当负责修理、更换、退货；给购买产品的消费者造成损失的，销售者应当赔偿损失。

2. 产品责任。产品责任又称产品侵权责任，是指产品存在可能危及人身、财产安全的不合理危险，造成消费者或他人人身伤害或除缺陷产品以外的其他财产损失的，缺陷产品的生产者、销售者应当承担的法律责任。

（1）产品缺陷。产品缺陷，是指产品存在可能危及人身、财产安全的不合理的危险；产品有保障人体健康和人身、财产安全的国家标准、行业标准的，是指不符合该标准。一般认为产品缺陷可分为三类：①设计上的缺陷，是指产品在设计上存在着不安全、不合理的因素。例如，结构设置不合理等。②制造上的缺陷，是指产品在加工、制作、装配等制造过程中，不符合设计规范，或者不符合加工工艺要求，没有完善的控制和检验手段，致使产品存在不安全的因素。③警示上的缺陷，就是指在产品的警示说明上或在产品的使用指示标志上未能清楚地告知使用人应当注意的使用方法，以及应当引起警惕的注意事项；或者产品使用了不真实、不适当的甚至是虚假的说明，致使使用人遭受损害。

（2）生产者的责任。①归责原则。根据《产品质量法》的规定，因产品存在缺陷，造成人身、缺陷产品以外的其他财产损害的，生产者应当承担赔偿责任。因此，生产者因其生产的缺陷产品致他人人身、财产损害的，承担的是无过错责任。②生产者承担产品责任的条件。生产者承担产品责任的条件是：产品有缺陷；有损害事实存在；产品缺陷与损害后果之间有因果关系。③产品责任的免除。生产者能够证明有下列情形之一的，不承担赔偿责任：未将产品投入流通的；产品投入流通时，引起损害的缺陷尚不存在的；将产品投入流通时的科学技术水平尚不能发现缺陷存在的。

（3）销售者的责任。销售者在两种情形下承担产品责任：①销售者因过错使产品存在缺陷，造成他人人身、财产损害的，应当承担赔偿责任；②销售者不能指明缺陷产品的生产者，也不能指明缺陷产品的供货者的，应当承担赔偿责任。

（4）受害人的赔偿请求权和先行赔偿人的追偿权。受害人，是指因产品存在缺陷造成人身伤害、财产损失，有权要求赔偿的人，包括自然人、法人和其他组织。受害人又可分为缺陷产品的买受人、使用人和其他受害人。

受害人因产品存在缺陷遭受人身伤害、财产损失后，可以向缺陷产品的生产者和销售者中的任何一方提出损害赔偿请求，也就是说，受害人享有选择赔偿人的权利。

根据《产品质量法》的规定，属于产品的生产者的责任，产品的销售者赔偿的，产品的销售者有权向产品的生产者追偿。属于产品的销售者的责任，产品的生产者赔偿的，产品的生产者有权向产品的销售者追偿。

（5）产品责任的赔偿范围。因产品存在缺陷造成受害人人身伤害的，侵害人应当赔偿医疗费、治疗期间的护理费、因误工减少的收入等费用；造成残疾的，还应当支付残疾者生活自助具费、生活补助费、残疾赔偿金以及由其抚养的人所必需的生活费等费用；造成受害人死亡的，并应当支付丧葬费、死亡赔偿金、由死者生前抚养的人所必需的生活费等费用。

因产品存在缺陷造成受害人财产损失的，侵害人应当恢复原状或者折价赔偿。受害人因此遭受其他重大损失的，侵害人应当赔偿损失。

（6）产品责任的诉讼时效和责任期限。因产品存在缺陷造成损害要求赔偿的诉讼时效期间为 3 年，自当事人知道或者应当知道其权益受到损害时起计算。因产品存在缺陷造成损害要求赔偿的请求权，自造成损害的缺陷产品交付最初消费者满 10 年时起丧失；但是，尚未超过明示的安全使用期的除外。

（二）产品质量行政责任

产品质量行政责任，是指违反《产品质量法》所应承担的行政法律后果，它包括行政处罚和行政处分。《产品质量法》规定的行政责任包括：生产者、销售者的行政责任；产品质量检验机构、认证机构的行政责任；服务业的经营者的行政责任；各级人民政府工作人员和其他国家机关工作人员的行政责任；产品质量主管部门或其他有关机关的行政责任。

行政处罚方式主要包括：责令停止生产销售、没收违法生产销售的产品和违法所得、罚款、警告、责令改正、责令停业整顿、吊销营业执照等。

（三）产品质量刑事责任

产品质量刑事责任，是指违反《产品质量法》的犯罪行为所必须承担的刑事法律后果。这种法律后果，表现为对行为人实施一定的刑罚。违反《产品质量法》的犯罪主要有：生产、销售伪劣产品罪，中介组织人员提供虚假证明文件重大失实罪，渎职罪，妨害公务罪等。

第四节　产品质量法律实务

一、产品质量行政执法部门行使调查取证权和采取行政强制措施的条件

按照行政机关必须依法行政的要求，产品质量监督部门、工商行政管理部门在行使有关产品质量问题的调查取证权和采取行政强制措施时，必须遵守产品质量法规定的条件。主要包括：①有关行政机关已经取得违法嫌疑的证据（比如发现有违反产品质量法规定的产品等），或者接到对产品质量违法行为的举报（包括通过电话、书面等形式接到的举报）；②调查取证的对象只能是与违反《产品质量法》规定的生产、销售活动有关的人和物，采取行政强制措施的对象只能是有严重质量问题的产品及相关物品；③调查取证和采取行政强制措施的主体必须是县级以上产品质量监督部门或者县级以上工商行政管理部门。

二、产品质量纠纷的处理办法

（一）基本规定

根据我国《产品质量法》第47条的规定，因产品质量问题发生民事纠纷时，当事人可以通过协商或者调解解决。当事人不愿意通过协商、调解解决或者协商、调解不成的，可以根据当事人各方的协议向仲裁机构申请仲裁；当事人各方没有达成仲裁协议或者仲裁协议无效的，可以直接向人民法院起诉。据此，处理产品质量民事纠纷有四种途径：协商、调解、仲裁和诉讼。当事人对这四种途径可以自由选择。

在调解、仲裁、诉讼过程中，都可能对产品质量进行必要的检验，但委托的检验机构必须是经依法考核的具备产品质量检验资格的检验机构，否则，检验结果不予认定。

（二）调解解决产品质量纠纷应注意的事项

产品质量争议适用调解方式解决的，应当依照《产品质量申诉处理办法》的规定，进行调解处理。

产品质量技术监督部门组织当事人进行调解时，申请人应提供书面材料，书面材料应当具备下列主要内容：①申诉人的真实姓名、住址、邮编、联系电话；②被申诉人的姓名、住址、邮编、联系电话；③申诉的请求、理由、事实经过、依据、证据；④申诉日期。

需要通过技术鉴定才能认定的，应当进行质量检验、鉴定，检验鉴定应当由指定的、有资质的单位负责进行，检验费用由主张检验鉴定的一方预付，处理结束时，由责任人承担或共同承担。

产品质量技术监督部门自接到产品质量申诉书之日起，5 日内作出调解解决产品质量争议的决定，并自作出决定之日起 30 日内终结调解，对于复杂的争议，可经部门领导批准延长 30 日，仍调解不成的，应及时终止调解。

质量技术监督部门组织当事人进行调解，当事人达成一致后，质量技术监督部门应制作调解书，双方当事人签字后生效，并应严格执行。

复习与思考

1. 《产品质量法》的适用范围是什么？

2. 我国的产品质量监督管理制度有哪些？

3. 生产者、销售者有哪些产品质量义务？

4. 简述产品责任的主体、归责原则、构成要件、赔偿范围和免责。

5. 材料：李某在 1995 年 2 月从本市某商场购买了"南极"牌电冰箱一台，使用了 3 个月后，冰箱起火，李某损失七千多元。事发后，李某找到商场，商场赔偿了 3000 元，李某认为商场至少应当赔偿 5000 元。双方遂起纠纷，李某诉到法院。法院审理后认为：认定产品质量问题，应由技术监督部门出具鉴定书。但技术监督部门提出：该冰箱已烧毁，又无库存，无法鉴定。法院最后判决：不能排除消费者使用不当造成冰箱起火的可能性，虽然冰箱没有合格证，但产品质量问题证据不足，遂驳回李某的诉讼请求。（案例来源：孟凡麟律师与法学教学网）

根据相关法律规定，请回答以下问题：

（1）冰箱产品质量是否合格？为什么？

（2）法院判案是否正确？为什么？

（3）本案应如何处理？

第十三章　价格法律制度

教学目的和要求

　　通过对价格法的学习，了解我国价格法的基本原则和立法概况、我国的价格管理体制，掌握市场调节价、政府指导价和政府定价三种基本价格形式，价格总水平调控的目标和具体制度，经营者的价格权利和价格义务，熟悉价格监督检查过程中具体法律事务的处理。

第一节　价格法概述

一、价格法的概念

　　价格法是调整价格关系的法律规范的总称。价格关系，是指在价格运行中所发生的价格管理关系和价格宏观调控关系。

　　价格首先是一个经济学概念，它是商品价值的货币表现，是商品与货币交换的比例或比率。价格有广义和狭义之分，狭义的价格是指商品价格和经营性服务价格；广义的价格，还应包括各种生产要素的价格，如作为劳动力价格的工资，作为资金价格的利率，作为外汇价格的汇率，作为保险价格的保险费率以及证券、期货的价格等。

　　价格法所指的价格是狭义的价格，包括商品价格和服务价格。其中，商品价格是指各类有形产品和无形资产的价格。服务价格是指各类有偿服务的收费。国家行政机关收费的具体管理办法由国务院另行制定。利率、汇率、保险费率、证券及期货价格，适用有关法律、法规的规定，不适用价格法。

二、价格法的宗旨和基本原则

（一）价格法的宗旨

　　1. 规范价格行为。价格与商品交换关系联系在一起，在人们的生产、生活中时时刻刻接触价格，制定价格法正是为规范这些价格行为，使人们在作出价格行为时，都遵循统一的规则，将其纳入法制的轨道，所以规范价格行为是价格立法的第一个目的。

　　2. 发挥价格合理配置资源的作用。价格的高低会影响资源的流向，价格调节着资源的配置，在经济活动的各个领域传递，通过这种传递和商品价值量的比较，将整个社会经济活动联结起来。优胜劣汰、资源配置的变动，离不开价格这个经济杠杆的作用，制定价格法就是用法律形式来规范和保障价格合理配置资源作用的正确发挥。

3. 稳定市场价格。在市场经济条件下，价格总水平的变动是难以避免的。要求有相对的稳定，应当是适应国民经济总体要求的稳定，是有利于经济发展的相对稳定。制定价格法就是要促使价格总水平的稳定，排除影响价格总水平稳定的不正常的因素。

4. 保护消费者和经营者的合法权益。价格关系是一种经济关系，涉及商品交换双方的经济利益，因此，这一过程中消费者与经营者的合法权益都应当受到法律的保护。

（二）价格法的基本原则

1. 维护社会经济总体效益兼顾各方经济利益原则。这一原则与经济法的总原则完全一致。维护社会经济总体效益是价格宏观调控的要求，稳定价格总水平是价格宏观调控的根本任务，而保持价格总水平的稳定又是维护社会经济总体效益的具体表现。价格机制是市场机制的核心，对市场起着自发配置资源的作用。

但是，由于市场的不完全性和价格机制本身的缺陷，价格机制这只"看不见的手"的作用发挥会受到限制甚至被歪曲，经济决策的分散化使价格机制自身的调节具有一定的盲目性，不同的经济主体在实现其经济利益上所具有的竞争性和排他性，也会使市场自身的力量不能经常保证总供给与总需求在充分利用社会资源的基础上相一致，从而造成价格垄断、各部门比价失调、供需失衡、通货膨胀以及经济危机等，使社会资源的配置不但不能达到最优，反而会导致闲置和浪费，社会总体经济效益难以实现。为了合理配置各种社会资源，需要建立合理的宏观价格结构；确定合理的价格上涨幅度，调整经济的发展速度；控制和调节价格总量变化，综合利用各种手段来管理社会经济，使各经济利益主体之间的关系协调，使整个经济发展呈稳定的态势。在维护社会总体效益的同时，还要兼顾各方经济利益。一个社会是由众多的个体和局部组成的，社会公共利益与个体利益及局部利益在根本上是一致的，但它们又常常是矛盾的。随着价格体制的转变，将逐步形成利益主体多元化和价格决策主体多元化的新格局。在这种情况下，整体同个体，全局同局部，中央同地方在利益关系上就会出现不一致，这就需要国家予以协调，在维护或不妨害社会总体效益和利益的前提下，兼顾个体利益和局部利益。维护社会经济总体效益是兼顾各方经济利益的前提和基础，兼顾各方利益是维护社会总体经济效益的保障和现实条件，两者必须有机结合起来。

2. 发挥价格合理配置资源作用原则。现代市场经济国家，以价格机制为核心的市场机制起着自发调节资源流向，优化资源配置的作用。在激烈的市场竞争中，商品生产者为了获利，必然要根据市场行情和商品的价格，尽可能生产适销的产品，并尽可能科学合理地利用有限的人力与物力资源，以最低的消耗，生产出更多更好的商品。为此，各生产者都要努力改善经营管理，提高劳动生产率，提高产品质量。价格就是这样自发地推动产业结构优化和促进资源的合理配置。因此，价格法承认价格机制在市场经济中的作用，充分尊重它在市场经济中的地位，为其作用的发挥排除障碍，保驾护航。价格法关于"国家支持和促进公平、公开、合法的市场竞争，维护正常的价格秩序"的规定，正是这一原则的具体体现。

三、价格法立法概况

自中华人民共和国成立以来，实行计划价格体制，国家长期采用行政手段直接管理和集中控制价格，有关价格管理方面的法律、法规不多，且立法层次不高。1978 年后，随着改革开放政策的推行，国家开始实行价格改革，颁布了一些稳定物价、推进价格改革的法规，这包括：1987 年颁布的《加强生产资料价格管理制止乱涨价、乱收费的若干规定》（已失效），1987 年颁布的《中华人民共和国价格管理条例》（已失效），1988 年颁布的《计划外生产资料全国统一最高限价暂行管理办法》（已失效）、《重要生产资料和交通运输价格管理暂行规定》（已失效），1991 年国务院颁布的《关于严格控制农业生产资料价格的通知》（已失效），1994 年国家发展计划委员会发布的《关于加强对居民基本生活必需品和服务价格监审的通知》《关于商品和服务实行明码标价的规定》（2000 年 10 月 31 日由国家发展计划委员会发布，自 2001 年 1 月 1 日起施行），国家计委 1996 年颁布的《关于进一步加强和改进价格监审工作的通知》《关于有升有降调整钢材指导价格整顿钢材市场价格秩序的通知》，国务院 1996 年颁布的《关于严格控制居民消费价格上涨的通知》等。这些法规对价格进行了适时的调控，具有强制性和指导性。但是，这些法规也同样存在着层次低、规范面窄的缺陷，很难适应社会主义市场经济发展的要求。因此，在总结 19 年价格改革经验和市场经济发展经验的实践基础上，1997 年 12 月 29 日第八届全国人民代表大会常务委员会第二十九次会议通过了《中华人民共和国价格法》，该法于 1998 年 5 月 1 日起实施。为配合《价格法》的实施，近年来有关部门还颁布了大量的价格规章、政策。目前，我国已初步形成以《价格法》为核心，以相关法规、规章相配套的价格法律体系。

第二节 价格管理体制和价格形式

一、价格管理体制

价格管理体制，是指价格管理机构的设置及权限的划分的规定。中华人民共和国成立以来，为适应计划经济体制的要求，我国在县级和县级以上各级政府都设立了专门的价格管理机构，即各级政府和物价局，并在许多业务主管部门，如中央有关部委、地方有关厅局，也设立了部门性价格管理机构，所以各级政府价格管理权限的划分十分复杂。随着市场经济体制的建立，价格管理由计划管理向市场价格体制转变，价格管理部门的设置和职能也发生了相应的变化。价格法对中央和地方在价格方面的管理职能、管理内容以及手段都进行了调整。

1. 价格管理机构。依照《价格法》的规定，国务院价格主管部门统一负责全国的价格工作，国务院其他有关部门在各自职责范围内，负责有关的价格工作；县级以上的各级人民政府主管部门负责本行政区域内的价格工作，县级以上各级人民政府的其他有关部门在各自的职能范围内，负责有关的价格工作。

2. 价格管理内容。

（1）价格形成机制管理。依照《价格法》的规定，国家实行并逐步完善宏观经济调控下主要由市场形成价格的机制。价格的制定应当符合价值规律，大多数商品和服务价格实行市场调节价，极少数商品和服务价格实行政府指导价或者政府定价。

（2）市场价格运行环节管理。政府的市场价格运行环节管理，主要体现在维护市场公平竞争。

（3）政府宏观价格管理。这主要体现在从经济总量上对价格总水平实行有效管理。具体表现在两个方面：①政府定价保持在合理水平上；②对一些重要商品和特殊产业市场价格的日常调节。

3. 价格管理手段。在过去高度集中的计划经济体制模式下，主要是采取行政手段管理，随着经济改革的深入，国家管理价格的手段由单一的行政手段发展为行政手段、经济手段和法律手段并举。行政手段包括直接定价或确定指导价、价格检查与监督、价格冻结等；经济手段主要有生产者价格补贴、商品购销、税收、价格调节基金等；调整价格管理关系和价格宏观调控关系的法律、法规包括价格基本法即《价格法》、政府管制价格的法律规范、约束行政事业性收费行为的法律规范、保护消费者合法权益的价格法律规范、价格监督检查的法律规范。

二、价格形式

《价格法》根据定价主体和价格形成的方式的不同，将价格划分为市场调节价、政府指导价和政府定价三种基本价格形式。

（一）市场调节价

市场调节价，是指由经营者自主制定，通过市场竞争形成的价格。这种价格形式有两个主要的特点：①价格由经营者自己制定；②直接受到市场竞争的影响。目前，市场调节价是我国现行价格的主要形式。

（二）政府指导价

政府指导价，是指由政府价格主管部门或者其他和政府定价有关的部门，按照定价权限和范围规定基准价及其浮动幅度，指导经营者制定的价格。政府指导价有以下几种形式：①由政府规定基准价和上下浮动幅度，只允许价格在规定幅度内上下浮动；②规定最高限价，在市场价格急剧变动时用以保护消费者利益；③最低保护价，用于供过于求时保护生产者利益。

根据《价格法》的规定，实行政府指导价的商品和服务范围包括：①与国民经济发展和人民生活关系重大的极少数商品。②资源稀缺的少数商品。③自然垄断经营的商品。自然垄断主要是指由于资源条件、技术条件以及规模经济的要求而无法竞争或不适宜竞争形成的垄断。④重要的公用事业价格。这是指为适应生产和生活需要而经营的具有公共用途的服务行业。⑤重要的公益性服务价格。这是指涉及公众利益的服务行业，如学校、医院、博物馆、公园等。

政府指导价的定价权限，以中央和地方的定价目录为依据。中央定价目录由国务院价格主管部门制定、修订，报国务院批准后公布。地方定价目录由省、自治区、直辖市人民政府价格主管部门按照中央定价目录规定的定价权限和具体适用范围制定，经本级人民政府审核同意，报国务院价格主管部门审定后公布。省、自治区、直辖市人民政府以下各级地方人民政府不得制定定价目录。

（三）政府定价

政府定价，是指依照《价格法》的规定，由政府价格主管部门或其他有关部门，依照定价的权限、范围及定价程序制定的价格。这种价格形式只涉及极少数商品服务，其定价范围、依据及权限，与政府指导价的规定相同。

三、政府价格行为规则

根据《价格法》和《政府制定价格行为规则》的规定，政府定价行为应当坚持以下制度规则：

1. 政府定价调查制度。政府价格主管部门和其他有关部门制定政府指导价、政府定价，应当开展价格、成本调查，听取消费者、经营者和有关方面的意见。

2. 政府定价集体审议制度。有定价权的政府部门制定价格的方案原则上实行集体审议制。集体审议可以采用价格审议委员会讨论、办公会议讨论等方式。实行集体审议的方式、人员组成和工作规则由省级以上定价机关规定。

3. 听证制度。制定关系群众切身利益的公用事业价格、公益性服务价格、自然垄断经营的商品价格等政府指导价、政府定价，应当建立听证制度，由政府价格主管部门主持，征求消费者、经营者和有关方面的意见，论证其必要性、可行性。

4. 政府定价公布制度。除涉及国家秘密外，制定价格的决定作出后，由作出决定的定价机关在指定的报刊、网站等媒体上向社会公布。

四、价格总水平的调控

稳定市场价格总水平是国家重要的宏观经济政策目标。国家根据国民经济发展的需要和社会承受能力，确定市场价格总水平调控目标，列入国民经济和社会发展计划。并综合运用货币、财政、投资、进出口等方面的政策和措施，予以实现。《价格法》专设第四章，对价格总水平的调控目标和具体制度作了规定，包括以下制度：

（一）农产品价格保护制度

由于重要农产品的生产既受自然条件的制约，也受到市场供求的制约，价格容易暴涨暴跌，引起生产大起大落。在重要农产品收购价格过低时，国家要对某些产品实行价格保护，即由政府设定一个最低价格，市场交易必须在这一价格之上进行。它的目的是保护农业生产者的利益，故称保护价格。重要农产品收购保护价格，是国家为了保护生产者利益和消费者利益而制定的最低收购价格。在制定保护价格时，要遵循两个原则：①要补偿生产成本并有适当利润；②要考虑国家财政承受能力。根据《价格法》第 29 条的规定，政府在粮食等重要农产品的市场购买价格过低时，可以在收购中实行保护价格。为了使价格保护制度得到落实，需要采取相关措施，例如，国家通过建立粮食价格风险基金、成品油价格风险基金、化肥价格风险基金，通过与农民签订合同等形式对农产品价格给予保护。

（二）重要商品储备制度

重要商品储备制度是国家为了平抑或稳定某些商品的市场价格，建立起这些商品的调节性库存，并通过吞吐库存来调控市场价格的调节制度。它是国家实行价格宏观调控手段的物质保障，具有超前性、稳定性特点。所谓重要商品，一般要满足以下条件：①对国计民生有重要影响；②经常存在着交替出现的供求不平衡矛盾；③产销数量较大；④商品的长期储存在技术上比较经济。根据以上标准，粮、棉、油、肉、蛋等主要副食品被作为需储备的重要商品。

（三）价格调节基金制度

价格调节基金制度也称风险基金制度，或价格调控专项基金制度，是国家为应对商品突发性市场价格波动建立的专项价格调节基金的调节制度。价格调节基金是针对某些容易发生市场价格波动，对国计民生有重大影响的商品的调控而设置的，如粮食价格调节基金、副食品价格调节基金等。价格调节基金实行专款专用的原则，主要用于对相应商品的价格补贴、扶持商品的生产、对商品生产者的收购奖励或补贴、对经营商品的流通企业的政策性差价给予补贴等。

价格调节基金是国家价格调控的专项基金，按照国家各级政府对市场调控的责任，实施调控手段，根据政府财政能力分层次设置价格调控专项基金。一般分为三级：国家级价格调控专项基金，省级价格调控专项基金，大中城市或有需要的地、县政府建立的地（市）县级价格调控专项基金。

（四）价格干预和价格紧急措施制度

在市场经济中，价格由市场形成，市场应以价格来合理配置资源，国家应尽量减少干预。但是，一旦出现价格显著上升，发生战争、严重自然灾害和恶性通货膨胀等情况，造成价格总水平剧烈波动时，为了确保群众生活安定和国民经济顺利进行，国家需要采取价格干预措施和价格紧急措施，对价格进行全面干预。它包括以下几种方式：

1. 价格干预制度。价格干预制度，是指当某些商品价格显著上涨或可能显著上涨时，国家所采取的一系列调控措施的制度。价格干预是国家为实现价格宏观调控的目标所采取的临时性、有很强灵活性和针对性的措施。

价格干预措施的范围仅限于部分重要商品和服务价格。《价格法》规定的价格干预措施主要有四种：①限定差价或者利润率。即对放开价格的某些商品和服务项目规定经营者的进销差价率、批零差价率或者经营的利润率，以控制价格上涨。②规定限价。即对出售某些商品或者提供服务所规定的价格限度，限价有最高限价和最低限价。③提价申报制度。这一制度适用的范围包括政府定价和经营者定价的商品和服务项目。当规定的商品和服务品种需要提价时，经营者应当向物价部门申报，下级物价部门应当向上级物价部门申报，经价格主管部门批准，经营者可以提价，价格主管部门没有批准的，经营者就不能提价。④调价备案制度。这一制度的适用范围和操作程序与价格申报制度类似。对提价不当的，价格主管部门有权责令其不提价、少提价或推迟提价，经营者必须执行；在规定的时限内，价格主管部门没有提出异议，备案视作同意，经营者可以提价。

2. 价格紧急措施制度。价格紧急措施制度，是指当发生战争、自然灾害、恶性通货膨胀，引起价格总水平剧烈波动时，国家需采取紧急措施，对价格予以干预。

在我国，主要采取以下紧急措施：①集中定价。这是指在特殊情况下，将定价目录规定的政府有关部门的定价权，临时收归本级政府、上一级政府或有关部门。②部分或全面冻结物价。这是指在特殊情况下，政府采取的临时性管制价格的防范性措施。即在规定的期限内，价格保持现有的水平，不得提高。

第三节　经营者的价格权利和价格义务

一、经营者的价格权利

1. 自主制定属于市场调节的价格。根据《价格法》第 3 条的规定，商品价格和服务价格，除极少数实行政府指导价或者政府定价外，实行市场调节价，由经营者依法自主制定。然而，经营者自主制定价格并不意味着就可以自由放任、为所欲为，而应当遵循公平、合法和诚实信用的原则，以生产经营成本和市场供求状况为依据。

2. 在政府指导价规定的幅度内制定价格。按照《价格法》的规定，经营者可以在基准价的基础上，在规定的浮动幅度内自主制定和调整价格；政府指导经营者制定商品价格和服务标准，一般允许经营者根据市场状况和自身商品或者服务特点，在政府规定的基准价基础上，有一定的上下灵活变动的范围，这个上下浮动的范围就是幅度。基准价和浮动幅度具有一定的限制性，经营者在上下浮动幅度内有灵活性。

3. 制定属于政府指导价、政府定价产品范围内的新产品的试销价格。为了鼓励经营者通过科学研究与技术开发对产品进行改进与创新，加速技术进步，提高生产力水平，国家允许对新产品进行试产、试销，并对新产品的试销期作出了一定的规定，原则上新产品的试销价格也可由经营者按照定价的基本依据自主制定。

4. 检举、控告侵犯其依法自主定价权利的行为。经营者进行价格活动除享有上述依法制定价格的权利外，同时还享有检举、控告侵犯其定价权行为的权利，这是经营者定价权的重要法律保障。经营者依法享有的定价权，非依法律规定，不受侵犯和干涉，如果经营者的定价权受到不法侵犯，就有权检举、控告并请求法律保护。

二、经营者的价格义务

1. 经营者应当努力改进生产经营管理，降低生产经营成本，为消费者提供合格的商品和服务，并在市场竞争中获取合法利润。

2. 经营者应当根据其经营条件建立、健全内部价格管理制度，准确记录与核定商品和服务的生产经营成本，不得弄虚作假。经营者内部价格管理制度是经营者协调内部价格管理工作秩序，规范内部自身价格行为的准则。建立、健全内部价格管理制度，是经营者遵守国家价格法律、法规，贯彻国家价格方针政策，提高经营者价格管理水平的保证。经营者内部价格管理制度主要有定价、调价管理制度、经营者内部价格报告和检查制度。

3. 经营者进行价格活动，应当遵守法律、法规，执行依法制定的政府指导价、政府定价和法定的价格干预措施、紧急措施。这包括三层含义：①遵守法律、法规；②执行依法制定的政府指导价、政府定价；③执行法定的价格干预措施、紧急措施。

4. 经营者销售、收购商品和提供服务，应当按照政府价格主管部门的规定明码标价，注明商品的品名、产地、规格、等级、计价单位、价格或者服务的项目、收费标准等有关情况。

三、经营者价格行为限制

《价格法》第 14 条明确规定了经营者不得有以下不正当价格行为：

1. 相互串通，操纵市场价格，损害其他经营者或者消费者的合法权益。

2. 在依法降价处理鲜活商品、季节性商品、积压商品等商品外，为了排挤竞争对手或者独占市场，以低于成本的价格倾销，扰乱正常的生产经营秩序，损害国家利益或者其他经营者的合法权益。

3. 捏造、散布涨价信息，哄抬价格，推动商品价格过高上涨的。

4. 利用虚假的或使人误解的价格手段，诱骗消费者或其他经营者与其进行交易。

5. 提供相同商品或者服务，对具有同等交易条件的其他经营者实行价格歧视。

6. 采取抬高等级或者压低等级等手段收购、销售商品或者提供服务，变相提高或者压低价格。

7. 违反法律、法规的规定牟取暴利。

8. 法律、行政法规禁止的其他不正当价格行为。

第四节 价格监督检查

价格监督检查，是指价格主管部门、各有关部门、社会团体和人民群众，对违反价格法律、法规的行为所进行的监督和检查、审理和处置等活动的总称。价格的监督检查是价格管理的一项重要内容。加强价格监督检查工作，有利于价格法律、法规的贯彻和执行，防止某些经营者在价格方面进行非法活动，严明价格纪律，维护价格秩序。

一、专门机构的监督检查

价格监督检查的执法主体是县级以上各级人民政府的价格主管部门。《价格法》第 33 条明确规定："县级以上各级人民政府价格主管部门，依法对价格活动进行监督检查，并依照本法的规定对价格违法行为实施行政处罚。"政府主管部门进行价格监督检查时，可以行使下列职权：

1. 询问当事人或者有关人员，并要求其提供证明材料和与价格违法行为有关的其他资料。

2. 查询、复制与价格违法行为有关的账簿、单据、凭证、文件及其他资料，核对与价格违法行为有关的银行资料。

3. 检查与价格有关的财物，必要时责令当事人暂停相关营业。

4. 在证据可能灭失或者以后难以取得的情况下，可以依法先行登记保存，当事人或者有关人员不得转移、隐匿或者销毁。

此外，《价格法》还对价格监督检查中双方的责任作了规定：①经营者接受政府价格主管部门的监督检查时，应当如实提供价格监督检查所必需的账簿、单据、凭证、文件及其他有关资料。②政府部门价格工作人员不得将依法取得的资料或者了解的情况用于依法进行价格管理以外的任何其他目的，不得泄露当事人的商业秘密。

二、社会监督

价格违法活动是一种非常隐蔽的活动，价格的监督检查是一种复杂繁巨、涉及面广的工作，为使监督检查工作能充分有效，单靠价格主管部门的工作是不够的，还要有其他社会组织进行的社会监督和舆论监督。《价格法》对此作了相应规定：①消费者组织、职工价格监督组织、居民委员会、村民委员会等组织以及消费者，有权对价格行为进行社会监督。政府主管部门应当充分发挥群众的价格监督作用。②新闻单位有权进行价格舆论监督。社会监督和舆论监督使价格监督检查工作具有更广泛的群众性和普遍性，是对政府价格主管部门的监督检查工作的有利补充。

为使价格监督检查工作更具有广泛性和群众性，《价格法》对建立价格违法活动的举报制度作了相应规定：政府价格主管部门应当建立价格违法行为的举报制度，任何单位和个人均有权对价格违法活动进行举报。政府价格主管部门应当对举报者给予鼓励，并负责为举报者保密。

第五节 价格法律实务

一、价格违法行为的表现

根据《价格法》和有关法规规定，下列行为属于价格违法行为：①不执行政府定价收购、销售商品或收取费用的，即通常所说的"擅自提价"或"擅自降价"的行为。②违反政府指导价的定价原则，制定、调整商品价格或收费标准的，即违反国家规定的价格浮动幅度、差价率、利润率、最高限价和最低保护价的行为。③不执行法定的价格干预措施、紧急措施的行为。④抬级抬价、压级压价的行为。抬级抬价行为表现为企业收购或出售商品时违反国家规定，擅自提高商品等级、价格，高价收购或销售商品；压级压价行为表现为企业在收购商品时违反国家规定，擅自压低商品的收购价格或通过压低等级的方式达到压价目的。⑤相互串通，操纵市场价格。⑥为排挤竞争对手或者独占市场而低价倾销。⑦捏造、散布涨价信息，哄抬价格。⑧利用虚假信息或使人误解的价格手段进行价格诱骗。⑨实行不合理的价格歧视。⑩牟取暴利。⑪其他法律、法规禁止的不正当价格行为。

二、价格违法案件的处理

审理程序是价格监督检查机构实施检查和处理价格违法行为过程所必须遵循的方式、步骤的总称。它包括以下环节：

1. 立案。立案是价格监督检查机构对有关价格违法行为的材料进行审查，认为有价格违法事实发生，决定作为价格违法案件进行审理的活动。立案必须具备两个条件：①必须有价格违法事实存在；②有追究价格违法单位和个人行政法律责任的必要。

2. 调查。调查是由承办人对案件进行全面调查，对价格违法事实的情节和依据进行查对核实，取得充分、必要和确凿的证据材料，依据有关价格政策和法律规范，初步认定案件性质，为定案处理做好前期准备工作。

3. 定案处理。定案处理，是指调查结束后，由承办人汇报案情和初步处理意见，经集体审议，依据价格政策和法律规范确定案件性质。对合法的，应终止审理；对违法的，要按案件处理审批权限报批之后，正式下达《处罚决定通知书》。

4. 执行。执行，是指价格监督检查机构对不履行处罚决定的被处罚单位和个人依法采取的强制性措施，主要有变卖抵缴和向法院申请强制执行。

5. 结案。此即价格违法案件审理的终结，是对案件作出的最后处理。具有下列情况之一的应当及时结案：①被处罚单位或个人逾期未向复议机关申请复议，并且处罚决定已全部执行的；②被处罚单位或个人逾期未对复议决定向人民法院起诉，并且复议决定已全部落实的；③人民法院的最终判决发生法律效力，并已执行的。另外，非法所得金额在100万元以上的价格违法案件，在结案后应逐级及时报上级价格监督检查机构备案。

复习与思考

1. 我国的基本价格形式有哪些?

2. 价格总水平调控的目标和具体制度是什么?

3. 经营者有哪些价格权利和价格义务?

4. 价格监督检查机构有哪些职权?

5. 材料:一、国家发改委价格监督检查司最近通报了6起价格违法典型案件。这6起案件又可分为行业协会牵头涨价、企业自发串谋涨价、价格欺诈三类。

(一)协会牵头,企业联合涨价

吉林市干豆腐制品的批发价一度统一从每公斤4元涨到4.6元。原来是吉林市豆制品协会召集了10余家豆制品企业开会,串通提高全市干豆腐价格。

不光是食品企业,网吧也来凑热闹。河北省衡水市网吧协会制定了全市网吧统一上网价格(会员每小时1.5元,非会员2元,统一之前各网吧的价格一般为1~1.5元)。结果也难逃被物价局认定违反《价格法》的命运。

(二)无协会参与,企业自贴涨价告示

重庆巴南区李家沱的很多火锅店不约而同地贴出告示:加收10元锅底费。

虽然没有行业组织牵头,也并不影响企业联合涨价的热情,如在巴山月、和喜、食腾、奥林等,都看到张贴着如下告示:去年以来,火锅原材料逐渐上涨,导致目前汤料成本过高,火锅行业举步维艰,已经面临生存危机,因此决定每锅加收10元锅底费(只含辣椒、花椒等作料,不含油)。

重庆市物价局认定,李家沱火锅店统一时间、统一价格加收锅底费的行为已涉嫌"价格联盟",是违法行为。各火锅店被责令撤除了加收锅底费的告示。

湖北省荆州市也出现了多张相同的告示:因今年以来黄豆价格持续上涨,经豆制品商会讨论通过,上调豆制品价格。这张告示也是该市豆制品经营户集体串通的结果。

(三)虚构原价,引发消费者抢购

"鲜鸡蛋原价6.8元/公斤,现价4.38元/公斤!""每人次限购15个鲜鸡蛋(约1公斤)!"西安市一超市的这一促销活动引发了千人排队抢购。

在肉蛋等食品价格一路上涨的情况下,买"1公斤鸡蛋就能优惠2块多钱"的如意算盘,怎能不计消费者热情高涨?

千人抢购的场景引起了有关部门的注意。西安市物价局迅速派检查人员赶赴现场进行检查。结果发现,该超市在本次促销前一天实际销售价为4.98元/公斤,"原价6.8元/公斤"的标示属于虚构原价,构成了价格欺诈。

上述案例中涉及的商品价格,无论是火锅还是豆腐,都属于市场调节价。依据《价格法》，对于市场调节价，经营者有权依据生产经营成本和市场供求状况自主制定。也就是说经营者可以涨价，其涨价行为是否违法则要看其涨价的原因和方式。目前我国界定价格违法行为主要依据三部法规，分别是《价格法》《价格违法行为行政处罚规定》和国家发改委制定的《制止价格垄断行为暂行规定》。

1. 串通涨价。指经营者之间互相串通或者通过行业协会、中介组织以协会决议、会议纪要、协调、口头约定等方式合谋涨价。

《价格法》明确规定经营者不得相互串通，操纵市场价格，损害其他经营者或者消费者的合法权益。

2. 哄抬价格。指经营者通过捏造、散布涨价信息或囤积商品，推动商品价格过高上涨。

2004 年出台的《价格违法行为行政处罚实施办法》，对哄抬价格行为进行了细化，主要有四种情形：捏造、散布涨价信息，大幅度提高价格；生产成本或进货成本没有发生明显变化，以牟取暴利为目的大幅度提高价格；在一些地区或者行业率先大幅度提高价格；囤积居奇，导致商品供不应求而出现价格大幅度上涨。

3. 价格欺诈。指经营者通过抬高等级、短缺数量、以假充真、以次充好等欺诈手段变相涨价。

根据 2001 年出台的《禁止价格欺诈行为的规定》的规定，经营者进行价格欺诈主要形式有两类，即利用标价形式和价格手段。其中利用标价进行欺诈有 8 种主要表现形式，如使用欺骗性或者误导性的语言、文字、图片、计量单位等标价，诱导他人与其交易的；降价销售所标示的折扣商品或者服务，其折扣幅度与实际不符。(案例来源：深圳大学精品课程经济法网站)

二、2009 年 4 月份以来，邢台市桥西正大、牛城等 7 家搬家公司分 2 次召开会议，组织、策划、协调、商议搬家服务收费的涨价幅度、步骤和时间，并利用行业协议的形式，采取威逼利诱等手段，对同行业不同意见者进行排斥、报复，欺行霸市，在该市服务行业中造成极坏影响，严重扰乱了市场价格秩序，阻碍了经营者之间的公平竞争，损害了消费者的合法权益。邢台市物价局在接到群众举报后，经过调查，认定以上 7 家搬家公司已经构成相互串通、操纵市场价格的价格违法行为。根据有关规定，市物价局责成上述 7 家搬家服务公司立即停止执行协议中有关集体涨价事宜的条款；立即恢复协议之前市场自由竞争形成的价格。为扩大影响，增强警示作用，市物价局召开了服务业提醒告诫会，提醒告诫服务行业诚信经营，优质服务，公平竞争，维护正常的市场价格秩序。并宣布市物价局将密切关注这一事件，对违背本次告诫处理意见、不听劝告者，将依照《价格违法行为行政处罚规定》等相关法律、法规，依法予以罚款，公开曝光，并建议工商部门吊销营业执照。(案例来源：国家发改委网站)

第十四章　广告法律制度

教学目的和要求

广告法是调整广告关系的法律规范，是市场秩序法律规范的重要组成部分，在经济法律体系中占有一席之地。本章以《广告法》为蓝本对广告的概念、分类和作用，广告法的概念和调整对象，广告准则，广告活动，广告审查，法律责任等问题作了重点介绍。通过教学，使学生明白广告的定义、分类及其作用；熟悉我国《广告法》的基本内容；了解我国《广告法》关于广告准则、广告活动的基本规定；掌握广告审查的重点、难点和基本技巧。

第一节　广告与广告法概述

一、广告

（一）广告的定义

广告作为一固定词汇，源于拉丁文"Advertuer"，有引起注意和诱导的意思。后来演变为英语"Advertise"，意为"引起别人注意""通知别人某件事"。到17世纪英国商业兴盛时期，广告一词才开始通用，并固定为表示广告活动的"Advertising"。

广告作为法律用语，有广义和狭义之分。狭义的广告，主要指商业性广告，即以盈利为目的传播有关商品和劳务信息的广告。广义的广告包括商业性广告和非商业性广告。非商业性广告范围广泛，公益广告、兵役广告、文化、科技、市政、教育、社会救济等团体的启事、声明、通告以及个人的声明、启事等均属于非商业性广告。非商业性广告的最大特点是非营利性。和商业性广告一样，由于非商业性广告通常也须支付广告费用，因而决定了它在本质上仍属于广告的范围。

我国《广告法》中的广告采广告之狭义，具体是指"商品经营者或者服务提供者通过一定媒介和形式直接或者间接地介绍自己所推销的商品或者服务的商业广告活动"。

(二) 广告的分类

1. 按传播媒介之不同进行分类。这是广告最常见，也是最直观和最直接的分类形式之一。根据媒介的不同自然属性，广告可以分为以下几类：①印刷媒体广告。即刊登在各类印刷品上的广告，主要包括报纸广告、杂志广告、招贴广告、产品目录企业名录广告、电话簿黄页广告、火车时刻表广告等。②电波媒体广告。即以电波为传送中介的广告，主要包括电视广告、广播广告、电影广告、电子显示大屏幕广告、幻灯广告以及新近开发的网络广告等。③交通工具广告。即以运输工具为载体的广告，主要包括在公共汽车、地铁、火车、轮船、飞机上所做的广告。这种广告属流动媒体广告。④纪念品广告。即运用具有一定保存或赏玩价值的纪念品所做的广告，如年历、手提包、文件袋、购物袋、小型工艺品等。⑤信函广告。即以邮政信函作为媒体的广告，如推销信、明信片、商品目录、图表等。

2. 按广告进行的地点分类。按广告地点（空间）的不同，可以分为以下几类：①销售现场广告（POP）。主要是指设置在商业街、购物中心、商店内外的广告，包括橱窗广告、货架陈列广告、门面广告、模型广告、图形广告等。②户外广告。主要是指设置在公共场所人口密集区的广告，如路牌广告、霓虹灯广告、旗帜广告、灯箱广告、外墙广告、卡通广告等。③空中广告。主要是指借助空中或置于空中的广告，如气球广告、烟雾广告、光线广告等。

3. 按广告覆盖的地区分类。按照广告的传播地区范围来划分，可以分为以下几类：①国际广告。又称全球性广告、跨国广告，是指利用覆盖若干国家乃至全球的大众传媒进行传播的广告。②全国性广告。是指利用覆盖全国的传播媒介，在全国范围内发布的广告。③区域性广告。是指传播范围在一省或数省之间的广告。④地方性广告。是指在地、市、县范围内传播的广告。⑤行业性广告。是指利用行业性媒介所发布的广告。

4. 按广告的诉求对象划分类别。由于各类产品的性质及消费目的、消费习惯、消费方式的不同，广告必须有的放矢，针对不同对象实施内容和方式各异的诉求。这类广告主要有以下几类：①消费者广告。即直接面向广大消费者，向他们进行诉求的广告。②商业批发广告。即以商业批发商或零售商为诉求对象的广告，用于生产企业向批发商或批发商向零售商推销其所生产的或经营的商品。③工业用户广告。即以工业用户为诉求对象的广告。

5. 根据广告的具体目的分类。广告的目的不同，其内容和侧重点亦有所不同。具体来说，包括以下几类：①商品销售广告。即以促进商品销售为目的，直接获得经济利益的广告。②企业形象广告。即以提高企业声誉，树立企业形象为目的的广告。③树立观念广告。即以转变旧的消费观念，建立新的消费观念为目的的广告。④承揽业务广告。即以承揽加工、维修、工程、运输、服务项目为目的的广告。

6. 根据广告的诉求形式来分类。广告以何种方式诉诸消费者来促使他们认知和行动，就是广告的诉求形式。一般来说，有以下几种类型：①知觉诉求广告。即用比较直观的形式，让消费者用观察体验、感受的方法来认知广告信息。②理性诉求广告。即对消费者晓之以理和利，使他们从理智上认识购买某种商品的好处，勇于接受这种商品。③情感诉求广告。即以对人的感情为出发点，注重以情动人，促使消费者对商品产生购买欲的广告。

7. 根据广告的艺术形式来分类。广告是一种宣传商品的艺术。根据广告的艺术形式，广告可以分为以下几类：①图片广告。即将绘画艺术和摄影艺术融入广告，以增强广告直观性和视觉冲击力的一种广告形式。②表演广告。即以一定的艺术表演形式来进行的广告宣传。③影视广告。影视广告是在电影、电视艺术充分发展和完善的基础上崭露头角的。影视艺术以诉诸视觉的形体和明暗、远近、色彩，并以其特有的活动画面的组合（蒙太奇），能动地和逼真地再现生活的图景，不仅具有平面的绘画和立体的雕塑的表现力，而且以旁白、对话、音乐、声响为手段，具有全方位地表现生活的能力。④演说广告。主要指用有声语言艺术来塑造商品形象的广告。⑤文学性广告。在广告中融入文学的表现手法，使广告具有一定情节性或抒情色彩。具体来说有故事型、童话型、诗歌型等多种类型。[1]

（三）广告的作用

广告的作用，主要表现在以下几个方面：

1. 传递信息，沟通供求。广告的最基本功能就是认知功能。通过广告，能帮助消费者认识和了解各种商品的商标、性能、用途、使用和保养方法、购买地点和购买方法、价格等项内容，从而起到传递信息、沟通产销的作用。

实践证明，广告在传递经济信息方面，是最迅速、最节省、最有效的手段之一。好的产品借助于现代化科学手段的广告，其所发挥的作用不知比人力要高多少倍。

2. 刺激需求，引导消费。现代社会商品极其丰富，常令消费者眼花缭乱，无所适从。广告通过商品信息的传播，使消费者全面认识产品，从而刺激消费者产生购买欲望。一些新产品在刚进入市场时，常不为人注意或在习惯上还不易被人们所接受，这时适时的广告宣传就会调整和转变人们的消费观念和消费习惯，

---

〔1〕　幕明春：《现代广告学》，陕西人民出版社 2000 年版，第 15～22 页。

使人们逐渐认可和接受新产品，进而达到销售商品和提供服务的目的。

3. 促进竞争，开拓市场。大规模的广告是企业的一项重要竞争策略。当一种新商品上市后，如果消费者不了解它的名称、用途、购买地点、购买方法，就很难打开销路，特别是在市场竞争激烈，产品更新换代大大加快的情况下，企业通过大规模的广告宣传，能使消费者对本企业的产品产生吸引力，这对于企业开拓市场是十分有利的。

提高商品的知名度是企业竞争的重要内容之一，而广告则是提高商品知名度不可缺少的武器。精明的企业家，总是善于利用广告，提高企业和产品的"名声"，从而抬高"身价"，推动竞争，开拓市场。

4. 塑造形象，推介品牌。广告是企业的"名片"。通过强有力的广告宣传企业可以对外树立自己良好的企业形象，对内增强企业的凝聚力，使企业的品牌、声誉能够深入人心，从而为企业商品或劳务的推销建立起长期而稳定的市场，给企业带来可观的经济效益。因此，广告是企业实施文化战略的一个重要组成部分。

5. 介绍知识，指导消费。现代化生产门类众多，新产品层出不穷，而且分散销售，人们很难及时买到自己需要的东西，而广告通过介绍商品知识，就能起到指导消费的作用。

有些产品消费者购买以后，由于对产品的性能和结构不十分了解。因此，在使用和保养方面往往会发生问题。通过广告对商品知识的介绍，也可以更好地指导消费者做好产品的维修和保养工作，从而延长产品的使用时间。

6. 宣传科学文化知识，增强大众的文化修养。现代广告可以说是一部活的百科全书，除了各种商品知识之外还渗透着各种科技与人文知识，方方面面、点点滴滴，常常使大众受益匪浅。不要小看广告的知识性，虽然从每一则具体广告来看，这些知识可能只是一星半点，但是涓涓细流，可以汇成滔滔江河，一个消费者每天都要接触大量的广告，这些知识汇集起来，久而久之，岂不是会成为信息的海洋吗？何况广告凭借着大众传媒的优势，可以将其信息迅速辐射到四面八方。这种高密集度、广覆盖率、强影响力恐怕使得很多传播知识的手段都会相形见绌。这一点，仅从一些广告语被人们普遍接受并且化为人们生活中的习惯用语，就可见一斑。

7. 丰富生活，陶冶情操。好的广告，实际上就是一件精美的艺术品，不仅真实、具体地向人们介绍了商品，而且让人们通过对作品形象的观摩、欣赏，引起丰富的生活联想，树立新的消费观念，增加精神上美的享受，并在艺术的潜移默化之中，产生购买欲望。

良好的广告还可以帮助消费者树立正确的道德观、人生观，培养人们的精神文明，并且给消费者以科学技术方面的知识，陶冶人们的情操。

8. 美化环境，装点生活。广告发展到今日，已经成为我们生活中不可缺少的组成部分。在现代化的都市，广告就是一道亮丽的城市风景线。绚丽多彩的广告牌、灿如繁星的霓虹灯，美轮美奂的商品橱窗，再加上名目繁多的气球广告、雕塑广告、花篮广告、模型广告、卡通广告、外墙广告等，都常常把城市装扮得更加美丽和富有活力。特别是现在的广告设计制作水平有了很大的提高，广告创意力求独特新颖，艺术表现也尽可能超凡脱俗，制作工艺中的科技含量也有明显的提高，这一切都使广告成为令人赏心悦目的艺术品，而吸引人们流连忘返。

改革开放以来，随着市场经济体制的逐步确立，广告的作用也日益被广大企业所认识和重视，我国的广告事业也获得了飞跃发展，在活跃经济、繁荣市场、沟通产销、促进供需等方面发挥了积极的作用。但是，我们也必须承认，我国的广告事业与发达的资本主义国家相比，仍有较大的差距。据国际广告协会 1985年的一份调查报告表明：芬兰在印刷广告方面的费用居世界首位，平均每人每年123 美元，瑞士 122 美元，美国 101.3 美元，英国 61.8 美元，日本的广告费占国民收入 1%，而中国（不含台湾地区）平均每人每年仅人民币 2 角。所有这一切都要求我们必须进一步加大对广告事业的投入，推动我国广告事业的发展，使广告事业对我国经济的发展做出更大的贡献。

二、广告法

（一）广告法的定义

简言之，广告法是指调整广告关系的法律规范的总称，是经济法的重要组成部分。同广告有广义和狭义一样，广告法也有广义和狭义之分。狭义的广告法，仅指广告法典或广告基本法，如《广告法》；而广义的广告法则既包括广告法典或广告基本法，也包括其他广告法规，它们都是对广告关系的法律调整，共同组成了完整的广告法律规范体系，均不可或缺。

广告法的产生和发展，是与广告业的产生和发展同步的。广告业兴，则广告法盛；广告业衰，则广告法败。西方国家现代广告业已经历了三百多年的发展道路，同时，广告法也已形成了较为完备的广告法律法规体系。当今，世界大多数国家和地区，基本上都制定有专门的广告法。在我国，调整广告关系的基本法是《中华人民共和国广告法》（以下简称《广告法》）（1994 年 10 月 27 日第八届全国人民代表大会常务委员会第十次会议通过，2015 年 4 月 24 日第十二届全国人民代表大会常务委员会第十四次会议修订）。

（二）广告法的调整对象

广告法的调整对象是广告关系。这种广告关系，包括两大类社会关系：①广告监督管理机关、广告审查机关、广告主、经营者和广告发布者等主体相互之间，在广告监督管理、广告审查和广告活动过程中所发生的社会关系；②广告主、经营者和广告发布者等主体与消费者之间在广告信息传递过程中所发生的社会关系。这两类广告关系互为表里、相互依存。就其展开形式而言，广告关系包括以下几种具体的社会关系：

1. 广告监督管理机关在实施广告监督管理过程中与广告主、广告经营者和广告发布者发生的社会关系。广告监督管理是市场监督管理的重要内容之一。在我国，各级工商行政管理部门是广告监督管理的法定机关，对广告负有监督管理的职责。广告法对这种社会关系进行调整，其主要目的在于为工商行政管理部门监督管理广告活动提供依据，使其监督管理活动"有法可依"，并通过这种监督管理活动的进行建立正常的广告秩序。

2. 广告审查机关在实施广告审查过程中与广告主发生的社会关系。广告的发布涉及面广、影响力大，如不进行事先的审查，其负面影响就难以预防和消除，就可能对市场秩序和消费者的人身和财产造成损害。因而，本着预防为主的思想，广告审查机关必须对广告主所发布的广告进行事先审查。这种审查，既包括形式意义上的审查，也包括实质意义上的审查。在广告的审查过程中，广告审查机关便与广告主之间产生了广告法所调整的社会关系。广告法调整这类社会关系的主要目的在于为广告审查机关审查广告提供依据，进而确保特殊商品广告的质量，维护人身、财产的安全。

3. 广告主、广告经营者和广告发布者在进行广告活动的过程中相互间发生的关系。这是指广告主与广告经营者或广告主、广告经营者与广告发布者在广告承揽、设计、制作、代理、发布等活动中发生的社会关系。这类关系具有平等、自愿、有偿的特点，主要表现为广告合同关系。广告法调整这类社会关系，主要目的在于明确广告主、广告经营者和广告发布者在广告活动中的权利义务，减少、避免和正确处理广告纠纷，维护社会经济秩序。

4. 广告主、广告经营者和广告发布者与消费者之间在广告信息传递过程中所发生的社会关系。广告主发布广告的直接目的是希望引起消费者的注意，并以此达到推销商品和服务的目的。这样一来，广告主、广告经营者和广告发布者便与消费者之间产生了一种信息传递社会关系。在这种关系中，广告主、广告经营者和广告发布者有传递真实、完整、准确、及时的商品和服务信息的义务，否则，就应当对消费者因此而受到的损害进行赔偿。广告法规范这种社会关系，主要的目的就是保护消费者的合法权益。

第二节 广告准则

一、广告的一般准则

广告的一般准则，即适用于一般商品和服务广告活动的基本标准和基本要求，在广告准则中处于基础性地位。根据我国《广告法》的规定，广告的一般准则包括广告内容的一般准则和广告形式的一般准则。

（一）广告内容的一般准则

广告内容的一般准则是广告的一般准则的重要组成部分。根据我国《广告法》的规定，广告内容的一般准则包括合法、真实、准确等几项具体内容。

1. 合法。合法是广告的本质要求，具体是指广告必须遵守或不违背法律对广告内容的一切规定。按照我国《广告法》的规定，广告内容合法，总的要求是：广告应当真实、合法，以健康的表现形式表达广告内容，符合社会主义精神文明建设和弘扬中华民族优秀传统文化的要求。不得含有虚假或者引人误解的内容，不得欺骗、误导消费者。对于这一总的要求，《广告法》第9条还作了具体要求。这些要求主要有：①使用或者变相使用中华人民共和国的国旗、国歌、国徽，军旗、军歌、军徽；②使用或者变相使用国家机关、国家机关工作人员的名义或者形象；③使用"国家级""最高级""最佳"等用语；④损害国家的尊严或者利益，泄露国家秘密；⑤妨碍社会安定，损害社会公共利益；⑥危害人身、财产安全，泄露个人隐私；⑦妨碍社会公共秩序或者违背社会良好风尚；⑧含有淫秽、色情、赌博、迷信、恐怖、暴力的内容；⑨含有民族、种族、宗教、性别歧视的内容；⑩妨碍环境、自然资源或者文化遗产保护；⑪法律、行政法规规定禁止的其他情形。

2. 真实。真实是广告合法性的当然要求。即广告应当实事求是地介绍商品或者服务，不得含有虚假的内容，欺骗和误导社会公众。广告内容真实，具体包括两方面的内容：①客观真实。即广告应当实事求是地、客观地宣传和介绍商品与服务，既不夸大其优点，也不隐瞒其缺点。客观真实是真实性的基础，没有客观的真实，广告宣传就是虚假宣传。②法律真实。即广告应以法律事实为依据。有些广告的内容必须以法律的授予为依据，这就要求广告宣传必须做到法律真实。如根据我国《广告法》第11、12条的规定，广告使用数据、统计资料、调查结果、文摘、引用语应当真实，并表明出处；广告中涉及专利产品或者专利方法的，应当标明专利号和专利种类；未取得专利权的，不得在广告中谎称取得专利权；禁止使用未授予专利权的专利申请和已经终止、撤销、无效的专利作广告。这些规定，都体现了广告应以法律事实为依据的要求。

3. 准确。即广告对商品或者服务的介绍应力求清楚，切忌含糊其辞、模棱两可，引起消费者的误认或者误购。我国《广告法》对广告的准确性作了如下具体规定：①广告内容涉及的事项需要取得行政许可的，应当与许可的内容相符合。广告使用数据、统计资料、调查结果、文摘、引用语等引证内容的，应当真实、准确，并表明出处。引证内容有适用范围和有效期限的，应当明确表示。②广告中涉及专利产品或者专利方法的，应当标明专利号和专利种类。未取得专利权的，不得在广告中谎称取得专利权。禁止使用未授予专利权的专利申请和已经终止、撤销、无效的专利作广告。

（二）广告形式的一般准则

广告形式的一般准则，即各种广告在表现形式上应当遵循的共同性标准和要求。按照我国《广告法》的规定，广告形式的一般准则主要包括两方面的内容：

1. 广告应当具有可识别性。广告作为一种介绍商品和服务的形式，具有不同于其他信息传播方式的特点，因而应当具备可识别性。所谓可识别性，即应当使广大消费者辨明其为广告。为使广大消费者容易辨明广告与非广告，我国《广告法》特别要求，通过大众传播媒介发布的广告应当有广告标记或者广告说明，以便与其他非广告信息相区别，不得使消费者产生误解。

2. 大众传播媒介不得以新闻报道的形式发布广告。新闻与广告有着质的区别，断不可将二者混为一谈。但是，近年来，以新闻报道的形式发布广告的现象却层出不穷、屡禁不止。这种以新闻报道的形式发布广告的现象，学术界称为新闻广告。以新闻形式发布广告，危害极大，既损害了新闻单位的声誉和公众的利益，又易诱导消费者的消费，因而，我国《广告法》明令禁止大众传播媒介以新闻报道形式发布广告。

二、广告的特殊准则

广告的特殊准则，是指特殊商品广告活动的广告准则。所谓特殊商品，是指涉及人体健康以及人身、财产安全的商品。我国《广告法》中的特殊商品主要是指食品、药品、医疗器械、化妆品、烟、酒、农药、房地产等。

（一）食品广告的特殊准则

食品是指各种供人食用或饮用的成品和原料，包括普通食品、保健食品、新资源食品和特殊食品，但不包括以治疗为目的的药品。其中：保健食品是指具有特定保健功能，适宜于特定人群，具有调节机体功能，不以治疗疾病为目的的食品；新资源食品是指以在我国新研制、新发现、新引进的无食用习惯或者仅在个别地区有食用习惯的，符合食品基本要求的物品生产的食品；特殊营养食品是指通过改变食品的天然营养素的成分和含量比例，以适应某些特殊人群营养需要的食品。因而，食品广告也可以区分为保健食品广告、普通食品广告、新资源食品广告和特殊食品广告。

根据《广告法》第18条的规定，保健食品广告不得含有下列内容：①表示功效、安全性的断言或者保证；②涉及疾病预防、治疗功能；③声称或者暗示广告商品为保障健康所必需；④与药品、其他保健食品进行比较；⑤利用广告代言人作推荐、证明；⑥法律、行政法规规定禁止的其他内容。保健食品广告应当显著标明"本品不能代替药物"。

1996年12月30日国家工商行政管理局发布的《食品广告发布暂行规定》（1998年12月3日修订）规定：①食品广告必须真实、合法、科学、准确，符合社会主义精神文明建设的要求，不得欺骗和误导消费者；②食品广告不得含有"最新科学""最新技术""最先进加工工艺"等绝对化的语言或者表示；③食品广告不得出现与药品相混淆的用语，不得直接或者间接地宣传治疗作用，也不得借助宣传某些成分的作用明示或者暗示该食品的治疗作用；④食品广告不得明示或者暗示可以替代母乳，不得使用哺乳妇女和婴儿的形象；⑤食品广告中不得使用医疗机构、医生的名义或者形象；食品广告中涉及特定功效的，不得利用专家、消费者的名义或者形象做证明；⑥普通食品、新资源食品、特殊营养食品广告不得宣传保健功能，也不得借助宣传某些成分的作用明示或者暗示其保健作用；普通食品广告不得宣传该食品含有新资源食品中的成分或者特殊营养成分；《食品安全法》禁止生产经营的以及违反国家食品卫生有关规定生产经营的食品不得发布广告。

（二）药品、医疗器械广告的特殊准则

药品，是指用于预防、治疗、诊断人的疾病，有目的地调节人的生理机能并规定有适应证、用法和用量的物质，包括中药材、中药饮片、中成药、化学原料药及其制剂、抗生素、生化药品、放射性药品、血清疫苗、血清制品和诊断药品等。医疗器械，是指用于人体疾病诊断、治疗、预防，调节人体生理功能或替代人体器官的仪器、设备、装置、器具、材料及其相关物品。

为规范药品和医疗器械广告行为，我国《广告法》第16条明确规定，医疗药品、医疗器械广告不得含有下列内容：①表示功效、安全性的断言或者保证；②说明治愈率或者有效率；③与其他药品、医疗器械的功效和安全性或者其他医疗机构比较；④利用广告代言人作推荐、证明；⑤法律、行政法规规定禁止的其他内容。

药品广告的内容不得与国务院药品监督管理部门批准的说明书不一致，并应当显著标明禁忌、不良反应。处方药广告应当显著标明"本广告仅供医学药学专业人士阅读"，非处方药广告应当显著标明"请按药品说明书或者在药师指导下购买和使用"。推荐给个人自用的医疗器械的广告，应当显著标明"请仔细阅读产品说明书或者在医务人员的指导下购买和使用"。医疗器械产品注册证明文件中有禁忌内容、注意事项的，广告中应当显著标明"禁忌内容或者注意事项详见说明书"。

除药品、医疗器械广告外的其他任何广告均不得涉及疾病治疗功能，并不得使用医疗用语或者易使推销的商品与药品、医疗器械相混淆的用语。

麻醉药品、精神药品、医疗用毒性药品、放射性药品等特殊药品，药品类易制毒化学品，以及戒毒治疗的药品、医疗器械和治疗方法，不得作广告。这些特殊药品以外的处方药，只能在国务院卫生行政部门和国务院药品监督管理部门共同指定的医学、药学专业刊物上作广告。

（三）医疗广告的特殊准则

医疗广告，是指医疗机构通过一定的媒介或者形式，向社会或者公众宣传其运用科学技术诊疗疾病的活动。

为规范医疗广告，1993 年 9 月 27 日国家工商管理局、卫生部联合发布了《医疗广告管理办法》（2006 年 11 月 10 日，又联合修改了该办法）。根据修改后的办法，医疗广告应当遵守如下规定：

1. 医疗机构发布医疗广告，应当在发布前申请医疗广告审查。未取得《医疗广告审查证明》，不得发布医疗广告。

2. 医疗广告的表现形式不得含有以下情形：涉及医疗技术、诊疗方法、疾病名称、药物的；保证治愈或者隐含保证治愈的；宣传治愈率、有效率等诊疗效果的；淫秽、迷信、荒诞的；贬低他人的；利用患者、卫生技术人员、医学教育科研机构及人员以及其他社团、组织的名义、形象作证明的；使用解放军和武警部队名义的；法律、行政法规规定禁止的其他情形。

3. 禁止利用新闻形式、医疗资讯服务类专题节（栏）目发布或变相发布医疗广告。有关医疗机构的人物专访、专题报道等宣传内容，可以出现医疗机构名称，但不得出现有关医疗机构的地址、联系方式等医疗广告内容；不得在同一媒介的同一时间段或者版面发布该医疗机构的广告。

（四）化妆品广告的特殊准则

化妆品包括一般性化妆品和特殊用途化妆品。一般性化妆品，是指以涂擦、喷洒或者其他类似的办法，散布于人体表面任何部位（皮肤、毛发、指甲、口唇等），以达到清洁、消除不良气味、护肤、美容和修饰目的的日用化学工业产品。本办法所称的特殊用途化妆品，是指用于育发、染发、烫发、脱毛、美乳、健美、除臭、祛斑、防晒的化妆品。

为规范化妆品广告行为，1993 年 7 月 13 日国家工商行政管理局发布了《化妆品广告管理办法》（2005 年 9 月 28 日国家工商行政管理局发布的《关于按照新修订的〈广告管理条例施行细则〉调整有关广告监管规章相应条款的决定》对该办法的法律责任部分进行了相应修改）。根据该办法，化妆品广告应当遵守如下规定：①化妆品广告内容必须真实、健康、科学、准确，不得以任何形式欺骗和误导消费者。②广告客户对可能引起不良反应的化妆品，应当在广告中注明使用方法，注意事项。③化妆品广告禁止出现下列内容：化妆品名称、制法、成分、效用或者性能有虚假夸大的；使用他人名义保证或者以暗示方法使人误解其效用的；宣传医疗作用或者使用医疗术语的；有贬低同类产品内容的；使用最新创造、最新发明、纯天然制品、无副作用等绝对化语言的；有涉及化妆品性能或者功能、销量等方面的数据的；违反其他法律、法规规定的。④广告经营者承办或者代理化妆品广告，应当查验证明，审查广告内容。对不符合规定的，不得承办或者代理。

（五）烟草广告的特殊准则

烟草广告，是指烟草制品生产者或者经销商发布的，含有烟草企业名称、标识，烟草制品名称、商标、包装、装潢等内容的广告。

《广告法》第 22 条禁止在大众传播媒介或者公共场所、公共交通工具、户外发布烟草广告；禁止向未成年人发送任何形式的烟草广告；禁止利用其他商品或者服务的广告、公益广告，宣传烟草制品名称、商标、包装、装潢以及类似内容。烟草制品生产者或者销售者发布的迁址、更名、招聘等启事中，不得含有烟草制品名称、商标、包装、装潢以及类似内容。

（六）酒类广告的特殊准则

酒类广告，是指含有酒类商品名称、商标、包装、制酒企业名称等内容的广告。

为规范酒类广告行为，1995 年 11 月 17 日国家工商行政管理局发布了《酒类广告管理办法》（2005 年 9 月 8 日修改）。根据该办法，酒类广告中不得出现以下内容：鼓动、倡导、引诱人们饮酒或者宣传无节制饮酒；饮酒的动作；未成年人的形象；表现驾驶车、船、飞机等具有潜在危险的活动；诸如可以"消除紧张和焦虑""增加体力"等不科学的明示或者暗示；把个人、商业、社会、体育、性生活或者其他方面的成功归因于饮酒的明示或者暗示；关于酒类商品的各种评优、评奖、评名牌、推荐等评比结果；不符合社会主义精神文明建设的要求，违背社会良好风尚和不科学、不真实的其他内容。

在各类临时性广告活动中，以及含有附带赠送礼品的广告中，不得将酒类商品作为奖品或者礼品出现。

大众传播媒介发布酒类广告，不得违反下列规定：电视每套节目每日发布的酒类广告，在特殊时段（19:00～21:00）不超过 2 条，普通时段每日不超过 10 条；广播每套节目每小时发布的酒类广告，不得超过 2 条；报纸、期刊每期发布的酒类广告，不得超过 2 条，并不得在报纸第 1 版、期刊封面发布。

（七）农药、兽药、饲料和饲料添加剂以及农作物种子、林木种子、草种子、种畜禽、水产苗种和种养殖广告的特殊准则

根据我国《广告法》第 21 条的规定，农药、兽药、饲料和饲料添加剂广告不得有下列内容：表示功效、安全性的断言或者保证；利用科研单位、学术机构、技术推广机构、行业协会或者专业人士、用户的名义或者形象作推荐、证明；说明有效率；违反安全使用规程的文字、语言或者画面；法律、行政法规规定禁止的其他内容。

根据我国《广告法》第 27 条的规定，农作物种子、林木种子、草种子、种畜禽、水产苗种和种养殖广告关于品种名称、生产性能、生长量或者产量、品质、抗性、特殊使用价值、经济价值、适宜种植或者养殖的范围和条件等方面的表述应当真实、清楚、明白，并不得含有下列内容：作科学上无法验证的断言；表示功效的断言或者保证；对经济效益进行分析、预测或者作保证性承诺；利用科研单位、学术机构、技术推广机构、行业协会或者专业人士、用户的名义或者形象作推荐、证明。

（八）房地产广告的特殊准则

房地产广告，指房地产开发企业、房地产权利人、房地产中介服务机构发布的房地产项目预售、预租、出售、出租、项目转让以及其他房地产项目介绍的广告。

按照《广告法》第 26 条之规定，房地产广告，房源信息应当真实，面积应当表明为建筑面积或者套内建筑面积，并不得含有下列内容：升值或者投资回报的承诺；以项目到达某一具体参照物的所需时间表示项目位置；违反国家有关价格管理的规定；对规划或者建设中的交通、商业、文化教育设施以及其他市政条件作误导宣传。

为规范房地产广告行为，2015 年 12 月 24 日国家工商行政管理总局发布了《房地产广告发布规定》（2016 年 2 月 1 日起施行），该规定明确要求：

1. 房地产广告必须真实、合法、科学、准确，不得欺骗、误导消费者；不得含有风水、占卜等封建迷信内容，对项目情况进行的说明、渲染，不得有悖社会良好风尚；不得含有广告主能够为入住者办理户口、就业、升学等事项的承诺；不得利用其他项目的形象、环境作为本项目的效果；不得出现融资或者变相融资的内容。

2. 房地产广告涉及所有权或者使用权的，所有或者使用的基本单位应当是

有实际意义的完整的生产、生活空间；对价格有表示的，应当清楚表示为实际的销售价格，明示价格的有效期限；项目位置示意图，应当准确、清楚，比例恰当；涉及的交通、商业、文化教育设施及其他市政条件等，如在规划或者建设中，应当在广告中注明；涉及内部结构、装修装饰的，应当真实、准确；使用建筑设计效果图或者模型照片的，应当在广告中注明；涉及贷款服务的，应当载明提供贷款的银行名称及贷款额度、年期；涉及物业管理内容的，应当符合国家有关规定，涉及尚未实现的物业管理内容，应当在广告中注明；涉及房地产价格评估的，应当表明评估单位、估价师和评估时间，使用其他数据、统计资料、文摘、引用语的，应当真实、准确，表明出处。

3. 不得发布房地产广告的情形包含：在未经依法取得国有土地使用权的土地上开发建设的；在未经国家征用的集体所有的土地上建设的；司法机关和行政机关依法裁定、决定查封或者以其他形式限制房地产权利的；预售房地产，但未取得该项目预售许可证的；权属有争议的；违反国家有关规定建设的；不符合工程质量标准，经验收不合格的。

第三节 广告活动

一、广告活动概述

广告活动，是指广告主、广告经营者和广告发布者设计、制作和发布广告的活动，是一种经济活动。

与其他经济活动相比，广告活动的主体和内容都非常特殊。从主体上来讲，广告活动的主体表现为广告主、广告经营者和广告发布者；从内容上来讲，广告活动的内容是特定的，具体表现为广告的设计、制作和发布。正是这种主体和内容的特殊性，使广告活动与其他经济活动有了本质上的区别。

广告活动作为一项经济活动和法律活动，应当坚持平等自愿、诚实信用、等价有偿、公平竞争的原则。

二、广告活动主体的法律规制

广告主、广告经营者和广告发布者是广告活动的主体，规范广告活动主要是规范广告主体的活动。我国《广告法》第三章对广告活动作了明确而具体的规范。

（一）对广告主的法律规制

根据我国《广告法》第2条的规定，"广告主"是指为推销商品或者提供服务，自行或委托他人设计、制作、发布广告的自然人、法人或者其他组织。在广告活动中，"广告主具有多重身份，既是广告活动的发起者、投资者，又是广告信息的发出者，广告效应的收益者，法律责任的承担者"[1]。

广告主在广告活动中享有如下权利：①广告决定权；②对广告公司和广告媒介的选择权；③拒绝行政机关乱收费、乱摊派的权利；④要求进行不正当竞争的企业停止侵害、恢复名誉、赔偿损失的请求权；⑤要求广告管理机关依法保护其合法权利的权利；⑥申请复议和提起诉讼的权利。

根据权利与义务相一致的法律原则，广告主在享有上述权利的同时，还应当承担如下几项义务：①广告主的广告宣传内容必须在其经营范围或者国家许可的范围以内；②广告主必须委托经工商行政管理机关核准登记，具有广告经营资格的广告经营者承办广告宣传业务；③广告主委托广告经营者承办或者代理广告业务，应当与广告经营者签订书面合同，明确双方的权利和义务以及各自的法律责任；④广告主应当对其发布的广告内容提供证明文件、资料加以证实，务必保证广告内容真实、客观、合法；⑤广告主进行广告活动时应当遵守诚实信用、公平竞争、等价有偿的市场经济条件下的法律原则，不得利用广告宣传贬低或者损害竞争对手，不得利用广告宣传损害用户或消费者的合法权益；⑥在广告中使用他人名义或者形象的，应当事先取得其书面同意；使用无民事行为能力人、限制民事行为能力人的名义或者形象的，应当事先取得其监护人的书面同意。

（二）对广告经营者的法律规制

根据我国《广告法》第2条的规定，"广告经营者"是指受委托提供广告设计、制作、代理服务的自然人、法人或者其他组织。在我国，广告经营者主要是指各类广告公司。广告公司种类繁多，既有全面代理广告公司、单一商品广告代理的经营者、单一媒体广告代理的广告经营者，又有专门从事广告设计、制作代理的经营者、提供广告调查代理的广告经营者、提供广告工程代理的广告经营者、影视广告摄制代理的广告经营者、以企业为对象的代理。

广告公司是广告主和广告发布者的桥梁和纽带，为广告主和广告媒介提供双向服务。其中，对广告主的服务内容主要包括以下几个方面：①为广告主提供详尽的市场调查和消费者调查，为广告主开发新产品提出建议，并为广告活动的开展打下基础；②确认市场和新产品的特点；③研究影响广告主产品销售的各种因素，提出改进意见；④了解各种媒体的性能、特点、接受对象的状况、收费等；⑤在市场调查的基础上，配合商品的销售策略，帮助或协助广告主制订广告规

---

〔1〕 王军：《广告管理与法规》，中国广播电视出版社2006年版，第68页。

划，提出广告目标、广告战略、广告预算的建议，供广告主选择、确认；⑥根据广告代理合同，实施广告战略，运用专业知识、技能和手法，将广告主的意愿表达出来，即设计、制作广告作品；⑦根据代理合同约定，与广告媒介签订广告发布合同，保证广告在特定的媒介、特定的时期或版面上发布，把广告主的信息传递给目标受众；⑧监测广告发布是否符合发布合同的约定，测定广告效果，向广告主反馈市场信息，总结广告宣传工作，及时调整广告计划；⑨协助广告主进行其他促销活动；⑩提供其他的服务；⑪为广告主提供各种有关信息；⑫帮助广告主共同遵守广告管理法规，审查广告内容，保证广告符合法律规定的发布标准。

对媒介单位的服务内容包括以下几个方面：①为媒介提供广告业务来源，代理媒介销售版面和时间段，以扩展媒介的广告业务量，增加其广告收入；②在广告刊发后，代理媒介向广告主收取费用，并承担广告费呆账的风险，对媒介承担支付广告费的全部责任；③使媒介集中精力搞好媒介发布、研究、开发工作，提高媒介的收视、收听、阅读率和发布水平；④帮助媒介单位守法把关，减轻媒介单位的审查压力。

根据《广告法》，广告经营者主要负担以下法律义务：①在广告活动中应当依法订立书面合同；②不得在广告活动中进行任何形式的不正当竞争；③在广告中使用他人名义或者形象的，应当事先取得其书面同意；④使用无民事行为能力人、限制民事行为能力人的名义或者形象的，应当事先取得其监护人的书面同意；⑤应当按照国家有关规定，建立、健全广告业务的承接登记、审核、档案管理制度；⑥依据法律、行政法规查验有关证明文件，核对广告内容，对内容不符或者证明文件不全的广告，不得提供设计、制作、代理服务；⑦应当公布其收费标准和收费办法；⑧法律、行政法规规定禁止生产、销售的产品或者提供的服务，以及禁止发布广告的商品或者服务，不得提供设计、制作、代理等服务。

（三）对广告发布者的法律规制

根据我国《广告法》第2条的规定，"广告发布者"是指为广告主或者广告主委托的广告经营者发布广告的自然人、法人或者其他组织。

在我国，表现为组织的广告发布者主要有两类：①新闻媒介单位；②具有广告发布媒介的企业、其他法人或者经济组织。前者主要利用电视、广播、报纸等新闻媒介进行广告的发布，而后者则主要是通过图书、杂志、灯箱、影剧院、商店、宾馆、交通工具、气球、建筑物等媒介进行广告的发布。

根据《广告法》的规定，广告发布者应当承担以下义务：①应当公布其收费标准和收费办法；②向广告主、广告经营者提供的覆盖率、收视率、点击率、发行量等资料应当真实；③法律、行政法规规定禁止生产、销售的产品或者提供的服务，以及禁止发布广告的商品或者服务，不得发布广告；④不得在中小学校、幼儿园内开展广告活动，不得利用中小学生和幼儿的教材、教辅材料、练习册、文具、教具、校服、校车等发布或者变相发布广告，但公益广告除外；⑤在针对未成年人的大众传播媒介上不得发布医疗、药品、保健食品、医疗器械、化妆品、酒类、美容广告，以及不利于未成年人身心健康的网络游戏广告；⑥针对不满14周岁的未成年人的商品或者服务的广告不得含有劝诱其要求家长购买广告商品、服务或者可能引发其模仿不安全行为等内容；⑦按规定设置户外广告；⑧未经当事人同意或者请求，不得向其住宅、交通工具等发送广告，也不得以电子信息方式向其发送广告，以电子信息方式发送广告的，应当明示发送者的真实身份和联系方式，并向接收者提供拒绝继续接收的方式；⑨利用互联网发布、发送广告，不得影响用户正常使用网络，在互联网页面以弹出等形式发布的广告，应当显著标明关闭标志，确保一键关闭。

（四）对广告代言人的规制

根据《广告法》相关规定，"广告代言人"是指广告主以外的，在广告中以自己的名义或者形象对商品、服务作推荐、证明的自然人、法人或者其他组织。不满10周岁的未成年人以及在虚假广告中作推荐、证明受到行政处罚未满3年的自然人、法人或者其他组织，不得作为广告代言人。

广告代言人依法承担的义务为：在广告中对商品、服务作推荐、证明时，应当依据事实，符合本法和有关法律、行政法规规定，不得为其未使用过的商品或者未接受过的服务作推荐、证明。

第四节　广告的监督管理

一、广告审查

根据《广告法》，发布医疗、药品、医疗器械、农药、兽药和保健食品广告，以及法律、行政法规的规定应当进行审查的其他广告，应当在发布前由广告审查机关对广告内容进行审查；未经审查，不得发布。广告主申请广告审查，应当依照法律、行政法规向广告审查机关提交有关证明文件。广告审查机关应当依照法律、行政法规的规定作出审查决定，并应当将审查批准文件抄送同级工商行政管理部门。广告审查机关应当及时向社会公布批准的广告。

二、广告监督管理

依据《广告法》，工商管理部门为广告监督管理部门，其依法享有下列监督管理职权：①对涉嫌从事违法广告活动的场所实施现场检查；②询问涉嫌违法当事人或者其法定代表人、主要负责人和其他有关人员，对有关单位或者个人进行调查；③要求涉嫌违法当事人限期提供有关证明文件；④查阅、复制与涉嫌违法广告有关的合同、票据、账簿、广告作品和其他有关资料；⑤查封、扣押与涉嫌违法广告直接相关的广告物品、经营工具、设备等财物；⑥责令暂停发布可能造成严重后果的涉嫌违法广告。

工商行政管理部门依法行使职权，当事人应当协助、配合，不得拒绝、阻挠。工商管理部门及其工作人员对其在广告监督管理活动中知悉的商业秘密负有保密义务。

任何单位或者个人都有权向工商行政管理部门和有关部门投诉、举报违反本法的行为。工商行政管理部门和有关部门应当向社会公开受理投诉、举报的电话、信箱或者电子邮件地址，接到投诉、举报的部门应当自收到投诉之日起 7 个工作日内，予以处理并告知投诉、举报人。工商行政管理部门和有关部门不依法履行职责的，任何单位或者个人都有权向其上级机关或者监察机关举报。接到举报的机关应当依法作出处理，并将处理结果及时告知举报人。有关部门应当为投诉、举报人保密。

第五节 广告法律实务

《广告法》作为规范广告行为的专门性法律规范，担负着维护广告秩序，进而维护市场经济秩序，保护用户和消费者合法权益的重任。广告管理机关（目前是工商行政管理机关）作为广告法的执法机关，主要通过对广告发布的审查（主要目的在于预防）和对违法广告的处理（主要目的在于制裁）实现《广告法》的目的。因而，对广告发布的审查和对违法广告的处理便成为《广告法》法律运用的重要内容。

一、广告发布的审查

广告审查机关对广告主、广告经营者所发布的广告进行事先审查是发现非法、制止违法，维护市场经济秩序，保护用户和消费者合法权益的重要举措，也是我国广告管理的经验总结。

广告审查机关的审查，既包括形式审查，也包括实质审查；既包括一般商品广告的审查，也包括特殊商品广告的审查。

广告审查机关审查商品广告，是一项严肃的法律活动，必须认真执行。广告审查机关在进行广告审查时应当坚持以下原则：

1. 合法原则。合法是行政管理机关进行法律活动的基本要求，任何无法律依据的活动都是无效的，都不能产生合法的法律后果。

2. 全面原则。广告审查机关对广告主、广告经营者所发布的广告，既应当审查它的形式，又要审查它的实质，也就是要对广告进行全面的审查。全面审查原则是广告审查的又一基本原则。所谓全面，就是要审查一切有关广告主、广告经营者合法经营资格的证明文件。

3. 及时原则。广告审查机关对广告的审查应当在广告发布之前进行，及时发现问题，及时解决问题，此即广告审查的及时原则。

广告审查机关在从事广告审查活动时，除应当坚持合法、全面、及时的法律原则之外，在对特殊的商品广告进行审查时还必须按照《广告法》第34条的规定进行严格的审查。

广告审查机关对广告的审查，主要是为了发现广告违法行为，及时制止广告违法行为，为合法的广告发布发放绿色通行证，并以此维护市场经济秩序，保护用户和消费者合法权益。就市场实际来看，下列行为均应当认定为广告违法行为：①利用广告对商品或者服务作虚假宣传的行为；②发布虚假广告，欺骗和误导消费者，使购买商品或者接受服务的消费者的合法权益受到损害的行为；③广告内容违反法律规定或者法规的行为；④广告内容不清晰，使用资料不准确、不真实的行为；⑤广告中有侵犯他人专利权或者商标权的行为；⑥以新闻报道的方式发布广告的行为；⑦广告中有贬低或者毁损其他企业形象的行为；⑧未经审查或者审查不合格而擅自发布广告的行为；⑨违反规定发布烟草广告的行为；⑩提供虚假证明蒙骗广告审查机关的行为；⑪伪造或者编造广告审查文件、公告或者决定的行为；⑫擅自从事广告设计、制作或者发布的行为；⑬超越经营范围从事广告活动的行为；⑭违法设置户外广告的行为；⑮向广告审查机关出具非法或者虚假证明的行为。

凡属于广告违法行为的，广告审查机关都应当作出不准予发布的决定，同时，还应当及时予以纠正。凡是未经审查或者虽经审查但未被通过而擅自发布商品广告的，都要依法承担广告法律责任。

二、对违法广告的处理

对违法广告的处理，主要是对违法广告的制裁。这种制裁，主要是行政制裁。行政制裁的措施主要有：责令广告主停止发布、责令以等额广告费用在相应范围内消除影响、责令公开更正、罚款、没收非法所得、停止广告业务等。除行政责任之外，对于违反广告法的规定，情节严重，构成犯罪的，还应当依法追究刑事责任。

广告审查机关对发布广告的审查和对违法广告行为的处理，是其法定职责，也是预防违法广告的重要举措，任何放弃、转让审查职责，变更审查内容的行为，都是违反法律规定的，都应当承担法律责任。

复习与思考

1. 何谓广告？商业性广告和非商业性广告有哪些重要区别？

2. 我国广告准则的基本内容有哪些？

3. 简述《广告法》禁止"以新闻报道形式发布广告"的原因。

4. 简述广告活动的法律形式。

5. 简述广告的审查。

6. 材料：2000 年 6 月 6 日，嘉华苑科技公司与案外人李某签订《〈中华图片库〉图片拍摄合同书》，嘉华苑科技公司依约获得了《中华图片库》中所有图片的著作权。此后，《中华图片库》系列光盘由北京大学出版社出版发行，在《中华图片库——商务与金融33》光盘的索引中有包括 CF2－007 和 CF2－047 在内的若干图片。嘉华苑科技公司在其中的"版权声明"称其享有光盘中所有图片的著作权。2003 年 7 月 15 日，北京大学出版社出具《关于〈中华图片库〉的说明》，表示《中华图片库》中所有图片著作权由嘉华苑科技公司享有。

2003 年 1 月 3 日，一汽销售公司（甲方）与纵横时代广告公司（乙方）签订《广告发布合同书》，约定甲方委托乙方在指定地区的媒体上发布明仕汽车商务版的平面媒体广告；广告所用物料全权委托乙方办理，基础素材由甲方负责提供，乙方刊出广告前，版面需经甲方审核才能刊登；乙方负责审查广告内容及表现形式，对不符合法律法规的广告内容和表现形式，乙方有权要求甲方进行修改；甲方委托乙方发布的广告出现法律问题，应由甲方承担相关法律责任；甲方应及时提供广告资料，配合乙方做好媒体发布工作等内容。此后，纵横时代广告公司依据该委托在 2003 年 1 月 6 日出版的《京华时报》上刊登了"明仕商务成功真朋友"汽车广告，该广告中使用了编号为 CF2－047 的图片。

此后，一汽销售公司又委托案外其他广告公司在《京华时报》上发布了 3 次广告，其中 2003 年 1 月 23 日的广告与上述广告相同，使用了编号为 CF2－047 的图片，同年 2 月 20 日、3 月 20 日的广告则使用了编号为 CF2－007 的图片。

后原告嘉华苑科技公司起诉到北京市朝阳区法院，要求一汽销售公司和《京华时报》社停止侵权，在《××时报》上刊登致歉声明以消除影响，并赔偿经济损失4万元。

问：该案应如何处理？（案例来源：法律图书馆）

第十五章　会计法律制度

教学目的和要求

　　会计法，是指调整经济活动中会计关系的法律规范的总称。本章以《会计法》为蓝本重点介绍会计的概念、特征，会计法的概念和调整对象，会计机构和会计人员，会计核算，会计监督等问题。通过教学，使学生理解会计和会计法的概念、特征和作用；熟悉我国会计法的基本内容；了解会计核算和会计监督的基本法律规定；掌握会计规则，并能够灵活运用；学会运用会计知识进行基本经济核算。

第一节　会计法概述

一、会计与会计法的概念

（一）会计的概念

　　会计，是以货币计量为基本形式，采用专门方法，对经济活动进行记录、核算和分析的一种科学管理活动，它是经济管理的重要组成部分。

　　会计具有以下特征：

　　1. 货币计量。会计的一个主要特征，就是以货币作为最基本的计量形式。会计管理运用价值形式，对再生产过程中发生的各种经济业务，以货币进行统一计价，这样就能取得经营管理所必需的综合性指标，如实反映和掌握经济活动全貌，对经济活动进行总体评价，并据以确定和考核经济效益。

　　2. 连续性。即在核算时，应以审核的凭证为依据，按照经济业务发生的先后顺序，不间断地进行记录。

　　3. 系统性。即在核算中，从开始记录一项经济业务到最后编制会计报表，要逐步把会计资料系统化，先分类汇总，然后进行加工整理，以取得综合性的指标。

　　4. 完整性。即在核算中，对于发生的经济业务，不论数额大小，会计都要记，都要算，既不能遗漏，也不能有任何取舍，从而保证会计所提供信息的准确性和可靠性。

（二）会计法的概念

会计法有广义和狭义之分：

1. 广义的会计法，是指国家权力机关和行政机关制定的各种会计法律、法规的总称。通常与"会计法规"一词通用。包括以下几个方面：①会计基本法，即《中华人民共和国会计法》，由全国人民代表大会常务委员会制定发布。②会计行政法规，是指由国家最高行政机关即国务院制定的有关会计方面的各种规范性文件的总称。它往往是对会计某一方面作出的规定或对会计法作出补充和具体化。③会计规章，是指由国家主管会计工作的行政机关如财政部门制定的有关会计规则、准则、章程、办法、制度等的总称。④会计准则和会计制度，是指组织和从事会计工作必须遵循的规范和准则。从整个会计法规体系上来理解，会计准则和会计制度不应构成一个独立的层次，而应作为会计规章的一部分。

2. 狭义的会计法，仅指 1985 年 1 月 21 日第六届全国人民代表大会常务委员会第九次会议通过，根据 1993 年 12 月 29 日第八届全国人民代表大会常务委员会第五次会议《关于修改〈中华人民共和国会计法〉的决定》第一次修正，1999 年 10 月 31 日第九届全国人民代表大会常务委员会第十二次会议修订，根据 2017 年 11 月 4 日第十二届全国人民代表大会常务委员会第三十次会议《关于修改〈中华人民共和国会计法〉等十一部法律的决定》第二次修正的《中华人民共和国会计法》（以下简称《会计法》）。《会计法》共分 7 章 52 条。第一章，总则；第二章，会计核算；第三章，公司、企业会计核算的特别规定；第四章，会计监督；第五章，会计机构和会计人员；第六章，法律责任；第七章，附则。

二、会计法的调整对象

会计法的调整对象是会计行为。即指运用货币量度对经济过程中使用财产物资和发生的劳动耗费进行系统地计算、记录、分析和检查的活动，以及围绕着这些活动，为充分保证通过这些活动能够形成真实、完整的会计信息而进行的监督活动和管理活动。它可以分为三类：①会计核算行为；②会计监督行为；③会计管理行为。

三、会计机构和会计人员的法律规定

（一）会计机构设置的法律规定

所谓会计机构，是指各单位依据会计工作的需要设置的专门负责办理本单位会计业务事项，进行会计核算，实行会计监督的职能部门。它一般由会计机构负责人和会计人员组成。

根据《会计法》的规定，会计机构的设置主要有两种形式：①单独设立会计机构；②在有关机构中设置会计人员并指定会计主管人员。不具备设置条件的，应当委托经批准设立从事会计代理记账业务的中介机构代理记账。代理记账不是《会计法》规定的主要的会计组织形式，而仅仅是一种辅助形式。

（二）总会计师设置的法律规定

总会计师，是指国有的和国有资产占控股地位或者主导地位的大、中型企业依法设置并任命负责组织领导本单位的财务管理、成本管理、预算管理、会计核算和会计监督等方面的工作，并参与本单位重要经济问题分析和决策的高级管理人员。

《会计法》将设置总会计师的范围确定为国有的和国有资产占控股地位或者主导地位的大、中型企业。

（三）会计人员的法律规定

1. 会计人员的从业资格。会计人员的从业资格，是指从事会计工作需要具备的法定资格。按照行政关系可以将会计从业人员分为一般会计从业人员和会计机构负责人两类。根据《会计法》的规定，从事会计工作的人员，必须取得会计从业资格证书。担任单位会计机构负责人（会计主管人员）的，除取得会计从业资格证书外，还应当具备会计师以上专业技术职务资格或者从事会计工作3年以上的经历。取得会计从业资格证书的条件限制主要包括以下两种情况：①因犯罪不得取得或者重新取得会计从业资格证书；②因违法违纪不得重新取得会计从业资格证书。前述第一类人员终身不得取得会计从业人员资格，第二类人员则自被吊销从业资格证书之日起5年以内不能重新取得会计从业资格。

2. 出纳人员工作岗位。所谓出纳人员工作岗位，是指出纳人员在会计工作岗位中所占据的工作位置。在会计机构中，一般来讲，出纳岗位是必不可少的。

会计法中对出纳工作岗位作出特别规定，即出纳人员不得兼管稽核、会计档案保管和收入、费用、债权债务账目的登记工作。这是由出纳的工作性质所决定的。它对于促进在会计机构中建立岗位责任制，明确分工，各司其职，各负其责，推动会计工作程序化、规范化，防范违法犯罪，将会起到积极的作用。

（四）会计工作交接

所谓会计工作交接，是指单位的会计人员在离开会计工作岗位时，应当与接替自己岗位的人员办理交接手续。

会计法对会计人员交接的规定，主要突出两点：①会计人员调离工作岗位必须与接管人员办清手续；②在交接过程中要有专人负责监交。

第二节　会计核算

一、会计核算基础的法律规定

（一）会计核算的一般法律规定

1. 会计假设。所谓会计假设，也称会计核算的前提，是指对未被确切认识的，存在不确定性的会计业务，根据客观、正常的情况或者趋势作出合乎事理的判断而形成的会计原理。

会计假设的内容主要表现为四个方面，即会计主体、会计期间、货币计量和持续经营。

（1）会计主体。会计主体，是指会计一定要为之服务的、控制一定的经济资源并对该经济资源负有法律责任的特定单位。通常情况下，会计主体是一个有一定的资金、独立开展业务活动，自负盈亏并独立编制财务会计报告的独立核算单位。明确会计主体主要是为了确定会计核算的范围，这是组织会计核算工作的首要前提。一般来说，凡是有经济业务的任何特定的独立实体，如果需要独立核算盈亏或者经营成果以及编制独立的财务会计报告，它就构成了一个会计主体。会计主体具有独立性、实体性和统一性的特点。

应当指出，会计主体与法人单位是不能等同的，它们的关系是，法人单位都应当是会计主体，但会计主体不一定都是法人单位。

（2）会计期间。会计期间，也称会计分期，是指人为地把单位连续不断的经济业务活动划分为一个个首尾相接、等间距的较短期间，据以结算账目和编制财务会计报告，以便及时提供有关经济业务活动信息。会计期间按照年度划分，称为会计年度，中间还可分为半年度、季度、月度等。

会计年度是以年度为单位进行会计核算的时间区间。《会计法》第11条对此作了规定，即"会计年度自公历1月1日起至12月31日止"。

（3）货币计量。货币计量，是指会计主体的经济业务活动及其结果可以而且必须通过货币予以综合反映。这是现代会计的一个极其重要的前提条件。

货币计算假设中有关记账本位币的内容，在《会计法》第12条中作了规定，即"会计核算以人民币为记账本位币。业务收支以人民币以外的货币为主的单位，可以选定其中一种货币作为记账本位币，但是编报的财务会计报告应当折算为人民币"。

这一规定主要包含以下几层意思：会计核算原则上应当以人民币为记账本位币；业务收支以人民币以外的货币为主的单位，可以选定其中一种货币作为本单位的记账本位币；以人民币以外的货币作为记账本位币的单位，编报的财务会计报告应当折算为人民币。

（4）持续经营。持续经营假设，多是针对企业会计核算而言的，它是指会计核算应当以企业持续、正常的生产经营活动为前提。即在正常情况下，企业将按照既定的经营方式和预定的经营目标无限期地经营下去，而不会面临破产清算。

2. 会计要素。所谓会计要素，是指会计核算对象的具体内容。《会计法》第25条规定："公司、企业必须根据实际发生的经济业务事项，按照国家统一的会计制度的规定确认、计量和记录资产、负债、所有者权益、收入、费用、成本和利润。"

3. 会计电算化。会计法对会计电算化的基本要求是：①使用电子计算机进行会计核算的单位，其使用的会计软件应当符合国家统一的会计制度的规定；②实行电算化的单位，其电子计算机生成的会计资料，应当符合国家统一的会计制度的要求。

（二）公司、企业核算的特别规定

根据《会计法》第26条的规定，公司企业的会计核算必须遵守相应的特别规定，具体包括：

1. 不得随意改变资产、负债、所有者权益的确认标准或者计量方法，虚列、多列、不列或者少列资产、负债、所有者权益。

2. 不得虚列或者隐瞒收入，推迟或者提前确认收入。

3. 不得随意改变费用、成本的确认标准或者计算方法，虚列、多列、不列或者少列费用、成本。

4. 不得随意调整利润的计算、分配方法，编造虚假利润或者隐瞒利润。

5. 不得有违反国家统一的会计制度规定的其他行为。

（三）或有事项的法律规定

所谓或有事项，是指一种既存状态、情势或者一些情况，致使单位可能获得某些经济利益（或有债权），或者可能丧失某些经济利益（或有债务）的情况处于不确定状态，这种情况最后的确定有赖于一种或者多种未来事项的发生或者不发生。简而言之，或有事项就是那些潜在的债权、债务，如果未来时期中有某种合理的或者意外事故发生，这些债权、债务可能真正转变为法定债权、债务。这些潜在的债权、债务是由资产负债表编制日期以前所发生的行为、活动或者事件，或者资产负债表编制日期所存在的情势而产生的，但必须以未来某些活动或者事件为条件的债权、债务。由于这些潜在的债权、债务一经确定，就可能对单位的资产或者负债造成很大的影响，因此，这类或有事项应当在会计上采用一定的方法进行处理。

或有事项与一般的法定债权、债务是不同的，或有事项的债权、债务可能会变为数额确定或者不确定的法定债权、债务，其与一般的债权、债务的区别在于法定债权、债务的存在是否确凿，而不在于数额是否精确可靠。例如，未决诉讼，在资产负债表编制日前已经发生，但其最后结果依赖于法院的判决，只有到判决确定之日，潜在的债权、债务才能转化为实际存在的债权或者债务。

在或有事项潜在的债权、债务中，由于债权对单位的影响是比较积极的，因此在会计核算上如何反映，不会有太大的问题；而或有债务则相反。或有债务主要有：单位提供的担保；未决诉讼；应收票据贴现；融通票据保证；保证；购货约束。

或有债务的会计处理，在实务上一直存在分歧，或有事项的会计处理较为合理的做法应该是，依据该事项产生损失或者获得利益的可能性的大小而作出不同的处理：①应当预计入账的或有事项。凡是同时符合下列条件的或有损失应当预先估算入账：一是在财务会计报告提出以前，相关事项的发展很有可能确定在资产负债表日，资产已经受到损失或债务已经发生的；二是损失金额能够合理估计的。②不必预计入账，但应当附注披露的或有事项。凡是损失的可能性大，但金额难以合理作出估计的，应当将或有损失的事实加以披露，并说明金额难以合理估计。如果或有损失的可能概率并非极大，也非极小，则不论金额是否可以确定，都应当予以披露。③不需要预计入账，也不必披露或有事项。

二、会计核算资料的法律规定

所谓会计核算资料，是指会计凭证、会计账簿、财务会计报告和其他会计资料的统称。

（一）会计凭证的法律规定

所谓会计凭证（简称凭证），是指记录经济业务、明确经济责任，据以办理经济业务手续，作为记账依据的书面文件。它在法律上具有证明效力。一切会计主体在办理任何一项经济业务时，均要办理相应的凭证手续，即由执行和完成该项业务的有关人员，填制或取得凭证，用以说明经济业务的内容、数量等情况，并且在凭证上签名或盖章，以示对凭证的真实性和合法性负责。填制完成或取得的凭证，还要经过有关部门和人员严格审核，只有审核无误的凭证，才能作为登记账簿的依据。会计凭证包括原始凭证和记账凭证。

原始凭证记载的各项内容原则上都不得进行涂改，但是，如果原始凭证的记载确实有错误的，则应当由原始凭证的出具单位重新开具或者进行更正。如果是进行更正的，开具单位还应当在更正处加盖本单位的印章。但是，如果是原始凭证填写的金额有错误的，则只能由原始凭证的出具单位重新开具，而不能在原始凭证上进行更正。

（二）会计账簿的法律规定

所谓会计账簿，是指以会计凭证为依据，全面地、连续地、科学地记录和反映各项经济业务的簿籍。登记账簿是会计核算的一种专门方法。

由于每一张会计凭证只能反映某一项或零星的、个别的经济业务，不能连续、系统、全面地反映会计主体经济活动的全貌，提供经营管理所需要的经济信息，因此，就需要凭会计凭证上反映的经济业务，按照专门的方法记录到具有一定格式，又相互联系在一起的账页上去，这种账页联结在一起，就组成不同类型的簿籍，会计上称之为"账簿"（或称为"账册"）。会计账簿应当按照连续编号的页码顺序登记。会计账簿记录发生错误或者隔页、缺号、跳行的，应当按照国家统一的会计制度规定的方法更正，并由会计人员和会计机构负责人（会计主管人员）在更正处盖章。

（三）财务会计报告的法律规定

所谓财务会计报告，是指反映单位的财务状况和经营成果的书面文件。《会计法》第20条规定，财务会计报告应当根据经过审核的会计账簿记录的有关资料编制，并符合本法和国家统一的会计制度关于财务会计报告的编制要求、提供对象和提供期限的规定；法律、行政法规另有规定的，从其规定。财务会计报告由会计报表、会计报表附注和财务情况说明书组成。

《会计法》第21条规定："财务会计报告应当由单位负责人和主管会计工作的负责人、会计机构负责人（会计主管人员）签名并盖章；设置总会计师的单位，还须由总会计师签名并盖章。单位负责人应当保证财务会计报告真实、完整。"

（四）会计档案的法律规定

《会计法》第23条规定："各单位对会计凭证、会计账簿、财务会计报告和其他会计资料应当建立档案，妥善保管。会计档案的保管期限和销毁办法，由国务院财政部门会同有关部门制定。"

各类会计档案的保管期限，根据其特点，分为永久、定期两类。定期保管期限分为3年、5年、10年、15年、25年五种。各种会计档案的保管期限，从会计年度终了后的第一天算起。各类会计档案的保管期限是由国家总结历年经验，根据各类会计档案能发挥作用的最长时期统一规定的，各单位不得擅自变更。

会计档案保管期满需要销毁时，由本单位档案部门提出销毁意见，会同财务会计部门共同鉴定，严格审查。会计档案是否已达到保存期限，其中还有没有未了结的债权债务的原始凭证，有没有涉及土地、房产的产权转让契约、图纸、证券，有关货币收支凭证，精简下放、退职还乡、公私伤亡、落实政策和救济补助的支付凭证，供给制改薪俸制，工分制改为工资制，涉及外事的凭证，以及对处理历史遗留问题有重要参考价值的原始凭证。如有上述情况的会计档案，均应单独抽出，另行定卷，由档案部门保管到确无保管之必要时再销毁。建设单位对于建设时间较长而又没有完成建设任务的项目的会计档案，不能销毁。

第三节 会计监督

会计监督，是指会计人员按预期的目的和要求，通过会计工作对单位的经济活动所进行的监督。会计监督是会计的基本职能之一，是我国经济监督体系的重要组成部分。会计监督可以分为单位内部监督、国家监督和社会监督。

一、单位内部会计监督制度

（一）单位内部会计监督制度概述

所谓单位内部会计监督，是指各单位的会计机构、会计人员通过日常会计工作对经济活动进行的监督。这种监督的范围很广，从实际工作内容来说，包括对违反国家规定的财政、财务收支的监督；对违法犯罪行为的监督以及对损失浪费行为的监督。

所谓单位内部会计监督制度，是指单位为了保证业务活动的有效进行，保护资产的安全和完整，防止、发现、纠正错误与舞弊，保证会计资料的真实、合法、完整而制定的实施政策与程序。根据《会计法》第27条的规定，对单位内部监督制度主要包括以下要求：①与经济业务事项和会计事项有关的人员的职责权限应当明确，并实行岗位分离，相互之间形成制约关系；②重大对外投资、资产处置、资金调度和其他重要经济业务事项的决策和执行应当有明确的相互监督、相互制约的程序；③财产清查的范围、期限和组织程序应当明确；④对会计资料定期进行内部审计的办法和程序应当明确。

（二）对会计事项的监督

会计监督包括对原始凭证、账簿、报表、财务收支等一切涉及会计行为的监督，其具体内容包括：

1. 对原始凭证的审核监督。对原始凭证进行审核监督的基本要求是：①对不真实、不合法的原始凭证不予受理；②对不准确、不完整的原始凭证予以退回，并要求更正、补充。

2. 对会计账簿和财务报告的监督。其基本要求是：①各单位必须依法设置会计账簿，并保证账簿的真实、完整。任何单位或个人都不得以任何方式授意、指使、强令会计机构、会计人员伪造、变造会计凭证、会计账簿和其他会计资料，提供虚假财务会计报告。②各单位发生的各项经济业务事项应当在依法设置的会计账簿上统一登记、核算，不得违反会计法和国家统一的会计制度的规定私设会计账簿登记、核算。会计账簿登记，必须以经过审核的会计凭证为依据；财务会计报告应当根据经过审核的会计账簿和有关资料编制。各单位必须根据实际发生的经济业务事项进行会计核算，填制会计凭证，登记会计账簿，编制财务会计报告。

3. 对财产物资的监督。根据《会计法》的规定，会计机构、会计人员发现会计账簿记录与实物、款项及有关资料不相符的，按照国家统一的会计制度规定有权自行处理的，应当及时处理；无权处理的，应当立即向单位负责人报告，请求查明原因，作出处理。

4. 对会计违法行为的检举权。根据《会计法》的规定，任何单位和个人对违反本法和国家统一的会计制度规定的行为，有权检举。

二、国家监督

国家监督，是指财政、审计、税务等有关机关代表国家对各单位财务会计工作实行的监督。《会计法》在明确国务院财政部门作为全国会计工作的主管部门和地方人民政府财政部门作为本行政区域内会计工作的管理部门的同时，又将财政部门实施监督的内容以法律的形式确定下来，具体包括：

1. 监督各单位是否依法设置会计账簿。

2. 监督各单位的会计凭证、会计账簿、财务会计报告和其他会计资料是否真实完整。这是财政部门监督的重点。

3. 监督各单位的会计核算是否符合会计法和国家统一的会计制度的规定。

4. 从事会计工作的人员是否具备专业能力、遵守职业道德。

此外，《会计法》还规定了审计机关、税务机关、人民银行、证券监管部门及保险监管部门的监督权，并规定了各单位有接受监督检查的义务。

为了解决当前不少政府部门对企业重复查账，加重企业负担的问题，《会计法》第33条第2款还明确规定：有关监督检查部门对有关单位的会计资料依法实施监督检查后，应当出具检查结论。有关监督检查部门已经作出的检查结论能够满足其他监督检查部门履行本部门职责需要的，其他监督检查部门应当加以利用，避免重复查账。

三、社会监督

社会监督，主要是指会计师事务所实施的监督，是以接受委托的方式，对委托人提供审计服务，出具审计报告书，就委托人的财务状况、经营成果以及纳税情况向政府部门及社会公众提供公证。社会监督是以其特有的中介性和公正性所进行的监督，所以它的监督形式和监督结果具有很强的权威性、公正性。法律对社会监督的具体要求是：

1. 任何单位和个人对于发现的违反会计法和国家统一的会计制度规定的行为，特别是认为构成犯罪的行为，除了依法向司法机关举报外，还应当向有关政府部门检举、揭发，由有关政府部门进行处理。任何单位和个人都不能干预被检举单位的正常生产经营管理活动，也不能随意进行处理。

2. 收到检举的政府部门必须依照职责分工，及时处理。对于不在本部门职责范围之内的举报、揭发，负有及时移送有权处理部门的义务。并负有接受其他部门移送的举报、揭发的义务。

第四节　会计法律实务

一、会计记账规则

1. 在启用新的账簿时，应当填写账簿启用日期、会计主管和记账人员一览表。调换会计主管和记账人员时，应在表内载明交接日期、交接双方及监交人的姓名并盖章。

2. 记账时，必须根据审核无误的会计凭证及时、准确地顺行记账，不能跳行隔页，更不能重登和漏登。如果出现跳行、隔页，应将空行空页用红线对角划掉，注明作废。

3. 账簿记录不得涂改、刮擦、挖补或用褪色药水等更改字迹。账簿记录发生错误时，应区别不同情况，按照规定的改错方法进行更正。

二、错账更正

账簿记录如果发生错误，应根据该记账错误的性质和发现的时间分别选用以下几种方法。

1. 划线更正法。划线更正法适用于在结账之前，发现账簿记录中的文字错误或数字过账、计算错误。

更正时，应先将错误的数字或文字上划一条红线，以示注销，然后在红线上面空白处写上正确数字或文字，并在划线处由更正人员盖章，以明确责任。

2. 红字更正法。红字更正法适用于发现凭证上的会计科目或金额发生错误，并已登记入账的错误。

更正时，先用红字金额编制一张与原来错误的凭证内容完全相同的新凭证，并注明更正某月某日的错账，用红字金额记入有关账簿，冲销原来的错误记录；

然后再编制一张正确的记账凭证，注明更正某月某日错账，并据以记入有关账簿。

3. 补充登记法。补充登记法适用于记账以后，若发现记账凭证中应借、应贷的会计科目虽然没有错误，但所记的金额小于应记的金额的错误。更正时，只要对少记的金额，再填制一张记账凭证，并据以登记账簿，就可以将少记的金额补充记入。

三、违反《会计法》的责任

1. 违反会计核算规定的行为及法律责任。《会计法》对于违反会计核算有关规定造假账等犯罪行为在第 42 条中作了单独规定。根据《会计法》第 42 条的规定，违反会计核算规定的违法行为具体有以下几种：①不依法设置会计账簿的；②私设会计账簿的；③未按照规定填制、取得原始凭证或填制、取得的原始凭证不符合规定的；④以未经审核的会计凭证为依据登记会计账簿或登记会计账簿不符合规定的；⑤随意变更会计处理方法的；⑥向不同的资料使用者提供的财务会计报告编制依据不一致的；⑦未按照规定使用会计记录文字或者记账本位币的；⑧未按照规定保管会计资料，致使会计资料毁损、灭失的；⑨未按照规定建立并实施单位内部会计监督制度或者拒绝依法实施的监督或者不如实提供有关会计资料的；⑩任用不符合会计法规定的会计人员的。

对于上述违反会计核算规定的直接责任人员和主管人员，可以由县级以上人民政府财政部门处以责令限期改正，罚款或吊销会计资格证书的处罚。也可以根据违法的具体情况，处以相应的行政处分。

2. 做假账行为的法律责任。做假账行为主要表现为以下几种：伪造或变造会计凭证、会计账簿或者会计报表的，以虚假的经济业务或者资料进行会计核算的。

做假账行为，违法者应承担通报、罚款、吊销会计从业资格证和行政处分等行政责任。情节严重，构成犯罪的，要按《刑法》有关规定追究其刑事责任。

3. 隐匿、故意销毁会计资料行为的法律责任。隐匿会计资料，是指用隐藏、转移、封锁等手段掩盖会计资料，不使他人知道的行为。故意销毁会计资料，是指明知销毁会计资料的后果而希望或者放任这种后果发生的行为。对于隐匿会计资料或故意销毁会计资料的行为，直接负责的主管人员或其他直接责任人员应承担通报、罚款、吊销会计资格证的处罚后果以及相应的行政处分。情节严重、构成犯罪的，应根据不同的犯罪动机、目的及影响，按照《刑法》有关条款令其承担刑事责任。

4. 授意、指使、强令会计机构、会计人员及其他人员伪造、变造或者隐匿、故意销毁会计资料行为的法律责任。

　　授意、指使、强令会计机构、会计人员及其他人员伪造、变造或者隐匿、故意销毁会计资料的，责任人应承担罚款、行政处分的责任，情节严重的，可追究其刑事责任。

　　5. 对会计人员依法履行职责进行打击报复行为的法律责任。构成打击报复会计人员的行为通常包括对依法履行职责的会计人员采取降级、撤职、调离工作岗位、解聘和开除等报复行为。

　　对于实施打击报复行为的单位负责人，应令其承担行政责任，情节严重，构成犯罪的，应当按照《刑法》有关规定追究其刑事责任。

　　6. 国家机关工作人员与会计职务有关的违法行为的法律责任。国家机关工作人员与会计职务有关的违法行为主要包括：滥用职权，玩忽职守，徇私舞弊，泄露国家机密，泄露经营者商业秘密，以及违反保密原则、将检举人姓名及检举材料转给被检举单位和个人的行为。

　　对于有上述违法行为的行为人，应令其承担相应的行政责任；构成犯罪的，则应按照《刑法》规定承担相应的刑事责任。

复习与思考

　　1. 何谓会计，其作用如何？

　　2. 广义和狭义的会计法有何不同，前者包括哪些内容？

　　3. 简述我国《会计法》关于会计核算的法律规定。

　　4. 简述我国《会计法》关于会计监督的法律规定。

　　5. 何谓做假账行为，该行为有哪些具体表现，应该承担何种法律责任？

　　6. 材料：甲公司所属子公司伪造进出口凭证，虚报进出口经营业绩，累计虚增经营额 84 640 万元，占公司营业额的 90%，虚增利润 15 600 万元，占公司利润总额的 85%，严重损害了股东和其他人的利益。该行为的直接责任人为 A 某和 B 某（A 某为会计人员，B 某为非会计人员；二者不属于国家工作人员）。为甲公司出具年度审计报告的丙会计师事务所的注册会计师 C 某和 D 某严重不负责任，未进行必要的审计程序，也未认真审核相关会计凭证的真伪，出具了无保留意见的审计报告，尽管属于过失，但造成了严重的后果。

　　问：根据《会计法》的规定，A 某和 B 某、丙会计师事务所、C 某和 D 某分别应当承担何种法律责任？（案例来源：2002 年注册会计师考试经济法试卷）

第十六章 审计法律制度

教学目的和要求

　　审计法是指调整审计关系的法律规范的总称。审计法是我国经济法的重要组成部分，是进行审计活动的行为准则。本章依据修订后的《审计法》为蓝本重点介绍审计的概念、分类和职能，审计法的概念和调整对象，审计管理体制与审计机构，审计程序等问题。通过教学，使学生熟悉我国《审计法》的基本内容；了解我国审计机关的审计范围和基本审计制度的内容；领会审计的法律意义和目的；掌握审计的基本步骤、技能和技巧；学会运用审计知识进行简单的经济审计。

第一节　审计法概述

一、审计的概念

（一）审计的概念

　　审计是由专职机构和人员，依法对被审计单位的财政、财务收支及其有关经济活动的真实性、合法性和效益性进行审查、评价的一种监督活动。

　　审计有三项职能：

　　1. 经济监督职能。审计机构和人员通过审计促使被审计单位的经济活动在合理、合法的轨道上运行。

　　2. 经济评价职能。审计机构和人员通过审核检查，评价被审计单位的经济决策、计划和方案是否先进可行，经济活动是否按照既定的决策和目标运行，经济效益的高低以及有关经济活动的规章制度是否健全、完备、有效，等等。

　　3. 经济鉴证职能。审计机构和人员通过审核检查，确定被审计单位的某一经济事实和经济活动的某一方面，其反映和说明经济情况的资料是否符合实际，并作出书面证明。

　　（二）审计与会计的区别

　　1. 对象不同。会计的对象是经济活动过程中的价值方面或资金运动，主要通过货币经济活动及其结果进行技术计算和控制。而审计的对象则是反映经济过程、经济现象的会计资料和其他经济资料，主要审查这些资料是否真实、合法，而不是记录生产经营活动的直接过程。

2. 方法不同。会计有一套专门方法，即对经济业务进行计量、记录、分类、汇总和编表。通过填制凭证、登记账簿和编制报表形成会计资料，从而为有关人员进行决策提供依据。而审计的方法则是研究、分析、调查和评价。审计也有自己的一套程序，如发出审计通知书、制定审计办法、编制审计工作底稿、撰写审计报告等，通过审计最终写出意见和结论。

3. 职能不同。会计的职能是对经济活动过程和结果进行核算和监督。会计核算和监督都是由各单位内部的会计机构和会计人员来进行的，因此，这种监督具有一定的局限性。所以，还必须有来自于外部，即独立于经济活动当事人之外的监督，这就是审计机构。审计的基本职能就是监督。

4. 机构和人员的法律地位及由此决定的职权范围不同。会计机构是部门、单位内部的一个职能机构，会计人员是部门、单位内部的工作人员，他们都是在部门、单位领导人的领导下进行工作的。而国家审计机关是依法代表国家独立行使审计监督的专职机关，审计人员具有较大的独立性，依法行使审计监督权，不受任何单位和个人的干涉。

（三）审计的种类

目前，国内外对审计分类方法不尽一致，按照不同的标准有以下几种分类方法：

1. 以审计主体来划分。按照实施审计的主体，可将审计划分为国家审计、部门和单位内部审计及社会审计。国家审计是指由国家审计机关实施的审计。内部审计是指本部门和本单位内部专职的审计部门实施的审计。部门和单位内部审计的范围比较广泛，涉及部门和单位生产经营活动的各个方面，可以进行财务审计，也可以进行财经法纪经济效益审计。社会审计又称民间审计，是指经政府有关部门批准、注册的社会审计组织和会计组织所进行的审计。

2. 以审计内容来划分。按照审计内容的不同，可将审计划分为财政财务审计、经济效益审计、财经法纪审计和经济责任审计。财政财务审计，是指对财政计划、信贷计划的执行和执行结果以及对机关、企事业单位的财务收支所进行的审计。经济效益审计，是指对企事业单位、基本建设单位和金融保险机构的经济效益情况以及影响经济效益的诸因素所进行的审计。经济效益审计又可根据其侧重面的不同进一步分为两类：①审计业务经营各个方面存在的潜力，目的是挖掘潜力以促进经济效益的提高，称为业务经营审计；②审查管理工作的质量，目的是促进管理素质和水平的提高，称为管理审计。财经法纪审计，是指对严重违反财经法纪的行为所进行的专案审计。经济责任审计，是指由独立的审计机构人员，依据财经法规、计划、合同，对经济责任主体的经济责任履行情况和经济活动的真实性、合法性、效益性进行监督和评价。

3. 以审计时间来划分。按审计时间的不同，可将审计划分为事后审计和事前审计。事后审计是在经济业务发生之后所进行的审计。事前审计是指在经济业务发生之前所进行的审计。事前审计实际上是对计划和预算的审计。

4. 以审计方式来划分。按照审计机关采用的审计方式不同，可将审计划分为送达审计、就地审计、驻在审计、委托审计和巡回审计。送达审计也称报送审计或送请审计，是指被审计单位按照审计机关的通知，将有关会计资料如期送达审计机关请求审查的一种审计。就地审计，是指审计机关委派审计人员直接到审计单位所进行的审计。驻在审计，是指审计机关直接委派审计人员常驻被审计单位而进行的经常性的审计。巡回审计，是指审计人员依照规定时间轮流到若干个被审计单位进行审计。委托审计，是指审计机关和企事业单位委托其他审计组织和审计人员所进行的审计。

二、审计法的概念

审计法，是指调整审计关系的法律规范的总称。审计法是我国经济法的重要组成部分，是进行审计活动的行为准则。

为了加强国家的审计监督，维护国家的财经秩序，严肃财经法纪，我国曾于1988年10月由国务院制定了《中华人民共和国审计条例》。1994年8月31日第八届全国人民代表大会常务委员会第九次会议通过了《中华人民共和国审计法》，自1995年起施行，《中华人民共和国审计条例》同时废止。2006年2月28日第十届全国人民代表大会常务委员会第二十次会议又通过了《关于修改〈中华人民共和国审计法〉的决定》修正案。修正后的审计法共7章54条。第一章，总则；第二章，审计机关和审计人员；第三章，审计机关职责；第四章，审计机关权限；第五章，审计程序；第六章，法律责任；第七章，附则。《审计法》在我国社会主义市场经济法律体系中发挥着重要作用。

三、审计法的调整对象

审计法的调整对象，简单地讲，就是审计关系，即指审计机构或审计人员与被审计单位之间、各级审计机构与同级人民政府之间以及上级审计机构与下级审计机构之间在审计活动中所产生的社会关系。具体包括：

（一）审计管理关系

审计管理关系，是指发生于上级审计机构与下级审计机构以及各级审计机构与同级人民政府之间，基于对审计工作的管理和领导而产生的关系。依照我国《宪法》和《审计法》的规定，审计机关对本级人民政府和上一级审计机关负责并报告工作，业务上接受上级审计机关的领导。

（二）实务审计关系

所谓实务审计关系，是指审计机构或审计人员与被审计单位之间基于审计而产生的关系，它是我国《审计法》调整对象的主要部分。具体包括：①国家审计机关与国有企事业单位和其他国家机关及个人之间所产生的审计关系；②国有大中型企事业单位、政府各部门内部审计机构同所属单位之间所产生的审计关系；③社会审计组织接受委托与被审计单位或个人之间所产生的审计关系。

第二节 审计管理体制与审计机构

一、审计管理体制

审计管理体制，是指划分各级审计机关与同级人民政府之间，以及上级审计机关与下级审计机关之间管理权限的基本制度。根据我国《宪法》及《审计法》的规定，我国审计机关实行的是双重领导体制，即审计机关既要接受上一级审计机关的领导，同时又要接受本级人民政府的领导，这是我国目前审计管理体制的基本框架。

我国的审计机构由审计机关、社会审计组织及内部审计机构等构成。审计机关是依法独立行使审计监督权的国家职能机关。社会审计组织又称民间审计组织，是依法独立承办审计、会计查证和咨询服务的组织，实行有偿服务、自收自支、独立核算。在我国，社会审计组织有两种形式，即会计师事务所与审计事务所，两所在性质、业务上没有根本性差别。内部审计机构，是指在政府部门内部或企事业机关单位内部所设立的行使审计监督职权的机构，分为部门内部审计机构与单位内部审计机构两种形式。

二、审计机关及其职责权限

（一）审计机关

审计机关是代表国家执行审计监督的国家行政机关。它具有宪法赋予的独立性和权威性，实行统一领导、分级负责的原则。

国务院设审计署，在国务院总理领导下，主管全国的审计工作，对国务院负责并报告工作；地方审计机关包括省、自治区、直辖市、设区的市、自治州、县、自治县、不设区的市、市辖区的人民政府的审计机关，分别在省长、自治区主席、市长、州长、县长、区长和上一级审计机关的领导下，负责本行政区域内的审计事项，对本级人民政府和上一级审计机关负责并报告工作。审计业务以上级审计机关领导为主。审计机关也可以根据工作需要，在其审计管辖的范围内派出审计特派员。审计特派员根据审计机关的职权，依法进行审计工作。

（二）审计机关的职责

1. 审计署在国务院总理领导下，对中央预算执行情况和其他财政收支情况进行审计监督，向国务院总理提出审计结果报告。地方各级审计机关分别在省长、自治区主席、市长、州长、县长、区长和上一级审计机关的领导下，对本级预算执行情况和其他财政收支情况进行审计监督，向本级人民政府和上一级审计机关提出审计结果报告。

2. 审计署对中央银行的财务收支进行审计监督。

3. 审计机关对国有金融机构的资产、负债、损益进行审计监督。

4. 审计机关对国家的事业组织和使用财政资金的其他事业组织的财务收支，进行审计监督。

5. 审计机关对国有企业的资产、负债、损益进行审计监督。

6. 对国有资本占控股地位或者主导地位的企业、金融机构的审计监督，由国务院规定。

7. 审计机关对政府投资和以政府投资为主的建设项目的预算执行情况和决算，进行审计监督。

8. 审计机关对政府部门管理的和其他单位受政府委托管理的社会保障基金、社会捐赠资金以及其他有关基金、资金的财务收支，进行审计监督。

9. 审计机关对国际组织和外国政府援助、贷款项目的财务收支，进行审计监督。

10. 审计机关按照国家有关规定，对国家机关和依法属于审计机关审计监督对象的其他单位的主要负责人，在任职期间对本地区、本部门或者本单位的财政收支、财务收支以及有关经济活动应负经济责任的履行情况，进行审计监督。

除上述审计范围之外，我国《审计法》第26条还规定："除本法规定的审计事项外，审计机关对其他法律、行政法规规定应当由审计机关进行审计的事项，依照本法和有关法律、行政法规的规定进行审计监督。"

审计范围并不是一成不变的，审计机关可以根据被审计单位的财政、财务隶属关系或者国有资产监督管理关系，确定审计管辖范围。审计机关之间对审计管辖范围有争议的，由其共同的上级审计机关确定。上级审计机关可以将其审计管辖范围内的《审计法》第18条第2款至第25条规定的审计事项，授权下级审计机关进行审计；上级审计机关对下级审计机关审计管辖范围内的重大审计事项，可以直接进行审计，但是应当防止不必要的重复审计。

（三）审计机关的权限

1. 审计机关有权要求被审计单位按照审计机关的规定提供预算或者财务收

支计划、预算执行情况、决算、财务会计报告，运用电子计算机储存、处理的财政收支、财务收支电子数据和必要的电子计算机技术文档，在金融机构开立账户的情况，社会审计机构出具的审计报告，以及其他与财政收支或者财务收支有关的资料，被审计单位不得拒绝、拖延、谎报。

被审计单位负责人对本单位提供的财务会计资料的真实性和完整性负责。

2. 审计机关进行审计时，有权检查被审计单位的会计凭证、会计账簿、财务会计报告和运用电子计算机管理财政收支、财务收支电子数据的系统，以及其他与财政收支、财务收支有关的资料和资产，被审计单位不得拒绝。

3. 审计机关进行审计时，有权就审计事项的有关问题向有关单位和个人进行调查，并取得有关证明材料。有关单位和个人应当支持、协助审计机关工作，如实向审计机关反映情况，提供有关证明材料。

审计机关经县级以上人民政府审计机关负责人批准，有权查询被审计单位在金融机构的账户。

审计机关有证据证明被审计单位以个人名义存储公款的，经县级以上人民政府审计机关主要负责人批准，有权查询被审计单位以个人名义在金融机构的存款。

4. 审计机关进行审计时，被审计单位不得转移、隐匿、篡改、毁弃会计凭证、会计账簿、财务会计报告以及其他与财政收支或者财务收支有关的资料，不得转移、隐匿所持有的违反国家规定取得的资产。

审计机关对被审计单位违反前款规定的行为，有权予以制止；必要时，经县级以上人民政府审计机关负责人批准，有权封存有关资料和违反国家规定取得的资产；对其在金融机构的有关存款需要予以冻结的，应当向人民法院提出申请。

审计机关对被审计单位正在进行的违反国家规定的财政收支、财务收支行为，有权予以制止；制止无效的，经县级以上人民政府审计机关负责人批准，通知财政部门和有关主管部门暂停拨付与违反国家规定的财政收支、财务收支行为直接有关的款项，已经拨付的，暂停使用。

审计机关采取前两款规定的措施不得影响被审计单位合法的业务活动和生产经营活动。

5. 审计机关认为被审计单位所执行的上级主管部门有关财政收支、财务收支的规定与法律、行政法规相抵触的，应当建议有关主管部门纠正；有关主管部门不予纠正的，审计机关应当提请有权处理的机关依法处理。

6. 审计机关可以向政府有关部门通报或者向社会公布审计结果。审计机关通报或者公布审计结果，应当依法保守国家秘密和被审计单位的商业秘密，遵守国务院的有关规定。

7. 审计机关履行审计监督职责，可以提请公安、监察、财政、税务、海关、价格、工商行政管理等机关予以协助。

三、社会审计组织的业务范围和职权

社会审计组织的业务范围是根据审计法规和其他法规而确定的。具体包括：审计业务、会计咨询业务、股份制试点企业等。

社会审计组织职权包括：社会审计组织接受国家机关委托办理业务，根据业务需要，有权查阅有关财务会计资料和文件，查看业务现场和设施，向有关单位和个人进行调查与核实。

其他委托人委托社会审计机构办理业务，需要查阅资料、文件和进行调查的，按照依法签订的业务约定书的约定办理。

四、内部审计机构的职责权限

内部审计机构和审计人员的职权有：检查凭证、账表决算、资金和财产，查阅有关的文件和资料；参加有关会议；对审计中的有关事项进行调查并索取证明资料；对正在进行的严重违反财经法纪，严重损失浪费行为作出临时的制止决定；对阻挠、破坏审计工作以及拒绝提供有关资料的，经单位领导人批准，可以采取必要的临时措施，并提出追究有关人员责任的建议；提出改进管理，提高效益的建议，以及纠正、处理违反财经法纪行为的建议；对审计工作的重大事项，向对其进行指导的上级内部审计机构和审计机关反映。

第三节　审计程序

审计程序，是指审计机关及其工作人员为实现审计工作规范化，保证审计机关依法行使审计监督权，以提高审计工作效率和工作质量为目的，在审计过程中所采取的系统性工作步骤。根据《审计法》第五章的规定，审计工作程序的内容一般分为准备、实施、终结三个阶段。

一、审计的准备阶段

审计的准备阶段，是指从确定审计任务起至具体实施审计工作之前的整个工作阶段，它是整个审计过程的起点，是为审计实施阶段能够顺利进行打好基础的重要阶段。这一阶段的工作内容包括：确定审计任务、制订审计计划；组织审计力量，配备审计人员；拟订审计项目的工作方案；送达审计通知书，进驻被审计单位。

（一）确定审计任务，制订审计计划

1. 确定审计任务。确定审计任务是审计准备阶段首先要明确的工作，确定

审计任务时应当综合考虑以下因素：①国家财经工作的方针、政策和当前经济工作中心，国家宏观调控的重点；②上级审计机关下达的审计计划；③统一计划与当地情况相结合，保证重点与扩大审计面相结合；④上级审计机关或本级人民政府交办的审计任务；⑤群众检举揭发的问题以及审计机关本身的业务能量。

2. 制订审计计划。制定审计计划是审计机关为了组织和安排好审计工作而按一定时期（各年度）所制订的规划。审计计划的内容一般包括：①被审计单位或项目名称、内容、范围；②审计方式及方法；③审计负责人和审计人员；④审计工作起讫日期和工作日程安排；⑤审计工作步骤；⑥审计人员的具体分工；⑦其他应注意的事项。

（二）组织审计力量，配备审计人员

确定审计任务，制订审计计划之后，审计机关就要着手组织审计力量，配备审计人员，组成审计组。在审计工作实践中，实践组一般由 3 人以上的成员组成，实行主审负责制；审计组自审计机关批准之日起行使审计职权，直至该审计项目的《审计结论和决定》发出并实施之后自行终止。审计人员办理审计事项，执行任务时如果有下列情况之一者，应当回避：①曾任被审计单位负责人、财会人员，调离该单位不满 2 年者；②与被审计单位负责人、财务会计主管或财会人员有配偶、血亲、姻亲关系者；③本人的配偶、血亲、姻亲与被审计单位有投资关系并分享投资利益者。

（三）拟订审计项目工作方案

审计组组成后，应根据其所承担的审计任务，拟定审计项目工作方案。审计项目工作主要的内容包括：审计范围、内容、重点、方式、预计时间安排等。审计工作方案应报请审计机关领导批准后执行。

（四）送达审计通知书

审计工作方案经批准后，审计机关应当在实施审计之前向被审计单位送达《审计通知书》。《审计通知书》的内容包括：①审计的范围、内容、时间和方式；②审计组组长及其他成员的名单；③对被审计单位配合审计工作的要求。审计机关认为需要被审计单位自查的，应在审计通知书中写明自查的内容、要求和时间。在特殊情况下，《审计通知书》可以在审计组进入被审计单位的同时予以送达。被审计单位应当配合审计机关的工作并提供必要的工作条件。

二、审计的实施阶段

审计准备工作就绪之后，应当及时转入审计的实施阶段。审计的实施阶段，是根据审计实施计划对审计项目开始审查直至审查完毕的工作阶段。它是审计过程的核心，是审计全过程的中心环节。这一阶段的工作内容包括：

（一）了解被审计单位的实际情况

审计组进驻被审计的单位之后，首先应当了解被审计单位的下列情况，为有计划、有步骤、有重点地开展工作做好准备：

1. 了解被审计单位的基本情况。其具体内容主要包括：①该单位的历史沿革、隶属关系；②主要负责人和内部组织机构的设置；③经济活动的主要内容；④各项财产和资金的概况；⑤主要经济指标；⑥有关的法规、制度等。

2. 调阅被审计单位的有关资料。如有关规章制度、文件、计划、合同等。

3. 收集资料。需要收集的资料主要是与被审计单位经济业务有关的法律、法规、规章、制度等。

4. 检查和评价内部控制制度。主要是检查、测试和评价被审计单位内部的管理控制、会计控制等制度是否健全、完善和有效等。

（二）对被审计项目进行实质性检查

对被审计项目的实质性检查，主要包括检查、取证、分析和评价四个环节。

1. 检查。检查，是指根据审计实施计划确定的审计重点所列的具体事项，采用适当方法所进行的实质性检查的活动。在审计实践中，检查的方法一般采用审阅、核对、盘点、预算、抽查、详查等。

2. 取证。取证，是指审计人员在实施检查过程中，运用各种审计方法，查明被审计事项的事实真相，并取得确凿证据的活动。审计人员调查取证时应当按照下列规定办理：①对审计中发现的问题，作出详细、准确的记录，并写明资料来源；②对证明审计事项的原始资料、有关文件和实物等，通过复印、复制、拍照等方法取得；③参加有关会议时，应当对涉及审计事项的内容作出记录，必要时，可以要求被检查单位提供与会议有关的记录材料；④对重要审计事项进行检查时，审计工作人员不得少于 2 人。

3. 分析。分析，是指针对审计项目的检查和取证的结果进行分析。通过分析，确定被审计项目的主要情节是否全部查清，所取得的有关证据是否确凿无疑、充分可靠。如果分析结果尚不能解释与说明存在的问题，则表明对某些情况尚未查清，证据还欠充分、确凿、有力，或者所取得的证据并不能证明审计事项的实质问题，因此，需要重新进行检查取证。

4. 评价。评价，是指对每个审计要点所作的评价。它是根据该要点检查、取证的结果，审计人员应当在对审计主要问题产生的原因、背景、性质进行全面分析的基础上作出恰当的结论和正确评价，并提出处理意见和建议。

（三）对被审计项目进行综合评价

综合评价，是在对被审计项目进行实质性检查之后，根据国家法律、法规、规章、制度等审计依据，对被审计项目所进行的集中、归纳、综合、判断的活动。也就是说，审计人员对被审计项目通过实质性的检查，在收集和取得了大量证据的前提下，经过分析，在评价每个具体审计要点的基础上进而对被审计项目进行总的综合评价。即对被审计项目的真实性、合法性、合理性、效益性等作出客观公正的评定，并为审计终结阶段编制审计报告，作出审计结论和决定提供准确资料。

（四）做好审计记录，编制审计工作底稿

做好审计记录，编制审计工作底稿是审计实施阶段的重要内容之一。它是审计过程和结果的书面证明，也是审计证据的汇集和编写审计报告的依据。

审计工作底稿主要包括：查阅工作底稿、调查工作底稿、制度检查评价工作底稿、项目工作底稿、证据工作底稿和计算调整工作底稿等。

三、审计的终结阶段

审计的终结阶段，是指审计实施阶段完毕之后，提出审计报告，作出审计结论和决定，以及审计文件的整理归档等的整个工作阶段。它是审计程序的最后阶段。

审计终结阶段的主要工作内容有：编写审计工作报告，审定审计工作报告、作出审计结论和决定，执行审计结论和决定，总结审计工作、整理审计文件、建立审计档案，对审计结论和决定的复议、申诉或起诉等。

（一）编写审计报告

审计报告，是审计组对审计事项进行审计后，向其所属的审计机关提出的报告。审计报告的主要内容有：审计的内容、范围、方式、时间及有关情况的简要概括；与审计事项有关的事实及查出的问题；初步结论、处理意见和建议；依据的法律、法规和政策的规定。

（二）审定审计报告，作出审定结论和决定

1. 审计组所属审计机关应当依法对审计报告中的下列事项进行审定：①主要事实是否清楚；②审计证据是否充分；③审计评价、审计结论是否适当；④审计处理意见是否正确。

审计组所属审计机关在审查审计报告后，应当按照下列情况分别处理：①事实不清，证据材料不足，或者有重大遗漏，要求审计组核实或者进行补充调查、检查；②证明材料充分、确凿，而审计报告未能充分反映的，退回审计组修改审计报告；③事实清楚，证明材料充分、确凿的，提交审计机关的审计会议审定，作出审计结论和决定。

2. 审计机关审定审计报告后，对有违反财经法规行为需要依法予以处理的，应当按照有关的规定办理，对无违反财经法规行为的，应当进行审计评价，作出审计意见书，通知被审计单位。

3. 审计机关征求意见后，依法独立作出审计结论和决定。审计机关负责人对作出的审计结论和决定负责。

（三）审计结论和决定的执行

审计机关依法作出的审计结论和决定，是具有法律效力的文件，被审计单位必须执行。财政、银行等有关部门应当协助执行。被审计单位应当自接到审计结论和决定之日起，按照规定的期限和要求，认真执行审计机关有关经济处理和处罚的决定，并报告执行情况。被审计单位对审计查处的应当上缴财政的违纪资金和罚款，应当在规定的期限内自行缴纳。如果逾期未交，又无正当理由的，审计机关可以通过有关银行予以扣缴，并可按照银行结算办法的规定，每天加收相当于应上缴款项和罚款 0.5% 的滞纳金。被审计单位的直接责任人和单位负责人如果犯有严重违反财经法规的行为，审计机关认为应当给予行政或司法处理的，则应当移送有关主管部门、监察部门或司法机关处理。

四、审计结论和决定的复议

被审计单位对审计机关作出的审计结论和决定不服时，应当在收到审计结论和决定之日起 15 日内依法向上一级审计机关申请复议。被审计单位对审计署及派出机构的审计结论和决定不服的，应当向审计署申请复议。因不可抗力或者其他特殊情况耽误法定申请期限的，在障碍消除后 10 日内可以申请延长期限；是否准许，应由有管辖权的审计机关决定。被审计单位的复议申请，应当以书面形式提出。上一级审计机关自收到书面复议申请之日起 10 日内，对复议申请应当作出处理。

第四节　审计法律实务

一、审计管辖

所谓审计管辖，是指各级政府审计机关就审计范围的划分和权限。

根据我国《审计法》的规定，我国审计管辖确立的原则是：按照被审计单位的现行财政、财务隶属关系或者国有资产监督管理关系，确立各级审计机关的审计管辖范围。审计机关之间对审计管辖范围有争议的，由其共同的上级审计机关确定。同时，为搞好审计工作，《审计法》还规定，上级审计机关可以将其审计范围内的审计事项，授权下级审计机关进行审计；下级审计机关审计管辖范围以内的重大审计事项，上级审计机关可以直接进行审计，但是应当防止不必要的重复审计。审计机关可以将其审计范围内的事项，委托内部审计机构、社会审计组织进行审计。

根据审计署《审计机关审计管辖范围划分的暂行规定》，各级审计机关审计管辖范围的具体划分如下：

1. 中央和地方审计机关，按照现行的行政隶属关系和财政、财务管理体制划分审计管辖范围。①中央审计机关。中央审计机关的审计管辖范围包括：国务院各部门、各直属机关、办事机构、事业单位，各专业银行总行，部委归口管理的专业局，全国经济实体性的总公司，省级和计划单列市市政府财政，财政关系隶属于中央的国家计划单列的企业集团及其企业，中央直属企业、事业单位（授权地方审计机关审计的除外），属于中央管理的中外合资企业、联营企业，中央投资的基本建设项目，有国家资金或接受国家补助的党中央、全国人民代表大会、全国政协、全国性人民团体所属部门，以及人民解放军、武警部队。②地方审计机关。地方审计机关的审计管辖范围包括：地方政府所属各部门、各直属机构、办事机构及其直属企业、事业单位，下一级政府财政，财政关系隶属于地方的国家计划单列的企业集团及其企业，属于地方管理的中外合资企业、联营企业，地方投资的基本建设项目，有国家资金或接受国家补助的地方党委、人民代表大会、政协、人民团体所属部门。③审计署授权地方审计机关审计的单位。包括省级以下各专业银行、保险公司、邮电、气象、石油销售，地（市）、县（市）级烟草公司（含三级批发站）所属企业、事业单位，以及世界银行贷款项目的执行单位。

2. 审计署专业司和派出机构，按照部门归口审计和属地审计的原则划分审计管辖范围。①审计署各专业司。审计署各专业司的审计管辖范围包括：归口审计的国务院部门、直属机构、办事机构、事业单位、各专业银行总行，全国经济实体性公司，省级和计划单列城市政府财政，有国家资金或接受国家补助的党中央、全国人民代表大会、全国政协、全国性人民团体的所属部门，解放军、武警部队。另外，对未设立派出机构的国务院部门所属在京的企业、事业单位，也由审计署归口专业司负责审计。②驻各地审计特派员办事处。审计署派驻各地的特派员办事处，其审计管辖范围包括：审计署划定的驻在省、直辖市的中央直属企业、事业单位，中央投资的基本建设项目，属于中央管理的中外合资企业、联营企业、财政关系隶属于中央的国家计划单列企业集团及其企业。③驻国务院部门审计机构。审计署派驻国务院各部门审计机构，其审计管辖范围为：所驻在部门归口管辖的经济实体性公司（审计署各专业司审计的除外），在京的直属企业、事业单位，驻国外、港澳的机构和直属企业、事业单位，审计署划定的重点企业、事业单位。④跨地区的电力网局和省电力局及其所属单位，划归驻在地区的审计特派员办事处，未设立审计特派员办事处的省（区、市），划归驻部门审计局；跨地区的中央直属水利流域机构，海关总署所属海关，划归驻部门审计局；对中央财政实行投入产出总承包，以路建路责任制的铁道部直属企业、事业单位，由驻铁道部审计局负责审计。⑤未设立特派员办事处的省、自治区、直辖市，上述划定由特派员办事处审计局进行审计。

3. 对上述规定以外，一时难以划清的单位，按照有利于审计工作开展的原则，由审计署通过计划协调予以解决。

二、审计的范围和审计对象的法律规定

（一）审计的范围

审计的范围，是指审计活动面的大小和审计内容的多少，即审计所涉及的领域或内容。

根据我国《审计法》的规定，被审计单位应包括国务院各部门、地方各级政府及其所属部门、国家金融机构、国有企业、事业单位及实行企业管理的国家事业单位、其他有国家财产的股份制企业、中外合资经营企业、中外合作经营企业。对有国家财政拨款、补贴或资助的其他国家机构、社会团体和组织，可以比照上述单位的规定进行审计监督。

此外，各个企业为了改善经营管理，提高经济效益，还要进行内部审计。除了定期进行事后审计外，还要对大量的经济事项进行事前审计。对于内部审计机构来说，经济效益审计是其重心。

（二）审计的对象

审计的对象，概括地说，就是经济活动。但并非现实中的一切经济活动都是审计的对象，审计的对象特指被审计单位的经济活动。主要包括以下三个方面：

1. 各部门、各单位的财政收支及其经济活动。不是被审计单位的经济活动，就不是审计的对象。

2. 各部门、各单位的会计处理、会计记录和会计资料所记载的经济和财务收支实况。包括原始凭证、记账凭证、账簿、报表等核算资料，以及用文书形式和电子设备所记载反映的计划、方案、协议、合同等，同时也包括有关人员口头反映而无书面资料的经济活动。总之，凡客观存在于被审计单位，已经发生、正在进行或将要发生的经济活动都是审计的对象。而被审计单位无意或有意地不在书面资料或其他载体中反映、遗漏或隐匿的经济活动，更是审计不可忽视的对象。

3. 各部门、各单位进行的经济活动和财政财务收支活动的内部控制制度，包括行政、人事、计划、财会、生产、购销、成本、储运、保管的内部控制制度及其执行情况。

审计就是将上述经济活动和财政财务收支活动作为审计的对象，就其真实

性、合理性和效益进行经济监督。

三、审计报告的编审

审计报告，是指审计组对审计事项实施审计后，就审计工作情况和审计结果向派出的审计机关提出的书面文书。审计报告包括下列基本要素：

1. 标题。审计报告的标题应当包括被审计单位名称、审计事项的主要内容和时间。

2. 主送单位。审计报告的主送单位是派出审计组的审计机关。

3. 审计报告内容。审计报告的主要内容包括：①审计的范围、内容、方式、时间；②被审计单位的基本情况、财政财务隶属关系、财政财务收支状况等；③实施审计的有关情况，例如，与审计事项有关的事实，对遵守国家规定的财政收支、财务收支情况的揭示，采取的审计方法和有关情况的说明等；④审计评价意见，例如，对已审计的财政收支、财务收支及相关资料的概括表述，结合审计方案确定的重点，围绕财政收支、财务收支真实、合法、效益，对被审计单位应负的经济责任的评价；⑤对违反国家规定的财政收支、财务收支行为的定性、处理、处罚建议及其依据。

审计报告最后由审计组组长签名。

审计报告应当经审计组集体讨论并由审计组组长定稿，按照规定，及时征求被审计单位的意见。被审计单位应当自收到审计报告之日起 10 日内提出书面意见，审计组认为需要修改和调整审计报告的，应当作必要的修改和调整。被审计单位在规定时间内对审计报告没有提出书面意见的，视为对审计报告没有异议。

审计组应当将审计报告及被审计单位的书面意见及时提交审计机关。审计机关对审计组提出的审计报告及被审计单位的反馈意见进行审定，并依法提出审计意见书。审计意见书应当包括以下内容：①审计的范围、内容、方式和时间；②对审计事项的评价意见和评价依据；③责令被审计单位自行纠正的事项；④改进被审计单位财政收支、财务收支管理和提高效益的意见和建议。

四、审计听证程序

为了规范审计机关的审计处罚程序，保证审计质量，维护公民、法人或者其他组织的合法权益，根据我国《行政处罚法》和《审计法》的有关规定，审计机关对被审计单位和有关责任人员，即当事人，作出法律、法规规定的审计处罚前，应告知当事人有权要求举行听证会。

根据 2000 年 1 月 28 日审计署发布的《审计机关审计听证的规定》，审计机关在作出下列审计处罚前，应当向当事人送达审计听证告知书，告知当事人在收到审计听证告知书之后 3 日内有权要求举行审计听证会：①对被审计单位处以违反国家规定的财务收支金额 5% 以上且金额在 10 万元以上的罚款；②对违反国家财务收支行为负有直接责任的有关人员处以 2000 元以上的罚款。

审计听证会按照下列程序进行：①主持人宣布审计听证会开始。②主持人宣布案由并宣读参加审计听证会的主持人、书记员、听证参加人的姓名、工作单位和职务。③主持人宣读审计听证会的纪律和应注意的事项。④主持人告知当事人或其代理人有申请书记员回避的权利，并询问当事人或其代理人是否申请回避。当事人有权申请主持人回避，但申请应在听证会举行之前提出。⑤参与审计的人员提出当事人违法、违规的事实、证据、建议作出的审计处罚及其法律依据。⑥当事人进行陈述、申辩。⑦在主持人允许下，双方进行质证、辩论。⑧双方作最后陈述。⑨书记员将所作的笔录交听证双方当场确认并签字或盖章。主持人宣布听证会结束。

五、审计法律责任及其种类

审计法律责任，是指违反审计规范所引起的，由违反者依法承担的法律责任。

审计法律责任的种类，可以按照违法程度、违法主体、违法的主观动因分为三类。

1. 依据违反审计法的程度不同，审计法律责任可以分为直接责任、间接责任和领导责任三种。

（1）直接责任。即指责任者（组织或人员）的行为直接违反了审计法律规定而应承担的责任。例如，在审计过程中被审计单位的有关部门或人员直接拒绝、阻挠、破坏审计监督工作，或审计组织及其人员直接违反法定审计程序等，都直接地影响了审计工作的依法进行，均应追究其直接责任。

（2）间接责任。即指责任者的行为间接地违反了审计法律规定而应承担相应的责任。间接责任是相对于直接责任而言的。间接责任结合直接责任和具体性质、情节等情况综合考虑。一般来说，应承担违反审计法的间接责任有四种情形：未直接参与违反审计法的活动，但其行为已直接影响了审计工作的依法进行；虽然直接参与了违反审计法的活动，但未构成对审计工作的直接影响或影响程度微小的；由于过失、疏忽大意和不自觉地违反了审计法律规定，且未对审计活动造成直接影响的；被动地参与了违反审计法的活动，但未形成直接影响者。

（3）领导责任。即指责任者指使、强迫有关组织或人员进行违反审计法的活动，或者虽然未指使、强迫，但放纵、默许违反审计法律的行为所应承担的法律责任。违反审计法的领导责任，在现实工作中虽然大量存在，但未得到普遍和严肃的追究。这已严重地影响了审计工作的依法进行。因此，必须突出强调追究违反审计法的领导责任。

2. 依据违反审计法的主体不同，审计法律责任可以分为审计方责任、被审方责任、委托方（或授权方）责任三种。

（1）审计方责任。即指审计组织或审计人员违反审计法律的行为所应承担的责任。例如，审计人员利用职权牟取私利、弄虚作假、徇私舞弊、玩忽职守，给国家或被审计单位造成较大损失及泄露国家秘密等行为，均应追究其法律责任。

（2）被审方责任。即指被审计单位或人员违反审计法律规定所应承担的责任。例如，拒绝向审计组织和审计人员提供必要的文件、账簿、凭证、报表资料和证明材料的，阻挠审计工作人员行使职权、抗拒、破坏监督检查的，弄虚作假、隐瞒事实真相的，均应追究其法律责任。

（3）委托方（或授权方）责任。即指委托（或授权）审计组织及其人员进行审计活动时，委托方（或授权方）因违反审计法律规定所应承担的责任。例如，有的单位或个人委托社会审计组织承办审计查证和咨询服务事项时，其具体要求违反了国家有关法律、法规和公认的社会准则，或超出了社会审计组织的职能范围等，应当承担委托方（违反审计法律）的责任。委托方亦称审计关系人中的"第三关系人"。在我国，委托方泛指一切依法有权委托审计的国家机关、企业事业单位和个人。

3. 根据违反审计法律的主观动因不同，审计法律责任可以分为过失责任和故意责任（即舞弊责任）两种。

（1）过失责任。即指当事人有能力执行或遵守审计法律的有关规定，但因疏忽大意而发生的错误或事故所应承担的审计法律责任。过失责任者在主观上没有违反审计法律规定的动机，一般只是工作中疏忽大意，以致发生了错误与事故。过失在审计三方关系人中都有可能发生，但较多地发生在审计者和被审计者两方。这里所说的过失责任，是指违反审计法律应承担的过失责任，并非广义的违反财经法纪的过失责任，不包括被审计单位记录或计算失误等过失责任。

（2）故意责任（即舞弊责任）。即指当事人本身存有不良企图，在主观上故意采用各种不正当的手段，实施违反审计法律规范的行为所应承担的责任。舞弊与过失相比较有两个特点：①当事人是有意识地进行违法活动；②当事人经过事先谋划，运用公开或隐蔽的非法手段。从现阶段的实际情况看，违反审计法律的舞弊事项多发生在被审计一方。

关于违反《审计法》的具体行为及相应的法律责任，《审计法》已作了明确的规定，不再赘述。

复习与思考

1. 何谓审计，其作用有哪些？

2. 审计和会计有哪些区别和联系？

3. 简述我国审计机关的审计范围。

4. 简述我国的审计体制。

5. 简述审计决定书的基本内容和生效条件。

6. 材料：A公司是一家药品批发公司，该公司除了设1名总经理及1名助理以外，下设财会部、业务部和仓储部三个部门。财会部设经理1名，出纳和会计各1名。业务部设经理和副经理各1名，其他业务人员3名。为了提高管理效率，该公司决定由业务部门经理兼任仓储部经理。仓储部设常务副经理1名，两个仓库下设管理人员各1名。药品的总分类账设在财会部，明细分类账设在业务部。明细分类账只记购买药品的数量及金额，不记售出药品的数量及金额。期末由业务部经理、其他业务部人员及仓库保管员联合对药品进行盘点并填制盘点清单。填制盘点清单不分仓库。业务部门根据盘点清单记录药品明细账的结存数量，然后将药品明细账送财务部结账。财务部根据药品明细账算出药品的销售成本并通过总账结转成本。公司的一切购销业务均由业务部门正副经理商议后决定。销售时由业务部门开出销售发票，并由业务经理批准给购药单位及其采购员的回扣，其中给采购员的回扣由业务部门提取现金再转交给采购员本人。业务部门支付的回扣另开红字销售发票。财会部门根据业务部门转来的销售发票减抵红字发票金额后作为销售收入入账。

问：A公司内部控制存在哪些不合法之处？（浙江省2002年1月高等教育自学考试）

第十七章　税收法律制度

教学目的和要求

　　税法，也称税收法，是指调整税收关系的法律规范的总称。我国税法是由一系列单行的税收法律、法规和规章组成的。本章以我国现行税收法律、法规为主要依据，重点介绍税收的概念、特征、作用，税法的概念、调整对象、基本构成、基本要素，我国现行税种、税收征收管理等基本问题。通过教学，使学生熟悉税法的基本构成要素；了解我国的基本税种及每一税收种类的基本内容；了解我国税收征收管理基本法律制度；学会运用税收识别偷税、漏税、抗税以及其他的税收违法行为。

第一节　税法概述

一、税收的概念、特征及作用

（一）税收的概念和特征

　　税收是国家凭借政治权力，按照法律规定，强制地、无偿地向纳税义务人征收一定数额的货币或实物，从而获得财政收入的一种形式。税收作为国家取得财政收入的一种方式，它在不同历史时期为不同社会制度的世界各国所普遍采用。并且，伴随着社会商品经济的产生和发展，税收逐渐在国家财政收入中居于重要地位，是各国财政收入的主要来源。税收具有以下特征：

　　1. 强制性。即凡是税法规定负有纳税义务的单位和个人，不论其主观上是否愿意，都必须无条件地按规定履行纳税义务；否则，就要受到法律制裁。

　　2. 无偿性。即国家在征税的时候，不付给纳税人任何代价，并且税款一经征收即转归国家所有，而不直接归还给纳税人。

　　3. 固定性。即税收按税法预先规定的征收标准进行，无论是纳税人还是税务机关，都要遵守法定纳税标准，不得随意改变。

（二）税收的作用

　　税收的作用是税收职能具体表现出来的效果。一般而言，税收具有组织财政收入、调节经济和监督管理三个职能。税收职能与税收作用有着密切的内在联系。世界各国在不同的历史时期，由于其具体的政治、社会和经济条件的不同，税收职能所能发挥的广度和深度不同，因而表现出来的税收的作用也有不同。具体来说，在社会主义市场经济条件下，税收的重要作用主要表现在以下几个方面：

1. 税收是国家组织财政收入、筹集建设资金的主要来源。目前，我国财政收入的90%以上是通过税收取得的，不仅资金数额巨大，而且具有及时、稳定取得收入的特点。税收为国家实现其职能，组织经济建设、科教文卫建设、民主与法制建设以及国防建设提供财力保证。

2. 税收是国家进行宏观调控的重要手段。国家通过税种、税目和税率的设置与调整，以及减免税的规定，可以引导资金流向，调整产业结构，调节社会生产，从而实现资源的最优配置，促进经济持续稳定快速发展。

3. 税收是调节经济差距的有效工具。税收能在一定程度上调节各行各业和社会成员的经济收入差距以及地区间的经济发展差距，以保障合理分配，正确处理国家、集体和个人三者之间的经济利益关系，实现经济与社会的协调发展。

4. 税收是经济监督管理的有力武器。通过税收征管活动，可以保护合法经营、公平竞争，打击偷税、漏税、抗税等违法行为，建立良好的市场管理秩序。

5. 税收对于维护国家主权与经济利益，促进对外经济交往与合作也具有重要作用。

二、税法的概念

税法是调整税收关系的法律规范的总称。税收关系是因税收而发生的各种社会关系。它主要包括：代表国家行使职权的税收征收机关与纳税人之间发生的税收征纳关系；税收征收机关之间划分税收管理权限而发生的社会关系；国家权力机关、行政机关、各级财税部门以及它们各自的上下级之间因税收监督而发生的社会关系。

我国税法是由一系列单行的税收法律、法规和规章组成的。现行税法主要有：《税收征收管理法》《个人所得税法》《企业所得税法》《增值税暂行条例》《土地增值税暂行条例》《消费税暂行条例》《进出口关税条例》。

三、税法的构成要素

税法是由若干要素构成的。税法的构成要素一般包括：征税机关、纳税主体、征税对象、税种、税目、税率、纳税环节、纳税期限、减税免税和违法处理。

（一）征税机关

征税机关，是指依照税法规定代表国家直接行使征收税款职权的有关国家职能机关。包括：①税务机关。它是行使国家征税权的专门机关，负责一般税收的具体征缴工作。②海关。它主要负责关税的征缴工作。③财政机关。它主要负责农业税、耕地占用税、契税等税种的征缴工作。

（二）纳税主体

纳税主体又称纳税义务人或者纳税人，是指依照税法规定直接负有纳税义务的单位和个人。税法对每一种税都规定了特定的纳税主体。如果纳税人不履行纳税义务，就要承担相应的法律责任。

税法还规定有扣缴义务人，即依法负有代扣代缴、代收代缴税款义务的单位和个人，如出版社、房管部门、工薪发放部门、集中贸易市场管理部门等。扣缴义务人必须严格履行扣缴义务。

（三）征税对象

征税对象又称征税客体或计税依据，是指对什么东西征税。它是划分不同税种的主要标志。税法对每种税都规定了各自的征税对象。征税对象因税种的不同而有所不同。在流转税中，征税对象是指商品的销售额或者服务性业务的营业额；在所得税中，征税对象是指所得额或者收益额；在财产税中，征税对象是指财产的价值额或者租价额；在行为税中，征税对象是指某种特定的行为；在资源税中，征税对象是指资源的级差收入。

（四）税种、税目

税种即税收的种类，是指征的什么税。

税目，是指税法对各税种所规定的应纳税的具体项目。它是征税对象的具体化，反映具体的征税范围，体现征税的广度。规定税目，一方面是为了对征税对象的范围作出具体的界限；另一方面是为了对不同的税目采取不同的税率，通过对不同税目规定高低不同的税率，可以贯彻国家的经济政策，以便国家能够更有效地利用税收这一经济杠杆来对经济进行宏观调控。税目之下还设有子目。

（五）税率

税率，是纳税数额与征税对象之间的比例。它是计算税额的尺度，体现征税的深度。税率是税法构成要素中的核心部分，是税收制度的中心环节。税率的高低，直接关系到国家财政收入的多少和纳税人负担的轻重，关系到国家和纳税人之间的利益分配问题。因此，它具体体现国家的税收政策。税率的变动，往往反映国家宏观调控政策的变化。我国现行的税率有以下三种：

1. 比例税率。它是指不论征税对象数额的大小，只规定一个比例的税率。它一般适用于对流转税的征收，也适用于对所得税的征收。

2. 累进税率。它是指按征税对象数额的大小，规定不同等级的税率。征税对象数额越大，税率越高；反之，税率越低。它一般适用于对所得税的征收。累进税率又分为全额累进税率和超额累进税率。全额累进税率是把征税对象按数额的大小划分成若干不同的等级，对每一等级分别确定不同的税率，当征税对象的数额达到哪一等级，就对其全部数额适用该级别的税率征税。全额累进税率的优点主要是计算简便，其缺点是在两个级距的临界部位可能出现税负增加超过征税对象数额增加的不合理现象。超额累进税率是根据征税对象数额的大小划分成若干不同的等级，对每一个等级分别确定不同的税率并分别计算税额，当征税对象数额增加到高一个等级时，只对其超过部分按提高一级的税率计算税额。同一纳税人可以同时适用几个税率来计算其税额，将各部分应纳税额相加，即得出其全部应纳税额。超额累进税率在计算上比较复杂，可采取"速算扣除数"的办法解决。超额累进税率在累进的程度上较为缓和，避免了全额累进税率的缺点。因此，它成为现行税法一般采用的税率。超额累进税率还派生有超倍累进税率和超率累进税率两种税率。

3. 定额税率。它又称固定税率，是指对征税对象的每一单位，直接规定固定税额的税率。定额税率不采用百分比的方式，是一种较特殊的税率形式，一般适用于从量计征的税种，如我国的车船使用税，对船舶和载货汽车是以每吨为单位计征，对其他车辆是以每辆为单位计征。

（六）纳税环节

纳税环节，是指应税产品在流转过程中，税法规定应缴纳税款的环节。在商品流转过程中，产品从生产到消费要经过许多流转环节，国家在税收上只选择其中一定环节，规定了缴纳税款的环节。纳税环节通常是根据有利于控制税源、税款及时入库、简化征收手续、便于管理等原则来确定。

（七）纳税期限

纳税期限，是指税法规定纳税人应当缴纳税款的时间界限。纳税期限是国家及时稳定取得财政收入的保证。税法规定，纳税人不按期纳税，要给予滞纳处分。

（八）减税、免税

减税、免税，是指依照税法规定，对特定的纳税人或征税对象，减少征收或免除征收税款。减税、免税是国家对某些纳税人或征税对象给予鼓励和照顾的一种优惠规定。国家税法具有统一性和严肃性，减、免税权要集中到中央，任何地方和部门不得擅自减税、免税，违背以法治税的原则。

（九）违法处理

违法处理，是指对违反税法的单位和个人，依照法定条件和程序采取的惩罚措施。为维护税法的严肃性，确保国家财政收入的及时稳定取得，充分发挥税收的杠杆作用，必须加强税收征收管理，对纳税人违反税法的各种行为，应给予相应的制裁。

第二节 我国现行税种

根据我国现行税制，我国现行税种可以划分为流转税、所得税、财产税、资源税和特定行为税五大类。

一、流转税

流转税，是指以商品销售收入额和服务性收入额为征税对象的税种的总称。

流转税的主要特点是税源基础大，征税范围广，不论其成本高低、盈利或亏损，只要有商品销售收入或服务性业务收入，就要依法缴纳该税。

我国现行税种中属于流转税类的有增值税、土地增值税、消费税、营业税和关税。

（一）增值税

增值税，是以产品增值额为征税对象的一种税。所谓增值额，一般是指企业在生产过程中新创造的那部分价值，即产品的销售收入总额扣除生产产品所支付的外购原材料、燃料、动力和计入成本的包装物金额等之后所剩的余额。

根据国务院1993年发布、2008年修订、2016年修正、2017年修改的《中华人民共和国增值税暂行条例》的规定，增值税的纳税主体，是在我国境内销售货物或者加工、修理修配劳务，销售服务、无形资产、不动产以及进口货物的单位和个人。增值税实行比例税率。纳税人销售货物、修理修配劳务、有形动产租赁服务或者进口货物，除部分货物外，税率为17%。这里的"部分货物"包括：粮食、食用植物油、食用盐；自来水、暖气、冷气、热水、煤气、石油液化气、天然气、二甲醚、沼气、居民用煤炭制品；图书、报纸、杂志、音像制品、电子出版物；饲料、化肥、农药、农机、农膜；国务院规定的其他货物。纳税人销售或者进口上述这"部分货物"，税率为11%。纳税人销售服务、无形资产，除另有规定外，税率为6%。纳税人出口货物，除国务院另有规定的外，税率为零。增值税的征税对象是销售货物、劳务、服务、无形资产、不动产和进口货物等应税销售行为过程中的增值额。

按照规定，下列项目免征增值税：农业生产者销售的自产农业产品；避孕药品和用具；古旧图书；直接用于科学研究、科学试验和教学的进口仪器、设备；外国政府、国际组织无偿援助的进口物资和设备；由残疾人组织直接进口供残疾人专用的物品；销售的自己使用过的物品。

（二）土地增值税

土地增值税，是对单位和个人有偿转让土地使用权的增值收益进行征收的一种税，是我国新开征的一个税种。开征此税的目的是规范土地、房地产市场交易秩序，合理调节土地增值收益，维护国家权益。

根据国务院1993年发布，2011年修订的《中华人民共和国土地增值税暂行条例》的规定，土地增值税的纳税主体是转让国有土地使用权、地上的建筑物及其附着物（以下简称转让房地产）并取得收入的单位和个人。土地增值税的征税对象是转让房地产所取得的增值额，即纳税人转让房地产所取得的收入减除法定扣除项目金额后的余额。计算土地增值税的法定扣除项目包括：取得土地使用权支付的金额；开发土地的成本、费用；新建房及配套设施的成本、费用，或者旧房及建筑物的评估价格；与转让房地产有关的税金；财政部规定的其他扣除项目。土地增值税实行四级超额累进税率。增值额未超过扣除项目金额50%的部分，税率为30%；增值额超过扣除项目金额50%、未超过扣除项目金额100%的部分，税率为40%；增值额超过扣除项目金额100%、未超过扣除项目金额200%的部分，税率为50%；增值额超过扣除项目金额200%的部分，税率为60%。

按照规定，有下列情形之一的，免征土地增值税：纳税人建造普通标准住宅出售，增值额未超过扣除项目金额20%的；因国家建设需要依法征用、收回的房地产。

（三）消费税

消费税，是对税法规定的特定消费品或特定消费行为征收的一种税。我国规范消费税的基本法律、法规主要是国务院1993年12月13日发布、2008年11月5日修订的《中华人民共和国消费税暂行条例》及其实施细则。

消费税的基本内容包括：

1. 纳税人。在中华人民共和国境内生产、委托加工和进口应税消费品的单位和个人，以及国务院确定的销售应税消费品的其他单位和个人，为消费税纳税义务人。其中：单位包括企业、行政单位、事业单位、军事单位、社会团体及其他单位；个人包括个体工商户及其他个人。

2. 征税范围。消费税的征税对象是在我国境内生产、委托加工、进口销售的特定消费品。其征税范围包括五大类：①过度消费会给人类健康、生态环境和社会秩序造成危害的特殊消费品，如烟、酒、鞭炮、焰火等；②奢侈品、非生活必需品，如金银、珠宝、首饰、化妆品等；③高档次、高耗能消费品，如小汽车、摩托车等；④不可再生的替代资源性消费品，如成品油、石脑油、溶剂油、润滑油、燃料油、航空煤油；⑤具有一定财政意义的产品，如汽车轮胎、护肤、护发品等；⑥高尔夫球及球具、高档手表、游艇、木制一次性筷子、实木地板。

3. 税率。消费税的税率有比例税率和定额税率两种形式，以适应不同应税消费品的实际情况。

4. 计征办法。消费税采取从价定率计征和从量定额征收两种办法。从价定率计征办法适用于供求矛盾突出、价格差异较大、计量单位不规范的消费品，应纳税额＝应税消费品的销售额×消费税税率；从量定额计征办法适用于供求基本平衡、价格差异不大、计量单位规范的消费品，应纳税额＝应税消费品数量×单位税额。

（四）关税

关税，是对进出国境的货物和物品所征收的一种税。它分为进口税和出口税两种。关税是由海关征收的一种特殊的税种，是国家主权完整的重要表现，是维护国家主权和经济利益的重要手段。它不仅可以增加国家财政收入，而且可以利用高低不同的税率以及关税的减免，鼓励国内必需品的进口，限制非必需品的进口，有利于引进先进设备和先进技术；可以通过对出口货物大部分免征关税、小部分征税，来鼓励出口，增强产品在国际上的竞争能力，保护国内的某些资源。

根据国务院 2003 年 10 月 29 日通过的《中华人民共和国进出口关税条例》（根据 2011 年 1 月 8 日《国务院关于废止和修改部分行政法规的决定》第一次修订，根据 2013 年 12 月 7 日《国务院关于修改部分行政法规的决定》第二次修订，根据 2016 年 2 月 6 日《国务院关于修改部分行政法规的决定》第三次修订，根据 2017 年 3 月 1 日《国务院关于修改和废止部分行政法规的决定》第四次修订），关税的纳税主体是进口货物的收货人、出口货物的发货人，进境物品的所有人。关税的征税对象是海关依照关税条例审定的完税价格。进口货物以海关审定的成交价格为基础的到岸价格作为完税价格。到岸价格包括货价，加上货物运抵我国海关境内输入地点起卸前的包装费、运费、保险费和其他劳务费等费用。运往境外修理的机械器具、运输工具或者其他货物，出境时已向海关报明并在海关规定期限内复运进境的，应当以海关审定的修理费和料件费作为完税价格。运往境外加工的货物出境时已向海关报明并在海关规定期限内复运进境的，应当以加工后的货物进境时的到岸价格与原出境货物或者相同、类似货物在进境时的到岸价格之间的差额，作为完税价格。以租赁（包括租借）方式进口的货物，应当以海关审定的货物的租金，作为完税价格。出口货物应当以海关审定的货物售与境外的离岸价格，扣除出口关税后，作为完税价格。关税的税率分为进口关税税率和出口关税税率。进口关税税率又分普通税率、最惠国税率、协定税率、特惠税率和关税配额税率。对原产于与我国未订有关税优惠协议的国家或者地区的进口货物以及原产地不明的进口货物，按照普通税率征税；原产于共同适用最惠国待遇条款的世界贸易组织成员的进口货物，原产于与中华人民共和国签订含有相互给予最惠国待遇条款的双边贸易协定的国家或者地区的进口货物，以及原产于中华人民共和国境内的进口货物，适用最惠国税率；原产于与中华人民共和国签订含有关税优惠条款的区域性贸易协定的国家或者地区的进口货物，适用协定税率；原产于与中华人民共和国签订含有特殊关税优惠条款的贸易协定的国家或者地区的进口货物，适用特惠税率。适用最惠国税率的进口货物有暂定税率的，应当适用暂定税率；适用协定税率、特惠税率的进口货物有暂定税率的，应当从低适用税率；适用普通税率的进口货物，不适用暂定税率；适用出口税率的出口货物有暂定税率的，应当适用暂定税率；按照国家规定实行关税配额管理的进口货物，关税配额内的，适用关税配额税率。

二、所得税

所得税，是指以财产收入所得额为征税对象的税种的总称。

所得税具有以下特点：①其征税对象为纳税人的所得额或收益额，它直接调节纳税人的收入；②它以纳税人的实际负担能力为征税原则，所得多得多征，所得少的少征，无所得的不征，不像流转税那样不论有无盈利都要征税；③在征收上，一般是按全年所得额或收益额计征，并采取分期预缴、年终汇算的办法，以保证国家财政收入的均衡、及时。我国现行税种中属于所得税类的主要有企业所得税、外商投资企业和外国企业所得税、个人所得税、农业税。

（一）企业所得税

企业所得税，是对在中国境内的企业的生产经营所得和其他所得所征收的一种税。

根据全国人民代表大会 2007 年 3 月 16 日通过，2017 年 2 月 24 日修正的《中华人民共和国企业所得税法》及其实施条例的规定，企业所得税的纳税主体是我国境内的企业和其他取得收入的组织，但个人独资企业、合伙企业除外。企业所得税的征税对象是企业的生产、经营所得和其他所得，包括来源于中国境内、境外的所得。纳税人每一纳税年度的收入总额减去准予扣除的项目后的余额为应纳税所得额，其计算公式为：应纳税所得额＝收入总额－准予扣除项目金额。纳税人的收入总额包括：销售货物收入，提供劳务收入，财产转让收入，利息收入，租金收入，特许权使用费收入，股息、红利等权益性投资收益，接受捐赠收入及其他收入。计算应纳税所得额时准予扣除的项目，是指与纳税人取得收入有关的成本、费用和损失。企业所得税实行比例税率，税率为 25％。企业所得税的应纳税额的计算公式为：应纳税额＝应纳税所得额×适用税率－减免税额。按照规定，纳税人发生年度亏损的，可以用下一纳税年度的所得弥补；下一纳税年度的所得不足以弥补的，可以逐年延续弥补，但是延续弥补期最长不得超过 5 年。纳税人来源于我国境外的所得，已在境外缴纳的所得税税款，准予在汇总纳税时，从其应纳税额中扣除，但是扣除额不得超过其境外所得依照我国税法规定计算的应纳税额。

（二）个人所得税

个人所得税，是以个人的所得或收入为征税对象的一种税。我国规范个人所得税的基本法律规范是 2011 年 6 月 30 日第十一届全国人民代表大会常务委员会第二十一次会议第六次修正的《中华人民共和国个人所得税法》。

个人所得税的基本内容如下：

1. 纳税人。凡在中华人民共和国境内有住所，或者无住所而在境内居住满 1 年的个人，以及在中国境内无住所又不居住或者无住所而在境内居住不满 1 年的个人，只要达到我国税法规定的纳税标准，都是个人所得税的纳税人。

2. 征税对象。个人所得税以个人取得的各项所得为征税对象，具体包括下列内容：①工资、薪金所得；②个体工商户的生产、经营所得；③对企事业单位的承包经营、承租经营所得；④劳务报酬所得；⑤稿酬所得；⑥特许权使用费所得；⑦利息、股息、红利所得；⑧财产租赁所得；⑨财产转让所得；⑩偶然所得；⑪经国务院财政部门确定征税的其他所得。

3. 税率。我国个人所得税采用分类所得税制，不同的收入项目分别采用不同的税率形式：①工资、薪金所得采用超额累进税率，税率为 3%～45%；②个体工商户的生产、经营所得和对企事业单位的承包经营、承租经营所得采用超额累进税率，税率为 5%～35%；③其余应税项目适用比例税率，税率为 20%；④劳务报酬所得一次收入畸高的，实行加成征税办法；⑤对稿酬所得，实行减征 30% 税款的做法。

4. 减免规定。①免税项目。省级人民政府、国务院部委和中国人民解放军军以上单位，以及外国组织、国际组织颁发的科学、教育、技术、文化、卫生、体育、环境保护等方面的奖金；国债和国家发行的金融债券利息；按国家统一规定发给的补贴、津贴；福利费、抚恤费、救济金；保险赔款、军人的转业费、复员费；按照国家统一规定发给干部、职工的安家费、退职费、退休工资、离休工资、离休生活补助费；依照我国有关法律规定应予免税的各国驻华使馆、领事馆的外交代表、领事馆官员和其他人员的所得；中国政府参加的国际公约、签订的协议中规定免税的所得；经国务院财政部门批准免税的所得。②减税规定。有下列情形之一的，经批准可以减征个人所得税：残疾、孤老人员和烈属的所得；因严重自然灾害造成重大损失的；其他经国务院财政部门批准减税的。

5. 应纳税额的计算和征收。个人所得税应纳税额以应纳税所得额为计税依据，基本计算公式为：应纳税额 = 应纳税所得额 × 适用税率。根据《个人所得税法》的规定，各个不同收入项目的应纳税所得额分别如下：①工资、薪金所得，以每月收入额减除费用 3500 元后的余额为应纳税所得额；②个体工商户的生产经营所得，以每一纳税年度的收入总额，减除成本、费用以及损失后的余额，为应纳税所得款；③对企事业单位的承包经营、承租经营所得，以每一纳税年度的收入总额，减除必要费用后的余额，为应纳税所得额；④劳务报酬所得、稿酬所得、特许权使用所得、财产租赁所得，每次收入不超过4000元的，减除800元；4000元以上的，减除20%的费用，其余额为应纳税所得额；⑤财产转让所得，以转让财产的收入额减除财产原值和合理费用后的余额，为应纳税所得额；⑥利息、股息、红利所得、偶然所得和其他所得，以每次收入为应纳税所得额。

6. 征纳方法。个人所得税，采取支付单位代扣代缴为主和纳税人自行申报为辅两种征纳方法。在两处以上取得工资、薪金所得和没有扣缴义务人的，纳税义务人应当自行申报纳税。自行申报纳税人应该在取得所得的所在地税务机关申报纳税。纳税人从中国境外取得所得的，应该在户籍所在地税务机关或指定税务机关申报纳税。纳税人要求变更纳税申报地点的，须经原主管税务机关批准。

三、财产税

财产税，是以纳税人所有或支配的财产额为征税对象的税种的总称。我国现行税种中属于财产税类的主要有房产税和契税。

（一）房产税

房产税，是对在我国境内拥有房产的单位和个人，以其房产评估值为计税依据，向房屋产权人征收的一种财产税。我国规范房产税的基本法律规范是1986年9月15日国务院颁布的《中华人民共和国房产税暂行条例》（根据2011年1月8日《国务院关于废止和修改部分行政法规的决定》修订）。

房产税的基本内容如下：

1. 纳税人。房产税的纳税人包括在我国境内拥有房屋产权的单位和个人。

2. 纳税范围。房产税的征税范围包括城市、县城、建制镇、工矿区和农村的房屋。即凡是在我国境内的房产，除法定免税者外，都属于房产税的征税范围。

3. 税率。我国现行房产税采用的是比例税率，从价计征的税率为1.2%，依据租金收入计征的税率为12%。

4. 减免规定。下列房产免征房产税：①国家机关、人民团体、军队自用的房产；②由国家财政部门拨付事业费的单位自用的房产；③宗教寺庙、公园、名胜古迹自用的房产；④个人所有非营业性的房产。

（二）契税

契税，是在房屋所有权转移登记时向不动产取得人征收的一种财产税。我国规范契税的基本法律规范是1997年7月7日国务院发布的《中华人民共和国契税暂行条例》。

契税的基本内容如下：

1. 纳税人。契税的纳税义务人是在我国境内承受土地和房屋权属转移的单位和个人。

2. 征税范围。契税的征税对象包括国有土地使用权出让、土地使用权转让、房屋买卖、房屋赠与、房屋交换等。

3. 税率。契税实行3%～5%的幅度税率。省、自治区、直辖市人民政府可以在3%～5%的幅度内，按照本地区的实际情况确定。

4. 契税的计算和征收。契税的应纳税额＝计税依据×适用税率。其中：①国有土地使用权出让、土地使用权出售、房屋买卖以成交价作为计税依据；②土地使用权赠与、房屋赠与，由征收机关参照土地使用权出售、房屋买卖的市场价格核定；③土地使用权交换、房屋交换的计税依据，为所交换土地使用权、房屋的价格差额。

第三节 税收征收管理制度

一、税收征收管理制度的概念

税收征收管理是实现税收职能的重要手段。为了加强税收征收管理，保护国家财政收入，保护纳税人的合法权益，1992年9月4日第七届全国人民代表大会常务委员会第二十七次会议通过了《中华人民共和国税收征收管理法》，该法自1993年1月1日起施行。凡依法由税务机关征收的各种税收的征收管理，均适用该法。为了适应税制改革的需要和税收征收管理体制的变化，1995年2月28日第八届全国人大常委会第十二次会议第一次修正该法，2001年4月28日第九届全国人民代表大会常务委员会第二十一次会议进行了修订，2013年6月29日第十二届全国人民代表大会常务委员会第三次会议第二次修正该法，2015年4月24日第十二届全国人民代表大会常务委员会第十四次会议第三次修正该法。

《税收征收管理法》是我国关于税收征收管理的基本法律，它确立了我国税收管理的各项制度。根据该法的规定，税收征管制度的内容主要包括税务登记、账簿及凭证管理、纳税申报、税款征收、税务检查等事项。

二、税务登记

税务登记又称纳税登记，是指纳税人向税务机关就与纳税有关的事项办理的书面登记。这是税收征收管理的基础性工作。根据《税收征收管理法》的规定，企业，企业在外地设立的分支机构和从事生产、经营的场所，个体工商户和从事生产、经营的事业单位（以下统称从事生产、经营的纳税人）自领取营业执照之日起30日内，持有关证件，向税务机关申报办理税务登记。税务机关应当于收到申报的当日办理登记并发给税务登记证件。

从事生产、经营的纳税人，税务登记内容发生变化的，自工商行政管理机关办理变更登记之日起30日内或者在向工商行政管理机关申请办理注销登记之前，持有关证件向税务机关申报办理变更或者注销税务登记。

纳税人应按照国务院税务主管部门的规定使用税务登记证件。税务登记证件不得转借、涂改、损毁、买卖或者伪造。

依照税法规定负有代扣代缴、代收代缴税款义务的扣缴义务人，应当向主管税务机关申报领取代扣代缴或者代收代缴税款凭证。该凭证不得转借、涂改、损毁、买卖或者伪造。

从事生产、经营的纳税人到外县（市）从事生产、经营活动的，必须持所在地税务机关填发的外出经营活动税收管理证明，向营业地税务机关报验登记，接受税务管理。

三、账簿、凭证管理

账簿、凭证管理是税务管理的重要内容，它直接关系到征税依据的真实性。根据《税收征收管理法》及其实施细则的规定，从事生产、经营的纳税人、扣缴义务人应按照国务院财政、税务主管部门的规定，自领取营业执照之日起15日内设置账簿，根据合法、有效凭证记账，进行核算。个体工商户确实不能设置账簿的，经税务机关核准，可以不设账簿。

从事生产、经营的纳税人应当自领取税务登记证件之日起15日内，将其财务、会计制度或者财务、会计处理办法报送主管税务机关备案。

扣缴义务人应当自税法规定的扣缴义务发生之日起10日内，按照所代扣、代收的税种，分别设置代扣代缴、代收代缴税款账簿。

纳税人、扣缴义务人使用计算机记账的，应当在使用前将其记账软件、程序和使用说明书以及有关资料报送主管税务机关备案。纳税人、扣缴义务人会计制度健全，能够通过计算机正确、完整计算其收入和所得，或者代扣代缴、代收代缴税款情况，其计算机输出的完整的书面会计记录，可视同会计账簿；会计制度不健全，不能通过计算机正确、完整计算其收入和所得，或者代扣代缴、代收代缴税款情况的，应当建立总账及与纳税或者代扣代缴、代收代缴税款有关的其他账簿。

发票，是在购销商品、提供或者接受服务以及从事其他经济活动中，开具、收取的收付款凭证，是税务稽查的重要依据之一。因此，《税收征收管理法》规定，增值税专用发票由国务院税务主管部门指定的企业印制；其他发票，按照国务院税务主管部门的规定，分别由省级国家税务局、地方税务局指定企业印制。未经上述规定的税务机关指定，不得印制发票。为了加强发票管理，经国务院批准，财政部于 1993 年 12 月还发布了《发票管理办法》（根据 2010 年 12 月 30 日《国务院修改〈中华人民共和国发票管理办法〉的决定》修订）。

《税收征收管理法》及其实施细则还要求，从事生产、经营的纳税人、扣缴义务人对其账簿、记账凭证、完税凭证以及其他有关纳税资料应当保存 10 年。但法律、行政法规另有规定的除外。账簿、记账凭证以及其他有关纳税资料不得伪造、变造或者擅自损毁。

四、纳税申报

纳税申报，是指纳税人就应税事项向税务机关提出书面报告。这是税收征收管理工作的重要环节之一，是纳税人、扣缴义务人履行纳税义务的法定手续，也是税务机关办理征收业务、核实应征税额和开具纳税凭证的主要依据。根据《税收征收管理法》及其实施细则的规定，纳税人或扣缴义务人必须在法律、行政法规规定的或者税务机关依照法律、行政法规的规定确定的申报期限内，到主管税务机关办理纳税申报，报送纳税申报表、财务会计报表以及税务机关根据实际需要要求纳税人报送的其他资料。

纳税人、扣缴义务人按照规定的期限办理纳税申报或者报送代扣代缴、代收代缴税款报告确有困难，需要延期的，应当在规定的期限内向税务机关提出书面延期申请，经税务机关核准，在核准的期限内办理，纳税人、扣缴义务人因不可抗力，不能按期办理纳税申报或者报送代扣代缴、代收代缴税款报告表的，可以延期办理。但是，应当在不可抗力情形消除后立即向税务机关报告。税务机关应当查明事实，予以核准。

五、税款征收

税款征收是税收征收管理工作的中心环节，它直接关系到国家的税款是否能够及时足额入库。为此，《税收征收管理法》及其实施细则作了一系列明确规定。

（一）税务机关征收税款的主要职权职责

1. 税务机关依照法律、行政法规征收税款，不得违反法律、行政法规的规定开征、停征、多征或者少征税款。

2. 税务机关可以采取查账征收、查定征收、查验征收、定期定额征收以及其他方式征收税款。税务机关根据国家有关规定可以委托有关单位代征少数零星分散的税收，并发给委托代征书。受托单位按照代征证书的要求，以税务机关的名义依法征收税款。

3. 税务机关征收税款时，必须给纳税人开具完税凭证。

4. 纳税人有下列情形之一时，税务机关有权核定其应纳税额：依照税法规定可以不设置账簿的；依照税法规定应当设置但未设置账簿的；虽设置账簿，但账目混乱或者成本资料、收入凭证、费用凭证残缺不全，难以查账的；发生纳税义务，未按照规定的期限办理纳税申报，经税务机关责令限期申报，逾期仍不申报的。

5. 企业或者外国企业在中国境内设立的从事生产、经营的机构、场所与其关联企业之间的业务往来，不按照独立企业之间的业务往来收取或者支付价款、费用，而减少其应纳税的收入或者所得额的，税务机关有权进行合理调整。

6. 对未取得营业执照从事经营的单位和个人，除由工商行政管理机关依法处理外，由税务机关核定其应纳税额，责令缴纳；不缴纳的，税务机关可以扣押其价值相当于应纳税款的商品、货物。扣押其商品、货物的，当事人应当自扣押之日起 15 日内缴纳税款。扣押后缴纳应纳税款的，税务机关必须立即解除扣押，并归还所扣押的商品、货物；扣押后逾期仍不缴纳应纳税款的，经县以上税务局（分局）局长批准，拍卖所扣押的商品、货物，以拍卖所得抵缴税款。对扣押的鲜活、易腐烂变质或者易失效的商品、货物，税务机关可以在其保质期内先行拍卖，以拍卖所得抵缴税款。

7. 税务机关有根据认为从事生产、经营的纳税人有逃避纳税义务行为的，可以在规定的纳税期之前，责令限期缴纳应纳税款；在限期内发现纳税人有明显的转移、隐匿其应纳税的商品、货物以及其他财产或者应纳税收入的迹象的，税务机关可以责成纳税人提供纳税担保。如果纳税人不能提供纳税担保，经县以上税务局（分局）局长批准，税务机关可以采取以下税收保全措施：①书面通知纳税人开户银行或其他金融机构暂停支付纳税人相当于应纳税款的存款金额；②扣押、查封纳税人的价值相当于应纳税款的商品、货物或者其他财产。纳税人在规定的期限内缴纳税款的，税务机关必须立即解除税收保全措施；期限届满仍未缴纳税款，经县以上税务局（分局）局长批准，税务机关可以书面通知纳税人开户银行或其他金融机构从其暂停支付的存款中扣缴税款，或者拍卖所扣押、查封的商品、货物或者其他财产，以拍卖所得抵缴税款。采取税收保全措施不当，或者纳税人在规定的期限内已缴纳税款，税务机关未立即解除税收保全措施，使纳税人的合法利益遭受损失的，税务机关应当承担赔偿责任。

8. 从事生产、经营的纳税人、扣缴义务人未按照规定的期限缴纳或者解缴税款，纳税担保人未按照规定的期限缴纳所担保的税款，由税务机关责令限期缴纳，逾期仍未缴纳的，经县以上税务局（分局）局长批准，税务机关可以采取下列强制执行措施：①书面通知其开户银行或者其他金融机构从其存款中扣缴税款；②扣押、查封、拍卖其价值相当于应纳税款的商品、货物或者其他财产，以拍卖所得抵缴税款。税务机关采取强制执行措施时，上述纳税人、扣缴义务人、纳税担保人未缴纳的滞纳金同时强制执行。

9. 税务机关扣押商品、货物或者其他财产时，必须开付收据；查封商品、货物或者其他财产时，必须开付清单。

10. 纳税人超过应纳税额缴纳的税款，税务机关发现后，应当立即退还；纳税人自结算缴纳税款之日起 3 年内发现的，可以向税务机关要求退还，税务机关查实后应当立即退还。因税务机关的责任，致使纳税人、扣缴义务人未缴或者少缴税款的，税务机关在 3 年内可以要求纳税人、扣缴义务人补缴税款，但是不得加收滞纳金。因纳税人、扣缴义务人计算错误等失误，未缴或者少缴的，税务机关在 3 年内可以追征；但数额在 10 万元以上的，追征期可以延长到 10 年。纳税人、扣缴义务人和其他当事人因偷税未缴或者少缴的税款或者骗取的退税款，税务机关可以无限期追征。

（二）纳税人缴纳税款和扣缴义务人代扣代缴、代收代缴的义务

1. 扣缴义务人应当依照法律、行政法规的规定履行代扣、代收税款的义务。扣缴义务人依法履行代扣、代收义务时，纳税人不得拒绝。纳税人拒绝的，扣缴义务人应当及时报告税务机关处理。扣缴义务人代扣、代收税款时，必须给纳税人开具完税凭证。税务机关应按照规定付给扣缴义务人代扣、代收手续等。

2. 纳税人、扣缴义务人应当按照法律、行政法规的规定或者税务机关依照法律、行政法规规定确定的期限，缴纳或者解缴税款。纳税人因有特殊困难不能按期缴纳税款的，经县以上税务局（分局）批准，可以延期缴纳税款，但最长不得超过 3 个月。纳税人未按照上述规定期限缴纳税款的，扣缴义务人未按照上述规定期限解缴税款的，税务机关除责令其限期缴纳外，从滞纳税款之日起，按日加收滞纳税款 0.2% 的滞纳金。

3. 欠缴税款的纳税人需要出境的，应当在出境前向税务机关结清应纳税款或者提供担保。未结清税款，又不提供担保的，税务机关可以通知出境管理机关阻止其出境。

（三）减税、免税的申请和审批

纳税人依照法律、行政法规的规定办理减税、免税。地方各级人民政府、各级人民政府主管部门、单位和个人违反法律、行政法规规定，擅自作出的减税、免税决定无效，税务机关不得执行，并向上级税务机关报告。

六、税务检查

税务检查又称税务稽查，是指税务机关依法对纳税人的纳税情况所实施的监督检查活动。它对于严肃税收法纪，堵塞税收征管的漏洞，确保国家财政收入，具有重要意义。根据《税收征收管理法》及其实施细则的规定，税务机关有权进行下列税务检查：

1. 检查纳税人的账簿、记账凭证、报表和有关资料，检查扣缴义务人代扣代缴、代收代缴税款账簿、记账凭证和有关资料。税务机关在行使此项职权时，可以在纳税人、扣缴义务人的业务场所进行，必要时，经县以上税务局（分局）局长批准，也可以将纳税人、扣缴义务人以前会计年度的账簿、记账凭证、报表和其他有关资料调回税务机关检查，但是税务机关必须向纳税人、扣缴义务人开付清单，并在 3 个月内完整退还。

2. 到纳税人的生产、经营场所和货物存放地检查纳税人应纳税的商品、货物或者其他财产，检查扣缴义务人与代扣代缴、代收代缴税款有关的经营情况。

3. 责成纳税人、扣缴义务人提供与纳税或者代扣代缴、代收代缴税款有关的文件、证明材料和有关资料。

4. 询问纳税人、扣缴义务人与纳税或者代扣代缴、代收代缴税款有关的问题和情况。

5. 到车站、码头、机场、邮政企业及其分支机构检查纳税人托运、邮寄应纳税商品、货物或者其他财产的有关单据、凭证和有关资料。

6. 经县以上税务局（分局）局长批准，凭全国统一格式的检查存款账户许可证明，查核从事生产、经营的纳税人、扣缴义务人在银行或者其他金融机构的存款账户；查核从事生产、经营的纳税人的储蓄存款，须经银行县、市支行或者市分行的区办事处核对，指定所属储蓄所提供资料。

纳税人、扣缴义务人必须接受税务机关依法进行的税务检查，如实反映情况，提供有关资料，不得拒绝、隐瞒。

税务机关依法进行税务检查时，有关部门和单位应当支持、协助，向税务机关如实反映纳税人、扣缴义务人和其他当事人的与纳税或者代扣代缴、代收代缴税款有关的情况，提供有关资料及证明材料。

税务机关调查税务违法案件时，对与案件有关的情况和资料，可以记录、录音、录像和复制。

税务机关和税务人员必须依法行使税务检查职权，税务人员进行税务检查时，必须出示税务检查证；无税务检查证的，纳税人、扣缴义务人及其他当事人有权拒绝检查。税务机关有责任为被检查人保守秘密。

第四节　税收法律实务

一、税务争议的解决程序

纳税人、扣缴义务人、纳税担保人同税务机关在纳税上发生争议时，必须先依照法律、行政法规的规定缴纳或者解缴税款及滞纳金，然后可以自收到税务机关填发的缴款凭证之日起 60 日内向上一级税务机关申请复议。上一级税务机关应当自收到复议申请之日起 60 日内作出复议决定。对复议决定不服的，可以自接到复议决定书之日起 15 日内向人民法院起诉。

当事人对税务机关的处罚决定、强制执行措施或者税收保全措施不服的，可以自接到处罚通知之日起或者税务机关采取强制执行措施、税收保全措施之日起 15 日内向作出处罚决定或者采取强制执行措施、税收保全措施的机关的上一级机关申请复议；对复议决定不服的，可以自接到复议决定之日起 15 日内向人民法院起诉。当事人也可以自接到处罚通知之日起或者税务机关采取强制执行措施、税收保全措施之日起 15 日内直接向人民法院起诉。复议和诉讼期间，强制执行措施和税收保全措施不停止执行。

当事人对税务机关的处罚决定逾期不申请复议，也不向人民法院起诉，又不履行的，作出处罚决定的税务机关可以申请人民法院强制执行。

二、税务代理

税务代理，是指税务代理人接受纳税主体的委托，在规定的代理范围内依法代其办理税务事宜的行为。它是联系纳税主体与征税主体的中介和纽带。在税收征管中实行税务代理制度，不仅有利于降低纳税主体因日益繁杂的税制而造成的纳税成本，维护其合法权益，而且有利于降低征税主体的征税成本，提高征税实效。

税务代理业务由税务代理机构统一受理，并由受理机构与被代理人签订委托代理协议书。委托代理协议书应当载明代理人和被代理人的名称、代理事项、代理权限、代理期限以及其他应明确的内容，并由税务代理机构和被代理人签名盖章。

税务代理机构包括税务师事务所以及经国家税务总局及省、自治区、直辖市国家税务局批准的其他机构。税务代理机构作为从事税务代理业务的中介服务机构，必须配备一定数量的注册税务师。注册税务师可以接受纳税人、扣缴义务人的委托，在下列范围内从事税务代理业务：①办理税务登记、变更税务登记和注销税务登记；②办理除增值税专用发票以外的发票领购手续；③办理纳税申报或扣缴税款报告；④办理缴纳税款和申请退税；⑤制作涉税文书；⑥审查纳税情况；⑦建账建制，办理账务；⑧税务咨询、受聘税务顾问；⑨税务行政复议；⑩国家税务总局规定的其他业务。

复习与思考

1. 试述税收的概念、特征及其作用。

2. 简述税法的基本要素。

3. 简述我国所得税的基本内容。

4. 简述纳税申报的内容及其法律意义。

5. 何谓偷税、漏税和抗税行为，税法对其如何进行法律规制？

6. 材料：某国税局集贸税务所在 2004 年 12 月 4 日了解到其辖区内经销水果的个体工商业户王某（其每月 10 日缴纳上月税款），打算在 12 月底收摊回外地老家，并存在逃避缴纳 2004 年 12 月税款 1200 元的可能。该税务所于 12 月 5 日向王某下达了限于 12 月 31 日缴纳税款的通知书。12 月 27 日税务所发现王某准备将其剩余的货物运走，于是当天由所长签发并向王某下达了扣押文书，由税务人员李某一人将王某的价值约 1200 元的水果扣押在借用的某厂仓库里。后王某立即缴纳了税款，但因仓库保管员不在，未能及时返还扣押的水果，两天后税务所将扣押的水果返还王某时，发现部分水果冻坏。因此，王某向县国税局提出赔偿请求。

问：根据税收法律的相关规定，该案应如何处理？（案例来源：中国法律信息搜索网）

第十八章 银行法律制度

第一节 银行法概述

一、金融、金融市场的概念

　　金融，是指货币资金的融通和信用活动。与货币流通和银行信贷有关的活动或者业务都可以称为金融。金融的内容主要包括：货币的发行、流通与回笼，现金管理，信贷，信托，结算，票据，外汇，证券发行与交易，黄金及贵金属，保险，等等。金融市场是商品经济发展的产物，泛指所有资金供给与需求进行交易的场所。作为金融商品交易的金融市场的构成要素，包括投资人（资金供给者）、筹资人（资金需求者）、金融中介人、金融商品和市场场所。

　　金融中介是筹资人和投资人进行金融交易的桥梁，间接融资市场通过银行来进行，直接融资市场也需通过证券公司的证券经纪人作中介来实现。金融市场上，资金总供应与总需求的平衡由中央银行掌握，从而金融市场的最终操纵权握在中央银行手中。金融市场的客体是金融商品，即货币与货币资金及其他金融工具，如金银、外汇、商业票据、银行票据、政府证券、公司债券、股票、可转让大额定期存单，等等。

　　金融市场是市场经济体系的动脉，是市场配置的高级形式。金融体系安全、高效、稳健运行，对经济全局的稳定和发展至关重要。由于金融业渗透到社会经济生活的各个领域，又是一个特殊的高风险行业，一旦金融机构出现危机很容易在整个金融体系中引起连锁反应，引发全局性、系统性的金融风波，从而导致经济秩序的混乱，甚至引发严重的政治经济危机。金融和金融市场虽涉及银行、票据、证券、保险等各个方面，但由于所有的金融活动都必然直接或间接与银行有关，而且往往是以银行为中心来进行的，因而银行就成为金融最重要的组成部分，成为金融的中心。

二、银行的概念和特征

一般而言，银行是指以吸收公众存款、发放贷款、办理结算等为业务的信用中介机构。银行中最为典型的当属商业银行，通常意义上的银行就是指商业银行。银行作为经营货币信用业务的企业，除具有一般工商企业具有的特征外，还具有与一般工商企业不同的特点：

1. 业务不同。一般工商企业所从事的业务是商品生产、商品流通或服务提供的；而银行所经营的业务则是货币和与货币有关的信用业务，货币经营主要是汇兑、兑换、结算和保管等，信用业务主要是存款、贷款等。

2. 营利点不同。一般工商企业依靠经营或提供一般商品或服务营利；银行则以经营特殊商品——货币来营利。

3. 政府干预的不同。由于银行业务带有更强的全局性特征，银行也更多地受到政府干预的影响。举凡银行的设立、组织、业务等一般都要受到政府的严格控制，以便能为经济和社会发展提供稳定的货币环境。

三、银行法的概念和内容

银行法是调整在银行业务及其管理活动中所发生的经济关系和管理关系的法律规范的总和。按关系划分，主要包括调整银行组织关系、银行管理关系和银行业务关系等不同的法律规范；按主体划分，主要包括中央银行法、商业银行法、政策性银行法和其他专业银行法等。

第二节　银行法主体

一、中国人民银行

（一）中国人民银行的性质和法律地位

根据《中国人民银行法》的规定，中国人民银行的全部资本由国家出资，属于国家所有。中国人民银行是中华人民共和国的中央银行。中国人民银行在国务院领导下，制定和实施货币政策，对金融业实施监督管理。可见我国的中国人民银行与世界各国的中央银行是发行的银行、银行的银行、国家的银行一样，是我国的中央银行（统一控制和管理全国的货币发行），是银行的银行（经营对普通银行的存款、贷款、清算等业务并且监管普通银行的业务），是国家（政府）的银行（代理财政金库，代表国家从事国际金融业务）。

1. 中国人民银行是一个特殊的国家机关。①中国人民银行是一个直属于国务院的特殊的国家机关，中国人民银行依靠法律赋予的权力运用行政和经济手段对全国金融业务进行管理。由于管理对象和管理方法的特殊性，中国人民银行又不同于一般国家行政机关，在对金融业进行管理时，它更多地是采用经济手段，如调节存款、贷款利率，在公开市场上买卖国债和其他政府债券，以实现其货币金融政策。由于中国人民银行拥有资本和资产，可以依法从事经营活动且在一定程度上可以赢利，这也是一般国家机关所不具备的特征。②中国人民银行在隶属关系上直属于国务院，在国务院的领导下，相对独立地制定和执行货币金融政策，确定货币政策措施，选择货币政策工具，进行金融管理，任何人不得超越法律程序对人民银行进行干预。这使得中国人民银行能够保证在国家总体经济目标的指导下，相对独立地行使中央银行的职能。③中国人民银行的分支机构受中国人民银行总行的集中统一领导和管理，贯彻执行中国货币政策。在行政和业务上与地方政府以及地方政府有关部门不发生行政隶属关系或业务从属关系。

2. 中国人民银行与其他金融机构的关系。作为中央银行，中国人民银行对其他金融机构进行管理，向它们提供特殊服务。①中国人民银行作为银行的银行向其他银行和金融机构提供存款（如存款准备金的交存）、贷款（如贴现式贷款、年度性贷款）和其他金融机构相互间债权的往来转账结算服务；②中国人民银行作为政府的银行对其他银行、金融机构的设置、撤并、业务范围的确定、业务活动的开展进行管理和监督检查；③中国人民银行作为发行的银行，调节全国货币流量，运用货币政策工具（如存款准备金政策、再贴现政策等），影响其他银行和金融机构的信用能力。

（二）中国人民银行的组织机构

1. 中国人民银行的领导机构。《中国人民银行法》（根据 2003 年 12 月 27 日第十届全国人民代表大会常务委员会第六次会议通过的《关于修改〈中华人民共和国中国人民银行法〉的决定》修正）明确规定了中国人民银行的领导机构——行长、副行长的设置以及任免。该法第 10 条规定："中国人民银行设行长一人，副行长若干人。中国人民银行行长的人选，根据国务院总理的提名，由全国人民代表大会决定；全国人民代表大会闭会期间，由全国人民代表大会常务委员会决定，由中华人民共和国主席任免。中国人民银行副行长由国务院总理任免。"《中国人民银行法》还规定了中国人民银行的领导体制，即行长负责制。该法第 11 条规定："中国人民银行实行行长负责制。行长领导中国人民银行的工作，副行长协助行长工作。"

2. 货币政策委员会。中国人民银行设立货币政策委员会。货币政策委员会的职责、组成和工作程序由国务院规定，报全国人民代表大会常务委员会备案。

3. 中国人民银行的派出机构。中国人民银行可以根据履行职责的需要设立分支机构，作为中国人民银行的派出机构。中国人民银行对分支机构实行集中统一的领导和管理。中国人民银行的分支机构根据中国人民银行的授权，负责本辖区的金融监督管理，承办有关业务。

4. 从业规范。中国人民银行的行长、副行长以及其他工作人员应当恪尽职守，不得滥用职权、徇私舞弊，不得在任何金融机构、企业、基金会兼职。应当依法保守国家秘密，并有责任为其监督管理的金融机构及有关当事人保守秘密。

（三）中国人民银行的职责

中国人民银行的基本职责是制定和实施货币政策，对金融业实施监督和管理。其具体职责是：①发布与履行其职责有关的命令和规章；②依法制定和执行货币政策；③发行人民币，管理人民币流通；④监督管理银行间同业拆借市场和银行间债券市场；⑤实施外汇管理，监督管理银行间外汇市场；⑥监督管理黄金市场；⑦持有、管理、经营国家外汇储备、黄金储备；⑧经理国库；⑨维护支付、清算系统的正常运行；⑩指导、部署金融业反洗钱工作，负责反洗钱的资金监测；⑪负责金融业的统计、调查、分析和预测；⑫作为国家的中央银行，从事有关的国际金融活动；⑬国务院规定的其他职责。

二、商业银行

（一）商业银行的性质和法律地位

1. 商业银行的性质。商业银行，是指依法设立、以吸收公众存款、发放贷款、办理结算等为业务的、以营利为目的的企业法人。商业银行具有以下几个特点：①商业银行是依法设立的企业法人。这里的依法不仅是指《商业银行法》，而且还指《公司法》。这是由它的特殊经营范围和经营对象所决定的。②商业银行是以营利为目的的社团法人。③商业银行是以经营货币业务为主的社团法人。

2. 商业银行的法律地位。根据我国《商业银行法》（1995年5月10日第八届全国人民代表大会常务委员会第十三次会议通过，根据2003年12月27日第十届全国人民代表大会常务委员会第六次会议《关于修改〈中华人民共和国商业银行法〉的决定》第一次修正，根据2015年8月29日第十二届全国人民代表大会常务委员会第十六次会议《关于修改〈中华人民共和国商业银行法〉的决定》第二次修正）的相关规定，我国商业银行是实行自主经营、自担风险、自负盈亏、自我约束的企业法人。商业银行依法开展业务，不受任何单位和个人的干涉。商业银行以其全部法人财产独立承担民事责任。商业银行遵循平等、自愿、公平和诚实信用的原则与客户进行业务往来。商业银行依法接受中国人民银行的监督管理。但是，商业银行的分支机构不具有法人资格，必须在总行授权范围内依法开展业务，所产生的民事责任由总行承担。

3. 商业银行法的适用范围。受商业银行法规范的金融主体有以下五类：①依照《商业银行法》和《公司法》设立的商业银行；②《商业银行法》施行前，按照国务院的规定经批准设立的商业银行；③外资商业银行、中外合资商业银行、外国商业银行分行也适用《商业银行法》的规定，但是法律、行政法规另有规定的，适用其规定；④城市信用合作社、农村信用合作社办理存款、贷款和结算等业务，适用《商业银行法》的有关规定；⑤邮政企业办理邮政储蓄、汇款业务，适用《商业银行法》的有关规定。

（二）商业银行的设立及其条件

根据《商业银行法》的规定，设立商业银行，应当经国务院银行业监督管理机构审查批准。未经国务院银行业监督管理机构批准，任何单位和个人不得从事吸收公众存款等商业银行业务，任何单位不得在名称中使用"银行"字样。

设立商业银行，应当具备以下五项条件：①有符合《商业银行法》和《公司法》规定的章程。②有符合《商业银行法》规定的注册资本最低限额（设立商业银行的注册资本最低限额为10亿元人民币；城市合作商业银行的注册资本最低限额为1亿元人民币；农村合作商业银行的注册资本最低限额为5000万元人民币。注册资本应当是实缴资本）。③有具备任职专业知识和业务工作经验的董事长（行长）、总经理和其他高级管理人员。④有健全的组织机构和管理制度。⑤有符合要求的营业场所、安全防范措施和与业务有关的其他设施。

中国人民银行审查设立申请时，应当考虑经济发展的需要和银行业竞争的状况。

（三）商业银行的组织形式

我国《商业银行法》第17条规定："商业银行的组织形式、组织机构适用《中华人民共和国公司法》的规定。本法施行前设立的商业银行，其组织形式、组织机构不完全符合《中华人民共和国公司法》规定的，可以继续沿用原有的规定，适用前款规定的日期由国务院规定。"我国《公司法》规定的公司形式为有限责任公司（包括国有独资公司）和股份有限公司两种，相应的，我国商业银行的组织形式也应有两种：有限责任商业银行（包括国有独资商业银行）和股份有限商业银行。

（四）商业银行的业务范围

商业银行可以经营下列部分或者全部业务：①吸收公众存款；②发放短期、中期和长期贷款；③办理国内外结算；④办理票据承兑与贴现；⑤发行金融债券；⑥代理发行、代理兑付、承销政府债券；⑦买卖政府债券、金融债券；⑧从事同业拆借；⑨买卖、代理买卖外汇；⑩从事银行卡业务；⑪提供信用证服务及担保；⑫代理收付款项及代理保险业务；⑬提供保管箱服务；⑭经中国人民银行批准的其他业务。经营范围由商业银行章程规定，报中国人民银行批准。

三、政策性银行

政策性银行，是指由政府设立、不以营利为目的、专门从事政策性融资活动、配合实现国家宏观经济调控目标的特殊金融机构。与商业银行相比，政策性银行具有以下特征：

1. 在资金来源方面，政策性银行大都不能像商业银行那样吸收公众存款，其资金来源主要是国家的预算拨款。

2. 在资金运用方面，政策性银行虽然也像商业银行一样发放贷款，但是其贷款的期限大多是中长期贷款，贷款的利率要低于商业银行的同期商业贷款利率，贷款的投向也大都是商业银行所不愿选择的领域（如农业、高风险投资、低资信企业等）。

3. 在经营目标上，政策性银行不像商业银行那样以营利为目的，政策性银行的经营目标是为了实现政府的政策目标。

我国现有国家开发银行、中国进出口银行和中国农业发展银行三家政策性银行。

第三节 货币管理

一、货币政策管理

（一）货币政策的概念和目标

货币政策，是指中央银行为实现一定的经济目标而运用各种货币政策工具控制和调节货币供应量与货币流向，从而实现国家宏观调控目标的方针和措施。货币政策是宏观经济政策的重要组成部分，同时又为一定时期的经济和社会发展目标服务。

货币政策的目标，是指制定和执行一定货币政策所要实现的价值取向。在不同时期、不同国家，这些价值取向是存在差异的。现在世界各国一般意义上的货币政策目标包括四个方面：稳定币值、充分就业、经济增长和平衡国际收支。我国《中国人民银行法》第3条规定我国的货币政策目标是"保持货币币值的稳定，并以此促进经济的增长。"可见我国的货币政策目标是将货币币值稳定放在第一位，即在货币币值稳定的基础上促进经济增长。当然，照顾就业和平衡国际收支也是不能不考虑的内容。

根据《中国人民银行法》的规定，中国人民银行在国务院领导下依法独立执行货币政策，履行职责，开展业务，不受地方政府、各级政府部门、社会团体和个人的干涉。中国人民银行为执行货币政策，可以依照《中国人民银行法》第四章的有关规定从事金融业务活动。这些金融业务活动也就是中国人民银行为执行货币政策而可以运用的货币政策工具。

（二）货币政策工具

货币政策工具，是指中央银行在执行货币政策时能够作用或影响货币供应量的措施或手段。根据《中国人民银行法》的规定，中国人民银行为执行货币政策而可以运用的货币政策工具是：要求金融机构按照规定的比例交存存款准备金；确定中央银行基准利率；为在中国人民银行开立账户的金融机构办理再贴现；向商业银行提供贷款；在公开市场上买卖国债和其他政府债券以及外汇；国务院确定的其他货币政策工具。而且规定，中国人民银行为执行货币政策，运用前款所列货币政策工具时，可以规定具体的条件和程序。其中的存款准备金、再贴现和公开市场业务是最典型、最重要的货币政策工具。

1. 存款准备金政策。存款准备金，是限制金融机构信贷扩张和保证客户提取存款和资金清算需要而准备的资金。存款准备金政策，是指中央银行依法规定和调整商业银行交存中央银行的存款准备金比率，从而控制货币供应量的措施。金融机构只要经营存款业务，就必须向中央银行交存一定比例的存款准备金，其初始的意义是为了保证商业银行的支付和清算，后来逐渐发展成为重要的货币政策工具，中央银行只要提高或降低商业银行向中央银行交存存款准备金的比率，就可以在一定程度上控制商业银行的信贷扩张规模，从而间接调控货币供应量。

2. 再贴现政策。贴现，是指票据持有人将未到期的票据向银行兑取现金、银行买进未到期的票据以获取票据期间利息，待票据到期后由银行兑取现金的活动。再贴现，是指银行或其他金融机构为了取得现金将其贴现获得的未到期票据转让给中央银行的活动。这时中央银行就成为所谓的最后贷款者。再贴现政策是指中央银行依法规定可以申请再贴现的票据类型和额度、规定和调整再贴现利率，从而调节货币供应量的货币政策。如中央银行提高再贴现率，就会增加商业银行的再贴现成本，使商业银行减少贴现和再贴现以收缩贷款和投资，市场的货币供应量也会随之缩减，货币供应量缩减导致市场利率上升，而利率上升又会降低市场的货币需求。反之，如果中央银行降低再贴现率，就会增加市场的货币供应量，降低市场利率，刺激社会的货币需求。因此，为了刺激经济增长，应该实施降低再贴现率的政策；为了控制通货膨胀、稳定物价，应该实施提高再贴现率的政策。

3. 公开市场业务政策。我国的公开市场业务，是指中央银行通过在公开市场上买卖国债、其他政府债券和外汇等来调节货币供应量的货币政策工具。当金融市场资金缺乏时，中央银行可以通过买进有价证券，引起市场货币供应量的增加和利率的下降；反之，中央银行则可以通过卖出有价证券，收回基础货币，引起市场货币供应量的减少和利率的上升。

二、人民币管理

人民币的发行权属于中国人民银行。人民币由中国人民银行统一印制、发行。人民币是中华人民共和国的法定货币。以人民币支付中华人民共和国境内的一切公共的和私人的债务，任何单位和个人不得拒收。

人民币的单位为元，人民币辅币单位为角、分。中国人民银行发行新版人民币，应当将发行时间、面额、图案、式样、规格予以公告。

禁止伪造、变造人民币。禁止出售、购买伪造、变造的人民币。禁止运输、持有、使用伪造、变造的人民币。禁止故意毁损人民币。禁止在宣传品、出版物或者其他商品上非法使用人民币图样。

任何单位和个人不得印制、发售代币票券，以代替人民币在市场上流通。

残缺、污损的人民币，按照中国人民银行的规定兑换，并由中国人民银行负责收回、销毁。

三、外汇管理

（一）外汇、汇率和外汇管制

外汇，是指以外国货币表示的用于国际结算的各种信用工具和支付手段。我国现在所指的外汇包括：①外国货币，包括纸币、铸币；②外币支付凭证，包括票据、银行存款凭证、邮政储蓄凭证等；③外币有价证券，包括政府债券、公司债券、股票等；④特别提款权、欧洲货币单位；⑤其他外汇资产。

汇率又称汇价，是指不同货币之间的兑换比率。实际上，汇率就是以一种货币表示的另一种货币的价格，它体现着不同货币之间的价值关系。

外汇管制也可以称为外汇管理，是一国政府为维护国际收支平衡和汇价水平的稳定，稳定本国货币的比价，采用各种政策、法令、规定和措施，对外汇买卖和国际结算实行限制的政策。由于各国的经济、政治条件不同，外汇管制的方法和措施也各不相同。一个国家随着不同时期经济、贸易、金融、国际收支状况等条件的变化，对外汇管制所采取的方法和措施也各不相同。我国曾经实行全面的、严格的外汇管制。1993 年底，党中央提出"改革外汇管理体制，建立以市场为基础的有管理的浮动汇率制度和统一规范的外汇市场，逐步使人民币成为可兑换的货币"的改革方向和目标，1993 年 12 月中国人民银行发布《关于进一步改革外汇管理体制》（已失效）的公告和 1994 年 3 月发布《结汇、售汇及付汇管理暂行规定》（已失效）等以后，外汇管制有了很大的松动。1996 年 1 月 29 日，国务院发布《中华人民共和国外汇管理条例》，在该条例的规范下，1996 年 7 月 1 日起中国人民银行对我国的外汇管理体制又作了进一步的改革，如对外商投资企业实行结汇、售汇制，取消对其经常项目用汇的限制，提高个人因私用汇标准等。1996 年底，人民币经常项目可兑换已经实现（1997 年 1 月 14 日、2008 年 8 月 1 日国务院两次对该条例进行了修订）。外汇管理体制的改革，促进了社会主义市场经济体制的建立和对外开放的进一步深入。

（二）我国的外汇管理

1. 外汇管理机关。我国的外汇管理机关是国务院外汇管理部门及其分支机构。但是，由于外汇业务是通过银行进行的，因此银行在经营外汇业务的过程中，根据授权负责具体实施国家外汇管理的法规和政策。

2. 外汇管理的基本规则。根据新修订的《外汇管理条例》的规定，外汇是指下列以外币表示的可以用作国际清偿的支付手段和资产，它包括：①外币现钞，包括纸币、铸币；②外币支付凭证或者支付工具，包括票据、银行存款凭证、银行卡等；③外币有价证券，包括债券、股票等；④特别提款权；⑤其他外汇资产。国家对经常性国际支付和转移不予限制。境内机构、境内个人的外汇收入可以调回境内或者存放境外，调回境内或者存放境外的条件、期限等，由国务院外汇管理部门根据国际收支状况和外汇管理的需要作出规定。国家实行国际收支统计申报制度，国务院外汇管理部门应当对国际收支进行统计、监测，定期公布国际收支状况。经营外汇业务的金融机构应当按照国务院外汇管理部门的规定为客户开立外汇账户，并通过外汇账户办理外汇业务；经营外汇业务的金融机构应当依法向外汇管理机关报送客户的外汇收支及账户变动情况。我国境内禁止外币流通，并不得以外币计价结算，但国家另有规定的除外。国际收支出现或者可能出现严重失衡，以及国民经济出现或者可能出现严重危机时，国家可以对国际收支采取必要的保障、控制等措施。

3. 经常项目外汇管理。根据新修订的《外汇管理条例》的规定，经常项目外汇收支应当具有真实、合法的交易基础。经营结汇、售汇业务的金融机构应当按照国务院外汇管理部门的规定，对交易单证的真实性及其与外汇收支的一致性进行合理审查。经常项目外汇收入，可以按照国家有关规定保留或者卖给经营结汇、售汇业务的金融机构。经常项目外汇支出，应当按照国务院外汇管理部门关于付汇与购汇的管理规定，凭有效单证以自有外汇支付或者向经营结汇、售汇业务的金融机构购汇支付。携带、申报外币现钞出入境的限额，由国务院外汇管理部门规定。

4. 资本项目外汇管理。根据新修订的《外汇管理条例》的规定，境外机构、境外个人在境内直接投资，经有关主管部门批准后，应当到外汇管理机关办理登记。境外机构、境外个人在境内从事有价证券或者衍生产品的发行、交易，应当遵守国家关于市场准入的规定，并按照国务院外汇管理部门的规定办理登记。境内机构、境内个人向境外直接投资或者从事境外有价证券、衍生产品的发行、交易，应当按照国务院外汇管理部门的规定办理登记。国家规定需要事先经有关主管部门批准或者备案的，应当在外汇登记前办理批准或者备案手续。国家对外债实行规模管理，借用外债应当按照国家有关规定办理，并到外汇管理机关办理外债登记。提供对外担保，应当向外汇管理机关提出申请，由外汇管理机关根据申请人的资产负债等情况作出批准或者不批准的决定。国家规定其经营范围需经有关主管部门批准的，应当在向外汇管理机关提出申请前办理批准手续；申请人签订对外担保合同后，应当到外汇管理机关办理对外担保登记。银行业金融机构在经批准的经营范围内可以直接向境外提供商业贷款。其他境内机构向境外提供商业贷款，应当向外汇管理机关提出申请，外汇管理机关根据申请人的资产负债等情况作出批准或者不批准的决定。国家规定其经营范围需经有关主管部门批准的，应当在向外汇管理机关提出申请前办理批准手续。向境外提供商业贷款，应当按照国务院外汇管理部门的规定办理登记。资本项目外汇收入保留或者卖给经营结汇、售汇业务的金融机构，应当经外汇管理机关批准，但国家规定无须批准的除外。资本项目外汇支出，应当按照国务院外汇管理部门关于付汇与购汇的管理规定，凭有效单证以自有外汇支付或者向经营结汇、售汇业务的金融机构购汇支付。国家规定应当经外汇管理机关批准的，应当在外汇支付前办理批准手续。依法终止的外商投资企业，按照国家有关规定进行清算、纳税后，属于外方投资者所有的人民币，可以向经营结汇、售汇业务的金融机构购汇汇出。资本项目外汇及结汇资金，应当按照有关主管部门及外汇管理机关批准的用途使用。

5. 金融机构外汇业务管理。根据新修订的《外汇管理条例》的规定，金融机构经营或者终止经营结汇、售汇业务，应当经外汇管理机关批准；经营或者终止经营其他外汇业务，应当按照职责分工经外汇管理机关或者金融业监督管理机构批准。

金融机构的资本金、利润以及因本外币资产不匹配需要进行人民币与外币间转换的，应当经外汇管理机关批准。

6. 人民币汇率和外汇市场管理。根据新修订的《外汇管理条例》的规定，人民币汇率实行以市场供求为基础的、有管理的浮动汇率制度。

经营结汇、售汇业务的金融机构和符合国务院外汇管理部门规定条件的其他机构，可以按照国务院外汇管理部门的规定在银行间外汇市场进行外汇交易。外汇市场交易应当遵循公开、公平、公正和诚实信用的原则。外汇市场交易的币种和形式由国务院外汇管理部门规定。国务院外汇管理部门可以根据外汇市场的变化和货币政策的要求，依法对外汇市场进行调节。

第四节 信贷管理

一、信贷和信贷管理

信贷，是指货币持有者通过合同把货币借出，借款人按约定时间还本付息的一种信用形式。它反映一定经济关系，是以期限、偿还和利息作为条件的价值运用的特殊形式。信贷有广义和狭义之分，广义信贷包括国际信贷、国家信贷、商业信贷、消费信贷、银行信贷等；狭义信贷专指银行信贷，是银行存款、贷款活动的总称。

信贷管理，主要是对银行信贷资金的管理，即对信贷资金的组织、分配、调剂和监督的活动。有关信贷管理方面的规范性文件很多，中国人民银行1996年6月28日发布的《贷款通则》为信贷管理提供了基本的行为规范。

二、贷款通则的主要内容

（一）一般规定

贷款的发放和使用应当符合国家的法律、行政法规和中国人民银行发布的行政规章，应当遵循效益性、安全性和流动性的原则。

借款人与贷款人的借贷活动应当遵循平等、自愿、公平和诚实信用的原则。

贷款人开展贷款业务，应当遵循公平竞争、密切协作的原则，不得从事不正当竞争。

这里所称借款人，系指从经营贷款业务的中资金融机构取得贷款的法人、其他经济组织、个体工商户和自然人。所称贷款人，系指在中国境内依法设立的经营贷款业务的中资金融机构。所称贷款，系指贷款人对借款人提供的并按约定的利率和期限还本付息的货币资金。贷款币种包括人民币和外币。

（二）贷款种类及其担保

1. 自营贷款、委托贷款和特定贷款。自营贷款，系指贷款人以合法方式筹集的资金自主发放的贷款，其风险由贷款人承担，并由贷款人收回本金和利息。

委托贷款，系指由政府部门、企事业单位及个人等委托人提供资金，由贷款人（即受托人）根据委托人确定的贷款对象、用途、金额期限、利率等代为发放、监督使用并协助收回的贷款。贷款人（受托人）只收取手续费，不承担贷款风险。

特定贷款，系指经国务院批准并对贷款可能造成的损失采取相应补救措施后责成国有独资商业银行发放的贷款。

2. 短期贷款、中期贷款和长期贷款。①短期贷款，系指贷款期限在 1 年以内（含 1 年）的贷款；②中期贷款，系指贷款期限在 1 年以上（不含 1 年）5 年以下（含 5 年）的贷款；③长期贷款，系指贷款期限在 5 年（不含 5 年）以上的贷款。

3. 信用贷款、担保贷款和票据贴现。信用贷款，系指以借款人的信誉发放的贷款。担保贷款，系指保证贷款、抵押贷款、质押贷款。①保证贷款，系指按担保法规定的保证方式以第三人承诺在借款人不能偿还贷款时，按约定承担一般保证责任或者连带责任而发放的贷款。②抵押贷款，系指按担保法规定的抵押方式以借款人或第三人的财产作为抵押物发放的贷款。③质押贷款，系指按担保法规定的质押方式以借款人或第三人的动产或权利作为质物发放的贷款。票据贴现，系指贷款人以购买借款人未到期商业票据的方式发放的贷款。

4. 贷款担保。除委托贷款以外，贷款人发放贷款，借款人应当提供担保。贷款人应当对保证人的偿还能力，抵押物、质物的权属和价值以及实现抵押权、质权的可行性进行严格审查。经贷款审查、评估，确认借款人资信良好，确能偿还贷款的，可以不提供担保。

（三）贷款期限和利率

贷款限期根据借款人的生产经营周期、还款能力和贷款人的资金供给能力由借贷双方共同商议后确定，并在借款合同中载明。自营贷款期限最长一般不得超过 10 年，超过 10 年应当报中国人民银行备案。票据贴现的贴现期限最长不得超过 6 个月，贴现期限为从贴现之日起到票据到期日止。借款人不能按期归还贷款的，应当在贷款到期日之前，向贷款人申请贷款展期，是否展期由贷款人决定。

贷款人应当按照中国人民银行规定的贷款利率的上下限，确定每笔贷款利率，并在借款合同中载明。贷款人和借款人应当按借款合同和中国人民银行有关计息规定按期计收或交付利息。逾期贷款按规定计收罚息。

（四）借款人

1. 借款人的概念。借款人，是指经工商行政管理机关（或主管机关）核准登记的企（事）业法人、其他经济组织、个体工商户或具有中华人民共和国国籍的具有完全民事行为能力的自然人。

2. 借款人的条件。借款人申请贷款，应当具备产品有市场、生产经营有效益、不挤占挪用信贷资金、恪守信用等基本条件，并且应当符合以下要求：①有按期还本付息的能力，原应付贷款利息和到期贷款已清偿；没有清偿的，已经做了贷款人认可的偿还计划；②除自然人和不需要经工商部门核准登记的事业法人外，应当经过工商部门办理年检手续；③已开立基本账户或一般存款账户；④除国务院规定外，有限责任公司和股份有限公司对外股本权益性投资累计额未超过其净资产总额的50%；⑤借款人的资产负债率符合贷款人的要求；⑥申请中期、长期贷款的，新建项目的企业法人所有者权益与项目所需总投资的比例不低于国家规定的投资项目的资本金比例。

3. 借款人的权利。借款人享有下列权利：①可以自主向主办银行或者其他银行的经办机构申请贷款并依条件取得贷款；②有权按合同约定提取和使用全部贷款；③有权拒绝借款合同以外的附加条件；④有权向贷款人的上级和中国人民银行反映、举报有关情况；⑤在征得贷款人同意后，有权向第三人转让债务。

4. 借款人的义务。借款人有下列义务：①应当如实提供贷款人要求的资料（法律规定不能提供者除外），应当向贷款人如实提供所有开户行、账号及存贷款余额情况，配合贷款人的调查、审查和检查；②应当接受贷款人对其使用信贷资金情况和有关生产经营、财务活动的监督；③应当按借款合同约定用途使用贷款；④应当按借款合同约定及时清偿贷款本息；⑤将债务全部或部分转让给第三人的，应当取得贷款人的同意；⑥有危及贷款人债权安全情况时，应当及时通知贷款人，同时采取保全措施。

5. 对借款人的限制。对借款人有下列限制：①不得在一个贷款人同一辖区内的两个或两个以上同级分支机构取得贷款；②不得向贷款人提供虚假的或者隐瞒重要事实的资产负债表、损益表等；③不得用贷款从事股本权益性投资，国家另有规定的除外；④不得用贷款在有价证券、期货等方面从事投机经营；⑤除依法取得经营房地产资格的借款人以外，不得用贷款经营房地产业务；依法取得经营房地产资格的借款人，不得用贷款从事房地产投机；⑥不得套取贷款用于借贷，牟取非法收入；⑦不得违反国家外汇管理规定使用外币贷款；⑧不得采取欺诈手段骗取贷款。

（五）贷款人

1. 贷款人的概念。贷款人，是指经中国人民银行批准经营贷款业务，持有中国人民银行颁发的《金融机构法人许可证》或《金融机构营业许可证》，并经工商行政管理部门核准登记的金融机构。

2. 贷款人的权利。除国务院批准的特定贷款外，贷款人有权根据贷款条件和贷款程序自主审查和决定贷款，有权拒绝任何单位和个人强令其发放贷款或者提供担保。并对借款人享有下列权利：①要求借款人提供与借款有关的资料；②根据借款人的条件，决定贷与不贷、贷款金额、期限和利率等；③了解借款人的生产经营活动和财务活动；④依合同约定从借款人账户上划收贷款本金和利息；⑤借款人未能履行借款合同规定义务的，贷款人有权依合同约定要求借款人提前归还贷款或停止支付借款人尚未使用的贷款；⑥在贷款将受或已受损失时，可依据合同规定，采取使贷款免受损失的措施。

3. 贷款人的义务。贷款人应当：①公布所经营的贷款的种类、期限和利率，并向借款人提供咨询；②公开贷款审查的资信内容和发放贷款的条件；③审议借款人的借款申请，并及时答复贷与不贷，短期贷款答复时间不得超过 1 个月，中期、长期贷款答复时间不得超过 6 个月，国家另有规定者除外；④对借款人的债务、财务、生产、经营情况保密，但对依法查询者除外。

4. 对贷款人的限制。对贷款人有下列限制：①贷款的发放必须严格执行《商业银行法》第 39 条关于资产负债比例管理的有关规定以及第 40 条关于不得向关系人发放信用贷款、向关系人发放担保贷款的条件不得优于其他借款人同类贷款条件的规定。②借款人有下列情形之一者，不得对其发放贷款：不具备《贷款通则》第四章第 17 条所规定的资格和条件的；生产、经营或投资国家明文禁止的产品、项目的；违反国家外汇管理规定的；建设项目按国家规定应当报有关部门批准而未取得批准文件的；生产经营或投资项目未取得环境保护部门许可的；在实行承包、租赁、联营、合并（兼并）、合作、分立、产权有偿转让、股份制改造等体制变更过程中，未清偿原有贷款债务、落实原有贷款债务或提供相应担保的；有其他严重违法经营行为的。③未经中国人民银行批准，不得对自然人发放外币币种的贷款。④自营贷款和特定贷款，除按中国人民银行规定计收利息之外，不得收取其他任何费用；委托贷款，除按中国人民银行规定计收手续费之外，不得收取其他任何费用。⑤不得给委托人垫付资金，国家另有规定的除外。⑥严格控制信用贷款，积极推广担保贷款。

（六）贷款程序

1. 贷款申请。借款人需要贷款，应当向主办银行或者其他银行的经办机构直接申请。借款人应当填写包括借款金额、借款用途、偿还能力及还款方式等主要内容的《借款申请书》并提供以下资料：①借款人及保证人基本情况；②财政部门或会计（审计）事务所核准的上年度财务报告，以及申请借款前一期的财务报告；③原有不合理占用的贷款的纠正情况；④抵押物、质物清单和有处分权人的同意抵押、质押的证明以及保证人拟同意保证的有关证明文件；⑤项目建议书和可行性报告；⑥贷款人认为需要提供的其他有关资料。

2. 对借款人的信用等级评估。信用等级评估可由贷款人独立进行，内部掌握，也可由有权部门批准的评估机构进行。贷款人或者评估机构应当根据借款人的领导者素质、经济实力、资金结构、履约情况、经营效益和发展前景等因素，评定借款人的信用等级。

3. 贷款调查。贷款人受理借款人申请后，应当对借款人的信用等级以及借款的合法性、安全性、营利性等情况进行调查，核实抵押物、质物、保证人情况，测定贷款的风险度。

4. 贷款审批。贷款人应当建立审贷分离、分级审批的贷款管理制度。审查人员应当对调查人员提供的资料进行核实、评定，复测贷款风险度，提出意见，按规定权限报批。

5. 签订借款合同。借款合同应当约定借款种类，借款用途、金额、利率，借款期限，还款方式，借、贷双方的权利、义务，违约责任和双方认为需要约定的其他事项。

保证贷款应当由保证人与贷款人签订保证合同，或保证人在借款合同上载明与贷款人协商一致的保证条款，加盖保证人的法人公章，并由保证人的法定代理人或其授权代理人签署姓名。抵押贷款、质押贷款应当由抵押人、出质人与贷款人签订抵押合同、质押合同，需要办理登记的，应依法办理登记。

6. 贷款发放。贷款人要按借款合同规定按期发放贷款。贷款人不按合同约定按期发放贷款的，应偿付违约金。借款人不按合同约定用款的，应偿付违约金。

7. 贷后检查。贷款发放后，贷款人应当对借款人执行借款合同的情况及借款人的经营情况进行追踪调查和检查。

8. 贷款归还。借款人应当按照借款合同规定按时足额归还贷款本息。借款人提前归还贷款，应当与贷款人协商。贷款人对不能按借款合同约定期限归还的贷款，应当按规定加罚利息。对不能归还或者不能落实还本付息事宜的，应当督促归还或者依法起诉。

第五节 银行法律实务

一、我国的金融机构系统

我国金融机构由银行和非银行金融机构构成。其中，银行包括中国人民银行、商业银行和政策性银行；其他非银行金融机构包括信托投资公司、信用合作社、保险公司、融资租赁公司、风险投资公司、企业财务公司等。

二、银行承兑汇票贴现程序

银行承兑汇票贴现需要经过以下程序：①申请承兑；②订立承兑协议；③交存票款；④交手续费；⑤交银行承兑汇票；⑥送交银行承兑汇票；⑦以银行承兑汇票申请贴现；⑧审查办理贴现；⑨银行间清算；⑩表示贴现申请人（收款人）

和申请承兑人（付款人）之间存在基础关系（原因关系），其间是收款人和付款人的关系。

三、违反银行法的法律责任

（一）违反现金管理的法律责任

开户单位违反现金管理的有关规定，超出规定范围或限额使用现金，或者超出库存现金限额留存现金的，开户银行可以依照中国人民银行的规定，责令其停止违法活动，根据情节轻重处以罚款。

开户单位违反现金管理的有关规定，有下列情形之一的，可处以警告或者罚款，情节严重的，可在一定期限内停止对该单位的贷款或现金支付：①以现金结算比转账结算优惠的；②拒收支票、银行汇票或银行本票的；③用转账凭证套换现金的；④编造用途套取现金的；⑤互相借用现金的；⑥利用账户替其他单位和个人套取现金的；⑦将单位的现金收入按个人储蓄存入银行的；⑧保留账外公款的；⑨未经批准坐支或者未按开户银行核定的坐支范围和限额而坐支现金的。

（二）违法外汇管理行为的法律责任

外汇违法行为，是指违反国家外汇管理法规、规定的违法犯罪行为，主要可以分为逃汇、套汇和其他违法扰乱金融秩序三大类。

1. 逃汇。下列行为为逃汇行为：违反国家规定，擅自将外汇存放在境外的；不按照国家规定将外汇卖给外汇指定银行的；违反国家规定将外汇汇出或者携带出境的；未经外汇管理机关批准，擅自将外币存款凭证、外币有价证券携带或者邮寄出境的；其他逃汇行为。

有上述逃汇行为之一的，由外汇管理机关责令限期调回外汇，强制收兑，并处逃汇金额30%以上5倍以下的罚款；构成犯罪的，依法追究刑事责任。

2. 套汇。下列行为是非法套汇行为：违反国家规定，以人民币支付或者以实物偿付应当以外汇支付的进口货款或者其他类似支出的；以人民币为他人支付在境内的费用，由对方付给外汇的；未经外汇管理机关批准，境外投资者以人民币或者境内所购物资在境内进行投资的；以虚假或者无效的凭证、合同、单据等向外汇指定银行骗购外汇的；非法套汇的其他行为。

有上述非法套汇行为之一的，由外汇管理机关给予警告，强制收兑，并处非法套汇金额30%以上3倍以下的罚款；构成犯罪的，依法追究刑事责任。

3. 其他违法扰乱金融行为。其他违法扰乱金融行为包括：擅自经营外汇行为；违反结汇、售汇管理行为；违反汇率、利率或者外汇交易市场管理行为；违反外债管理行为；非法使用外汇行为；非法买卖外汇行为；违反外汇账户管理行为；违反外汇核销管理行为；等等。相应的法律责任也都有明确的规定。

根据规定，当事人对外汇管理机关的处罚决定不服的，可以自收到处罚决定通知书之日起 15 日内向上一级外汇管理机关申请复议；上一级外汇管理机关应当自收到复议申请书之日起 2 个月内作出复议决定。当事人对复议决定仍不服的，可以依法向人民法院提起诉讼。

境内机构违反外汇管理规定的，除依照《外汇管理条例》给予处罚外，对直接负责的主管人员和其他直接责任人员，应当给予纪律处分；构成犯罪的，依法追究刑事责任。

复习与思考

1. 简述金融的概念、特征及其作用。
2. 试述我国的金融体系。
3. 何谓货币政策工具？中国人民银行常用的货币政策工具有哪些？
4. 简述贷款的种类和基本原则。
5. 试述我国外汇管制法律制度的基本内容。
6. 材料：钱某某等 5 储户系外省籍农民工，均在吉安县某商业银行办理了银行信用卡。2008 年 12 月底，5 储户到银行设置的 ATM 机取款时，陆续发现信用卡内的资金无故被他人悉数盗走，损失共计 16 万余元。案情发生后，钱某某等 5 储户立即向吉安县公安局报案。经侦查，储户卡内的现金系被他人在本地 ATM 机上装上摄像头，盗取储户信用卡密码，然后伪造钱某某等人的信用卡，到广东等外地银行的 ATM 机上取走信用卡内的存款所致。后钱某某等 5 储户多次与银行方面交涉未果，遂诉至法院要求某商业银行赔偿经济损失。

问：该案应如何处理？（案例来源：找法网）

第十九章　票据法律制度

第一节　票据法概述

一、票据的概念

（一）票据的概念和特征

票据是出票人依法签发的，约定由自己或委托他人向收款人无条件支付一定金额的有价证券。包括汇票、本票和支票三种。

票据作为有价证券，其主要特征如下：

1. 票据是设权证券。票据权利在票据作成之前并不存在，只是依据票据的作成而发生。票据的作成不是为了证明已经存在的权利，而是创设新的权利，并使之与原来已经存在的权利相分离而独立存在，这与仓单、提单或公司股票等证权证券有质的区别。

2. 票据是完全有价证券。有价证券是表示具有财产价值的民事权利的证券。凡票据权利的发生、移转和行使以持有证券为必要条件，没有证券也就没有票据权利。离开证券也就不能主张票据权利，所以称之为完全有价证券或绝对有价证券。而股票、公司债券、仓单、彩票等是不完全有价证券，也称相对有价证券，其权利的发生不以作成证券为必要条件。

3. 票据是无因证券。票据都是基于一定的原因而设立的，但票据关系与原因关系各自独立。票据只要形式具备，票据的持有人即可以按照票据所载文义向债务人行使票据权利，而不负举证责任。

4. 票据是要式证券。票据的记载事项、记载方式必须完全符合法律的规定，否则票据无效。

5. 票据是文义证券。票据上的权利和义务，完全依据票据上所记载文字的含义确定，票据以外的任何记载和解释不能改变票据的效力。

6. 票据是债权证券。票据所表示的权利，是一种以给付为目的的债权，票据持有人可以依票据记载的金额，向票据的特定债务人（如承兑付款人、出票人）行使请求付款权。

7. 票据是金钱证券。票据所表示的债权，应以金钱给付，在这个意义上，持有票据就意味着持有票据上记载的金钱。

8. 票据是流通证券。票据一经作成交付，在到期前，持票人可以背书转让，在市场上自由流通，并不像一般债权的转让那样需按民事法律的规定通知债务人。

（二）票据的功能

票据在现代经济社会中被广泛使用，并发挥着极其重要的作用，其主要功能有以下几个方面：

1. 支付功能。票据可以代替货币作为支付工具，以减少携带和清点现金的不安全与麻烦。买卖双方可以通过签发支票、本票或汇票支付价款或收款，节省现金的使用，达到资金安全、迅速、准确的目的。

2. 信用功能。当汇票、本票经背书转让而具有流通性的时候，这些票据实际上也就具备了社会信用工具的功能。延期付款中的远期票据，实际上是出票人信用的利用。持票人可以把未到期的票据拿到银行去贴现取得现款或履行其他债务。

3. 汇兑功能。在异地支付中，票据能起到克服地域差距的汇兑作用。汇票、本票的最初功能就是因异地运送现金的需要而发展起来的，以提高资金的流转速度与使用效益。

4. 结算功能。利用票据进行结算，手续简便，能确保交易安全。当事人相互持有对方签发的票据时，可以用票据进行债权债务的抵销。复杂的结算则可以通过现代的票据交换制度进行。

5. 融资功能。通过票据贴现进行资金融通是票据新发展的功能。票据贴现属于未到期票据的买卖，一般由商业银行经营，中央银行则经营再贴现。银行经营票据贴现业务，实质上就是让急需资金的企业通过票据贴现来融通资金。

二、票据法和票据法律关系

（一）票据法的概念和特征

票据法是规定票据制度、调整票据关系的法律规范的总和。1995 年 5 月 10

日第八届全国人民代表大会常务委员会第十三次会议通过并颁布了《中华人民共和国票据法》，2004 年 8 月 28 日第十届全国人民代表大会常务委员会第十一次会议通过了《关于修改〈中华人民共和国票据法〉的决定》。该法共分 7 章 110 条。第一章，总则；第二章，汇票；第三章，本票；第四章，支票；第五章，涉外票据的法律适用；第六章，法律责任；第七章，附则。

票据法具有以下特点：

1. 票据法具有强行性。票据法属于经济法的一种，根据法律规范的性质，法律规范可以分为强行性规范和任意性规范两种。凡是法律规定的内容不允许依当事人的意思而变更适用的为强行性法律规范；凡法律规定的内容仅为补充或解释当事人意思的为任意性法律规范。票据法中票据的种类、要式等均由法律规范直接规定，故是一种强行性法律规范。

2. 票据法具有技术性。法律规定的内容有两类：①规定具有社会意义的条款，称为社会性规范；②规定具有技术意义的条款，如行人车辆靠右边行的规定等，称为技术性规范。票据法中有许多规定都是技术性的规定，如背书的格式、承兑的要求等，因而具有技术性。

3. 票据法具有内在的国际统一性。从本质上说，票据制度是为商品经济和国际贸易服务的。因此，尽管票据法通常是由一国自己制定、自行实施的，属于国内法的范畴，但是，由于票据是一种金钱支付手段，票据也必然要求随商品一起跨越国家的屏障而成为世界的支付手段。世界经济一体化需要世界票据一体化，从发展的角度看，有一个国际统一的票据法，有利于世界经济的发展。

（二）票据法律关系和票据基础关系

票据法律关系，是指票据当事人之间在票据签发、转让等过程中发生的权利义务关系。票据当事人包括出票人、收款人和付款人。本票的出票人与付款人为同一人，支票的付款人为银行。

票据权利，是指持票人向票据债务人请求支付票据金额的权利。包括两次请求权：①付款请求权，指持票人向付款人请求付款的权利；②追索权，指持票人向付款人请求付款遭受拒绝时，向倒数第一背书人乃至出票人中的任一人请求偿还的权利。

票据义务也就是票据责任，是指票据债务人向持票人支付票据金额的义务。票据债务人是在票据上签章，按照票据法的规定和票据上记载的内容，承担票据责任的人。票据在其自出票、转让以至付款的整个流通过程中，形成了出票人、背书人、承兑人（付款人）和保证人等多层次的债务关系。按照在票据关系中所处地位的不同，债务人可分为主债务人或次债务人。主债务人（汇票的承兑人、本票的出票人、支票的付款人）无论任何时候，都要对票据承担义务。当主债务人对票据不承兑或不付款时，次债务人（汇票和支票的出票人、各背书人、保证人、参加承兑人等）才承担清偿票据责任。次债务人通常是持票人行使追索权的对象。

票据基础关系又称为票据的实质关系或者民法上的非票据关系，是指作为票据授受前提的关系。主要是原因关系和资金关系。原因关系又称为票据原因，即当事人之间产生票据的原因。如当事人购买货物后出具汇票给收款人，形成出票人和收款人之间的票据关系，当事人之间的买卖关系就是原因关系（票据原因）——票据基础关系。例如，依照我国《票据法》的规定，票据的签发、取得和转让，应当"具有真实的交易关系和债权债务关系"，"汇票的出票人必须与付款人具有真实的委托付款关系"。资金关系又称为票据资金，是指存在于汇票出票人与付款人之间、支票出票人与银行之间的基础关系。如支票是委托付款关系，出票人必须在开户银行存有资金，银行才能见票付款，出票人开立"空头支票"，银行不但不给付款，还要给予处罚。

票据的原因关系可以分为有对价的和无对价的两种类型。《票据法》第10条规定的票据的签发、取得和转让，应当"具有真实的交易关系和债权债务关系"，"票据的取得，必须给付对价，即应当给付票据双方当事人认可的相对应的代价"所指的就是有对价的原因关系。《票据法》第11条规定的"因税收、继承、赠与可以依法无偿取得票据的，不受给付对价的限制；但是，所享有的票据权利不得优于其前手的权利"就是指无对价的原因关系。

票据关系和票据基础关系之间存在着既相互独立又相互联系的关系。在一般情况下，票据关系是依赖一定的票据基础关系而建立的，没有票据基础关系也就没有票据关系。如没有"真实的交易关系和债权债务关系"，自然也就没有因为使用票据支付而发生的票据关系。但是，票据关系一旦发生，就可以与票据基础关系相分离，票据就可以自行其是。不管有无票据基础关系，持票人都可以持票行使票据权利。

第二节 票据行为

一、票据行为的概念

票据行为，是指以负担票据上的债务为目的的要式法律行为。票据行为的概念有广义和狭义之分。广义的票据行为，是指票据权利义务关系的发生、变更或消灭所必要的法律行为，包括出票、背书、承兑、保证以及付款、本票见票、支票保付等行为。一般所说的票据行为，大多专指狭义的票据行为，本章所称的票据行为即为狭义的票据行为。狭义的票据行为，仅指以负担票据债权债务关系为意思表示内容的票据行为，主要包括出票、背书、承兑、参加承兑和保证等五种行为。

二、票据行为的要件

票据行为作为法律行为的一种，必须具备一般法律行为所必须具备的要件，即票据行为的实质要件。同时，票据行为又是要式行为，所以票据行为还必须具备形式要件才能有效。

（一）票据行为的实质要件

票据行为的实质要件包括票据能力和意思表示两个方面，可以适用民法的相关规定。

1. 票据能力。与民法上一般的权利能力和行为能力一样，自然人的票据权利能力始于出生，终于死亡。自然人的票据权利能力一律平等。自然人的票据行为能力似乎也可以分为完全票据行为能力人、无票据行为能力人和限制票据行为能力人。根据我国《票据法》第 6 条的规定，无民事行为能力人或者限制民事行为能力人在票据上签章的，其签章无效，但是不影响其他签章的效力。法人的票据权利能力与票据行为能力，均始于法人的成立而终于法人的解散。因票据为无因证券，且法人之外的其他人不易知悉法人的票据能力的具体内容，故不管是法人票据权利能力范围之内还是之外，只要是法人的票据行为，就应该由该法人负责。

2. 意思表示。意思表示在票据法上也可以依照民法的一般原则处理，但是不能全部照搬。如为了有利于票据的流通，在票据行为因为意思表示缺陷而无效或者被撤销时，行为人不得以其无效或者被撤销而对抗善意持票人。

根据《民法总则》及《票据法》的规定，票据行为人在下列情形下所为的意思表示，可使票据行为无效：

（1）无行为能力人未经其法定代理人同意或追认而实施的票据行为无效。我国《票据法》第 6 条规定："无民事行为能力人或者限制民事行为能力人在票据上签章的，其签章无效，但是不影响其他签章的效力。"

（2）恶意串通，损害他人合法权益的票据行为无效。不过，这种无效也只能对抗直接当事人，而不得向善意持票人主张抗辩。

（二）票据行为的形式要件

1. 票据记载事项。票据记载事项，是指依法在票据上能够记载或不能记载的内容。票据上应当记载的事项有：表明票据种类的文字、票据的金额和无条件支付的文字以及表明出票的年月日。不得记载的事项有：记载无效的事项和使票据无效的事项。任意记载的事项有利息，以及不得转让记载等。

2. 票据记载格式。我国《票据法》第108条规定："汇票、本票、支票的格式应当统一。票据凭证的格式和印制管理办法，由中国人民银行规定。"

3. 签章。签章是票据行为中的一个重要问题。任何一种票据行为都要由行为人在票据上签章，以示负责。我国《票据法》第4条第1款规定："票据出票人制作票据，应当按照法定条件在票据上签章，并按照所记载的事项承担票据责任。"我国《票据法》第7条还对签章作了具体规定："票据上的签章，为签名、盖章或者签名加盖章。法人和其他使用票据的单位在票据上的签章，为该法人或者该单位的盖章加其法定代表人或者其授权的代理人的签章。在票据上的签名，应当为该当事人的本名。"

4. 交付票据。交付票据，是指票据行为人将票据交付他人的行为。票据在依法记载完成后，必须由票据行为人将票据交付他人，票据才能发生票据效力。在交付行为完成以前，票据行为人如果实施票据涂销等行为，票据就不会发生效力。另外，我国《票据法》第12条第1款规定："以欺诈、偷盗或者胁迫等手段取得票据的，或者明知有前列情形，出于恶意取得票据的，不得享有票据权利。"这也就是说，交付应该是出票人基于自己的意思将票据交付他人的行为，不基于出票人的意思而票据被他人占有，对出票人来说就不是出票。

三、票据行为

（一）出票

出票也称为签发票据，是指出票人按法定形式制作成票据并交付给收款人的行为，包括创设票据与交付票据。票据行为是法定要式行为，我国《票据法》第22、76、84条等规定，必须记载的事项有：①表明汇票、本票、支票的字样；②无条件支付的委托；③确定的金额；④付款人及收款人的名称；⑤出票日期；⑥出票人签章。

单位在票据上的签章，应为该单位的公章或财务专用章并加盖单位法定代表人或其授权代理人的签章；银行汇票、银行本票的出票人和银行承兑人在票据上的签章，应为该银行现行规定使用的专用章并加盖法定代表人或其授权经办人的名章。

（二）背书

背书，是指背书人在票据背面或者粘单上记载有关事项，表示将该票据转让于他人并签章的票据行为。一般包括背书的签发与交付两项内容。背书人是被背书人的债务人，被背书人是债权人。

背书的法律效力有：①转让，将票据的一切权利转让给被背书人；②担保，背书人对包括被背书人在内的一切后手保证该票据会被承兑付款；③证明，即保证在背书时签发人及前手背书人的签名是真实、合法、有效的。

我国《票据法》第30、31条规定，汇票以背书转让或者以背书将一定的汇票权利授予他人行使时，必须记载被背书人名称。并且，背书应当连续，持票人以背书连续证明其票据权利。

背书大致可分为以下几类：

1. 转让背书。背书人将票据权利转给被背书人，被背书人取得背书人原有的全部票据权利。如果遭到拒付退票，在其履行义务之后，有权向一切前手背书人、出票人或保证人追索。

2. 委托背书。即非转让背书，我国《票据法》第35条第1款规定："背书记载'委托收款'字样的，被背书人有权代背书人行使被委托的汇票权利。但是，被背书人不得再以背书转让汇票权利。"

3. 限制背书。即依据法律规定，背书人作出的限制行为。我国《票据法》第34条规定："背书人在汇票上记载'不得转让'字样，其后手再背书转让的，原背书人对后手的被背书人不承担保证责任。"

（三）承兑

承兑是汇票的特有制度，是汇票的付款人承诺在汇票到期日支付汇票金额的票据行为。这里的付款人，是指记载于汇票之上并根据出票人的指令承担支付汇票款项责任的行为人。见票即付的汇票不需承兑。承兑的法律意义是：汇票的出票人与付款人之间是一种委托关系。出票人与付款人之间有资金关系，所以，付款人实际上是接受出票人的委托替出票人付款。承兑前，出票人是主债务人。经付款人签字承兑后，付款人（承兑人）成为负绝对付款责任的汇票的主债务人。

承兑是汇票付款人所为的附属票据行为，是承诺负担票面金额支付义务的票据行为。付款人承兑汇票的，应当在汇票正面记载"承兑"字样和承兑日期并签章；见票后定期付款的汇票，应当在承兑时记载付款日期。付款人承兑汇票后，应当承担到期付款的责任。我国《票据法》第43条规定："付款人承兑汇票，不得附有条件；承兑附有条件的，视为拒绝承兑。"

（四）票据的保证行为

票据的保证行为，是指票据债务人以外的第三人担保票据债务履行的一种附属票据行为。我国《票据法》对汇票规定了保证制度（本票也适用），汇票的债务可以由保证人承担保证责任；保证人由汇票债务人以外的他人担当；保证人必须在汇票或者粘单上记载下列事项：表明"保证"的字样，保证人的名称和住所，被保证人的名称，保证日期，保证人签章；保证人对合法取得汇票的持票人所享有的汇票权利承担保证责任。但是，被保证人的债务因汇票记载事项欠缺而无效的除外；被保证的汇票，保证人应当与被保证人对持票人承担连带责任。汇票到期后得不到付款的，持票人有权向保证人请求付款，保证人应当足额付款。

（五）付款

付款是票据关系的最后一个环节，付款人依法足额付款后，全体票据债务人的责任解除。

持票人应按法定期限提示付款。提示付款，是指持票人向付款人现实地出示票据，并要求付款人承诺付款的行为。我国《票据法》第39～42条规定，定日付款或者出票后定期付款的汇票，持票人应当在汇票到期日前向付款人提示承兑；见票后定期付款的汇票，持票人应当自出票日起1个月内向付款人提示承兑；见票即付的汇票无须提示承兑。付款人对向其提示承兑的汇票，应当自收到提示承兑的汇票之日起3日内承兑或者拒绝承兑。付款人承兑汇票的，应当在汇票正面记载"承兑"字样和承兑日期并签章；见票后定期付款的汇票，应当在承兑时记载付款日期。

第三节　票据权利和票据责任

一、票据权利的概念和特征

我国《票据法》对票据权利所下的定义是："本法所称票据权利，是指持票人向票据债务人请求支付票据金额的权利，包括付款请求权和追索权。"由上述定义，可以看出票据权利具有以下特征：

1. 票据权利的主体是持票人。持票才是持票人，占有或持有票据才能享有和行使票据权利。票据权利和票据密不可分，票据权利体现在票据上，离开了票据也就无所谓票据权利。

2. 票据权利的内容是请求支付票据金额。票据为债权证券，票据权利的性质是债权，所以票据权利是权利人所享有的一种债的请求权。票据又是金钱证券，票据权利又具有金钱债权的性质，权利人所请求的是债务人支付一定数额的货币，而不是实物或劳务等商品。票据又是文义证券，票据行为完全以票据载明的文义为依据。所以权利人所请求的是票据所载金额的货币支付。

3. 票据权利的行使只能向票据债务人行使。票据权利的性质是债权，只能向票据债务人行使。票据债务人包括出票人、背书人、承兑人、保证人等。

4. 票据权利包含两次请求权。票据权利包含两次请求权即付款请求权和追索权。所谓付款请求权，是指持票人请求主债务人向自己履行付款义务的权利。此种请求权是票据权利中的第一次请求权。由于主债务人对于票据负有绝对的付款责任，故持票人于票据到期日有权直接请求其付款，即使持票人怠于履行票据权利的保全手续，主债务人的付款责任仍然不能免除。追索权，又称偿还请求权，是指当持票人的第一次请求权不能实现时，债权人向主债务人以外的其他债务人行使权利，请求偿还票款的第二次请求权。追索权行使的对象包括：各种票据的出票人和背书人；汇票和支票的保证人；汇票的承兑人、参加承兑人及其保证人等。

二、票据权利的取得和消灭

（一）票据权利的取得

票据权利依附于票据之上，取得票据也就取得了票据权利。所以票据权利的取得方式实际上也就是票据取得的方式。通常有原始取得和继受取得两种。

1. 原始取得。原始取得是直接经出票人交付而取得。原始取得应该具备出票和交付两个条件。如果出票不具备形式要件，则票据不发生效力。如果欠缺交付，即使因为盗窃等而实际持有票据，也不能有效地取得票据权利。我国《票据法》第12条第1款就明确规定："以欺诈、偷盗或者胁迫等手段取得票据的，或者明知有前列情形，出于恶意取得票据的，不得享有票据权利。"

2. 继受取得。继受取得，是指从票据权利人手中合法取得票据。如经由背书等而取得票据权利，持票人的票据权利就是继受取得。

（二）票据权利的消灭

票据权利可基于下列原因消灭：

1. 票据本身灭失。票据本身因撕毁、烧毁等原因而灭失，权利载体不存在，该票据上的票据权利也归于消灭（当事人的票据权利可以通过公示催告或者诉讼来得到补救）。

2. 因付款人已履行付款义务而消灭。

3. 因票据记载事项欠缺而消灭。

4. 因为时效而消灭。根据我国《票据法》第17条的规定，票据权利在下列期限内不行使而消灭：①持票人对票据的出票人和承兑人的权利，自票据到期之日起2年。见票即付的汇票、本票，自出票之日起2年。②持票人对支票出票人的权利，自出票日起6个月。③持票人对前手的追索权，自被拒绝承兑或者被拒绝付款之日起6个月。④持票人对前手的再追索权，自清偿日或者被提起诉讼之日起3个月。票据的出票日、到期日由票据当事人依法确定。

三、票据责任的概念和承担

（一）票据责任的概念

我国《票据法》所指票据责任是票据债务人向持票人支付票据金额的义务。所以，票据责任实际上是票据权利的反面表述。票据责任和票据权利是相互依存的，只有票据权利而没有票据责任（义务），票据权利就无法实现。反之，没有票据权利就没有票据关系，也就根本谈不上票据责任。根据我国《票据法》第4条的规定，票据出票人制作票据，应当按照所记载的事项承担票据责任，其他票据债务人在票据上签章的，按照票据所记载的事项承担票据责任。该法第68条第1款规定："汇票的出票人、背书人、承兑人和保证人对持票人承担连带责任。"该法第60条规定："付款人依法足额付款后，全体汇票债务人的责任解除。"

（二）票据责任的承担

票据责任的承担一般有以下情况：①汇票承兑人因承兑而承担票据责任（付款责任）；②本票出票人因出票而自己承担付款责任；③支票付款人在与出票人有资金关系时承担付款责任；④汇票、本票、支票的背书人，汇票、支票的出票人、保证人，在票据不获得承兑或不获付款时承担付款清偿责任。承担票据责任也就意味着要承担付款责任，但是一旦票据债务人履行了票据上所记载的票据义务，票据责任也就解除了。而票据债务人如果有合法理由，则可以以合法的抗辩事由来阻止票据权利人行使票据权利，这就是票据法上的票据抗辩制度。

四、票据抗辩

（一）票据抗辩的概念和特征

我国《票据法》规定的票据抗辩，是指票据债务人根据票据法的规定，以法定抗辩事由拒绝对票据债权人履行义务的行为。票据抗辩具有以下特征：

1. 票据抗辩的主体是票据债务人。在正常情况下，票据债务人承担票据责任，自然应该按照票据记载事项履行付款义务。但是，当票据本身不具备合法形式，或者发现持票人为不法取得票据等情况时，仍要债务人履行票据上记载的债务，显然就违背法律的公平正义目的，使守法者受害，不法者受益。因此，票据法赋予票据债务人以抗辩权，规定抗辩事由，允许票据债务人遇有法定抗辩事由时，可以提出理由对抗持票人，不履行票据上记载的债务。

2. 票据抗辩必须有法定的抗辩事由。票据抗辩实际上是对票据权利人票据权利的限制，但是这种限制必须有法定的抗辩事由时才能行使。如果票据债务人滥用抗辩权，同样要承担法律责任。

票据上存在的抗辩事由很多，根据抗辩事由的不同以及抗辩效力的不同，票据抗辩可以分为两种：

（1）物的抗辩。即基于票据本身的内容（票据上记载的事项以及票据的性质）发生的事由而为的抗辩。这种抗辩来自票据本身，所以不论持票人（权利人）为谁，也不论债务人是谁，都能成立。故又称为绝对的抗辩或客观的抗辩。依抗辩人的不同，物的抗辩包括两类：①一切票据债务人可以对一切票据债权人行使的抗辩。包括票据无效（如票据上缺少绝对必要记载事项等），即票据行为不成立的抗辩；依票据上的记载不能提出请求的抗辩（如要求超过票载金额付款）；票据债权已消灭或票据已失效的抗辩（如票据已付款）等。②只有特定的债务人可以提出，但可以对抗一切债权人的抗辩。包括否定票据行为有效成立的抗辩（如无行为能力人签发的票据）；依票据上的记载而提出的抗辩（如没有代理权而以代理人名义在票据上签章，被代理人可以抗辩，应当由签章人承担票据责任）；票据债权对该债务人已过时效的抗辩；保全手续欠缺的抗辩等。

（2）人的抗辩。这是指物的抗辩以外的抗辩。主要由债务人与特定债权人之间的关系而发生，因而只能向特定债权人行使，故又称相对的抗辩或主观的抗辩。人的抗辩也分为两类：①票据上一切债务人可以提出，但只能向特定债权人行使的抗辩。包括持票人（债权人）欠缺实质的受领资格（如债权人破产）、持票人欠缺形式上的受领资格（如背书不连续）、持票人欠缺实质上的受领资格（如属非正当持票人）等。②只有特定的票据债务人可以向特定的债权人行使的抗辩。这类抗辩主要是有关票据基础关系的抗辩，但也可以是有关票据关系的抗辩。前者如原因关系的无效或解除的抗辩（如因为赌债而签发的票据）；后者如票据行为因错误欺诈等实质上的瑕疵，主张票据上的权利没有成立的抗辩。

3. 票据抗辩的目的是拒绝对票据债权人履行义务。法律规定票据抗辩的目的是赋予票据债务人票据抗辩权以拒绝履行票据债务，并以此阻止不合法票据持有人和不法取得票据者取得票据权利和票据利益，保护正当权利人。

（二）票据抗辩的限制

我国《票据法》第13条第1款规定："票据债务人不得以自己与出票人或者与持票人的前手之间的抗辩事由，对抗持票人。但是，持票人明知存在抗辩事由而取得票据的除外。"可见我国《票据法》规定的票据抗辩的限制包括两个方面：

1. 票据债务人不得以自己与出票人之间的抗辩事由对抗持票人。票据债务人因自己与持票人之间存在法定抗辩事由，可以行使票据抗辩权。但是票据债务人不得以自己与出票人之间存在抗辩事由而对抗持票人。例如，甲方因为与乙方有购销合同而开出一张以乙方为付款人的商业汇票交给收款人丙方，该汇票经乙方承兑。后来甲方未对乙方履行购销合同。当丙方持票要求乙方付款时，乙方就"不得以自己与出票人（甲方）之间的抗辩事由（甲方未履行购销合同），对抗持票人"。也就是说，乙方应该对丙方履行票据付款义务，而乙方与甲方的购销合同是原因关系，可按民法规定另行处理。

2. 票据债务人不得以自己与持票人的前手之间的抗辩事由对抗持票人。如果持票人是因为恶意或者因为有重大过失而取得票据的，票据债务人自然可以以票据抗辩来对抗持票人。但是，如果持票人不是因为恶意或者因为有重大过失而取得票据，那么，即使持票人的前手对于出票人或者票据债务人有欺诈、偷盗、胁迫或其他不法手段而取得票据，也不影响持票人的票据权利。例如，甲方因受乙方的胁迫而向乙方签发本票，如果乙方持票向甲方请求付款，甲方自然可以因为胁迫而进行票据抗辩。但是，如果乙方将该本票背书转让给善意并给付对价的丙方，丙方持票向甲方请求付款时，甲方就不能因为自己与持票人（丙方）的前手（乙方）之间存在抗辩事由而对抗丙方。简单说，甲方应该向丙方付款，而甲方和乙方之间的基础关系可以按照民法或其他法律处理。

第四节 票据法律实务

一、汇票的概念、种类和流通程序

汇票是出票人签发的，委托付款人在见票时或者在指定日期无条件支付确定的金额给收款人或者持票人的票据。汇票分为银行汇票和商业汇票。银行汇票，是指汇款人将款项交存当地银行，由银行签发给汇款人经异地办理转账结算或支付现金的票据。商业汇票，是指由付款人（或承兑申请人）或背书人签发，由承兑人承兑，并于到期日向收款人或被背书人支付款项的票据。汇票的流通程序如下：出票、背书、承兑、保证和付款。

二、本票的概念和流通程序

本票是出票人签发的，承诺自己在见票时无条件支付确定的金额给收款人或者持票人的票据。我国目前只限于使用银行本票。银行本票，是指申请人将款项交存银行，由银行（出票人）签发给申请人凭以办理转账结算或支取现金的票据。

本票的流通程序如下：签发、交付和付款。

三、支票的概念、种类和流通程序

支票是出票人签发的、委托办理支票存款业务的银行或者其他金融机构在见票时无条件支付确定的金额给收款人或者持票人的票据。根据我国《票据法》的规定，开立支票存款账户和领用支票，应当有可靠的资信，并存入一定的资金，开立支票存款账户，申请人必须使用其本名，并提交证明其身份的合法证件。开立支票存款账户，申请人应当预留其本名的签名式样和印鉴。

支票可以分为普通支票、现金支票和转账支票。支票上未印有"现金"或"转账"字样的是普通支票。普通支票可以支取现金，也可以转账。用于转账时，应当在支票正面注明。在普通支票左上角划两条平行线的，是划线支票，划线支票只能用于转账，不得支取现金；专门用于支取现金而制作、在票面上预先印制"现金"字样的是现金支票。现金支票只能用于支取现金，不能用于转账；专门用于转账、在票面上印有"转账"字样的是转账支票。转账支票只能用于转账，不得支取现金。

支票的出票人所签发的支票金额不得超过其付款时在付款人处实有的存款金额。出票人签发的支票金额超过其付款时在付款人处实有的存款金额的，为空头支票。我国票据法禁止签发空头支票。签发空头支票要受到银行的相关处罚。签发空头支票骗取财物是票据欺诈行为，要依法追究刑事责任。支票的流通程序如下：签发、交付、付款。

复习与思考

1. 简述票据的概念、特征及其作用。

2. 何谓票据行为？其特征有哪些？

3. 何谓票据权利？试述取得票据权利的法定方式。

4. 简述汇票的概念及其流通程序。

5. 简述背书的概念、作用、种类和基本要求。

6. 张某向李某背书转让面额为 10 万元的汇票作为购买房屋的价金，李某接受汇票后背书转让给第三人。如果张某与李某之间的房屋买卖合同被合意解除，则张某可以行使下列哪一权利？（　　　）（2003 年司法考试试题）

A. 请求李某返还汇票

B. 请求李某返还 10 万元价金

C. 请求从李某处受让汇票的第三人返还汇票

D. 请求付款人停止支付票据上的款项

第二十章 证券法律制度

教学目的和要求

证券法是调整证券关系的法律规范的总称。本章以《证券法》为蓝本重点介绍证券的概念和种类，证券法的概念、调整对象、基本原则，证券业的运营和监管机构，证券发行，证券交易等问题。通过教学，使学生正确认识证券的意义、作用；熟悉我国《证券法》的基本内容；了解证券发行、证券交易、证券监管的主要法律制度；基本掌握证券活动的程序和要求；掌握证券买卖的基本程序和基本技巧。

第一节 证券法概述

一、证券的概念和种类

证券是商品经济和信用发展的产物，是用以证明证券持有者有权取得相应经济权益（通常是所有权、股权或债权）的凭证。

证券可以分为有价证券和无价证券。有价证券又可以分为商品证券和资本证券。商品证券，是指因商品的买卖而发生的、表示索取与商品等值的货币的证券。商品证券包括提单、仓单、票据等。资本证券，是指因借贷资本而发生的、表明权利人索取与其出资额相应利益的权利凭证。资本证券主要就是股票和债券。我国证券法上所指的证券是资本证券，是指发行人为筹集资本而发行的，表示持有人对发行人享有股权或债权的书面凭证。

二、证券法的概念、对象和目的

证券法是调整证券关系的法律规范的总和。所谓证券关系，是指证券主体（包括证券的发行主体、投资主体、服务主体、管理主体等）在证券发行、证券交易等过程中以证券为客体所形成的各种关系。我国《证券法》（1998 年 12 月 29 日第九届全国人民代表大会常务委员会第六次会议通过，根据 2004 年 8 月 28 日第十届全国人民代表大会常务委员会第十一次会议《关于修改〈中华人民共和国证券法〉的决定》第一次修正，2005 年 10 月 27 日第十届全国人民代表大会常务委员会第十八次会议修订，根据 2013 年 6 月 29 日第十二届全国人民代表大会常务委员会第三次会议《关于修改〈中华人民共和国文物保护法〉等十二部法律的决定》第二次修正，根据 2014 年 8 月 31 日第十三届全国代表大会常务委员会第十次会议《关于修改〈中华人民共和国保险法〉等五部法律的法定》第三次修正）的立法目的是规范证券的发行和交易行为，保护投资者的合法权益，维护社会经济秩序和社会公共利益，促进社会主义市场经济的发展。

三、我国证券法的基本原则

证券法的基本原则，是指证券法所确认的证券活动中的基本行为准则。我国《证券法》确认了以下基本原则：

1. "三公"原则。证券的发行、交易活动，必须实行公开、公平、公正的原则。

2. 自愿、有偿、诚实信用的原则。证券的发行、交易活动的当事人具有平等的法律地位，应当遵守自愿、有偿、诚实信用的原则。

3. 合法原则。证券发行、交易活动，都必须遵守法律、行政法规；禁止欺诈、内幕交易和操纵证券交易市场等行为。违法者要承担法律责任。《证券法》以第十一章的 48 个条文分别规定了各种证券违法行为的法律责任。

4. "三分"原则。"三分"原则，是指分别设立、分业经营、分业管理的原则，即证券公司与银行业、信托业、保险业必须分别设立、分业经营、分业管理。这一原则是在当时东南亚金融风波爆发以后，我国政府为防范金融危机所进行的制度安排，具有合理性。但是现在随着形势的发展，一定程度上的混业经营不但已经提上议事日程，而且已经付诸实施。如 2001 年 6 月 21 日中国人民银行发布实施的《商业银行中间业务暂行规定》（已失效），首次明确了商业银行经批准可以进行代理证券等业务，使银证混业经营初见端倪。但是，在《证券法》没有作出修改的情况下，中国人民银行以规章突破法律的做法，其有效性和合法性值得怀疑。

5. 集中统一监管原则。国务院证券监督管理机构依法对全国证券市场实行集中统一监督管理。但国务院证券监督管理机构根据需要可以设立派出机构，按照授权履行监督管理职责。

6. 自律原则。在国家对证券发行、交易活动实行集中统一监督管理的前提下，依法设立证券业协会，实行自律性管理。

7. 审计监督原则。国家审计机关对证券交易所、证券公司、证券登记结算机构、证券监督管理机构，依法进行审计监督。

第二节　证券业的运营和监管机构

一、证券交易所

（一）证券交易所的概念

从理论上说，证券交易所的组织形式主要有会员制和公司制两种。会员制的证券交易所是不以营利为目的的法人，其会员由证券公司、投资公司等证券商组成，会员要向证券交易所交纳会费。在会员制证券交易所中，只有会员才能进入证券交易所交易大厅参与交易。由于会员制证券交易所不以营利为目的，收取的交易费用较低，有利于市场的活跃。

公司制证券交易所是以营利为目的的公司法人。公司制证券交易所通常由银行、证券公司、投资信托机构和各类企业等共同出资占有股份建立权利。由于公司制证券交易所是以营利为目的的，因此必然在营业收入和盈利方面考虑较多，因而增加参加买卖的证券商的负担。

我国《证券法》规定我国的证券交易所，是指为证券集中交易提供场所和设施，组织和监督证券交易，实行自律管理的法人。

（二）证券交易所的设立、组织和人员

1. 证券交易所的设立和组织。根据《证券法》的规定，我国证券交易所的设立和解散，由国务院决定。设立证券交易所必须制定章程。证券交易所章程的制定和修改，必须经国务院证券监督管理机构批准。证券交易所必须在其名称中标明证券交易所字样。其他任何单位或者个人不得使用证券交易所或者近似的名称。

非法开设证券交易场所的，由县级以上人民政府予以取缔，没收违法所得，并处以违法所得1倍以上5倍以下的罚款。没有违法所得的，处以10万元以上50万元以下的罚款。对直接负责的主管人员和其他直接责任人员给予警告，并处以3万元以上30万元以下的罚款。构成犯罪的，依法追究刑事责任。

证券交易所设理事会。证券交易所设总经理一人，由国务院证券监督管理机构任免。

2. 人员。

（1）证券交易所负责人的排除条件。我国《证券法》第108条规定："有《中华人民共和国公司法》第146条规定的情形或者下列情形之一的，不得担任证券交易所的负责人：①因违法行为或者违纪行为被解除职务的证券交易所、证券登记结算机构的负责人或者证券公司的董事、监事、高级管理人员，自被解除职务之日起未逾 5 年；②因违法行为或者违纪行为被撤销资格的律师、注册会计师或者投资咨询机构、财务顾问机构、资信评级机构、资产评估机构、验证机构的专业人员，自被撤销资格之日起未逾 5 年。"

（2）证券交易所从业人员的排除条件。因违法行为或者违纪行为被开除的证券交易所、证券登记结算机构、证券公司的从业人员和被开除的国家机关工作人员，不得招聘为证券交易所的从业人员。

（三）证券交易所的职能

1. 交易保障职能。证券交易所应当为组织公平的集中竞价交易提供保障，及时公布证券交易行情，并按交易日制作证券市场行情表，予以公布。

2. 暂停上市等职能。证券交易所依照法律、行政法规的规定，办理股票、公司债券的暂停上市、恢复上市或者终止上市的事务，其具体办法由国务院证券监督管理机构制定。

3. 停牌、停市等职能。因突发性事件而影响证券交易的正常进行时，证券交易所可以采取技术性停牌的措施；因不可抗力的突发性事件或者为维护证券交易的正常秩序，证券交易所可以决定临时停市。但是证券交易所采取技术性停牌或者决定临时停市，必须及时报告国务院证券监督管理机构。

4. 实时监控的职能。证券交易所对在交易所进行的证券交易实行实时监控，并按照国务院证券监督管理机构的要求，对异常的交易情况提出报告。

5. 对上市公司信息披露的监督职能。证券交易所应当对上市公司披露信息进行监督，督促上市公司依法及时、准确地披露信息。

6. 制定有关规范性文件的职能。证券交易所依照证券法律、行政法规制定证券集中竞价交易的具体规则，制定证券交易所的会员管理规章和证券交易所从业人员业务规则，并报国务院证券监督管理机构批准。

二、证券公司

（一）证券公司的概念

我国《证券法》所称的证券公司，是指依照《公司法》的规定，经国务院证券监督管理机构审查批准的从事证券经营业务的有限责任公司或者股份有限公司。

根据《证券法》的要求，证券公司必须在其名称中标明"证券有限责任公司"或者"证券股份有限公司"字样。经纪类证券公司必须在其名称中标明"经纪"字样。为了加强对证券公司的监管，《证券法》规定设立证券公司，必须经国务院证券监督管理机构审查批准。未经国务院证券监督管理机构批准，不得经营证券业务。同时国家对证券公司实行分类管理，将证券公司分为综合类证券公司和经纪类证券公司，并由国务院证券监督管理机构按照其分类颁发业务许可证。

　　未经批准领取业务许可证，擅自设立证券公司经营证券业务的，由证券监督管理机构予以取缔，没收违法所得，并处以违法所得 1 倍以上 5 倍以下的罚款。没有违法所得的，处以 3 万元以上 10 万元以下的罚款。构成犯罪的，依法追究刑事责任。证券公司违反《证券法》规定，超出业务许可范围经营证券业务的，责令改正，没收违法所得，并处以违法所得 1 倍以上 5 倍以下的罚款。情节严重的，责令关闭。

　　（二）证券公司的设立条件

　　根据我国《证券法》第 124 条的规定，设立证券公司，应当具备下列条件：①有符合法律、行政法规规定的公司章程；②主要股东具有持续盈利能力，信誉良好，最近 3 年无重大违法违规记录，净资产不低于人民币 2 亿元；③有符合本法规定的注册资本；④董事、监事、高级管理人员具备任职资格，从业人员具有证券从业资格；⑤有完善的风险管理与内部控制制度；⑥有合格的经营场所和业务设施；⑦法律、行政法规规定的和经国务院批准的国务院证券监督管理机构规定的其他条件。

　　关于注册资本，根据《证券法》第 127 条的规定，证券公司经营《证券法》第 125 条第 1~3 项业务的，注册资本最低限额为人民币 5000 万元；经营第 4~7 项业务之一的，注册资本最低限额为人民币 1 亿元；经营第 4~7 项业务中两项以上的，注册资本最低限额为人民币 5 亿元。证券公司的注册资本应当是实缴资本。国务院证券监督管理机构根据审慎监管原则和各项业务的风险程度，可以调整注册资本最低限额，但不得少于前款规定的限额。

　　（三）证券公司从业人员和高级管理人员的排除条件

　　1. 证券公司从业人员的排除条件。主要包括：①因违法行为或者违纪行为被开除的证券交易所、证券登记结算机构、证券公司的从业人员和被开除的国家机关工作人员，不得招聘为证券公司的从业人员。②国家机关工作人员和法律、行政法规规定的禁止在公司中兼职的其他人员，不得在证券公司中兼任职务。③证券公司的董事、监事、经理和业务人员不得在其他证券公司中兼任职务。

　　2. 证券公司高级管理人员的排除条件。主要包括：①上述证券交易所负责人排除条件的前 2 项同样适用于证券公司的高级管理人员。②因违法行为或者违纪行为被解除职务的证券交易所、证券登记结算机构的负责人或者证券公司的董事、监事、经理，自被解除职务之日起未逾 5 年。③因违法行为或者违纪行为被撤销资格的律师、注册会计师或者法定资产评估机构、验证机构的专业人员，自被撤销资格之日起未逾 5 年。

（四）证券公司的证券业务

关于证券公司的证券业务，我国《证券法》第 125 条规定："经国务院证券监督管理机构批准，证券公司可以经营下列部分或者全部业务：①证券经纪；②证券投资咨询；③与证券交易、证券投资活动有关的财务顾问；④证券承销与保荐；⑤证券自营；⑥证券资产管理；⑦其他证券业务。"

证券公司应当依照《证券法》规定的业务，提出业务范围的申请，并经国务院证券监督管理机构核定。证券公司不得超出核定的业务范围经营证券业务和其他业务。证券公司依法享有自主经营的权利，其合法经营不受干涉。

（五）证券公司的资金和账户管理

1. 证券公司注册资本低于《证券法》规定的从事相应业务要求的，由国务院证券监督管理机构撤销对其有关业务范围的核定。

2. 综合类证券公司必须将其经纪业务和自营业务分开办理，业务人员、财务账户均应分开，不得混合操作。证券公司的自营业务必须使用自有资金和依法筹集的资金。证券公司自营业务必须以自己的名义进行，不得假借他人名义或者以个人名义进行。证券公司也不得将其自营账户借给他人使用。

证券公司同时经营证券经纪业务和证券自营业务，不依法分开办理，混合操作的，责令改正，没收违法所得，并处以违法所得 1 倍以上 5 倍以下的罚款；情节严重的，由证券监督管理机构撤销原核定的证券业务。

综合类证券公司违反《证券法》规定，假借他人名义或者以个人名义从事自营业务的，责令改正，没收违法所得，并处以违法所得 1 倍以上 5 倍以下的罚款；情节严重的，停止其自营业务。

3. 客户的交易结算资金必须全额存入指定的商业银行，单独立户管理。严禁挪用客户交易结算资金。

4. 禁止银行资金违规流入股市。

（六）证券经纪人和证券经纪业务

1. 证券经纪人的概念。在证券交易中，代理客户买卖证券，从事中介业务的证券公司，为具有法人资格的证券经纪人。

2. 证券账户和资金账户管理。证券公司办理经纪业务，必须为客户分别开立证券和资金账户，客户开立账户，必须持有证明中国公民身份或者中国法人资格的合法证件。证券公司必须对客户交付的证券和资金按户分账进行管理，如实进行交易记录，不得作虚假记载。

3. 证券买卖委托。

（1）委托方式。证券公司办理经纪业务，应当置备统一制订的证券买卖委托书，供委托人使用。采取其他委托方式的，必须作出委托记录。客户的证券买卖委托，不论是否成交，其委托记录应当按照规定的期限，保存于证券公司。

（2）代理买卖。根据《证券法》的规定，证券公司代理客户买卖证券，必须做到"四不"：

第一，不接受全权委托。证券公司办理经纪业务，不得接受客户的全权委托而决定证券买卖、选择证券种类、决定买卖数量或者买卖价格。

第二，不承诺收益或者赔偿损失。证券公司不得以任何方式对客户证券买卖的收益或者赔偿证券买卖的损失作出承诺。证券公司经办经纪业务，接受客户的全权委托买卖证券的，或者对客户买卖证券的收益或者赔偿证券买卖的损失作出承诺的，责令改正，处以 5 万元以上 20 万元以下的罚款。

第三，不接受私下委托。证券公司及其从业人员不得未经过其依法设立的营业场所私下接受客户委托买卖证券。证券公司及其从业人员违反《证券法》规定，私下接受客户委托买卖证券的，没收违法所得，并处以违法所得 1 倍以上 5 倍以下的罚款。

第四，不得为客户融资融券。证券公司接受委托买入证券必须以客户资金账户上实有的资金支付，不得为客户融资交易。证券公司接受委托卖出证券必须是客户证券账户上实有的证券，不得为客户融券交易。

证券公司违反《证券法》规定，为客户卖出其账户上未实有的证券或者为客户融资买入证券的，没收违法所得，并处以非法买卖证券等值的罚款。对直接负责的主管人员和其他直接责任人员给予警告，并处以 3 万元以上 30 万元以下的罚款。构成犯罪的，依法追究刑事责任。

证券公司接受客户的证券买卖委托后，应当根据委托书载明的证券名称、买卖数量、出价方式、价格幅度等，按照交易规则代理买卖证券；买卖成交后，应当按照规定制作买卖成交报告单交付客户。证券交易中确认交易行为及其交易结果的对账单必须真实，并由交易经办人员以外的审核人员逐笔审核，保证账面证券余额与实际持有的证券相一致。

证券公司的从业人员在证券交易活动中，按其所属的证券公司的指令或者利用职务违反交易规则的，由所属的证券公司承担全部责任。

三、证券登记结算机构

（一）证券登记结算机构的概念

证券登记结算机构，是为证券交易提供集中的登记、托管与结算服务，是不以营利为目的的法人。设立或者申请解散证券登记结算机构必须经国务院证券监督管理机构批准。证券登记结算机构的名称中应当标明"证券登记结算"字样。证券登记结算机构应当依法制定章程和业务规则，并须经国务院证券监督管理机构批准。证券登记结算采取全国集中统一的运营方式。

未经证券监督管理机构批准，擅自设立证券登记结算机构的，由证券监督管理机构予以取缔，没收违法所得，并处以违法所得1倍以上5倍以下的罚款。证券登记结算机构违反证券法规定或者证券监督管理机构统一制定的业务规则的，由证券监督管理机构责令改正，没收违法所得，并处以违法所得1倍以上5倍以下的罚款。情节严重的，责令关闭。

（二）证券登记结算机构的设立条件

设立证券登记结算机构，应当具备下列条件：①自有资金不少于人民币2亿元；②具有证券登记、存管和结算服务所必需的场所和设施；③主要管理人员和从业人员必须具有证券从业资格；④国务院证券监督管理机构规定的其他条件。

证券登记结算机构的名称中应当标明"证券登记结算"字样。

（三）证券登记结算机构的职能

证券登记结算机构履行下列职能：①证券账户、结算账户的设立；②证券的托管和过户；③证券持有人名册登记；④证券交易所上市证券交易的清算和交收；⑤受发行人的委托派发证券权益；⑥办理与上述业务有关的查询；⑦国务院证券监督管理机构批准的其他业务。

四、证券交易服务机构

（一）证券交易服务机构的概念

证券交易服务机构，是指为证券交易提供投资咨询、资信评估等服务业务的专业机构。

依照我国《证券法》的规定，根据证券投资和证券交易业务的需要，可以设立专业的证券投资咨询机构、资信评估机构。证券投资咨询机构、资信评估机构的设立条件、审批程序和业务规则，由国务院证券监督管理机构规定。

未经证券监督管理机构批准，擅自设立证券交易服务机构的，由证券监督管理机构予以取缔，没收违法所得，并处以违法所得1倍以上5倍以下的罚款。证券交易服务机构违反证券法规定或者证券监督管理机构统一制定的业务规则的，由证券监督管理机构责令改正，没收违法所得，并处以违法所得1倍以上5倍以下的罚款。情节严重的，责令关闭。

（二）证券交易服务机构业务人员的条件

根据《证券法》的规定，专业的证券投资咨询机构、资信评估机构的业务人员，必须具备证券专业知识和从事证券业务2年以上经验。认定其从事证券业务资格的标准和管理办法，由国务院证券监督管理机构制定。

（三）证券投资咨询机构从业人员的禁止行为

证券投资咨询机构的从业人员不得从事下列行为：①代理委托人从事证券投资；②与委托人约定分享证券投资收益或者分担证券投资损失；③买卖本咨询机

构提供服务的上市公司股票；④利用传播媒介或者通过其他方式提供、传播虚假或者误导投资者的信息；⑤法律、行政法规禁止的其他行为。

有上述所列行为之一，给投资者造成损失的，依法承担赔偿责任。

（四）执业与责任

为证券的发行、上市或者证券交易活动出具审计报告、资产评估报告或者法律意见书等文件的专业机构和人员，必须按照执业规则规定的工作程序出具报告，对其所出具报告内容的真实性、准确性和完整性进行核查和验证，并就其负有责任的部分承担连带责任。

为证券的发行、上市或者证券交易活动出具审计报告、资产评估报告或者法律意见书等文件的专业机构，就其所应负责的内容弄虚作假的，没收违法所得，并处以违法所得 1 倍以上 5 倍以下的罚款，并由有关主管部门责令该机构停业，吊销直接责任人员的资格证书。造成损失的，承担连带赔偿责任。构成犯罪的，依法追究刑事责任。

五、证券业协会

（一）证券业协会的概念

证券业协会，是证券业的自律性组织，是社会团体法人。根据《证券法》的规定，证券公司都应当加入证券业协会。证券业协会的权力机构为由全体会员组成的会员大会。证券业协会的章程由会员大会制定，并报国务院证券监督管理机构备案。证券业协会设理事会。理事会成员依章程的规定由选举产生。

（二）证券业协会的职责

证券业协会履行下列职责：①教育和组织会员执行证券法律、行政法规；②依法维护会员的合法权益，向证券监督管理机构反映会员的建议和要求；③收集整理证券信息，为会员提供服务；④制定会员应遵守的规则，组织会员单位从业人员的业务培训，开展会员间的业务交流；⑤对会员之间、会员与客户之间发生的证券纠纷进行调解；⑥组织会员就证券业的发展、运作及有关内容进行研究；⑦监督、检查会员行为，对违反法律、行政法规或者协会章程的，按照规定给予纪律处分；⑧国务院证券监督管理机构赋予的其他职责。

六、证券监督管理机构

（一）证券监督管理机构的概念

证券监督管理机构，是指依法对证券市场实行监督管理的国务院证券监督管理机构。根据《证券法》的规定，国务院证券监督管理机构依法对证券市场实行监督管理，维护证券市场秩序，保障其合法运行。

（二）证券监督管理机构的职责

国务院证券监督管理机构在对证券市场实施监督管理中履行下列职责：

1. 依法制定有关证券市场监督管理的规章、规则，并依法行使审批或者核准权。

2. 依法对证券的发行、上市、交易、登记、托管、结算，进行监督管理。

3. 依法对证券发行人、上市公司、证券交易所、证券公司、证券登记结算机构、证券投资基金管理机构、证券投资咨询机构、资信评估机构以及从事证券业务的律师事务所、会计师事务所、资产评估机构的证券业务活动进行监督管理。

4. 依法制定从事证券业务人员的资格标准和行为准则，并监督实施。

5. 依法监督检查证券发行和交易的信息公开情况。

6. 依法对证券业协会的活动进行指导和监督。

7. 依法对违反证券市场监督管理的法律、行政法规的行为进行查处。

8. 法律、行政法规规定的其他职责。

（三）履职措施

国务院证券监督管理机构依法履行职责，有权采取下列措施：

1. 对证券发行人、上市公司、证券公司、证券投资基金管理公司、证券服务机构、证券交易所、证券登记结算机构进行现场检查。

2. 进入涉嫌违法行为发生场所调查取证。

3. 询问当事人和与被调查事件有关的单位和个人，要求其对与被调查事件有关的事项作出说明。

4. 查阅、复制与被调查事件有关的财产权登记、通讯记录等资料。

5. 查阅、复制当事人和与被调查事件有关的单位和个人的证券交易记录、登记过户记录、财务会计资料及其他相关文件和资料；对可能被转移、隐匿或者毁损的文件和资料，可以予以封存。

6. 查询当事人和与被调查事件有关的单位和个人的资金账户、证券账户和银行账户；对有证据证明已经或者可能转移或者隐匿违法资金、证券等涉案财产或者隐匿、伪造、毁损重要证据的，经国务院证券监督管理机构主要负责人批准，可以冻结或者查封。

7. 在调查操纵证券市场、内幕交易等重大证券违法行为时，经国务院证券监督管理机构主要负责人批准，可以限制被调查事件当事人的证券买卖，但限制的期限不得超过 15 个交易日；案情复杂的，可以延长 15 个交易日。

（四）业务规则

1. 国务院证券监督管理机构工作人员依法履行职责，进行监督检查或者调查时，应当出示有关证件，并对知悉的有关单位和个人的商业秘密负有保密的义务。

2. 国务院证券监督管理机构工作人员必须忠于职守，依法办事，公正廉洁，不得利用自己的职务便利牟取不正当的利益。

3. 国务院证券监督管理机构依法履行职责，被检查、调查的单位和个人应当配合，如实提供有关文件和资料，不得拒绝、阻碍和隐瞒。

4. 国务院证券监督管理机构依法制定的规章、规则和监督管理工作制度应当公开。国务院证券监督管理机构依据调查结果，对证券违法行为作出的处罚决定，应当公开。

5. 国务院证券监督管理机构依法履行职责，发现证券违法行为涉嫌犯罪的，应当将案件移送司法机关处理。

6. 国务院证券监督管理机构的工作人员不得在被监管的机构中兼任职务。

第三节　证券发行

一、证券发行的概念

证券发行，是指新发行的证券从发行者手中转到投资者手中的过程。同时也是指购买证券的投资者将资金转入证券发行者手中的过程。证券发行包括股票发行和债券发行两部分。

二、证券发行的审核

1. 证券发行审批和核准的一般规定。根据《证券法》的规定，发行者公开发行证券，必须符合法律、行政法规规定的条件，并依法报经国务院证券监督管理机构或者国务院授权的部门核准或者审批；未经依法核准或者审批，任何单位和个人不得向社会公开发行证券。

2. 证券发行的申请。公开发行股票，必须依照《公司法》规定的条件，报经国务院证券监督管理机构核准。发行人必须向国务院证券监督管理机构提交《公司法》规定的申请文件和国务院证券监督管理机构规定的有关文件。

发行公司债券，必须依照《公司法》规定的条件，报经国务院授权的部门审批。发行人必须向国务院授权的部门提交《公司法》规定的申请文件和国务院授权的部门规定的有关文件。

3. 股票发行的审核。国务院证券监督管理机构设发行审核委员会，依法审核股票发行申请。2006 年 5 月 9 日中国证券监督管理委员会发布了《中国证券监督管理委员会发行审核委员会办法》（2009 年 5 月 13 日修正）对相关事项作了规定。该办法规定，中国证券监督管理委员会设立股票发行审核委员会（以下简称发审委），发审委由中国证券监督管理委员会的专业人员和所聘请的中国证券监督管理委员会以外的有关专家组成。发审委依照法定条件审核股票发行申请，以投票方式对股票发行申请进行表决，提出审核意见。

4. 股票发行的核准。中国证券监督管理委员会根据发审委提出的审核意见，依照法定条件核准股票发行申请。核准程序应当公开，依法接受监督。参与核准股票发行申请的人员，不得与发行申请单位有利害关系；不得接受发行申请单位的馈赠；不得持有所核准的发行申请的股票；不得私下与发行申请单位进行接触。

证券监督管理机构的工作人员和发行审核委员会的组成人员，不履行《证券法》规定的职责，徇私舞弊、玩忽职守或者故意刁难有关当事人的，依法给予行政处分。构成犯罪的，依法追究刑事责任。

5. 时限。国务院证券监督管理机构或者国务院授权的部门应当自受理证券发行申请文件之日起3个月内作出决定；不予核准或者审批的，应当作出说明。

6. 审批或者核准的撤销。国务院证券监督管理机构或者国务院授权的部门对已经作出的核准或者审批证券发行的决定，发现不符合法律、行政法规规定的，应当予以撤销；尚未发行证券的，停止发行；已经发行的，证券持有人可以按照发行价并加算银行同期存款利息，要求发行人返还。

三、证券发行前的信息披露和股票发行后的风险承担

证券发行申请经核准或者经审批，发行人应当依照法律、行政法规的规定，在证券公开发行前，公告公开发行募集文件，并将该文件置备于指定场所供公众查阅。发行证券的信息依法公开前，任何知情人不得公开或者泄露该信息。发行人不得在公告公开发行募集文件之前发行证券。

股票依法发行后，发行人经营与收益的变化，由发行人自行负责；由此变化引起的投资风险，由投资者自行负责。

四、上市公司的新股募集和资金使用

上市公司发行新股，应当符合《公司法》有关发行新股的条件，主要包括：①前一次发行的股份已募足，并间隔1年以上；②公司在最近3年内连续盈利，并可向股东支付股利；③公司在最近3年内财务会计文件无虚假记载；④公司预期利润率可达同期银行存款利率。上市公司发行新股，可以向社会公开募集，也可以向原股东配售。

上市公司对发行股票所募资金，必须按招股说明书所列资金用途使用。改变招股说明书所列资金用途，必须经股东大会批准。擅自改变用途而未作纠正的，或者未经股东大会认可的，不得发行新股。

五、证券发行的方式

证券发行的方式，是指证券经销出售的方式。根据发行对象的不同，可以分为公开发行（公募发行）和不公开发行（私募发行）。公开发行又可以分为自营发行和委托代理发行。自营发行，是指证券发行者自己组织发行，向投资者发售证券。委托代理发行，是指证券发行者将自己的证券交证券公司承销，再由证券公司在市场上向广大投资者发售。

根据我国《证券法》的规定，证券公司应当依照法律、行政法规的规定承销发行人向社会公开发行的证券。证券承销业务采取代销或者包销方式。证券代销，是指证券公司代发行人发售证券，在承销期结束时，将未售出的证券全部退还给发行人的承销方式；证券包销，是指证券公司将发行人的证券按照协议全部购入或者在承销期结束时将售后剩余证券全部自行购入的承销方式。

六、证券发行的承销

（一）承销和承销协议

公开发行证券的发行人有权依法自主选择承销的证券公司。证券公司不得以不正当竞争手段招揽证券承销业务。

证券公司承销证券，应当同发行人签订代销或者包销协议，载明下列事项：①当事人的名称、住所及法定代表人姓名；②代销、包销证券的种类、数量、金额及发行价格；③代销、包销的期限及起止日期；④代销、包销的付款方式及日期；⑤代销、包销的费用和结算办法；⑥违约责任；⑦国务院证券监督管理机构规定的其他事项。

（二）承销证券的核查

证券公司承销证券，应当对公开发行募集文件的真实性、准确性、完整性进行核查；发现含有虚假记载、误导性陈述或者重大遗漏的，不得进行销售活动；已经销售的，必须立即停止销售活动，并采取纠正措施。

（三）承销团

向社会公开发行的证券票面总值超过人民币 5000 万元的，应当由承销团承销。承销团应当由主承销和参与承销的证券公司组成。

（四）承销证券的销售

证券公司在代销、包销期内，对所代销、包销的证券应当保证先行出售给认购人，证券公司不得为本公司事先预留所代销的证券和预先购入并留存所包销的证券。

证券的代销、包销期最长不得超过 90 日。

证券公司包销证券的，应当在包销期满后的 15 日内，将包销情况报国务院证券监督管理机构备案。证券公司代销证券的，应当在代销期满后的 15 日内，与发行人共同将证券代销情况报国务院证券监督管理机构备案。

（五）证券发行的价格

证券发行的价格可以分为面额发行、溢价发行和折价发行。面额发行也称为平价发行，是指证券以票面上注明的金额为价格进行销售发行；折价发行，是指证券以低于票面金额的价格在发行市场进行销售；溢价发行，是指证券以高于其票面金额的价格在发行市场上进行销售。根据我国《证券法》的规定，股票发行采取溢价发行的，其发行价格由发行人与承销的证券公司协商确定，报国务院证券监督管理机构核准。

第四节 证券交易

一、证券交易概述

（一）证券交易的对象

证券交易的对象，是指证券交易当事人能够依法进行买卖的证券。根据我国《证券法》的规定，证券交易当事人依法买卖的证券，必须是依法发行并交付的证券。非依法发行的证券，不得买卖。依法发行的股票、公司债券及其他证券，法律对其转让期限有限制性规定的，在限定的期限内，不得买卖。

（二）证券的挂牌交易、交易方式

经依法核准的上市交易的股票、公司债券及其他证券，应当在证券交易所挂牌交易。证券在证券交易所挂牌交易，应当采用公开的集中竞价交易方式。

（三）证券交易的原则

1. 价格优先、时间优先的原则。证券交易的集中竞价实行价格优先、时间优先的原则。价格优先，是指证券交易的成交依照委托者委托价格的高低来确定。委托买入，出价高的优先于出价低的成交；委托卖出，出价低的优先于出价高的成交。时间优先，是指在委托价格相同的情况下，按照委托时间的先后来确定成交，委托时间在先者优先成交。

2. 现货交易原则。由于考虑到我国证券市场还不够成熟，法规和制度都需要完善，以及防范可能发生的金融风险和保护投资者的利益，我国《证券法》规定，我国的证券交易必须以现货进行交易。同时证券公司也不得从事向客户融资或者融券的证券交易活动。

二、证券上市

（一）股票上市

1. 股票上市的概念。股票上市，又称为股票上市交易、场内交易、交易所交易，是指公开发行的股票满足法定条件时，其发行人提请证券交易所予以审查并同意该股票在证券交易所集中竞价买卖。

2. 股票上市的程序。

（1）股票上市的申请核准。股份有限公司申请其股票上市交易，必须报经国务院证券监督管理机构核准。国务院证券监督管理机构可以授权证券交易所依照法定条件和法定程序核准股票上市申请。国家鼓励符合产业政策同时又符合上市条件的公司股票上市交易。

（2）股票上市的条件。股份有限公司申请股票上市，应当符合下列条件：①股票经国务院证券监督管理机构核准已公开发行；②公司股本总额不少于人民币 3000 万元；③公开发行的股份达到公司股份总数的 25% 以上；公司股本总额超过人民币 4 亿元的，公开发行股份的比例为 10% 以上；④公司最近 3 年无重大违法行为，财务会计报告无虚假记载。证券交易所可以规定高于前款规定的上市条件，并报国务院证券监督管理机构批准。

（3）股票上市的申请文件。申请股票上市交易，应当向证券交易所报送下列文件：①上市报告书；②申请股票上市的股东大会决议；③公司章程；④公司营业执照；⑤依法经会计师事务所审计的公司最近 3 年的财务会计报告；⑥法律意见书和上市保荐书；⑦最近一次的招股说明书；⑧证券交易所上市规则规定的其他文件。

（4）股票上市的安排。股票上市交易申请经国务院证券监督管理机构核准后，其发行人应当向证券交易所提交核准文件和上述规定的申请文件。证券交易所应当自接到该股票发行人提交的前款规定的文件之日起 6 个月内，安排该股票上市交易。

（5）股票上市前的信息披露。股票上市交易申请经证券交易所同意后，上市公司应当在上市交易的 5 日前公告经核准的股票上市的有关文件，并将该文件置备于指定场所供公众查阅。除此以外，上市公司还应当公告下列事项：股票获准在证券交易所交易的日期；持有公司股份最多的前 10 名股东的名单和持股数额；董事、监事、经理及有关高级管理人员的姓名及其持有本公司股票和债券的情况。

（6）股票的暂停上市或者终止上市。上市公司丧失《公司法》规定的上市条件的，其股票依法暂停上市或者终止上市。

（二）债券上市

1. 债券上市的概念。债券上市，是指公开发行的债券满足法定条件时，其发行人提请证券交易所予以审查并同意该债券在证券交易所集中竞价买卖。

2. 债券上市的条件。公司申请其公司债券上市交易必须符合以下条件：①公司债券的期限为 1 年以上；②公司债券实际发行额不少于人民币 5000 万元；③公司申请其债券上市时仍符合法定的公司债券发行条件。

3. 债券上市的申请核准。公司申请其发行的公司债券上市交易，必须报经国务院证券监督管理机构核准。国务院证券监督管理机构可以授权证券交易所依照法定条件和法定程序核准公司债券上市申请。

4. 债券上市的申请文件。向国务院证券监督管理机构提出公司债券上市交易申请时，应当提交下列文件：①上市报告书；②申请上市的董事会决议；③公司章程；④公司营业执照；⑤公司债券募集办法；⑥公司债券的实际发行数额。

5. 债券上市的安排。公司债券上市交易申请经国务院证券监督管理机构核准后，其发行人应当向证券交易所提交核准文件和上述有关的申请文件。证券交易所应当自接到该债券发行人提交的前款规定的文件之日起 3 个月内，安排该债券上市交易。

6. 债券上市前的信息披露。公司债券上市交易申请经证券交易所同意后，发行人应当在公司债券上市交易 5 日前公告公司债券上市报告、核准文件及有关上市申请文件，并将其申请文件置备于指定场所供公众查阅。

7. 债券上市的暂停和终止。公司债券上市交易后，公司有下列情形之一的，由证券交易所决定暂停其公司债券上市交易：①公司有重大违法行为；②公司情况发生重大变化不符合公司债券上市条件；③公司债券所募集资金不按照核准的用途使用；④未按照公司债券募集办法履行义务；⑤公司最近 2 年连续亏损。

公司有上述第①、④项所列情形之一经查实后果严重的，或者有上述第②、③、⑤项所列情形之一，在限期内未能消除的，由国务院证券监督管理机构决定终止该公司债券上市。公司解散、依法被责令关闭或者被宣告破产的，由证券交易所终止其公司债券上市，并报国务院证券监督管理机构备案。

三、持续信息公开

（一）证券发行和上市时的信息公开

持续信息公开，是指有关证券主体依法不间断地公开披露相关信息的制度。持续信息公开的方式包括证券的发行和上市报告、中期报告、年度报告、重大事件的临时报告以及证券管理机构的各种公告等。

根据《证券法》的规定，经国务院证券监督管理机构核准依法发行股票，或者经国务院授权的部门批准依法发行公司债券，依照《公司法》的规定，应当公告招股说明书、公司债券募集办法。依法发行新股或者公司债券的，还应当公告财务会计报告。公司公告的股票或者公司债券的发行和上市文件，必须真实、准确、完整，不得有虚假记载、误导性陈述或者重大遗漏。

经核准上市交易的证券，其发行人未按照有关规定披露信息，或者所披露的信息有虚假记载、误导性陈述或者有重大遗漏的，由证券监督管理机构责令改正，对发行人处以 30 万元以上 60 万元以下的罚款。对直接负责的主管人员和其他直接责任人员给予警告，并处以 3 万元以上 30 万元以下的罚款。构成犯罪的，依法追究刑事责任。

（二）中期报告

股票或者公司债券上市交易的公司，应当在每一会计年度的上半年结束之日起 2 个月内，向国务院证券监督管理机构和证券交易所提交记载以下内容的中期报告，并予公告：①公司财务会计报告和经营情况；②涉及公司的重大诉讼事项；③已发行的股票、公司债券变动情况；④提交股东大会审议的重要事项；⑤国务院证券监督管理机构规定的其他事项。

（三）年度报告

股票或者公司债券上市交易的公司，应当在每一会计年度结束之日起 4 个月内，向国务院证券监督管理机构和证券交易所提交记载以下内容的年度报告，并予以公告：①公司概况；②公司财务会计报告和经营情况；③董事、监事、经理及有关高级管理人员简介及其持股情况；④已发行的股票、公司债券情况，包括持有公司股份最多的前 10 名股东名单和持股数额；⑤公司的实际控制人；⑥国务院证券监督管理机构规定的其他事项。

（四）临时报告

发生可能对上市公司股票交易价格产生较大影响，而投资者尚未得知的重大事件时，上市公司应当立即将有关该重大事件的情况向国务院证券监督管理机构和证券交易所提交临时报告，并予以公告，说明事件的实质。

下列情况为重大事件：①公司的经营方针和经营范围的重大变化；②公司的重大投资行为和重大的购置财产的决定；③公司订立重要合同，而该合同可能对公司的资产、负债、权益和经营成果产生重要影响；④公司发生重大亏损和未能清偿到期重大债务的违约情况；⑤公司发生重大亏损或者重大损失；⑥公司生产经营的外部条件发生的重大变化；⑦公司的董事、1/3 以上监事或者经理发生变动；⑧持有公司 5% 以上股份的股东，其持有的股份情况发生较大变化；⑨公司减资、合并、分立、解散及申请破产的决定；⑩涉及公司的重大诉讼，股东大会、董事会决议被依法撤销或者被宣告无效；⑪公司涉嫌犯罪被司法机关立案调查，公司董事、监事、高级管理人员涉嫌犯罪被司法机关采取强制措施；⑫国务院证券监督管理机构规定的其他事项。

（五）信息公开的法定媒体

依照法律、行政法规规定必须作出的公告，应当在国家有关部门规定的报刊上或者在专项出版的公报上刊登，同时将其置备于公司住所、证券交易所，供社会公众查阅。

（六）信息公开的监督

国务院证券监督管理机构对上市公司年度报告、中期报告、临时报告以及公告的情况进行监督，对上市公司分派或者配售新股的情况进行监督。

（七）相关机构、人员的信息义务

证券监督管理机构、证券交易所、承销的证券公司及有关人员，对公司依照法律、行政法规规定必须作出的公告，在公告前不得泄露其内容。

（八）赔偿责任

发行人、承销的证券公司公告招股说明书、公司债券募集办法、财务会计报告、上市报告文件、年度报告、中期报告、临时报告，存在虚假记载、误导性陈述或者有重大遗漏，致使投资者在证券交易中遭受损失的，发行人、承销的证券公司应当承担赔偿责任，发行人、承销的证券公司的负有责任的董事、监事、经理应当承担连带赔偿责任。

四、禁止的交易行为

（一）内幕交易行为

1. 内幕交易的概念。内幕交易，是指知悉证券交易内幕信息的知情人员或者非法获取内幕信息的其他人员利用内幕信息进行证券交易活动，以获取利益或者减少经济损失的行为。

根据我国《证券法》的规定，禁止证券交易内幕信息的知情人员或者非法获取内幕信息的其他人员利用内幕信息进行证券交易活动。知悉证券交易内幕信息的知情人员或者非法获取内幕信息的其他人员，不得买入或者卖出所持有的该公司的证券，或者泄露该信息或者建议他人买卖该证券。违反者要承担相应的法律责任。

证券交易内幕信息的知情人员或者非法获取证券交易内幕信息的人员，在涉及证券的发行、交易或者其他对证券的价格有重大影响的信息尚未公开前，买入或者卖出该证券，或者泄露该信息或者建议他人买卖该证券的，责令依法处理非法获得的证券，没收违法所得，并处以违法所得 1 倍以上 5 倍以下或者非法买卖的证券等值以下的罚款。构成犯罪的，依法追究刑事责任。证券监督管理机构工作人员进行内幕交易的，从重处罚。

2. 内幕信息知情人员的范围。下列人员为知悉证券交易内幕信息的知情人员：①发行人的董事、监事、高级管理人员；②持有公司 5% 以上股份的股东及其董事、监事、高级管理人员，公司的实际控制人及其董事、监事、高级管理人员；③发行人控股的公司及其董事、监事、高级管理人员；④由于所任公司职务可以获取公司有关内幕信息的人员；⑤证券监督管理机构工作人员以及由于法定职责对证券的发行、交易进行管理的其他人员；⑥保荐人、承销的证券公司、证券交易所、证券登记结算机构、证券服务机构的有关人员；⑦国务院证券监督管理机构规定的其他人。

3. 内幕信息的概念和范围。在证券交易活动中，涉及公司的经营、财务或者对该公司证券的市场价格有重大影响的尚未公开的信息，为内幕信息。

下列各项信息皆属内幕信息：①《证券法》第 67 条第 2 款所列重大事件；②公司分配股利或者增资的计划；③公司股权结构的重大变化；④公司债务担保的重大变更；⑤公司营业用主要资产的抵押、出售或者报废一次超过该资产的30%；⑥公司的董事、监事、高级管理人员的行为可能依法承担重大损害赔偿责任；⑦上市公司收购的有关方案；⑧国务院证券监督管理机构认定的对证券交易价格有显著影响的其他重要信息。

（二）操纵证券交易市场行为

1. 操纵证券交易市场行为的概念。操纵证券交易市场行为，是指以获取利益或者减少经济损失为目的，利用其资金、持股等优势，制造证券交易假象，诱导或者致使投资者在不了解事实真相的情况下作出证券投资决策，扰乱证券市场秩序的行为。我国《证券法》严格禁止任何人以操纵证券交易市场的各种手段来获取不正当利益或者转嫁风险。

操纵证券交易价格，或者制造证券交易的虚假价格或者证券交易量，获取不正当利益或者转嫁风险的，没收违法所得，并处以违法所得 1 倍以上 5 倍以下的罚款。构成犯罪的，依法追究刑事责任。

2. 操纵证券交易市场的行为。下列行为是操纵证券交易市场的行为：①单独或者通过合谋，集中资金优势、持股优势或者利用信息优势联合或者连续买卖，操纵证券交易价格或者证券交易量；②与他人串通，以事先约定的时间、价格和方式相互进行证券交易，影响证券交易价格或者证券交易量；③在自己实际控制的账户之间进行证券交易，影响证券交易价格或者证券交易量；④以其他手段操纵证券市场。

（三）信息误导行为

信息误导行为，是指有关证券主体编造并传播虚假信息或者作出虚假陈述等，影响证券交易的行为。

根据我国《证券法》的规定，禁止国家工作人员、传播媒介从业人员和有关人员编造并传播虚假信息，严重影响证券交易。禁止证券交易所、证券公司、证券登记结算机构、证券交易服务机构、社会中介机构及其从业人员，证券业协会、证券监督管理机构及其工作人员，在证券交易活动中作出虚假陈述或者信息误导。各种传播媒介传播证券交易信息必须真实、客观，禁止误导。

证券交易所、证券公司、证券登记结算机构、证券交易服务机构、社会中介机构及其从业人员，或者证券业协会、证券监督管理机构及其工作人员，在证券交易活动中作出虚假陈述或者信息误导的，责令改正，处以3万元以上20万元以下的罚款；属于国家工作人员的，还应当依法给予行政处分。构成犯罪的，依法追究刑事责任。

证券交易所、证券公司、证券登记结算机构、证券交易服务机构的从业人员、证券业协会或者证券监督管理机构的工作人员，故意提供虚假资料，伪造、变造或者销毁交易记录，诱骗投资者买卖证券的，取消从业资格，并处以3万元以上5万元以下的罚款；属于国家工作人员的，还应当依法给予行政处分。构成犯罪的，依法追究刑事责任。编造并且传播影响证券交易的虚假信息，扰乱证券交易市场的，处以3万元以上20万元以下的罚款。构成犯罪的，依法追究刑事责任。

（四）欺诈客户行为

欺诈客户行为，是指证券公司及其从业人员在证券交易中违背客户的真实意愿进行代理，损害客户利益的行为。

根据我国《证券法》的规定，在证券交易中，禁止证券公司及其从业人员从事下列损害客户利益的欺诈行为：①违背客户的委托为其买卖证券；②不在规定时间内向客户提供交易的书面确认文件；③挪用客户所委托买卖的证券或者客户账户上的资金；④未经客户的委托，擅自为客户买卖证券，或者假借客户的名义买卖证券；⑤为牟取佣金收入，诱使客户进行不必要的证券买卖；⑥利用传播媒介或者通过其他方式提供、传播虚假或者误导投资者的信息；⑦其他违背客户真实意思表示，损害客户利益的行为。

证券公司违背客户的委托买卖证券、办理交易事项，以及其他违背客户真实意思表示，办理交易以外的其他事项，给客户造成损失的，依法承担赔偿责任，并处以1万元以上10万元以下的罚款。

（五）其他禁止的交易行为

我国《证券法》还规定：①在证券交易中，禁止法人以个人名义开立账户，买卖证券。违反《证券法》规定，法人以个人名义设立账户买卖证券的，责令改正，没收违法所得，并处以违法所得1倍以上5倍以下的罚款；其直接负责的主管人员和其他直接责任人员属于国家工作人员的，依法给予行政处分。②在证券交易中，禁止任何人挪用公款买卖证券；挪用公款买卖证券的，没收违法所得，并处以违法所得1倍以上5倍以下的罚款；属于国家工作人员的，还应当依法给予行政处分。构成犯罪的，依法追究刑事责任。③国有企业和国有资产控股的企业，不得炒作上市交易的股票。

为了制止上述禁止的交易行为，《证券法》第84条明确规定："证券交易所、证券公司、证券登记结算机构、证券服务机构及其从业人员对证券交易中发现的禁止的交易行为，应当及时向证券监督管理机构报告。"

第五节　证券法律实务

一、证券交易程序

投资者欲通过证券交易场所买卖证券，一般要经过开立股票账户、资金开户、委托、成交、清算交割过户等环节。

（一）开立股票账户

开立股票账户也称为办理股票磁卡，需本人凭身份证亲自到指定地点（证券登记结算机构和其开设在各地的营业点、代办点）办理。开户人需填写"股东登记表"。开户成功后，开户人会获得股票账户卡（股票磁卡），股票账户上的股东代码是开户人以后买卖股票的唯一代码，开户人在这一股票账户上进行的所有买入卖出，都将发生、记载在这一代码下面。开户人如以后在交易过程中发生疑问，可以凭本人身份证和股票账户卡亲自到证券登记结算机构请求查询、打印查询结果。由于股东代码的唯一性，投资者应注意保密。

由于我国现在有上海和深圳两个证券交易所，投资者如果需要在这两个证券交易所买卖证券，就应该分别开立上海和深圳两个股票账户。没有开立股票账户，就不能通过证券交易所买卖证券。

（二）资金开户

投资者开立股票账户、取得股票账户卡后，就可以凭身份证、股票账户卡到自己选中的证券公司（往往是证券公司的营业部）进行资金开户，取得资金卡（现在不少证券公司发放的资金卡同时就是自助委托卡）。为了保护投资者的利益，上海证券交易所推出了"指定交易"制度。指定交易，是指投资者与某一证券经营机构签订协议后，指定该证券经营机构为自己证券买卖的唯一交易点的制度。投资者在进行资金开户时，同时要与证券商签订"指定交易协议"。在签订指定交易协议期间，投资者只能在该券商处进行证券买卖。一旦需要，投资者可随时与券商办理撤销手续，撤销指定交易。投资者在撤销指定交易后就可以在其他证券公司进行资金开户，但同时还需要与新券商签订"指定交易协议"。

深圳交易所实行的是券商托管制度，深市投资者所持有的股份需托管在自己选定的证券经营机构处，由证券经营机构管理其名下明细股票资料。这一制度实行自动托管，随处通买，即托管券商制的托管是自动实现的，投资者在任一证券经营机构处进行资金开户后买入证券，这些股份或证券就自动托管在该证券经营机构处。投资者可利用同一证券账户在国内任一证券经营机构处买入证券，但只能在买入某证券的证券经营机构处卖出该证券。若要在另一机构处卖出，则需办理转托管。

（三）委托

投资者具备上述的"三证"（身份证、股票账户卡、资金卡）后，就可以到办理指定交易的券商处进行证券买卖。

1. 委托的方式。证券交易的委托方式有当面委托、电话委托、电报委托、传真委托和信函委托。随着技术的发展，电话委托、网上委托、无线委托等逐渐成为主流，当面委托也基本已经被自助委托所取代，投资者只要刷卡按键就可以进行委托。但是，不管委托方式如何改变，投资者因为委托而与证券商之间建立证券投资的民事委托代理关系是不变的。

2. 委托的数量。为了方便交易，证券交易所要规定交易单位。如股票的交易单位是100股，简称为"一手"。投资者申报买入证券，必须是一个交易单位或其倍数，如100股、300股、1500股等。但是，如果投资者因为送股、配股等而拥有零股，则可以申报卖出。

3. 委托的价格。委托买卖的价格一般有市价委托和限价委托两种。市价委托，是要求证券商按交易市场当时价格买进或卖出证券的委托。限价委托，是投资者对证券买卖价格作出限定的委托，如投资者的委托买入价格是15元，就只能在15元以下的价格成交，如投资者的委托卖出价格是15元，在15元以上的价格成交都是正常的。

4. 委托的有效期。现在两个证券交易所的委托有效期都是当日有效，如当日委托没有成交，委托就自然失效。现在有许多证券公司接受隔日委托，实际上是证券公司将委托储存在电脑中，再在第二天报进证券交易所进行集中竞价交易，所以还是当日有效。

（四）成交

成交，是指投资者的申报由证券公司的场内交易员（红马甲）报入证券交易所的电脑主机，通过竞价达成一致的行为，也就是买卖双方达成买卖的过程。交易成交实行价格优先、时间优先的原则。价格优先，是指在买某一证券时，高的买进申报价比低的买进申报价优先得到满足；反之，低的卖出申报价则会优先于高的卖出申报价得到满足。时间优先，是指在买卖某一证券时，同价位的买入申报或者卖出申报，先申报者优先得到满足。在竞价中，当买入申报价与卖出申报价一致，即为成交。投资者的申报竞价成交后，买卖即告成立，任何一方都不得反悔或者否认成交的价格和数量。

（五）清算交割和过户

清算交割包括两个环节：证券商之间通过证券交易所办理证券与价款的转账、交接；证券商与委托人之间进行证券与价款的交接。对于投资者来说，只要资金账户上有足够的资金，交易成交以后在一定的时间内去证券商处办理交割手续就可以了。通过交割手续，投资者会得到"成交过户交割凭单"，这是清算交割的法定凭证，投资者应该仔细核对，妥善保存。过户，是指股票从老股东的账户转到新股东的股票账户，现在证券交易已经实行电脑自动交易过户一体化，过户手续随清算交割一起完成，投资者无须再另行办理过户手续。

二、违反证券法的法律责任

1. 证券监督管理机构的法律责任。证券监督管理机构对不符合《证券法》规定的证券发行、上市的申请予以核准，或者对不符合《证券法》规定条件的设立证券公司、证券登记结算机构或者证券交易服务机构的申请予以批准，情节严重的，对直接负责的主管人员和其他直接责任人员，依法给予行政处分。构成犯罪的，依法追究刑事责任。

2. 拒绝、阻碍证券监督管理机构监督检查的法律责任。以暴力、威胁方法阻碍证券监督管理机构依法行使监督检查职权的，依法追究刑事责任；拒绝、阻碍证券监督管理机构及其工作人员依法行使监督检查职权未使用暴力、威胁方法的，依照《治安管理处罚法》的规定进行处罚。

3. 违反证券发行的法律责任。未经法定的机关核准或者审批，擅自发行证券的，或者制作虚假的发行文件发行证券的，责令停止发行，退还所募资金和加算银行同期存款利息，并处以非法所募资金金额 1% 以上 5% 以下的罚款。对直接负责的主管人员和其他直接责任人员给予警告，并处以 3 万元以上 30 万元以下的罚款。构成犯罪的，依法追究刑事责任。

证券公司承销或者代理买卖未经核准或者审批擅自发行的证券的，由证券监督管理机构予以取缔，没收违法所得，并处以违法所得 1 倍以上 5 倍以下的罚款。对直接负责的主管人员和其他直接责任人员给予警告，并处以 3 万元以上 30 万元以下的罚款。构成犯罪的，依法追究刑事责任。

复习与思考

1. 简述我国《证券法》的基本内容。

2. 何谓证券？股票和债券有何不同？

3. 简述我国证券活动的主体，并对之进行分类。

4. 简述证券发行的法律规定。

5. 简述证券交易的法律规定。

6. 简述法律禁止的证券交易行为。

7. 材料：无锡营业部是证券交易所的代理商。1997 年 3 月 13 日，夏某某委托无锡营业部办理深交所股票的交易手续。1998 年 3 月，深交所上网发行五粮液新股，每股发行价格 14.77 元。3 月 27 日，夏某某在无锡营业部交款 206 780 元，申购五粮液新股 1.4 万股。3 月 31 日，深交所交易系统的计算机主机按每 1000 股有效申购自动编一个发行配号的方式进行连续编号后，将发行配号记录传给各证券交易网点。同日，无锡营业部接到该记录后向夏某某出具了配号交割凭单。凭单载明，夏某某的 14 个发行配号的起始号 00141131。4 月 2 日，《中国证券报》上公布了五粮液股票发行配号摇号抽签结果，其中凡发行配号的尾数是 136 的为一组中签号码，凭中签号码可以认购 1000 股。夏某某经核对后，确认自己有一张发行配号业已中签，但当日其账户上并未交割到 1000 股五粮液股票，且其交纳的 206 780 元购股票款也全部返还到账户上。夏某某多次与无锡营业部交涉，均未达到目的，遂向江苏省无锡市崇安区法院提起诉讼，称：证券公司的配号交割单是不可更改的合同。被告否认原告中签，不按给原告的配号单交割股票，剥夺了原告的股票认购权，给原告造成了损失。请求法院确认原告有 1000 股五粮液新股的认购权，并判令被告按申购款的 5% 即 10 339 元赔偿给原告造成的精神损失。

1998 年 3 月 23 日，深交所曾向各网点单位发出关于股票和基金上网发行配号字段修改的通知。该通知称：从"基金开元"的发行日起，深交所将以前配号内容存放在成交记录的"成交时间"（FC JSJ）字段中的做法，改为回报数据记录中的发行配号和中签号内容放在成交记录中"对方序号"（FD FX H）字段的后 12 位内，请务必在本月 24 日修改好与此相关的程序。被告无锡营业部接此通知后，未及时修改相关程序，导致计算机系统的配号读取程序仍将放在"成交号码"（FC JH M）字段中的数据内容 00141131 作为发行配号读取打印出来。而在原告夏某某成交记录的库文件中，"对方序号"字段的内容为 000001499909。无锡营业部发现错误后，曾于 1998 年 4 月 1 日在大厅内重新张贴了发行配号。根据深交所语音信箱查询服务系统查询得知，申购五粮液的发行配号 000001499909 及其后的 13 个配号，均未中签。

问：根据相关法律规定，该案应当如何处理？（案例来源：中国法院网）

第二十一章 国有资产管理法律制度

教学目的和要求

虽然从理论上讲，国有资产涉及的范围十分广泛，包括资源类国有资产、经营性国有资产和非经营性国有资产，但本章将阐释的内容仅限定于对经营性国有资产管理进行规制的相关法律制度。本章的内容安排基本以《中华人民共和国企业国有资产法》的内容为依据进行，主要包括国有资产经营管理体制、国家出资企业法律制度、国家出资企业管理者的选择与考核、重大事项中的国有资产监管法律制度、国有资产日常监督法律制度、国有资本经营预算法律制度等内容。其中，国有资产经营管理体制是基础性法律制度，也是需要重点掌握的内容；国有资本经营预算法律制度是最新引进的法律制度，虽然现行规范还比较原则，但由于其内含着法治理念和精神以及科学的运行规则，因此不难预见其将来的蓬勃发展之势，所以该部分内容也需重点关注。

第一节 国有资产管理法律制度概述

一、国有资产管理概述

（一）国有资产的概念及分类

国有资产，概括来讲，是指所有权属于国家的财产；具体地讲，是指国家依法取得和认定的，或者国家以各种形式对企业投资和投资收益、国家向行政事业单位拨款等形成的财产。国有资产是国家所有权的客体，国家是国有资产所有权的唯一主体。

国有资产包括经营性资产、非经营性资产和资源性资产三类。

1. 经营性资产。经营性资产，是指国家作为投资者，投资于各种类型的企业，用于生产、经营或者服务性活动而形成的国有资产及其收益。经营性国有资产分布范围最广，数量也最多。经营性国有资产是国有资产中最重要、最活跃的部分，是国有资产不断增长的基础，因而成为国有资产管理的重点对象，在现行法制中，这部分国有资产被称为企业国有资产。

2. 非经营性资产。非经营性资产，是指国家以拨款或者其他形式形成的，由行政事业单位占有、使用的各类资产。非经营性资产主要配置于各级党政机关、科学、教育、文化等事业单位和人民团体等非生产经营领域，在使用目的上具有服务性。因此，对非经营性资产的使用，不能以营利为目的。

3. 资源性资产。资源性资产，是指具有开发价值，依法属于国家的自然资源。资源性资产主要包括：土地、矿藏、水流、森林、草原、海洋、湖泊和滩涂等。我国绝大多数自然资源属于国家所有。

国家投入于非营利性的行政和事业单位的国有资产的管理及其使用，由于在理论上与公权力机关及公共团体的组织法密不可分，因此应当属于行政法的调整范围，故本章不予论述。土地、森林、矿产、水流等国有自然资源的管理运营，由《土地管理法》《森林法》《水法》《矿产资源法》等系列自然资源保护和管理方面的专项性法律进行调整，在理论上应当属于自然资源法学的研究范围，因此也不纳入本章的论述范围。本章只阐述国家投资于企业之中的经营性国有资产的管理及其运营的基本法律制度，因此，下述"国有资产"仅指狭义上的"企业国有资产"。

（二）国有资产管理的概念及任务

国有资产管理，是指企业国有资产的所有者——国家依据法律规定对国有资产所有权的行使、管理权限划分、资产运营状况、收益获取、资产处分等行为所进行的监督、管理和控制的全过程。在市场经济条件下，如何管理好国有资产并保证国有资产的增值，杜绝和减少浪费、侵吞国有资产的行为是市场经济条件下国家的一项重要职能。

国有资产管理包括两个方面：①对企业国有资产产权变动的监督管理；②国有资产管理部门对国有资产财务活动的监督管理。其主要任务包括：

1. 确保国有资产的国家所有权不被侵犯。

2. 优化国有资产结构。

3. 保障国有资产的良性循环和不断增值。

4. 正确处理国家所有权人与企业事业单位使用权人之间的关系，维护国有资产使用单位的合法权益。

二、国有资产管理法概述

（一）国有资产管理法的渊源

现行国有资产管理法最主要的法律渊源是第十一届全国人大常委会第五次会议于 2008 年 10 月 28 日通过的，自 2009 年 5 月 1 日起施行的《中华人民共和国企业国有资产法》（以下简称《国资法》），该法共 9 章 77 条，主要对企业国有资产的监督管理体制、国家出资企业、关涉国有资产出资人权益的重大事项、国有资本经营预算等问题作了比较全面的规定。

（二）国有资产管理法的概念及特征

国有资产管理法，是指调整在管理国有资产的形成、运营及处分等过程中发生的所有经济关系的法律规范的总称。根据《国资法》的规定，我们认为，国有资产管理法应当主要包括国有资产管理和经营体制法律制度、国家出资企业法律制度、国家出资企业管理者的选择与考核、重大事项中的国有资产监管法律制度、国有资产日常监督法律制度、国有资本经营预算法律制度等内容。

国有资产管理法具有以下法律特征：

1. 国有资产管理法是一种财产法与管理法相结合的法律制度。国有资产的一项重要内容是确认国有资产的权属，明确国有资产所有权的主体并通过立法明确该所有权的主体。从这个角度讲，国有资产法是财产法，属财政法的范畴。同时，国有资产管理法的另一个重要内容是对国有资产的控制、监督与管理，其大量实体内容是以管理为中心展开的。从这个角度讲，它又是管理法。

2. 国有资产管理法是以国有资产所有权的实施为中心内容的法律制度。国有资产管理法律关系的基本权利主体是作为所有者的国家，法人和自然人作为国有资产管理法律关系的当事人出现时，则是被管理主体，而其实体则以国家所有权的实施为中心。

（三）国有资产管理法的基本原则

1. 维护国家基本经济制度、巩固和发展国有经济、加强国有资产保护、发挥国有经济在国民经济中的主导作用的原则。这一原则规定在《国资法》第1条，是以立法目的的面目出现的。这一原则首先表明了《国资法》的《宪法》依据，即该法制定和运作的根本目的以及一以贯之的基本准则是维护公有制的经济基础，因此作为公有制经济最主要组成部分之一的企业国有资产的流失预防及保护性法律制度的建构就是必需的，这是消极性的要求，也是最低层次的要求，决定了《国资法》中大量监督管理性法律规范存在的必要性。其次，这一原则还明确了《国资法》巩固和发展国有经济、促进国有经济在国民经济中主导性作用充分发挥的任务，这是积极性的要求，也是较高层次的要求，这就要求《国资法》中必须构建能使企业国有资产对整体国民经济发挥宏观调控作用的法律制度，"国有资本经营预算"就是这一类型的制度构建。

2. 国家的社会经济管理职能与国有资产所有者职能分开的原则。这一原则规定在《国资法》第6条。国家的社会经济管理职能与国有资产所有者职能分开，是指国家以社会管理者的身份行使的职能与国家以财产所有者的身份行使的职能相分离。国家的这两种职能分开，主要是因为这两种职能产生的依据及性质不同。国家的社会经济管理职能依据的是政治权力，而国家作为国有资产所有者的职能依据的则是财产权利。坚持这两种职能分开的原则，不仅有利于克服计划经济体制下长期形成的政企不分造成的各种弊端，同时也有利于国有资产的保值和增值。

3. 国有资产的所有权与经营权相分离的原则。国有资产的所有权与经营权相分离，是指在保持国有资产所有权不变的前提下，国有资产占有者、使用者对国家授予其经营管理的财产依法享有经营权。经营权是从所有权中派生出来的一种独立的财产权。所有权与经营权分离的原则产生于我国的经济体制改革时期，并在改革中得到了发展和完善，《全民所有制工业企业法》对此作了明确的规定。该法第 2 条规定："全民所有制工业企业（以下简称企业）是依法自主经营、自负盈亏、独立核算的社会主义商品生产的经营单位。企业的财产属于全民所有，国家依照所有权和经营权相分离的原则授予企业经营管理。企业对国家授予其经营管理的财产享有占有、使用和依法处分的权利。企业依法取得法人资格，以国家授予其经营管理的财产承担民事责任。"

第二节　国有资产管理基本法律制度

一、国有资产管理和经营体制法律制度

国有资产管理和经营体制法律制度，是指规定国有资产监督管理和经营的各类主体及其组织体系和相应权利（力）义务的法律规范的总称。从理论上分析，国有资产管理和经营权是来源于国有资产所有权的，而并非以公共事务管理为内容的公权力，当国有资产所有权以投资的形式实现其权利内容时，随之置换而来的即是各类投资性权益，因此，也可以说国有资产管理和经营权其实就是这些投资性权益的总和。相应地，国有资产管理和经营体制也就是配置这些投资性权益的法律制度，《国资法》将这些投资性权益称为"出资人权益"。根据《国资法》的规定，我们可以依出资人权益的运行状况，将国有资产管理和经营体制概括地分为出资人权益的享有体制和出资人权益的行使体制两种。

（一）出资人权益的享有体制

根据《国资法》第 4 条第 1 款的规定，国务院和地方人民政府依照法律和行政法规的规定，分别享有对国家出资企业的出资人权益。这一出资人权益的享有有以下几个方面的特征：

1. 出资人权益来源于国家统一的国有资产所有权。

2. 出资人权益的享有并不意味着出资人权益的拥有，因为在国家统一的国

有资产所有权这一前提下，拥有国有资产所有权因投资而置换的出资人权益的，只能是国家，亦即全国人民。

3. 出资人权益的享有直接来源于国务院和地方人民政府对统一的国有资产国家所有权的行使代表权，这种行使代表权是由法律明确授予的。这种行使代表权本质上是国有资产所有权的实现方式，而非国有资产所有权本身。因此，由国务院和地方人民政府依法分享国有资产所有权的行使代表权绝不意味着由它们"分割"并独立享有国有资产所有权，这一点与某些私有制国家的由中央和地方政府分别享有独立、平等和完整的国有资产所有权的"分级所有权"存在着根本性区别。

4. 出资人权益的享有同时还意味着出资人职责的负担。依法享有出资人权益的国务院和地方人民政府同时还负有依法履行出资人职责的义务，亦即，出资人权益的享有与出资人职责的履行是一个事务的两个方面。这是出资人权益享有的特殊性，这种特殊性不但要求出资人权益的享有者不得随意抛弃、懈怠或消极不实现出资人权益，还要求出资人权益的实现必须依法，同时还必须以国有资产所有权人利益的最大化为基本原则。

《国资法》第4条第2款还对国有资产出资人权益享有的企业范围作了原则性规定，由国务院享有出资人权益、履行出资人职责的企业范围包括：①关系国民经济命脉和国家安全的大型国家出资企业；②重要基础设施企业；③重要自然资源等领域的国家出资企业。这些企业通常分布在航空航天、石油石化、电力、电信、交通运输、重要资源开发、国防、重大装备制造等领域。在除此三类以外的领域由国家进行投资，因此形成的出资人权益，由地方人民政府依法享有。

（二）出资人权益的行使体制

出资人权益的行使体制，是指在出资人权益享有机制的基础之上，依据法律规定具体行使出资人权益、履行出资人职责、实现出资权内容的主体类型、组织体系及相应的权利和义务。

《国资法》将具体行使出资人权益、履行出资人职责的主体设定为两种类型：①国务院和地方人民政府设立的国有资产监督管理机构；②其他主体和机构，法律将二者统称为"履行出资人职责的机构"。从法律规范的内容来分析，这两类具体履行出资人职责的机构都具有以下法律特征：

1. 它们都有具体的行使国有资产出资人相关权益的权利。

2. 它们所有上述权利来源于前述国有资产出资人权益享有主体的授权，因此，这种具体行使权的存续、发动和权利内容都取决于国有资产出资人权益享有主体的具体授权，而这种授权在很大程度上是行政自由裁量权所涵射的范围。

3. 与国有资产出资权益享有权的性质相对应，这种具体行使权也同时是一种必须履行的义务或职责，行使权主体不得随意抛弃、懈怠和消极不行使。

除了所具有的权利上的共同点之外，这两类具体履行出资人职责的机构在各自的组织形式及其存续状态上也有区别：

1. 国务院及地方人民政府设立的国有资产监督管理机构在其设立及存续目的上具有专门性，它们一般是各级人民政府依据《国资法》的规定专门设立的专司企业国有资产管理职权的机构，因此，其具体的名称、组织形式、人员配置、运行方式、管理规则等内容都由设立其的人民政府决定，这也是《国资法》不具体规定各级国有资产监督管理机构的组织结构和运行程序的法理所在。在实践中，这种专门履行国有资产出资人职责的主体是：按照国务院机构改革方案设立的国务院国有资产监督管理委员会、地方人民政府根据国务院的规定设立的地方各级国有资产监督管理委员会。

2. 其他被授权具体履行国有资产出资人职责的主体在存续状态上具有兼职性。《国资法》第11条第2款规定："国务院和地方人民政府根据需要，可以授权其他部门、机构代表本级人民政府对国家出资企业履行出资人职责。"其中并未如第1款关于国有资产监督管理机构的规定那样使用"设立"二字，从文义解释的角度不难看出，法律在这里认定的授权主体应当是原先既已存在，并已经承担了相应职责的部门和机构，《国资法》在这里仅是在它们已有的职责之上再附加上相关国有资产出资人的职责。在实践中，这些兼职履行相应国有资产出资人职责的部门和机构一般都是一些行业性管理部门，如财政部根据国务院授权就对金融行业、中国对外文化集团公司、中国出版集团公司、中国烟草总公司等企业中的国有资产履行出资人职责。

两类具体履行出资人职责的主体各自之间的权利行使范围如何，发生矛盾时该如何协调，《国资法》并未规定。从立法精神来看，专门性国有资产监督管理机构应当是今后国有资产监管的一般性主体。

具体履行出资人职责的机构所具有的基本权利和义务（职责），《国资法》第二章进行了规定，概括起来有以下几点：

1. 对国家出资企业依法享有的收益权和管理权。这些权利都是最基本的出资人权益。收益权，是指履行出资人职责的机构按照国家的出资比例或额度，对国家出资企业的盈利，代表国家获取股息或红利的权利。这种收益权不同于私人投资者的投资收益权的最大之处在于：所获取的收益并不是归属于具体履行出资人职责的机构，而是最终归属于国有资产所有权主体——国家，亦即全国人民，具体而言就是通过财政收入的途径收归国库，再以财政支出的方式为人民提供各类公共产品和服务。管理权，包括参与重大决策权和选择管理人员权两种。

2. 对国家出资企业的章程制定权。这种权利因为国家资本在国家出资企业之中的配置状态不同，具体表现为唯一制定和参与制定两种行为方式，在国家为唯一出资人的国有独资企业、国有独资公司中，其章程必须由履行出资人职责的机构全权制定或批准；而在投资主体多元化的国有资本控股公司和国有资本参股公司中，具体履行出资人职责的机构则依据《公司法》的规定，以股东或发起人的身份参与公司章程的制定。

在国有资本控股和参股的公司中，具体履行出资人职责的机构作为股东一般都是委派专门的股东代表实际参与公司管理的，因此，对所委派的股东代表的行为进行规范是必需的。《国资法》第 13 条对此进行了专门规定，为股东代表设定了在参加股东会和股东大会会议时，应当按照委派机构的指示提出提案、发表意见、行使表决权的义务，并为其设定了将其履行委派职责的情况和结果及时报告委派机关的义务。可见，《国资法》该条重在对股东代表行为的规制，而对其选任标准或任职资格，《国资法》并未规定，看来立法者是将这项任务委于具体履行出资人职责的机构自行决定了。因此，对委派参加国有资本控股和参股公司管理的股东代表的选任也应当是履行出资人职责的机构的法定权利之一。

3. 履行出资人职责时的勤勉和谨慎义务。这种勤勉和谨慎义务是具体行使出资人权益时的最基本的注意义务，也是行使权实现的基本界限。根据《国资法》第 14 条的规定，这种勤勉和谨慎义务主要表现在以下几个方面：①依照法律、行政法规以及企业章程履行出资人职责的义务；②保障出资人权益，防止国有资产损失的义务；③尊重国家出资企业的各项法定权利，不得非法干涉企业经营自主权的义务。

4. 对授权主体所负的基本义务，即履行出资职责的机构对作为授权主体的各级人民政府所负有的各项义务。根据《国资法》第 15 条的规定，这种义务主要表现为：①向授权的本级人民政府负责并报告工作的义务；②接受授权的本级人民政府监督和考核的义务；③向授权的本级人民政府定期报告国有资产总量、结构、变动、收益等汇总分析情况的义务，这种义务设定的直接目的是为各级政府提供国有资产存续及其运营状况的基本信息，但最终目的却在于为各级政府对国有经济进行优化布局，进而对相应的整体经济状态进行宏观调控提供基础和信息前提。

二、国家出资企业

国家出资企业的法定含义是国家出资的国有独资企业、国有独资公司、国有资本控股公司以及国有资本参股公司。国有独资企业，是指按照《全民所有制工业企业法》设置的，全部资本均由国家投资的非公司制企业法人；根据法律规定，该企业法人对于国家投资亦即授权其经营的财产享有独立的经营权，也依法占有、使用及处分；该企业法人并不具备如公司那样的内部治理结构，其高级管理人员和监事会均由政府委派。国有独资公司、国有资本控股公司及国有资本参股公司，都是按照《公司法》的规定由国家资本投入其中（投资比例各有不同），并依据法定的内部治理结构独立运营的公司法人。

从理论上分析，国家出资企业具有以下几点法律特征：

1. 国家出资企业在性质上都是具体经营国有资产（企业国有资产）的主体。按照《国资法》的规定，国务院是国有资产所有权的行使代表主体，包括国务院在内的各级人民政府是国有资产投入到国家出资企业后所形成的出资人权益的享有主体，各级国有资产监督管理机构及其他被政府授权的部门和机构是出资人权益的具体行使主体，而各类国家出资企业则是接受国家投资，并运用国家资本进行经营的主体，这样形成的层级式结构，构成了中国特色的国有资产（企业国有资产）管理和运营体制。

2. 国家出资企业都是具有一定的责任财产，能够独立享有权利和承担义务的经营性法人。

3. 国家出资企业都以营利性和公益性兼顾的原则经营。国家出资企业作为经营性法人，追求利益的最大化是其当然目的，因此，营利性势必应当成为国家出资企业的必要性经营原则；但是，国家将国有资产投入国民经济领域，除了追求保值增值的目的之外，在很大程度上还以调控宏观经济、掌握国民经济命脉、维护社会平稳和谐发展等为其目的，因此，公共利益也应当成为国家出资企业在其运营中必须遵循的基本原则。在一般情形下，这两种原则是可以兼顾的，因为国家基于特定的政策目的，决定国有资本投入某个领域本身就是对公共利益的实现，但在特殊情况下，如果两种原则发生冲突，则必然应当以公共利益的实现为准。

《国资法》第三章对各类国家出资企业的基本权利和义务作了统一的原则性规定。对基本权利的规定是保障国家出资企业经营活动顺利开展，实现国家资本保值增值的必要条件；而对基本义务的规定则是预防国有资产流失的重要制度性保障。概括起来，国家出资企业的基本权利有以下三项：

1. 法人财产权。国家将国有资本投入各类企业由其经营时，在法理上将失去对投资资本的所有权，随之置换而来的将是各类出资人权益（包括自益权和公益权，股权是前者的典型），而投入的国有资本就成为国家出资企业的法人财产权，这一权利在《物权法》和《公司法》上都已经得到了保护。根据《国资法》的规定，这一法人财产权的内容主要表现为：①占有，即国家出资企业对因投资而形成的财产得进行排他性的控制；②使用，即国家出资企业对因投资而形成的财产进行运营，以充分实现其使用价值；③收益，即国家出资企业对经营法人财产所产生的盈余得收取并依法存留；④依法处分，即国家出资企业对法人财产权得依法进行处置。

2. 经营自主权。即国家出资企业对其事务得独立决策，并不得受干预的、独立进行经营活动的权利。

3. 投资权。即国家出资企业有向其他企业，运用法人财产进行投资，并对所投资企业依法享有资产收益、参与重大决策和选择管理者等出资人权益的权利。从国家出资企业投资的本质来看，其实还应当是国家资本的运营方式，但这并不意味着国家可以超越其出资企业直接对其出资企业的投资企业行使出资人权利，因为在法律上，这种投资行为是国家出资企业作为独立的法律主体，运用自己的法人财产权，实现其经营自主权的结果。为了从根本上保障国家利益，《国资法》第21条在赋予国家出资企业投资权的同时，还原则性地为其设置了"维护出资人权益"的义务。

除了这三项基本权利之外，《国资法》还对国家出资企业的基本义务进行了原则性规定，既包括一般性法律义务：遵守法律、法规，接受社会监督，承担社会责任，建立健全财会制度等；还包括对出资人所负的基本义务：向出资人提供真实、完整的财务和会计信息，向出资人分配利润等；主要的义务还是对其内部治理结构的建立和健全：完善法人治理结构、建立健全内部监督管理和风险控制制度，公司类国家出资企业应当依法设置监事会，并对董事等高级管理人员及财会进行监督检查，通过职工代表大会或其他方式实现民主管理等。

三、国家出资企业管理者的选择与考核

（一）国家出资企业管理者的选择

1. 国家出资企业管理者的选择权。依法享有国家出资企业管理者的选择权的是具体履行出资人职责的机构，亦即各级人民政府设立的国有资产监督管理机构和政府授权的履行出资人职责的部门、机构。

对国家出资企业管理者的选择权，其实就是前述的具体履行出资人职责的机构依法享有的选择管理者这一基本权利的具体化。根据《国资法》的规范内容，这一选择权具体包含着两方面的内容：任免和建议任免。各自适用于不同的企业类型，在国有独资企业和国有独资公司中，选择权具体表现为直接任免权，而在国家资本控股及国家资本参股的公司中，选择权则表现为通过参加股东会或股东大会提出管理人员建议任免人选的权利。

国家出资企业管理者选择权行使的范围，亦即具体履行出资人职责的机构得以任命和建议任命的国家出资企业管理者的范围，也因企业类型的不同而有不同：①任免国有独资企业的经理、副经理、财务负责人和其他高级管理人员；②任免国有独资公司的董事长、副董事长、董事、监事会主席和监事；③向国有资本控股公司、国有资本参股公司的股东会、股东大会提出董事、监事人选。

《国资法》第 29 条对履行出资人职责的机构选择国家出资企业管理者的权利作了保留性规定，即对上述第①、②项企业管理者的任免，国务院和地方人民政府规定由本级人民政府任免的，依其规定。在法理上，履行出资人职责的机构其企业管理者的选择权来源于本级人民政府的授权，当本级人民政府决定将某些企业管理者的任免权予以保留时，履行出资人职责的机构所承受的授权中当然不会包含这些被授权主体保留的权利。在实践中，被国务院保留管理者任免权的企业是一些关系国民经济重大命脉和国家安全的大型重点企业、重要基础设施和重要自然资源建设和开发领域中的大型重点企业；被地方人民政府保留管理者任免权的企业则是在本地区影响和规模较大的企业。[1]

2. 国家出资企业管理者的任职资格。国家出资企业管理者的任职资格包含积极资格和消极资格两个方面。积极资格，是指担任国家出资企业管理者所应当具备的前提条件，根据《国资法》第 23 条的规定，积极资格主要表现在以下几点：

（1）有良好的品行。这是对国家出资企业管理者品质上的要求，内容应当说是相当广泛，但最重要的应该是两点：①遵纪守法，②良好的职业道德。

（2）有符合职位要求的专业知识和工作能力。这是对国家出资企业管理者执业能力和素质的基本要求，但规定得比较原则，法律并未具体化与各项职位相匹配的专业知识和能力要求，也并未对如何具体验证是否具备这些能力和知识作出规定，看来还是留由履行出资人职责的机构具体认定。

（3）有能够正常履行职责的身体条件。这是对国家出资企业管理者身体条件的要求，同上述（2）要求一样，也是原则性的规定，立法目的还是在于将其具体认定的权利委于履行出资人职责的机构。

（4）法律、行政法规规定的其他条件。这是兜底性条款，是为了适应各类具体经营事务的特殊要求，比如《证券法》规定的证券公司的高级管理人员在任职前应当取得国务院证券监管机构核准的从业资格，再如《证券投资基金法》规定的证券投资基金公司的经理应当具有证券从业资格。

消极资格，是指担任国家出资企业管理者所不应当出现的情形。根据《国资法》第 23 条的规定，国家出资企业的董事、监事、高级管理人员在任职期间出现不符合上述四点规定情形或者出现《公司法》规定的不得担任公司董事、监事、高级管理人员情形的，履行出资人职责的机构应当依法予以免职或者提出免职建议。

---

〔1〕　全国人大常委会法制工作委员会、安建主编：《中华人民共和国企业国有资产法释义》，法律出版社 2008 年版，第 83 页。

《国资法》第25条对各种类型国家出资企业管理者兼职的限制进行了专门规定，大多数规定与《公司法》一致，此处就不再赘述。但需要指出的是，《国资法》对国有资本控股公司的董事长兼任经理的限制要严格于《公司法》，非经股东会、股东大会同意，不得兼任。这主要是考虑到国有资本控股公司的特殊性并为了促进国有资本控股公司建立和完善内部监督制约机制。[1]

（二）国家出资企业管理者的考核

1. 经营业绩考核。[2]经营业绩考核，是指按照一定的标准对国家出资企业管理者运营国有资产的效果、经营活动的绩效等进行认定、评估和考察，并继而决定奖惩及其报酬的系列行为。《国资法》将经营业绩考核具体分为年度考核和任期考核两种，且将经营业绩的考核权赋予了具体履行出资人职责的机构。

（1）经营业绩考核的适用范围。根据《国资法》第27条的文义可知：具体履行出资人职责的机构享有的经营业绩考核权只适用于由其直接任命的国家出资企业的管理者。结合《国资法》第22条的规定，这些管理者的范围限于：国有独资企业的经理、副经理、财务负责人和其他高级管理人员以及国有独资公司的董事长、副董事长、董事、监事会主席和监事。

（2）经营业绩考核的标准。《国资法》并未明确具体的考核标准。在实践中，对考核标准的制定一般都是由各级人民政府或其授权的履行出资人职责的机构具体进行，它们往往根据国家出资企业所处行业、自身条件及市场状况等因素来确定，主要包括利润增长指标、资产收益指标等。

国务院颁布的《企业国有资产监督管理暂行条例》[3]（2003年5月27日发布，2011年1月8日修订）第18条规定："国有资产监督管理机构应当建立企业负责人经营业绩考核制度，与其任命的企业负责人签订业绩合同，根据业绩合同对企业负责人进行年度考核和任期考核。"可见，在由具体履行出资人职责的机构直接任命管理人员的国有独资企业和国有独资公司中，高级管理人员经营业

---

〔1〕　全国人大常委会法制工作委员会，安建主编·《中华人民共和国企业国有资产法释义》，法律出版社2008年版，第77页。

〔2〕　2003年11月25日，国务院国有资产监督管理委员会公布了《中央企业负责人经营业绩考核暂行办法》（已失效），其中对中央企业负责人的范围、考核的基本原则、年度经营业绩考核的基本内容、任期经营业绩考核的基本内容、年度绩效薪金奖励和任期激励或者中长期激励等作了系统的规定。

〔3〕　在《国资法》颁行以前，《企业国有资产监督管理暂行条例》是规制企业国有资产管理的主要法律文件，其中的许多内容直接成为《国资法》制定的制度借鉴。虽然新颁行的《国资法》对中国企业国有资产监督管理体制和基本内容都进行了某种程度上的重构及完善，但仍缺乏一些具体的操作性规范，而这些规范在《企业国有资产监督管理暂行条例》中却有体现。在国务院尚未宣布废止或以新的法规代替《企业国有资产监督管理暂行条例》之前，这些具体性规范在不与《国资法》的立法目的和规范内容相冲突的前提下，还应当是具有法律效力的。

绩的考核标准是可以通过业绩合同的约定来确定的。

（3）经营业绩考核的后果。具体履行出资人职责的机构依法对其任命的管理人员进行经营业绩考核后所形成的考核结果，将是对相关管理人员进行奖惩的主要依据。如果相关管理人员的经营业绩达到甚至超过了确定的考核标准，则对其进行奖励，反之，则对其进行惩罚。《国资法》并未具体规定奖惩方式，依据前述《企业国有资产监督管理暂行条例》第18条的规定，奖惩方式和具体内容应当都是约定在业绩合同当中的。在实践中，奖励的方式主要包括薪酬奖励和股权奖励，惩处的方式则主要包括减扣薪金、减少或取消股权激励、免职、解聘等。[1]可见，对相关企业管理者的奖惩方式总体上可以概括为经济性奖惩与职务性奖惩两类，前者具体表现为经济利益的损益，后者则变现为职务的升降或去留。

《国资法》第27条第2款明确赋予履行出资人职责的机构按照国家有关规定确定由其任命的国家出资企业管理者薪酬标准的权利，这一权利就是履行出资人职责的机构根据经营业绩考核结果，对相关企业管理者实施经济性奖惩的法律基础。

2. 任期经济责任审计。根据《国资法》第28条的规定，任期经济责任审计的适用范围包括：国有独资企业、国有独资公司和国有资本控股公司的主要负责人。何为主要负责人，法律未明确，权威的立法释义认为应当是指这些企业的法定代表人。[2]

任期经济责任审计的主体《国资法》并未明确，但依据《审计法》及其相关法规的规定，审计机关应当是任期经济责任审计的主体。审计应当自相关企业负责人任期结束时开始。

任期经济责任审计的内容《国资法》也未具体规定。在实践中，任期经济责任审计一般包括对企业负责人在任期间所在企业的资产、负债、损益，企业资产的完整和保障增值程度，企业对外投资、资产处置以及利润分配等财产及相关经济行为的真实性、合法性和绩效所进行的审计。

任期经济责任审计的审计方式、程序及审计结果的法律效果等都应当根据《审计法》的相应规定具体确定。

四、重大事项当中的国有资产监管

在国家出资企业的一些重大事项中，极有可能涉及国有资产的处分，因此，

---

〔1〕 全国人大常委会法制工作委员会、安建主编：《中华人民共和国企业国有资产法释义》，法律出版社2008年版，第80页。

〔2〕 全国人大常委会法制工作委员会、安建主编：《中华人民共和国企业国有资产法释义》，法律出版社2008年版，第81页。

法律有必要设置相应的监管制度，以预防国有资产流失现象的发生，从而保障国家出资企业所经营的国有资产的保值。从《国资法》的体系结构和规范内容来看，其对相关重大事项中国有资产监管的规定占据了全部法律的大部分，由此可见该部分规制内容的重要性。之所以做出这样的结构安排，立法者所揭示的主要原因在于：这些重大事项"与出资人关系重大，也是实践中发生国有资产流失的主要环节，各方面普遍要求作出有针对性的法律规定"[1]。

《国资法》第五章对这一部分规范内容的具体设置是按照"从一般到具体"的立法思路进行的，先对重大事项的范围及在这些事项中相关监管主体的一般性管理权作出规定，再分别针对企业改制、与关联方的交易、资产评估及国有资产转让这几类具体事项作出相应的规定。

（一）重大事项的范围

根据《国资法》第 30 条的规定，涉及国有资产出资人权益的重大事项包括：国家出资企业的合并、分立、改制、上市，增加或减少资本，发行债券，进行重大投资，为他人提供大额担保，转让重大财产，进行大额捐赠，分配利润，解散，申请破产等共 13 项。

（二）针对各类企业相关重大事项的一般性监管权

1. 针对国有独资企业和国有独资公司相关重大事项的监管权。国有独资企业、国有独资公司合并、分立、增加或减少注册资本、发行债券、分配利润、解散、申请破产等事项，由具体履行出资人职责的机构享有决定权。

国有独资企业、国有独资公司除依据法律、行政法规和企业章程由履行出资人职责的机构享有决定权的事项之外的，属于《国资法》第 30 条事项范围的重大事项，国有独资企业由企业负责人集体讨论决定，实践中，通常是由企业经理（厂长）办公会议决定；国有独资公司则由董事会按照法定或章程约定的议事规则决定。

2. 针对重要的国有独资企业、国有独资公司、国有资本控股公司相关重大事项的监管权。《国资法》第 34 条第 1 款规定："重要的国有独资企业、国有独资公司、国有资本控股公司的合并、分立、解散、申请破产以及法律、行政法规和本级人民政府规定应当由履行出资人职责的机构报经本级人民政府批准的重大事项，履行出资人职责的机构在作出决定或者向其委派参加国有资本控股公司股东会会议、股东大会会议的股东代表作出指示前，应当报请本级人民政府批准。"

这一法律条文中蕴含的监管权其实是人民政府的批准权，围绕这一权力可以

[1] 参见全国人大财政经济委员会副主任委员石广生于 2007 年 12 月 23 日在第十届全国人大常委会第三十一次会议上所作的《关于〈中华人民共和国国有资产法（草案）的说明〉》。

作如下解读：

（1）各级人民政府的批准权行使的相对人是重要的国有独资企业、国有独资公司、国有资本控股公司，该如何具体确定这些企业，《国资法》第34条第2款授权国务院进行规定。

（2）各级人民政府的批准权行使的范围包括两类事项：①上述企业的合并、分立、解散、申请破产等事项；②法律、行政法规和本级人民政府规定应当报经本级人民政府批准的事项。

（3）各级人民政府的批准权行使机制，是对具体履行出资人职责的机构依法作出的决定和指示的事先审查与批准。因此，具体履行出资人职责的机构有义务就法定重大事项在作出决定和指示之前，向本级人民政府上报，并等待其批准。可见，在这种情形下，履行出资人职责的机构依法享有的决定权与指示权并无实际内容，仅是代表实际决策者——政府实现决策内容的象征性权力。所以，实际履行出资人职责的主体应当是人民政府，但实际履行并不意味着直接履行，直接履行的主体依然是法定的履行出资人职责的机构。

3. 国家出资企业相关重大事项的民意表达机制。国家出资企业的合并、分立、改制、解散、申请破产等重大事项，应当听取企业工会的意见，并通过职工代表大会或其他形式听取职工的意见和建议。在这一民意表达机制中，国家出资企业有法定重大事项发生时，负有召集企业工会、职工代表大会或以其他适当方式听取工会和职工的意见和建议的义务，因此也可推知，企业工会以及职工代表大会依法也应当享有要求企业管理者召集会议，并以合理、适当的方式听取职工意见和建议的权利。

（三）企业改制中的国有资产监管

1. 企业改制的法定含义。法律当中的企业改制包括三种情形：①国有独资企业改为国有独资公司；②国有独资企业、国有独资公司改为国有资本控股公司或非国有资本控股公司；③国有资本控股公司改为非国有资本控股公司。

2. 企业改制的决定权。企业改制的决定权，是指具体决定是否进行企业改制以及以何种方式进行企业改制的权利。企业改制应当制订改制方案，改制方案的内容主要包括：改制后的企业组织形式、企业资产和债权债务处理方案、股权变动方案、改制的操作程序、资产评估和财务审计等中介机构的选聘等。

国有独资企业、国有独资公司的改制决定权由具体履行出资人职责的机构享有，国有资本控股公司的该职权则由包括履行出资人职责的机构在内的公司股东会、股东大会享有。

重要的国有独资企业、国有独资公司的改制，具体履行出资人职责的机构在直接行使决定权以前必须将改制方案报经本级人民政府批准；重要的国有资本控股公司的改制，具体履行出资人职责的机构在对其委派参加股东会、股东大会的股东代表发出指示前，也应当将指示内容报经本级人民政府批准。

企业改制如果涉及重新安置企业职工的，还应当制订职工安置方案，并经职工大会或者职工代表大会审议通过。

3. 改制企业的资产价值确定。企业改制应当进行资产价值的确定，以防止国有资产的流失。法律规定了资产确定的基本原则和三种基本方式：

（1）改制企业的资产价值确定应当遵循准确、客观、公正的基本原则。这三项原则其实可以简化为两种具体要求：①必须保证资产确定的全面性，即应当将改制企业的所有资产纳入确定范围，防止遗漏；②资产价值的确定必须以市场价值为基准，以保证价值确定结果的客观与公平。

（2）改制企业的资产价值确定包括清产核资、财务审计和资产评估三种基本方式。清产核资，是指通过账务清理、财产清查、价值重估等方式，认定改制企业的各项资产损益；[1]财务审计，是指对改制企业的各项财务收支活动进行的审计，目的在于保证这些收支活动的真实性与合法性；资产评估，是指委托资产评估机构通过法定标准和程序，以科学的方法，对资产的现有价值进行的评价和估算。

法律还对涉及以改制企业的实物、知识产权、土地使用权等非货币财产折算出资和股份时的评估活动设置了禁止性规范，即不得将财产低估折价或者有其他损害出资人权益的行为。

（四）与关联方交易当中的国有资产监管

1. 关联方的法定含义。《国资法》所谓的关联方，是指国家出资企业的董事、监事、高级管理人员及其近亲属，以及由这些人所有或者实际控制的企业。可见，《国资法》上的关联方主要包括两种主体类型：①自然人，即国家出资企业的董事、监事、高级管理人员及其近亲属；法律对"近亲属"的范围并未明确，从法理上来讲，应当包括国家出资企业董事、监事及高级管理人员的配偶、父母、子女、兄弟姐妹、祖父母、外祖父母等亲属。②企业法人，即由国家出资企业的董事、监事、高级管理人员及其近亲属全部出资成立和经营的独资企业、公司，由这些人控股经营的公司，以及虽未控股但通过各种方式实际控制其经营的企业。

2. 对关联方的禁止性规定。国家出资企业的关联方不得利用与国家出资企业之间的交易，谋取不当利益，损害国家出资企业的利益。这款规定并不禁止关

---

〔1〕　国务院国有资产监督管理委员会制定的《国有企业清产核资办法》（2003 年 9 月 9 日发布）对清产核资的范围、内容、程序、组织、要求和法律责任等都作了比较全面的规定。

联方与国家出资企业之间的一切交易行为，而是禁止关联方利用交易谋取不当利益，损害国家出资企业出资人利益的行为。所谓不当利益，就是指利用关联交易，在损害国家出资企业利益的基础上，所获取的私人利益。因此，判断不当利益的关键是看关联交易是否已经或者可能使国家出资企业的利益减损，而关联方却因此利益增加。

3. 对特定国家出资企业的禁止性规定。国有独资企业、国有独资公司、国有资本控股公司不得无偿向关联方提供资金、商品、服务或者其他资产，不得以不公平的价格与关联方进行交易。这一条首先排除了国有独资企业、国有独资公司、国有资本控股公司以非交易的方式（如赠与）向关联方转移资产的可能性，从而将国有独资企业、国有独资公司、国有资本控股公司向其关联方进行的一切资产转移都纳入市场交易范围，紧接着规定交易的基本准则是必须依据公平的价格，亦即市场价格。所谓以不公平的价格与关联方进行交易，既包括以明显不合理的高价从关联方购进商品或者服务，还包括以明显不合理的低价向关联方转让商品、服务或者其他财产。

4. 履行出资人职责的机构对特定行为的批准权。未经履行出资人职责的机构同意，国有独资企业和国有独资公司不得从事以下行为：①与关联方订立财产转让、借款的协议；②为关联方提供担保；③与关联方共同出资设立企业。或者向董事、监事、高级管理人员或者其近亲属所有或实际控制的企业投资。

（五）资产评估

1. 对相关企业资产评估义务的设定。

（1）必须进行资产评估的情形。根据《国资法》第47条的规定，国有独资企业、国有独资公司和国有资本控股公司在下列情形发生时，必须按照规定对有关资产进行评估：合并、分立、改制；转让重大财产；以非货币财产对外投资；清算；法律、行政法规以及企业章程规定应当进行资产评估的情形。按照国务院颁布的《国有资产评估管理办法》（1991年11月16日发布）第3条的规定，除了上述情形外，资产拍卖，企业兼并、联营、出售，与外国公司、企业和其他经济组织或者个人开办中外合资经营企业或中外合作经营企业等情形发生时，也应当进行资产评估。

对于资产评估的组织管理、程序、评估方法、监督检查、法律责任等内容，国务院颁布的《国有资产评估管理办法》以及国务院国有资产委员会制定的《企业国有资产评估管理暂行办法》（2005年8月25日发布）都作了比较详尽和全面的规定。

（2）相关企业的委托义务及报告义务。国有独资企业、国有独资公司和国有资本控股公司在前述情形出现时，有义务委托依法设立的符合条件的资产评估机构进行资产评估。

根据《国有资产评估管理办法》第 9 条的规定，持有国务院或者省、自治区、直辖市人民政府国有资产管理部门颁发的国有资产评估资格证书的资产评估公司、会计师事务所、审计事务所、财务咨询公司，经国务院或者省、自治区、直辖市人民政府国有资产管理行政主管部门认可的临时评估机构，可以接受委托，从事国有资产评估业务。《企业国有资产评估管理暂行办法》第 9 条对委托进行资产评估的机构所应当具备的基本条件进行了规定。

涉及应当报经具体履行出资人职责的机构决定的事项的，相关企业还负有将委托资产评估机构的情况向履行出资人职责的机构报告的义务。

（3）相关企业及其管理人员的资料提供义务。国有独资企业、国有独资公司、国有资本控股公司及其董事、监事、高级管理人员有义务向资产评估机构如实提供有关情况和资料，不得与资产评估机构串通评估作价。所谓"串通评估作价"，是指国有独资企业、国有独资公司、国有资本控股公司及其董事、监事、高级管理人员与资产评估机构在资产评估过程中合谋，由资产评估机构出具虚假评估报告，以谋取非法利益的行为。[1]

2. 资产评估机构及其工作人员的义务。资产评估机构及其工作人员受托评估有关资产时，有遵守法律、行政法规和评估职业准则，独立、客观、公正地对受托评估的资产进行评估的义务。根据《国有资产评估管理办法》第 32 条的规定，资产评估机构作弊或者玩忽职守，致使资产评估结果失实的，国有资产管理行政主管部门可以宣布资产评估结果无效，并可以根据情节轻重，对该资产评估机构给予警告、停业整顿以至吊销国有资产评估资格证书的处罚。

（六）国有资产转让的监管[2]

1. 国有资产转让的含义。国有资产转让的法定含义是指：依法将国家对企业的出资所形成的权益转移给其他单位或个人的行为，但按照国家规定无偿划转国有资产的除外。可见，法律所谓的国有资产转让，仅指国有资产的有偿转让。

国有资产转让的客体是国家对企业出资所形成的各种权益，在国有独资企业中，这种权益表现为出资；在国有独资公司、国有资本控股和参股公司中，这种权益则表现为股份、股权。因此，国家出资企业法人财产权范围内的各种动产、

---

〔1〕　全国人大常委会法制工作委员会、安建主编：《中华人民共和国企业国有资产法释义》，法律出版社 2008 年版，第 108 页。

〔2〕　对国有资产转让行为的规制，由国务院国有资产监督管理委员会与财政部于 2003 年联合制定的《企业国有产权转让管理暂行办法》（已失效）中有比较全面、详尽的规定，具体包括转让的监督管理、转让的程序、转让的批准程序及法律责任等制度内容。

不动产及无形资产的有偿转让并非《国资法》上的国有资产转让。

2. 国有资产转让的基本原则。根据《国资法》，国有资产转让应当遵循以下四大原则：①有利于国有经济布局和结构的战略性调整。这一原则体现的是国有资产的调控性功能，即通过国有资产的有偿转让，努力推进国有资本向关系国家安全和国民经济命脉的重要行业和领域集中，增强国家对国民经济关键领域的控制能力。②防止国有资产流失。③不得损害交易各方的合法权益。④等价有偿和公平、公正、公开。

3. 国有资产转让的批准权。国有资产转让的决定权由具体履行出资人职责的机构享有和行使。

在下列两种情形中，履行出资人职责的机构在决定国有资产转让前，必须报经本级人民政府批准：①转让全部国有资产；②转让部分国有资产致使国家对该企业失去控制地位。

可见，国家在国有独资企业、国有独资公司、国有资本控股公司及国有资本参股公司中所拥有的出资、股份、股权全部有偿转让时，必须经本级人民政府批准；国家在国有独资企业、国有独资公司及国有资本控股公司中所拥有的出资、股份、股权的部分有偿转让有可能导致国家失去对这些企业的控制权时，也应当经本级人民政府批准。

4. 国有资产向管理层转让的限制性规定。根据《国资法》第56条的规定，国有资产向管理层转让，是指依照法律、行政法规或者国务院国有资产监督管理机构的规定向本企业的董事、监事、高级管理人员或者其近亲属，或者这些人员所有或实际控制的企业转让国有资产的行为。

法律对这种转让行为设定了以下限制性规定：

（1）管理层应当与其他受让参与者平等竞买。

（2）转让方应当按照规定，如实披露有关信息。根据国务院国有资产管理委员会制定的《企业国有产权向管理层转让暂行规定》（2005年4月21日公布）第5条第3项的规定，披露的信息应当包括：目前管理层持有标的企业的产权情况、拟参与受让国有产权的管理层名单、拟受让比例、受让国有产权的目的及相关后续计划、是否改变标的企业的主营业务、是否对标的企业进行重大重组等。

（3）相关的董事、监事和高级管理人员不得参与转让方案的制订和组织实施的各项工作。

五、国有资本经营预算

（一）国有资本经营预算概述

所谓国有资本经营预算，是指国家以所有者身份依法取得国有资本收益，并对所得收益进行分配而发生的各项收支预算，是政府预算的重要组成部分。[1]根据立法者的意见，将国有资本经营收益纳入预算管理，有利于合理调整和规范国家出资企业的收入分配关系，有利于增强政府的宏观调控能力，进一步推进国有经济布局和结构的战略性调整，促进国有企业的改革和发展，也有利于使全体人民共享国有资本的经营成果。[2]

1993 年党的十四届三中全会决定明确提出了"建立政府公共预算和国有资本经营预算"的要求。1994 年的《预算法》第 26 条第 1 款规定："中央预算和地方各级政府预算按照复式预算编制。"1995 年的《〈预算法〉实施条例》第 20 条第 1 款将各级政府的复式预算内容明确为：政府公共预算、国有资产经营预算、社会保障预算和其他预算，在法律层面上首次提出了国有资本经营预算的概念。此后，党的十六届三中全会、十六届六中全会、十七大的相关文件中也都提出了要建立健全国有资产经营预算制度。2003 年开始，上海、北京、吉林、深圳等城市陆续开展了国有资产经营预算的实践，积累了许多有益经验。2007 年 9 月 8 日，国务院发布了《关于试行国有资本经营预算的意见》，对国有资本经营预算的收支范围、国有资本经营预算的编制和审批、国有资本经营预算的执行、国有资本经营预算的职责分工等内容进行了全面规定。《国资法》第六章"国有资本经营预算"规范内容的形成和设置，很大程度上是基于国务院《关于试行国有资本经营预算的意见》及其他既存的政策性规范，以及国有资本经营预算的实践经验。

（二）国有资本经营预算的收支范围

根据《国资法》第 59 条的规定，国家取得的下列国有资本收入，应当编制国有资本经营预算：①从国家出资企业分得的利润；②国有资产转让收入；③从国家出资企业取得的清算收入；④其他国有资本收入。

《国资法》对国有资本经营预算的支出范围并未明确，仅规定上述收入的支出也应当纳入国有资本经营预算。国务院《关于试行国有资本经营预算的意见》根据国有资本经营预算的制度实践对这些收入的支出类型作了规定，具体可分为三种：①资本性支出，即根据产业发展规划、国有经济布局和结构调整、国有企业发展要求，以及国家战略、安全等需要，安排的支出；②费用性支出，即用于弥补国有企业改革成本等方面的支出；③其他支出。

---

〔1〕　这是国务院《关于试行国有资本经营预算的意见》（2007 年 9 月 8 日发布）对国有资本经营预算的明确定义。

〔2〕　参见全国人大财政经济委员会副主任委员石广生于 2007 年 12 月 23 日在第十届全国人大常委会第三十一次会议上所作的《关于〈中华人民共和国国有资产法（草案）的说明〉》。

（三）国有资本经营预算的编制和审批

1. 国有资本经营预算的编制规则。国有资本经营预算的编制必须遵循以下基本规则：

（1）国有资本经营预算应当按年编制。这里的"年"指的是预算年度（也称财政年度），根据《预算法》的规定，我国的预算年度自公历1月1日起，至12月31日止。

（2）国有资本经营预算应当单独编制并纳入本级人民政府的预算。

（3）国有资本经营预算不列赤字，即国有资本经营预算的支出应当严格按照当年预算收入规模和数量，不得大于当年预算收入。

2. 国有资本经营预算的编制主体。国务院和有关地方人民政府财政部门负责国有资本经营预算草案的编制工作，具体履行出资人职责的机构负责向财政部门提出由其履行出资人职责的国有资本经营预算建议草案。

3. 国有资本经营预算的审批。国有资本经营预算作为本级人民政府预算的组成部分，按照《预算法》的规定，应当报经本级人民代表大会批准。

（四）国有资本经营预算的执行

经本级人民代表大会审批的国有资本经营预算，即具有法律约束力，相关预算执行单位负有严格按照生效预算为相应的国有资本收支行为的法律义务。

《国资法》并未对生效的国有资本经营预算的执行作出规定。国务院《关于试行国有资本经营预算的意见》对生效的国有资本经营预算的执行设定了比较完善的规则体系，具体表现为以下几个方面：

1. 国有资本经营预算收入由财政部门、国有资产监管机构收取、组织上交。企业按规定应上交的国有资本收益，应及时、足额地直接上缴财政。

2. 国有资本经营预算资金支出，由企业在经批准的预算范围内提出申请，报经财政部门审核后，按照财政国库管理制度的有关规定，直接拨付使用单位。使用单位应当按照规定用途使用、管理预算资金，并依法接受监督。

3. 国有资本经营预算执行中如需调整，须按规定程序报批。年度预算确定后，企业改变财务隶属关系引起预算级次和关系变化的，应当同时办理预算划转。

4. 年度终了后，财政部门应当编制国有资本经营决算草案报本级人民政府批准。

六、国有资产监督

《国资法》设置国有资产监督这一章的立法目的在于构建避免国有资产流失的预防性法律机制。[1]这一法律监督机制根据其运行主体的不同，可以分为权力

---

〔1〕　参见全国人大财政经济委员会副主任委员石广生于2007年12月23日在第十届全国人大常委会第三十一次会议上所作的《关于〈中华人民共和国国有资产法（草案）的说明〉》。

性监督机制和社会公众监督机制两种。

（一）各级人大常委会的监督权

各级人民代表大会常务委员会对国有资产的管理和运营情况进行监督的法定方式包括：

1. 听取和审议本级人民政府代表国家履行出资人职责情况和国有资产监督管理情况的专项工作报告。因此，各级人民政府负有依法向本级人大常委作出关于其履行出资人职责情况以及对国有资产进行监督管理情况的专项工作报告的义务，本级人大常委会在审议这些专项工作报告后，有将审议意见交由政府处理的权力，政府则相应地负有将处理情况及时报告本级人大常委会的义务。

2. 组织对《国资法》执行情况的监督检查。各级人大常委会有权组织对《国资法》实施情况的监督检查，检查结束后，将执法检查报告提起常委会审议，报告的内容包括对《国资法》实施情况的评价、实践中存在的主要问题及改进建议等。审议通过后，各级人大常委会有权将审议意见及执法检查报告交给本级人民政府研究处理，政府负有将处理结果及时报告本级人大常委会的义务。

（二）各级人民政府的监督权

各级人民政府的监督权行使对象是其授权的具体履行出资人职责的机构，监督权的内容则是对具体履行出资人职责的机构履行职责的情况进行监督。

具体而言，各级人民政府的监督权内容包含以下几点：[1]①对具体履行出资人职责的机构是否在授权范围内履行职责进行监督；②对具体履行出资人职责的机构是否按照法定程序履行职责进行监督；③对具体履行出资人职责的机构是否能够有效履行职责进行监督。

（三）审计监督权

1. 各级人民政府审计机关的审计权。国务院和地方各级人民政府审计机关享有对国有资本经营预算执行情况和属于审计监督对象的国家出资企业进行审计监督的权力。

审计机关对国有资本经营预算执行情况的审计权派生于其依照《审计法》对各级预算执行情况及其他财政收支情况的审计监督权，因行使这一权力而产生的审计报告，依照《审计法》应当向本级人民政府及上级审计机关提出。

审计机关可以对其行使审计监督权的国家出资企业的范围，依照《审计法》第21条的规定，应当包括与国计民生有重大关系的国有企业、接受财政补贴较多或者亏损数额较大的国有企业，以及国务院和本级人民政府指定的国有企业。

---

〔1〕　全国人大常委会法制工作委员会、安建主编：《中华人民共和国企业国有资产法释义》，法律出版社2008年版，第127~128页。

审计监督权的内容主要体现为对审计对象企业的资产、负债、损益等的真实性、合法性和绩效进行检查、审查和评估。

2. 委托中介机构审计的权力。委托审计权由具体履行出资人职责的机构享有，委托的审计机构为具备法定资格的会计事务所，审计的对象为所出资企业的财务会计报告，委托审计权的实现方式因国家出资企业的类型不同而不同：

（1）对于国有独资企业和国有独资公司的审计，由具体履行出资人职责的机构直接委托会计事务所进行。

（2）对于国有资本控股公司的审计，由具体履行出资人职责的机构凭借其控股股东的地位，通过股东会或股东大会作出决议，由公司聘请会计事务所进行。

除了上述的三大权力性监督机制之外，《国资法》还赋予社会公众监督权。根据法律的规定，国务院和地方人民政府负有依法向社会公众公布国有资产状况和国有资产监督管理工作情况的义务，任何单位和个人均有权对造成国有资产损失的人和行为进行检举和控告，但法律对社会公众相关监督权的具体内容、行使方式、行使程序及法律效果等问题均未作出规定。

复习与思考

1. 试述我国国有资产经营管理体制的基本内容。

2. 关系国有资产出资人权益的重大事项有哪些？《国资法》分别规定了哪些相应的管理措施？

3. 试述履行出资人职责的机构的性质及其法定职责。

4. 简述国有资本经营预算制度在我国的发展及其基本内容。

5. 材料：1997年11月，金某某在担任山西省化纤所副董事长时，经下属单位云海针织厂原厂长黄某某引见，结识了山西南北人置业有限公司（以下简称南北人公司）的经营者蔡某某。后来，南北人公司要向银行贷款，双方便预谋以省化纤所的国有资产"化纤大厦"作抵押。随后，金某某指使时任化纤所副总会计师的樊某某办理了相关手续，为南北人公司贷款600万元。贷款到期后，由于南北人公司未能如期偿还，"化纤大厦"被法院查封并拍卖，所得820万元归还了银行贷款及利息。

1998年3月，金某某在担任省化纤所董事长兼总经理时，经黄某某介绍，违反规定为太原"芳馨园"度假村提供了30万元的贷款担保，省化纤所后来承担了偿还责任。1998年8月，金某某伙同樊某某以单位的房产作抵押，为山西飞黄实业有限公司提供了100万元的贷款担保，造成省化纤所的房产被法院查封。

1998 年 9 月，金某某又两次指使樊某某以单位房产作抵押，为太原市五星华建材销售有限公司和山西永炬食品有限公司分别提供了 49 万元的贷款担保，省化纤所后来也承担了偿还责任。

检察机关为此提起公诉，省化纤所同时也向法院提起了刑事附带民事诉讼，要求金某某赔偿因其犯罪行为给单位造成的经济损失 2000 余万元。

问：法院该如何判决？（案例来源：太原新闻网）

第二十二章　财政法律制度

教学目的和要求

　　财政是国家通过政治权力取得和管理、使用资产的活动的总称。其主要的职能表现为资源配置、分配收入、调控经济等。而财政法则是调整财政关系的法律规范的总称，主要包括财政收支管理关系和行政管理体制关系两个方面。财政法由若干部门法构成，这些部门法一般包括预算法、税收法、国债法、政府采购法、补助支出法、国有资产管理法等。我国的财政管理体制分中央和地方两大块。

第一节　财政法律制度概述

一、财政的一般理论

（一）财政的概念

　　财政，是指国家为实现其职能，满足公共需求，凭借政治权力取得、使用和管理资财的活动的总称。财政作为国家参与国民收入分配和再分配的重要手段之一，在宏观经济调控、促进经济发展、保障社会稳定方面都具有重要的作用。

　　财政作为一个历史的范畴，是人类社会发展到一定历史阶段的产物。它是社会生产力发展到一定程度，出现了剩余产品，产生了私有制，产生了阶级，继而伴随着国家的出现而产生的，其实质是社会产品分配中所形成的以国家为主体的分配关系。财政与国家的关系十分密切，不可分割。一方面，国家离不开财政，离开了财政，国家就失去了赖以存在的物质基础，就无法正常运转、生存和发展。另一方面，财政也离不开国家，财政是凭借国家权力进行的活动，没有国家做后盾和保证，任何财政活动都无法进行。

（二）财政的特征

　　与其他经济活动相比，财政具有以下特征：

　　1. 国家性。财政的国家性，是指财政活动的主体是国家。它包括两层含义：①国家始终是财政收支分配活动的主体一方；②在财政收支分配活动中，国家始终处于主导地位，其他相对人则处于被动和从属的地位。

2. 强制性。财政活动是国家活动，以国家强制力为后盾，凭国家权力进行，因而具有很强的强制性。强制性是财政活动的核心特征，它要求相对人必须无条件地进行和参与国家的财政活动，否则，就要承担法律责任。

3. 无偿性。财政收入和支出，不需偿还，收和支都是价值的单方面的转让，并改变其所有权。即国家收税以后，税款便为国家所有，既不需要偿还，也不需要向纳税人支付任何代价。另一方面，国家对各项财政经费的拨付，也不需要单位和个人予以归还。

（三）财政的职能

1. 资源配置职能。财政配置资源的职能，就是通过资源的分配调整资产结构和产业结构，以保证人力和物力的合理流向，确保经济活动的国家意志性和社会主义方向性。以财政手段进行资源配置的范围主要是在公共产品、外部效应、市场垄断等领域，即市场机制无法或难以发挥效用的领域；其手段主要有税收、预算支出、国债、政府采购、转移支付等。正因为如此，财政手段在各国都是国家用以进行宏观经济调控，实现资源有效配置的重要杠杆。

2. 分配收入职能。分配收入职能是财政本质的集中反映，也是财政存在的直接动因，是财政固有的基本职能。分配收入包括初次分配和再分配两个方面。收入的初次分配即集中收入功能，是指财政为实现国家职能，参与部分社会产品或国民收入（或 GDP）的分配而形成收入的功能。再分配主要是指对分配关系的调节，旨在解决国家、企业、居民等各分配主体之间的物质利益关系，缩小贫富差距，进行社会救济和保障。

3. 调控经济职能。在现代市场经济条件下，财政还具有调节宏观经济运行、实现宏观经济稳定增长的职能，即调控经济职能，这是财政的重要职能。财政调控经济职能的实现主要靠财政政策和货币政策两种手段。财政政策，是指政府为了实现经济目标而对政府支出、税收和公债水平所进行的抉择；货币政策则是政府根据既定的政策目标，通过中央银行对货币的供给管理，从而影响经济运行的宏观政策。

二、财政法概述

（一）财政法的概念

财政法是调整财政关系的法律规范的总称。财政法作为社会主义上层建筑的重要组成部分，是国家实现其财政经济职能和社会公共职能的重要工具，在我国社会主义法律体系中占有重要的地位。

财政法所调整的财政关系，是在国民收入的分配和再分配过程中所形成的，以国家为一方主体的一种分配关系。它包括以下内容：

1. 财政收支管理关系。财政收支管理关系是财政活动中最重要的经济关系，包括财政收入关系和财政支出关系。财政收入，即财政通过一定形式和渠道集中起来的、由国家集中掌握和使用的货币资金；财政支出，是国家将集中起来的货币资金（财政收入）有计划地分配到不同领域、不同单位或个人中进行使用的行为。

2. 财政管理体制关系。财政管理体制关系，是指国家在中央和地方以及地方各级政权之间，划分财政收入范围和财政管理职责及权限过程中所产生的财政经济关系。财政管理体制关系反映着中央和地方以及地方各级财政之间的资金分配关系。这种资金分配关系主要是通过预算支出的划分来体现的。

（二）财政法的地位

若干法律规范，具有相同的性质和统一的调整对象就可以组成一个法律部门。财政法拥有一系列性质相同的法律规范，如预算法、税收法、国有资产管理法、政府采购法、补助支出法、国债法等，而且这些法律规范具有一个统一的调整对象——财政关系，因而可以说财政法是一个独立的法律部门，它对财政关系的调整是其他任何法律部门都无法替代的。同时，由于财政法在调整方法、范围、目标、原则、价值取向等方面与经济法都是一致的，所以，又可以说财政法是经济法的一个部门法，是经济法的重要组成部分，在经济法律体系中占有极其重要的地位。

（三）财政法的体系

财政法由以下法律制度组成：

1. 预算法。预算法是调整国家预算收入和支出以及预算管理秩序关系的法律规范的总称。预算法在财政法体系中处于核心地位。预算法的主要内容有：国家预算的原则、体制、管理职权、预算收支范围、预算编制、预算执行和监督、预算调整等内容。

2. 税收法。税收法是调整税收征纳关系的法律规范的总称。税收法是财政法的重要组成部分，主要内容有：税法的基本原则、税法结构、税收管理体制、具体税种的主体与客体、税收征收管理、违反税法的法律责任等内容。考虑到税法的诸多特殊性，以及税法在保障财政收支和宏观经济调控等方面的重要性等因素，本书已设专章专门介绍税法。

3. 国债法。国债法是调整在国债的发行、使用、偿还和管理过程中发生的经济关系的法律规范的总称。国债法的主要内容包括：国债的分类和结构、国债的发行、国债的使用、国债的偿还、国债的管理、违反国债法的法律责任等问题。

4. 政府采购法。政府采购法，又称公共采购法，是指规范政府以购买者身份进行货物、工程和服务行为的法律规范的总称。政府采购法的主要内容包括：

政府采购模式的选择、政府采购的主体、政府采购的资金来源和管理、供应商质疑和申诉机制等问题。

5. 补助支出法。补助支出法是规范政府将一部分财政资金无偿转移给特定主体行为的法律规范的总称。它包括社会保障支出和财政补贴两部分。补助支出法的主要内容有：政府补助支出的对象、范围、形式、程序、管理和监督等问题。

6. 国有资产管理法。国有资产管理法是调整在管理国有资产过程中发生的经济关系的法律规范的总称。国有资产管理法的主要内容有：国有资产管理和经营体制、产权界定、产权登记、产权交易等内容。考虑到国有资产管理的诸多特殊性，本书已设专章进行介绍。

（四）违反财政法的法律责任

1. 违反财政法的法律责任的概念和特征。法律责任是任何一个部门法都应具备的法律制度，它是法律强制力的重要保障和表现。为保障财政法的实施，严肃财经纪律，财政法必须规定自己的责任制度。所谓违反财政法的法律责任，是指财政法主体不履行或不完全履行法定财政义务或职责而应承担的法律制裁。它具有以下三个法律特征：

（1）以义务或职责的存在为前提。在一般情况下，法律义务是法律主体承担法律责任的前提条件，无法律义务就无法律责任。同时，如果国家机关、政府部门不履行经济职权或者滥用经济职权，拒绝承担经济职责，就应承担相应的法律责任。因此，除义务之外，经济职责也是财政法责任的存在前提。

（2）财政法律责任不以给违法行为人带来经济上的不利后果为唯一结果。经济法责任在一般情况下都会给违法行为人带来经济上的不利后果，此种不利后果，表现为加重违法行为人的经济负担，也就是说是一种经济制裁。但在财政法律责任中，也可以不进行经济制裁而施之以其他方式对违法行为予以制裁，如限期改正、没收、警告等。

（3）是一种两罚制度。财政法律责任是一种两罚制度，即既要追究自然人的责任，也要追究单位的责任。这主要是因为，违反财政法的法律责任承担者，不完全是自然人，在大多数情况下，单位也要承担责任，它往往表现为对单位的经济制裁。

2. 财政法律责任的表现。财政法律责任主要有经济制裁和非经济制裁两种。

（1）经济制裁。①征收滞纳金。如根据我国《税法》的规定，纳税义务人或扣缴义务人必须按规定期限缴纳税款，逾期不缴的，税务机关除令其限期缴纳税款外，还可从滞纳之日起，按日加收一定比例或一定数额的滞纳金。征收滞纳金是财政法常用的一种经济制裁手段。②罚款。罚款也是一种常用的财政法经济制裁手段。在财政法实践中，罚款有两种不同的做法：一是按非法所得的数量处以若干倍的罚款；二是根据违法性质、情节、危害后果处以一定数量的罚款。③没收。即对违法行为的所得剥夺其所有权，无偿收归国有。

（2）非经济制裁。非经济制裁，是指某些行政处分。这些行政处分可以给予违法行为人，也可以给予违法单位。非经济制裁主要有：批评、警告、记过、记大过、降级、撤职、留用察看、开除等。

需要注意的是，经济制裁与非经济制裁可以单独适用，也可以并处。除此之外，对于触犯国家刑律者，如犯有偷税、抗税等行为，应当承担刑事责任的，还要追究其刑事责任。

第二节　财政管理体制的法律规定

一、财政管理体制概述

财政管理体制，是指在特定的行政体制下，国家在中央和地方以及地方各级政权之间，划分财政收支范围和财政管理职责和权限的一项根本制度。它反映着中央和地方以及地方各级财政之间的资金分配关系，其实质就是要正确处理中央和地方政府之间集权和分权、集中和分散的关系问题。

财政管理体制是国民经济管理体制的重要组成部分，在整个国民经济管理体制中有重要的地位。在我国，财政管理体制有广义和狭义之分。狭义的财政管理体制仅指国家预算管理体制；广义的财政管理体制除国家预算管理体制外，还包括税收管理体制、行政事业财务管理体制、基本建设财务管理体制、企业财务管理体制等内容。

二、财政管理体制的结构

财政管理体制决定于国家结构形式与政府职能的划分，与国家行政管理有着密切的联系。为了确保财政"集中"与"分散"的分配活动的合理、有序进行，以法律或制度的形式确立适合经济发展的财政管理体制，相应规定各级政府的财权财力，不仅是保证各级政府履行其应有职责的财力需要，而且也是保证整个政府活动有效进行所必需的。

《宪法》规定，我国的行政管理体制分为中央和地方两大部分。与此相适应，我国的财政管理体制也可以划分为中央财政和地方财政两大部分。在地方财政中，按政治体制又可划分为四级，即省（自治区、直辖市）级财政、设区的市（自治州）级财政、县（区、自治县、不设区的市）级财政和乡（民族乡、镇）级财政。

中央财政与地方财政联系十分密切，不可或缺。在我国，中央财政在国家财政中居于主导地位。它担负着全国性的重点建设和全部的国防、外交与援外的支出，担负着履行全国性的政府职能所需财力供应的职责，还担负着调剂各地方财政的财力，协调地方财政组织收支平衡，并从财力上帮助各地区特别是少数民族与经济落后地区发展经济文化建设等各项工作的任务。地方财政是国家财政的重要组成部分，在国家财政中占有重要地位。国家财政相当部分的收支都是由地方财政完成的，地方财政活动状态如何，完成收支任务的好坏都对整个国家财政发生着重要的影响。

三、财政管理体制的历史沿革

我国财政管理体制自中华人民共和国成立以来曾进行过多次改革。总的来讲是从中华人民共和国成立之初的高度集中管理体制，逐步过渡到中央统一领导下的分级管理，再到分级财政管理体制。

（一）改革开放以前的财政管理体制

改革开放以前，我国的财政管理体制经历了以下几个阶段的变革：①新中国成立初期实行高度集中的统收统支的管理体制；②"一五"时期实行划分收支、分级管理、侧重集中的管理体制；③"大跃进"时期，下放财权，实行"以收定支，五年不变"的体制；④20世纪60年代调整时期实行较为集中的体制；⑤"文化大革命"时期，财政管理体制变动频繁。

总的来讲，改革开放以前财政管理体制所采取的多种办法，多是在当时特殊情况下采取的一些临时过渡办法，因此弊端很多，不利于发挥地方增收节支的积极性，"平均主义""大锅饭""统收统支"严重，各种改革意图也难以实现，不利于促进经济的发展和生产力的提高。

（二）改革开放以来的财政管理体制

党的十一届三中全会以后，随着经济体制改革的不断深入，我国的财政管理体制也发生了深刻的变革。这一时期的财政管理体制的改革大致上可以分两个阶段：

第一阶段：始于1980年的"划分收支，分级包干，五年不变"的体制，即"分灶吃饭"的财政管理体制。

这 管理体制的主要内容是：①按照经济管理体制规定的隶属关系，明确划分中央和地方财政的收支范围；②地方财政收支的包干基数，按照划分收支的范围，以1979年预算收支执行数为基础，经过适当调整后计算确定；③地方与中央对收入的各项分成比例或补助定额确定后，原则上五年不变；④由于五年不变，地方每年根据国民经济计划，按照收入安排各项支出，中央各部门不再下达支出指标。

1982年财政管理体制的改革，是调整中央和地方财政关系的一次新尝试。它对促进国民经济的调整、改革，调动地方的积极性，加快地方经济建设的发展都起到了较好的作用。但是，这个体制在实践中，也遇到不少问题：①中央预算困难较大，收支难以平衡；②地方为了扩大财源，在一定程度上助长了"画地为牢"、重复建设的现象；③预算管理体制同经济管理体制改革没有同步进行，形成"一定"与"百动"的矛盾，加上中央部门又开展了许多减收增支的活动，使得"分灶吃饭"的体制很难严格。于是，对这一体制的改革又提上了议事日程。

第二阶段：始于1985年的"核心税种，核定收支，分级包干"的财政管理体制。

这一管理体制的主要内容有：①收入划分的规定。这一管理体制基本上按照第二步利改税的税种来划分各级财政的收入，将税收收入划分为三大类——中央税、地方税和中央地方共享税。按照这一划分，中央财政固定收入约占国家财政收入的40%强，中央和地方财政共享收入约占国家财政收入的50%强。②支出划分的规定。根据这一划分，中央财政支出的范围包括：中央基本建设投资、中央企业挖潜改造资金、新产品试制费、地质勘探费、援外支出、外交支出。国家物资储备支出以及中央级的农村水利事业费、工业交通商业部门事业费、文教科学卫生事业费、行政管理费等。地方财政支出的范围有：地方统筹基本建设投资、地方企业挖潜改造资金、新产品试制费、支援农业支出、城市维护建设费以及地方的农村水利事业费、行政管理费、工业交通商业部门改造事业费、文教科学卫生事业费、抚恤和社会救济费。③关于收支挂钩的办法。在这一体制下，收支挂钩的办法是，凡是地方固定收入大于地方固定支出的，定额上解中央；地方固定收入小于地方固定支出的，从中央和地方共享收入中确定一个分成比例留给地方；地方固定收入、中央和地方共享收入全部留给地方还不足以抵补其支出的，由中央定额补助。④关于收支包干基数的确定。地方财政的收入基数，以地方1993年决算收入数为基础，按照第二步利改税改革方案作适当调整后确定。

实行这一体制后，除了个别地区外，全国基本上执行了一个比较统一的财政管理体制，为以后经济体制的全面改革提供了有利的条件。

（三）1994年的分税制财政体制改革

自1994年实行的分税制财政管理体制的基本内容有：①中央与地方事权和支出的划分。根据中央政府与地方政府事权的划分，中央财政承担的支出包括：国防费、武警经费、外交和援外支出、中央级行政管理经费、中央统管的基本建设投资、中央直属企业的技术改造和新产品试制费、地质勘探费、由中央财政安排的支出、中央负担的国内外债务的还本付息支出，以及中央本级负担的公检法支出和文化、教育、卫生、科学等各项事业费支出。地方财政承担的支出包括：地方行政管理费，公检法支出，部分武警经费，民兵事业费，地方统筹的基本建设投资，地方企业的技术改造和新产品试制经费，支农支出，城市维护和建设经费，地方文化、教育、卫生等各项事业费，价格补贴支出以及其他支出。②中央与地方收入的划分。根据事权与财政相结合的原则，中央固定收入包括：关税、海关代征消费税和增值税、消费税、中央企业所得税、地方银行和外资银行及非银行金融企业所得税，铁道部门、各银行总行、各保险总公司等集中交纳的收入，中央企业上交的利润等。地方固定收入包括：营业税、地方企业所得税、地方企业上缴利润、个人所得税、城镇土地使用税、固定资产投资方向调节税、城市维护建设税、房产税、车船使用税、印花税、农（牧）业税、对农业特产收入征收的农业税、耕地占用税、契税、土地增值税、国有土地有偿使用收入等。中央与地方共享收入包括：增值税、资源税、证券交易税。③中央财政对地方税收返还数额的确定。1994年以后，税收返还额在1993年基数上逐年递增，递增率按全国增值税和消费税的市场增长率的1:0.3的系数确定，即上述两税全国年均每增长1%，则中央财政对地方税收返还增长0.3%。如若1994年以后中央净上解收入达不到1993年基数，则相应扣减税收返还数额。④原体制下中央补助、地方上解以及有关结算事项的处理。为顺利推进分税制改革，1994年以后，原体制下的分配格局暂时不变，过渡一段时间再逐步规范化。原体制下中央对地方的补助继续沿用。原体制下地方上解仍按不同体制类型执行：实行递增上解的地区，按原确定的上解额，继续定额上解；实行总额分成的地区和原分税制试点地区，暂实行递增上解办法，即按1993年实际上解数，并核定一个递增数，每年递增上解。原来中央拨给地方的各项专款，该下拨的继续下拨。

分税制无疑是我国财政管理体制改革中的一次历史性突破。它的实施，对增强中央政府的宏观调控能力，确保社会经济稳定，促进经济不断发展有着重要的意义。

第三节 预算法

一、预算与预算法

（一）预算

预算，又称国家预算，是一国政府编制的每一预算年度内财政收入、支出和平衡的计划。预算是国家的基本财政计划，是国民经济计划的重要组成部分，其职能是筹集和供应国家预算资金，进行经济监督。国家预算由国家预算收入和国家预算支出两部分组成。

根据"一级政权"设置"一级预算"的原则，我国预算可分为五级：①中央预算；②省、自治区、直辖市预算；③设区的市、自治州预算；④县、自治县、不设区的市、市辖区预算；⑤乡、民族乡、镇预算。这五级预算，可分为两大类，即中央预算和地方预算。

（二）预算法

预算法是调整国家在进行预算资金的收入和支出以及预算资金管理过程中所发生的经济关系的法律规范的总称。预算法是预算管理工作的基本法，在财政法体系中处于核心位置，是我国实施依法治财、依法理财的重要法律依据，也是社会主义法制建设的一个重要方面。

为适应社会主义市场经济的需要，第八届全国人大第二次会议于1994年3月22日通过了《中华人民共和国预算法》（以下简称《预算法》），该法根据2014年8月31日第十二届全国人民代表大会常务委员会第十次会议《关于修改〈中华人民共和国预算法〉的决定》进行了修正。《预算法》的颁布及修正对于强化预算的分配和监督职能，健全国家对预算的管理，加强国家宏观调控，保障经济和社会的健康发展都有着重要意义。

二、预算管理体制

预算管理体制，包括预算的审批机关与预算的编制和管理机构两方面内容。根据《预算法》的规定，全国人民代表大会及其常务委员会、县以上地方各级人民代表大会及其常务委员会是预算的审批机构；国务院以及县以上地方各级人民政府是预算的编制和管理机构。

（一）预算的审批机关

根据《预算法》第20条的规定，全国人民代表大会审查中央和地方预算草案及中央和地方预算执行情况的报告；批准中央预算和中央预算执行情况的报告；改变或者撤销全国人民代表大会常务委员会关于预算、决算的不适当的决议。全国人民代表大会常务委员会监督中央和地方预算的执行；审查和批准中央预算的调整方案；审查和批准中央决算；撤销国务院制定的同宪法、法律相抵触的关于预算、决算的行政法规、决定和命令；撤销省、自治区、直辖市人民代表大会及其常务委员会制定的同宪法、法律和行政法规相抵触的关于预算、决算的地方性法规和决议。

根据《预算法》第21条的规定，县级以上地方各级人民代表大会审查本级总预算草案及本级总预算执行情况的报告；批准本级预算和本级预算执行情况的报告；改变或者撤销本级人民代表大会常务委员会关于预算、决算的不适当的决议；撤销本级政府关于预算、决算的不适当的决定和命令。县级以上地方各级人民代表大会常务委员会监督本级总预算的执行；审查和批准本级预算的调整方案；审查和批准本级决算；撤销本级政府和下一级人民代表大会及其常务委员会关于预算、决算的不适当的决定、命令和决议。乡、民族乡、镇的人民代表大会审查和批准本级预算和本级预算执行情况的报告；监督本级预算的执行；审查和批准本级预算的调整方案；审查和批准本级决算；撤销本级政府关于预算、决算的不适当的决定和命令。

（二）预算的编制和管理机关

县级以上人民政府是预算的编制和管理机关。在预算编制和管理过程中，编制和管理机关享有编制权、报告权、执行权、决定权、监督权和变更撤销权。

1. 国务院编制中央预算、决算草案；向全国人民代表大会作关于中央和地方预算草案的报告；将省、自治区、直辖市政府报送备案的预算汇总后报全国人民代表大会常务委员会备案；组织中央和地方预算的执行；决定中央预算预备费的动用；编制中央预算调整方案；监督中央各部门和地方政府的预算执行；改变或者撤销中央各部门和地方政府关于预算、决算的不适当的决定、命令；向全国人民代表大会、全国人民代表大会常务委员会报告中央和地方预算的执行情况。

2. 县级以上地方各级政府编制本级预算、决算草案；向本级人民代表大会作关于本级总预算草案的报告；将下一级政府报送备案的预算汇总后报本级人民代表大会常务委员会备案；组织本级总预算的执行；决定本级预算预备费的动用；编制本级预算的调整方案，监督本级各部门和下级政府的预算执行；改变或者撤销本级各部门和下级政府关于预算、决算的不适当的决定、命令；向本级人民代表大会、本级人民代表大会常务委员会报告本级总预算的执行情况。

3. 乡、民族乡、镇政府编制本级预算、决算草案，向本级人民代表大会作关于本级预算草案的报告；组织本级预算的执行；决定本级预算预备费的动用；编制本级预算的调整方案；向本级人民代表大会报告本级预算的执行情况。

三、预算收支范围

预算的内容由预算收入和预算支出组成。预算收入包括中央预算收入、地方预算收入、中央和地方预算共享收入三种。预算支出分为中央预算支出和地方预算支出。

根据《预算法》第27条的规定，一般公共预算收入包括各项税收收入、行政事业性收费收入、国有资源（资产）有偿使用收入、转移性收入和其他收入。一般公共预算支出按照其功能分类，包括一般公共服务支出，外交、公共安全、国防支出，农业、环境保护支出，教育、科技、文化、卫生、体育支出，社会保障及就业支出和其他支出。一般公共预算支出按照其经济性质分类，包括工资福利支出、商品和服务支出、资本性支出和其他支出。

四、预算管理程序

预算管理程序是国家进行预算管理的工作环节和过程，由编制、审批、执行、决算程序构成。

（一）预算的编制

预算的编制就是制定筹集和分配预算资金的年度计划，它是一种基础性的程序。

预算的编制应遵循以下原则：①复式预算编制原则。中央预算和地方各级政府预算按照复式预算编制。②不列赤字原则。中央预算中必需的建设投资的部分资金，可以通过举借国内和国外债务等方式筹措，但是借债应当有合理的规模和结构。地方各级预算按照量入为出、收支平衡的原则，不列赤字。③真实合法原则。即各级预算收入的编制，应当与国民生产总值的增长率相适应；按照规定必须列入预算的收入，不得隐瞒、少列，也不得将上年的非正常收入作为编制预算收入的依据。④节约统筹原则。即各级预算支出的编制，应当贯彻厉行节约、勤俭建国的方针；各级预算支出的编制，应当统筹兼顾、确保重点，在保证政府公共支出合理需要的前提下，妥善安排其他各类预算支出；中央预算和有关地方政府预算中应安排必要的资金，用于扶助经济不发达的民族自治地方、革命根据地、边远、贫困地区发展经济文化建设事业；各级政府预算应当按照本级政府预算支出额的 1% ~3% 设置预备费，用于当年预算执行中的自然灾害救灾及其他难以预见的特殊开支。

（二）预算的审批

预算的审批，是指国家各级权力机关对同级政府所提出的预算草案进行审查和批准的活动。根据《预算法》第 43、47 条的规定，中央预算由全国人民代表大会审查批准，国务院在全国人民代表大会举行会议时，向大会作关于中央和地方预算草案以及中央和地方预算执行情况的报告。地方各级预算由本级人民代表大会审查和批准，地方各级政府在本级人民代表大会举行会议时，向大会作关于本级预算草案的报告。

（三）预算执行和调整

预算执行，是指组织完成预算收支任务的活动。

国家预算经审查批准后，即具有了法律效力，各地区、各部门、各系统必须认真执行。具体来讲，各级预算由本级政府组织执行，具体由本级政府财政部门负责。

预算调整，是指经全国人民代表大会批准的中央预算和经地方各级人民代表大会批准的本级预算，在执行中因特殊情况需要增加支出或者减少收入，使原批准的收支平衡的预算的总支出超过总收入，或者使原批准的预算中举借债务的数额增加的部分变更。

经全国人民代表大会批准的中央预算和经地方各级人民代表大会批准的地方各级预算，在执行中出现下列情况之一的，应当进行预算调整：需要增加或者减少预算总支出的；需要调入预算稳定调节基金的；需要调减预算安排的重点支出数额的；需要增加举借债务数额的。

（四）决算

国家决算，是国家预算年度收支执行情况的总结。它由中央总决算和地方总决算汇编而成。国家决算的组成同国家预算相同，每一级预算都要编制决算。

根据《预算法》的规定，决算草案由各级政府、各部门、各单位，在每一预算年度终了后按照国务院规定的时间编制。编制决算草案的具体事项，由国务院财政部门部署。编制决算草案，必须符合法律、行政法规的规定，做到收支数额准确、内容完整、报送及时。决算草案应当与预算相对应，按预算数、调整预算数、决算数分别列出。一般公共预算支出应当按其功能分类编列到项，按其经济性质分类编列到款。国务院财政部门编制中央决算草案，经国务院审计部门审计后，报国务院审定，由国务院提请全国人民代表大会常务委员会审查和批准。县级以上地方各级政府财政部门编制本级决算草案，经本级政府审计部门审计后，报本级政府审定，由本级政府提请本级人民代表大会常务委员会审查和批准。乡、民族乡、镇政府编制本级决算草案，提请本级人民代表大会审查和批准。

（五）预算和决算的监督

根据《预算法》的规定，全国人民代表大会及其常务委员会对中央和地方预算、决算进行监督。县级以上地方各级人民代表大会及其常务委员会对本级和下级预算、决算进行监督。乡、民族乡、镇人民代表大会对本级预算、决算进行监督。各级人民代表大会和县级以上各级人民代表大会常务委员会有权就预算、决算中的重大事项或者特定问题组织调查，有关的政府、部门、单位和个人应当如实反映情况和提供必要的材料。各级人民代表大会和县级以上各级人民代表大会常务委员会举行会议时，人民代表或者常务委员会组成人员依照法律规定程序就预算、决算中的问题向有关部门提出询问或者质询，受询问或者受质询的有关政府或者财政部门必须及时给予答复。

第四节　国债法

一、国债的概念与特征

国债，又称公债，是指国家或政府以国家信用为基础，向国内外所举借的债务。国债是国家财政收入的一种特殊形式，是调节经济的一个重要手段。

国债具有以下特点：

1. 国债是国家财政收入的一种特殊形式。国债首先是国家或政府筹集资金的一种重要手段，因为不论是发行债券还是借款，都意味着财政收入的增加。国家或政府以发行国债或借款的方式筹集资金时必须遵循有借有还、还本付息的原则。国债不仅具有偿还性，而且还具有自愿性的特点。除了少数强制性国债之外，人们是否购买、认购多少，完全由认购人决定。以上两个特点决定了国债不同于具有无偿性和强制性的税收和罚没收入，是国家财政收入的一种特殊形式。

2. 国债是国家（政府）信用的重要形式。国家财政参与国民收入的分配，一般是无偿性的，但在特殊情况下也可以采用有借有还的信用方式。国家信用，是国家（政府）以债务人或债权人身份运用信用方式筹集财政收入和运用财政支出。国债便是国家信用的主要形式和典型表现。

3. 国债是一个重要的经济杠杆。在当今世界各国，国债的作用已不仅仅局限于平衡预算，弥补财政赤字，它还是政府调节经济，实现宏观调控，促进经济的稳定和发展的一个重要的经济杠杆。

二、国债的产生和发展

国债作为一个财政范畴出现，在历史时序上比税收要晚，它是当税收不足以满足财政支出的情况下出现的。

我国的国债始于清末。当时，为了应付甲午战争的军事需要，清政府在光绪二十年（公元 1894 年）发行了第一次国债——息借商款。以后，北洋军阀政府和国民党政府也曾多次发行国债和举借外债。据统计，国民党政府统治时期，从 1927 年到 1949 年，先后发行国债 86 次，国债名目之繁，数额之多，在中国财政史上几达登峰造极的地步。

在新民主主义革命时期，为了巩固革命根据地和保障革命战争的供给，发展根据地的经济建设事业，各根据地以发行公债的方式来筹集资金以弥补财政收入之不足。

中华人民共和国成立以后，我国公债的发行可以分为三个阶段：

第一阶段，1950 年发行“人民胜利折实公债”。当时发行公债主要是为了弥补财政赤字，制止通货膨胀，稳定市场物价。为了使公债购买者不致因货币贬值而受损失，公债面额按实物计算单位定名为“分”，每“分”公债值按当时上海、天津、汉口、西安、广州、重庆六大城市的大米 6 斤（天津为小米）、面粉 1.5 斤、白布 4 尺和煤炭 16 斤的批发价格加权平均计算。发行公债总额为 2 亿分，实际上发行了 1 亿分，折合人民币约 3 亿元。这次发行的折实公债从 1951 年起，分 5 年作 5 次偿还，于 1956 年 11 月 30 日全部偿还完毕。

第二阶段，1954 年至 1958 年我国又连续 5 年发行了"国家经济建设公债"。当时发行公债是为了适应国家发展大规模经济建设的需要。由于当时物价已基本稳定，所以开始发行货币公债。国家计划每年发行经济建设公债 6 亿元，实际上每年都超额完成发行计划。鉴于公债发行主要用于经济建设，建设周期长，因而公债的偿还期除 1954 年的公债分 8 年作 8 次偿还外，其余 4 次均为 10 年的偿还期。这种公债于 1959 年停止发行，至 1968 年所发行公债的本息全部还清。

第三阶段，从 1981 年至今发行国库券、财政债券及借入外债。1979 年以来，我国财政连年出现赤字。为了弥补赤字，集中资金用于能源交通等重点建设，1981 年至 1998 年年底，我国累积发行境内人民币国债 13 316 亿元。此外，我国政府从 1987 年第一次进入国际市场发行马克债券起，到 1997 年年底的统借统还外债余额为 67.5 亿美元。

进入 20 世纪 90 年代后，我国国债制度改革步伐加快。1994 年为了支持财政金融体制改革，我国宣布财政赤字一律不得再向中央银行透支或借款解决，而是必须通过发行长短期国债来弥补。这一措施在预算法和中央银行法中都得到了体现，这直接导致我国国债发行规模的大幅增长。1998 年 9 月，根据当时国内外经济金融形势的变化情况，为了满足主要通过扩大内需促进经济增长的宏观经济政策的要求，中央财政第一次在财政年度执行中经全国人民代表大会常务委员会批准，追加发行了 1000 亿元国债，全部用于农田水利、生态环境、铁路、公路、电信、重点机场、城市基础设施、国家储备粮库、农村电网发行和经济适用住宅建设等方面的投资，以支持有力的反周期财政政策的实施。1999 年下半年，基于经济增长压力，启动内需的任务之艰巨性，中央政府又追加发行了 600 亿的国债，使当年的国债发行超过了 4100 亿元。上述情况表明，我国的国债发行已进入了一个新的发展时期。

三、国债的种类

国债可以根据不同的标准进行划分。

1. 按发行期限划分，国债可分为短期国债、中期国债和长期国债。一般来讲，短期国债，是指发行期在 1 年之内的国债。发行短期国债具有较大的灵活性，政府可以根据需要随时发行短期债券，以补充国库资金的不足。中期国债，是指发行期在 1~10 年的国债。这类国债由于从发行到偿还时间较长，国家可以在较长时间内使用这些资金，因此，在国债中占有非常重要的地位。长期国债，是指发行期限在 10 年以上的国债。发行长期国债，国家虽然可以在更长时间内使用国债资金，但由于发行期限过长，持券人的利益会受到币值和物价的影响，因此给长期公债的推销带来较大的困难。

2. 按发行地域划分，国债可以分为国内公债和国外公债。国内公债即内债，是指国家在本国的借款和发行的债券，发行的对象是本国的公司、企业、社会团体或组织以及个人。发行收入和还本付息都用本国货币结算支付，一般不会影响国际收支。国外公债即外债，是指国家向其他国家政府、银行、国际金融组织的借款和在国外发行的债券。外债的发行和还本付息都要使用外汇。外债发行过多会引起债务国的国际收支不平衡，但根据本国的偿还能力，适量发行外债有利于利用外资，引进先进技术设备，加快本国经济的发展。

3. 按债券的发行市场划分，国债可以分为上市国债和不上市国债。上市国债，是指可以在债券市场上出售，并且可以转让的国债。这类国债的买卖价格，取决于国债市场的供求，并随市场利率和币值的变化而波动，其价格可能高于或低于债券的票面价值。不上市国债，是指不能在债券市场上自由买卖的债券。

4. 按使用用途划分，国债可分为赤字国债、建设国债和特种国债。用于弥补财政赤字的国债为赤字国债；专门用于国家经济建设的国债为建设国债；在特定范围内为满足特定需要而发行的国债为特种国债。

四、国债的发行

国债的发行，是指国债的售出或被认购的方式。通常来讲，国债的发行方式主要有公募法、包销法、公卖法三种。

（一）公募法

公募法，是指国家向社会公众公开募集国债的方法。它既可用于上市国债也可用于不上市国债。通常可有三种具体办法：

1. 直接公募法。即由财政部或其他政府部门（如邮政机关）直接推销。我国"1989年特种国债"就是采用此法发行的。

2. 间接公募法。即由政府委托银行或其他金融机构代为经营。我国1981年至1988年国库券的发行均采用这种方法。

3. 公募招标法。即在金融市场上公开招标发行公债。公募招标法，是基于投资者自己的判断参加投标，通过竞争，依次排列中标者名单。

（二）包销法

包销法，是指国家将发行的债券统一售予银行，再由银行向外发售的方法。包销法也有三种具体方法：

1. 由中央银行承受，是指中央银行对政府发行的公债，按一定的条件全部承购。

2. 商业银行承受，指商业银行对政府所发行的公债，按照一定的条件全部或部分承购。

3. 金融集团包销，即由一个承销公司牵头，若干承销公司参与包销活动，以竞争的形式确定各自的包销数额，并按其包销额承担发行风险，收取手续费。

我国从 20 世纪 90 年代开始，部分公债的发行就是采用这种方法。

（三）公卖法

公卖法，是指政府委托经纪人在证券交易所出售公债的方法。这种发行法，其优点是可以吸取大量的社会游资，调节社会资金运转；其缺点是易受证券市场影响，公债收入不够稳定，同时也给证券交易造成较大的压力。

五、国债的偿还

国债的偿还，是指国家依照信用契约，对到期公债支付本金和利息的过程。它是国债运行的终点。国债的偿还大致有以下四种方法：

1. 买销法，是由政府委托证券公司或其他有关机构，从流通市场上以市场价格买进政府所发行的公债。这种方法对政府来讲，虽然要向证券公司等受托机构支付一定的手续费，但是不需要偿还花费的广告宣传费用，偿还成本低，而且可以以市场时价买进债券，及时体现政府的经济政策。

2. 比例偿还法，是指政府按照公债的数额，分期按比例偿还。由于这种偿还方法是政府向公债持有者直接偿还，不通过市场，所以又称直接偿还法。比例偿还法的优点是能够严格遵守信用契约，缺点是偿还期限固定，政府机动性较小。我国 20 世纪 50 年代发行公债均采用逐年递增比例偿还法。

3. 抽签偿还法，是指政府通过定期抽签确定应清偿的公债的方法。一般是以公债的号码为抽签依据，一旦公开抽签确定应清偿公债的号码之后，所有相同号码的公债都同时予以偿还。我国 1981 年至 1984 年发行的国库券，就是采用抽签比例偿还法偿还的。

4. 一次偿还法，是指国家定期发行公债在公债到期后，一次还本付息。我国自 1985 年以来发行的国库券就是规定发行期限到期后一次还本付息完毕。目前，我国大多数公债实行一次偿还法。

六、国债的管理

所谓国债管理，简单地说就是政府对公债的运行过程所进行的决策、组织、规划、指导、监督和调节。具体地说就是政府通过公债的发行、调整、偿还和市场买卖等活动，对公债的总额增减、价格变化、期限长短和利率升降等方面，制定相应的方针，采取有效措施，以贯彻财政和货币政策。国债管理包括内债管理和外债管理两个方面：

1. 内债管理。为了充分发挥内债的积极作用，克服其可能产生的不良效应，必须依法加强对内债的管理。一般来讲，内债的管理包括内债规模和内债结构两方面的管理。

2. 外债管理。外债，是指一切对非当地居民，以外国货币或当地货币单位核算的有制约性偿还责任的负债，对当地居民的外币负债除外。外国政府贷款、国际金融机构贷款、外国银行贷款、出口信贷和发行国际债券是外债的主要形式。确保适度的外债规模，建立合理的外债结构是外债管理的基本要求。

第五节　政府采购法

一、政府采购的概念及特征

政府采购，是指各级国家机关、事业单位和团体组织，使用财政性资金采购依法制定的集中采购目录以内的或者采购限额标准以上的货物、工程和服务的行为。完善政府采购制度对有效利用社会资源，提高财政资金的利用效果有着重要的意义。

政府采购有如下特点：

1. 政府采购资金来源的公共性。政府采购资金的来源为财政拨款和需要由财政偿还的公共借款，这些资金的最终来源为纳税人的税收和政府公共服务收费，即公共资金。正是由于资金来源的不同，决定了政府采购和私人采购在采购管理、采购人员责任等方面有很大的不同。

2. 政府采购的非营利性。政府采购是一种非商业性的采购行为，它不以营利为目的，而是为了实现政府职能和公共利益，确保财政资金的合理使用。

3. 政府采购对象的广泛性和复杂性。政府采购的对象从一般的办公用品到武器、航天飞机等无所不包，涉及货物、工程和服务等各个领域，范围非常广泛。

4. 政府采购的政策性。财政支出管理是国家管理经济的一个重要手段，作为财政支出管理重要环节的政府采购，当然也需要承担执行政府政策的任务，如为了保护本国产品和企业而购买本国产品。

5. 政府采购的公开性。政府采购的有关法律和程序都是公开的，采购过程也是在完全公开的情况下进行的，一切采购活动都要作公开记录，所有的采购信息也都是公开的，没有什么秘密可言。因而有些学者将政府采购称为"阳光下的交易"。

二、政府采购制度的产生和发展

政府采购制度最早形成于18世纪末的西方自由资本主义时期，其主要特点是对政府采购行为进行法制化的管理。1782年，英国政府首先设立了文具公用局，作为特别负责政府部门所需办公用品采购的机构。美国在1791年颁布了《联邦采购法》。这些法律的颁布和实施，说明政府已经开始对政府采购问题进行制度建设和机构建设，标志着政府采购制度的初步形成。

到了现代市场经济时期，由于政府所掌握的财政收入占国民收入的比重迅速上升，所以政府采购的规模也随之越来越大。在这一时期，政府采购对社会经济产生了非常大的影响，政府采购制度日渐完善和发展起来。在这种情况下，政府采购也就大范围地发展和完善起来了。

值得注意的是，在1979年之前，政府采购是封闭的，不对外开放，购买的是本国商品，因而与国际贸易的关系容易协调。但随着国际贸易的迅速发展，政府采购的规模越来越大，每年政府采购金额达数千亿美元，占国际贸易总额的10%以上。一些工业化国家急于为本国产品开拓海外市场，部分国家则希望打破贸易壁垒来解决本国贸易失衡问题，因而政府采购作为一个潜在的大市场，在国际贸易领域日益受到重视。在这种背景下，一些欧美国家提出应将政府采购纳入国际协议，并利用关贸总协定东京多边贸易谈判的机会，于1979年通过了《政府采购守则》。自此，政府采购被纳入国际贸易领域。

我国在计划经济时期，没有公共市场和私人市场之分，对财政资金的管理主要侧重于分配方面，对监督资金使用方面重视不够，因而没有真正意义上的政府采购制度。随着经济的发展和市场经济体制的建立，以我国财政部门为主体的国家和地方政府机关开始进行政府采购制度的试点工作，通过公开招标方式采购公务用车、办公设备、车辆维修、保险、城市绿化等商品和服务。为适应政府采购的实际需要，规范政府的采购行为，2002年6月29日第九届全国人民代表大会常务委员会第二十八次会议通过并颁布了《中华人民共和国政府采购法》，该法根据2014年8月31日第十二届全国人民代表大会常务委员会第十次会议《关于修改〈中华人民共和国保险法〉等五部法律的决定》进行了修正。

三、政府采购的主体及对象

（一）政府采购的主体

政府采购的主体，即政府采购当事人，是指在政府采购活动中享有权利和承担义务的各类主体，包括采购人、供应商和采购代理机构等。

1. 采购人。采购人，是指依法进行政府采购的国家机关、事业单位和团体组织。采购人可以直接采购，也可以委托经国务院有关部门或者省级人民政府有关部门认定资格的采购代理机构，在委托的范围内办理政府采购事宜。采购人有权自行选择代理机构，任何单位和个人不得以任何方式为采购人指定采购代理机构。

2. 供应商。供应商，是指向采购人提供货物、工程或者服务的法人、其他组织或者自然人。供应商参加政府采购活动应当具备下列条件：①具有独立承担民事责任的能力；②具有良好的商业信誉和健全的财务会计制度；③具有履行合同所必需的设备和专业技术能力；④有依法缴纳税收和社会保障资金的良好记录；⑤参加政府采购活动前 3 年内，在经营活动中没有重大违法记录；⑥法律、行政法规规定的其他条件。

两个以上的自然人、法人或者其他组织可以组成一个联合体，以一个供应商的身份共同参加政府采购。以联合体形式进行政府采购的，参加联合体的供应商均应具备《政府采购法》第 22 条规定的条件，并应当向采购人提交联合协议，载明联合体各方承担的工作和义务。联合体各方应当共同与采购人签订采购合同，就采购合同约定的事项对采购人承担连带责任。

3. 采购代理机构。采购代理机构即集中采购机构，是指设区的市、自治州以上人民政府根据本级政府采购项目组织集中采购的需要而设立的非营利性事业法人。

采购人采购纳入集中采购目录的政府采购项目，必须委托集中采购机构代理采购；采购未纳入集中采购目录的政府采购项目，可以自行采购，也可以委托集中采购机构在委托的范围内代理采购。

（二）政府采购的对象

政府采购的范围包括货物、工程和服务。货物，是指各种形态和种类的物品，包括原材料、燃料、设备、产品等；工程，是指建设工程，包括建筑物和构筑物的新建、改建、装修、修缮等；服务，是指除货物和工程以外的其他政府采购对象。

四、政府采购方式

政府采购可以采用招标方式进行，也可以采用非招标方式进行。

（一）招标采购

招标采购包括公开招标采购和邀请招标采购两种方式。

1. 公开招标采购。公开招标采购，是指通过公开程序，邀请所有有兴趣的供应商参加投标。公开招标是政府采购的主要方式。

采购人采购货物或者服务应当采用公开招标方式的，其具体数额标准，属于中央预算的政府采购项目的，由国务院确定；属于地方预算的政府采购项目的，由省、自治区、直辖市人民政府确定；因特殊情况需要采用公开招标以外的采购方式的，应当在采购活动开始前获得设区的市、自治州以上人民政府采购监督管理部门的批准。采购人不得将应当以公开招标方式采购的货物或者服务化整为零或者以其他任何方式规避公开招标采购。

2. 邀请招标采购。邀请招标采购，是指通过公开程序，邀请供应商提供资格文件，只有通过资格审查的供应商才能参加后续招标的采购方式。

符合下列情况之一的货物或者服务，可以依照《政府采购法》以邀请招标方式采购：①具有特殊性，只能从有限范围的供应商处采购的；②采用公开招标方式的费用占政府采购项目总价的比例过大的。

（二）非招标方式采购

非招标性采购方式，是指除招标采购方式以外的采购方式，主要有竞争性谈判、单一来源采购和询价三种方式。

1. 竞争性谈判方式。根据《政府采购法》的规定，符合下列情形之一的货物或者服务，可以依照该法采用竞争性谈判方式采购：①招标后没有供应商投标或者没有合格标的或者重新招标未能成立的；②技术复杂或者性质特殊，不能确定详细规格或者具体要求的；③采用招标所需时间不能满足用户紧急需要的；④不能事先计算出价格总额的。

2. 单一来源采购方式。符合下列情形之一的货物或者服务，可以采用单一来源方式采购：①只能从唯一供应商处采购的；②发生了不可预见的紧急情况不能从其他供应商处采购的；③必须保证原有采购项目一致性或者服务配套的要求，需要继续从原供应商处添购，且添购资金额不超过原合同采购金额10%的。

3. 询价方式。采购的货物规格和标准统一、现货货源充足且价格变化幅度小的政府采购项目，可以采用询价方式采购。

五、政府采购程序

1. 招标采购方式的程序。采取招标方式采购的，应按以下程序进行：①编制政府采购计划；②发出招标书；③招标；④投标；⑤开标、评标和议标；⑥签订政府采购合同。

2. 采取竞争性谈判方式采购的，应当遵循下列程序：①成立谈判小组；②制定谈判文件；③确定邀请参加谈判的供应商名单；④谈判；⑤确定成交供应商。

3. 采取单一来源方式采购的，采购人与供应商应当遵循《政府采购法》规定的原则，在保证采购项目质量和双方商定合理价格的基础上进行采购。

4. 采取询价采购的，应当遵循下列程序：①成立询价小组；②确定被询价的供应商名单；③询价；④确定成交供应商。

六、政府采购合同

政府采购合同，是采购人与供应商约定双方权利义务关系的协议。对于政府采购合同，《政府采购法》作了如下规定：

1. 政府采购应当采用书面形式。

2. 政府采购合同适用合同法。采购人和供应商之间的权利和义务，应当按照平等、自愿的原则以合同约定。

3. 采购人可以委托采购代理机构代表其与供应商签订政府采购合同。

4. 采购人与中标、成交供应商应当在中标、成交通知发出之日起30日内，按照采购文件确定的事项签订政府采购合同。

5. 政府采购项目的采购合同自签订之日起 7 个工作日内，采购人应当将合同副本报同级政府采购监督管理部门和有关部门备案。

6. 政府采购合同履行中，采购人需追加与合同标的相同的货物、工程或者服务的，在不改变合同其他条款的前提下，可以与供应商协商签订补充合同，但所有补充合同的采购金额不得超过原合同采购金额的 10%。

7. 政府采购合同的双方当事人不得擅自变更、中止或者终止合同。

七、监督检查

财政部门是政府采购的监督管理部门。政府采购监督管理部门应当加强对政府采购活动及集中采购机构的监督检查。监督检查的主要内容包括：①有关政府采购的法律、行政法规和规章的执行情况；②采购范围、采购方式和采购程序的执行情况；③政府采购人员的职业素质和专业技能。

政府采购监督管理部门不得设置集中采购机构，不得参与政府采购项目的采购活动。同时，采购代理机构与行政机关也不得存在隶属关系或者其他利益关系。

复习与思考

1. 简述财政的概念、特征及职能。

2. 简述财政法的概念及体系。

3. 简述预算的管理体制、程序及法律责任。

4. 简述国债及其特点、种类。

5. 简述国债的发行及偿还。

6. 简述政府采购的概念、特征、主体及对象。

7. 简述政府采购的方式、程序。

8. 材料：2002 年 11 月，某电业局因新建电力调度营业用房需购买电梯 2 台，通过邀请招标的采购方式，邀请某机电设备公司（以下简称机电公司）等 6 家单位参加投标。机电公司接到投标邀请书后，于 2002 年 11 月 25 日提交了投标文件，并交纳投标保证金 1 万元。2002 年 12 月 10 日，采购各方在电业局三楼会议室主持开标仪式，经过评标后，确定机电公司为预中标单位，中标价为 120 万元。2002 年 12 月 16 日，机电公司向电业局交纳履约保证金 10 万元。次日，电业局向机电公司发出《中标单位通知书》，正式确定机电公司中标，并约定于 2002 年 11 月 24 日下午 5 时前签订采购合同。此后，电业局一直未与中标的机电公司签订采购合同。

2003 年 1 月 16 日，电业局以邀请招标不符合法律规定，招投标程序不到位，缺少评标标准且评标委员会成员为 8 人，均不符合《招标投标法》的有关规定为理由，决定该次中标无效。机电公司经与电业局协商多次无果，于 2003 年 3 月 6 日向法院提起民事诉讼，要求电业局赔偿可得利润损失 17.64 万元。

问：该案应当如何处理？（案例来源：幸福校园网）

第二十三章　农业法律制度

教学目的和要求

　　我国作为一个传统的农业大国，从古至今国家对农业生产和经营的管理和干预从未停止过，甚至可以说，中国数千年的法制演进其实都是围绕着国家对农地及其之上重复进行着的耕作行为或深或浅，或宽或严的管制与影响而演绎与嬗变的。进入新的历史时期，随着"国家扶持和保护农业""工业反哺农业"等新理念及相应政策的确立和出台，国家干预农业生产与经营的基本理念和行为方式焕然一新，干预所涉及的经济和社会关系愈来愈复杂，由此决定的相关干预的基本规则及其体系也呈现出与传统的部门法构成截然不同的特色，本章力图用最简洁的笔触，尽量描绘出这些农业法规则的体系构成。本章的体系安排主要依据两点：一是现行《农业法》的体例结构，二是对国家保护和扶持农业产业发展这一全新理念和法律现象的特别强调及法理概括。全面审视农业法制的现存状况及其运行可知，农业法的具体制度内容是十分庞杂的并且很大一部分是变动不居的，因此，本章仅是提纲挈领式地介绍了主要的制度框架及其基本规则，学习者要想详细了解相应的制度内容，还应当关注相关领域大量的部门规章、地方性规章，甚至政策性规范。

第一节　农业法概述

一、农业法的定义和调整对象

（一）农业法的定义

　　一般意义上的农业法有两种含义：①综合性农业法法典或以"农业法"命名的单行法。综合性农业法法典中包含了涉及农业生产、经营、农业生态与农村建设等内容的全面规定，具有直接可适用性；以"农业性"命名的单行法规定了农业生产、经营、农业生态、农村建设等方面的原则性和基础性规范内容，属于农业基本法，不具有直接适用性，其中规定的原则性内容必须经过专门法的具体化。前者如美国 2002 年颁行的《农场安全与农业投资法》，后者如我国 1993

年颁行、2002 年修订的《农业法》。②部门法意义上的农业法。本章采用后一种含义。

（二）农业法的调整对象

农业法的调整对象包括国家因干预农业生产经营、农产品流通和扶持、保护农业的各类行为，而在特定主体间形成的各类社会关系和经济关系，具体可以分为：

1. 国家因干预农业生产的各种行为，在特定主体间发生的经济关系。这类关系主要包括：国家因确认基本的农业生产经营体制而在国家、农民集体和农民（农户）之间产生的利益归属和划定关系；国家因促进、鼓励发展新型农业生产经营体制等干预行为，在政府、农业生产经营企业、农民集体和农民（农户）之间产生的各种性质的管理关系、组织关系和经济关系，如政府在促进、引导农民组织各类专业合作经济组织中发生的组织关系，政府在鼓励农业产业化经营过程中，因引导、支持农业企业和农户订立农产品订购合同，而在农民与农业企业之间形成的经济关系，在政府与农业企业和农民之间形成的指导和监督管理关系；国家因对种子、农药、兽药、饲料和饲料添加剂、肥料、农业机械等农业生产资料的生产、经营和使用进行管理，在政府特定机关与农业生产资料生产者、经营者和使用者之间发生的管理关系等。

2. 国家因干预农产品流通的各种行为，在特定主体间发生的经济关系。这类关系主要包括：国家因对关系国计民生的重要农产品购销进行调控，在各级政府之间、政府与担负收购任务的国有粮食企业之间发生的管理、规划关系；国家在组建或支持组建农产品批发市场过程中，发生的规划、组织关系；国家因维护农产品批发市场秩序，在特定政府机关与农产品经营者之间发生的管理关系；国家因鼓励、支持发展多种形式的农产品流通组织和活动等促进行为，在政府与农民（农户）、农民专业合作组织之间发生的指导关系等。

3. 国家因扶持、保护农业生产经营的各种行为，在特定主体之间发生的经济关系。这类关系主要包括：国家在投资农业生产经营过程中，在权力机关与政府之间、各级政府相互之间，以及政府与投资项目建设主体、农民集体组织、农民（农户）之间发生的投资项目规划、管理关系和财产、资金运作等经济关系；国家在发放农业补贴过程中，在权力机关与政府之间、各级政府相互之间，以及政府与从事特定农业生产、经营行为的农民集体组织、农民专业合作组织、农民（农户）及其他社会主体之间发生的财政资金转移支付等经济关系；农业科技推广过程中，在政府与科研机构、科技推广机构之间发生的体系规划、组织关系和经费保障等关系，在科技推广机构与农民集体组织、农民（农户）之间发生的指导关系和科技服务等关系。

二、农业法的渊源

农业法的渊源，是指农业法的具体表现形式，亦即由有权机关依法律规定或职权制定、颁行的，具有法律约束力的各种规范性法律文件。依各规范性法律文件的位阶层次和规制范围，农业法的法律渊源具体表现为以下五种：

1. 宪法，这是农业法中最高效力的法律渊源，一切农业法律规范的制定都不得与之相抵触；否则，即为无效。在农业法理论上，我们可以称为"农业宪法"。

2. 农业法律，是指由全国人民代表大会及其常务委员会制定、发布的规制农业生产经营活动的各类法律规范。在农业法理论上，农业法律因其规制范围的不同可分为农业基本法和农业普通法。农业基本法是指《农业法》，它是全面规制农业产业发展的基础性法律，在农业法律体系中处于核心地位。农业普通法是指依据农业基本法，对农业生产、经营的某一环节或领域进行专门规制的法律规范的总称，主要包括：《农村土地承包法》《农产品质量安全法》《农民专业合作社法》《农业技术推广法》《种子法》《动物防疫法》《草原法》《渔业法》《进出境动植物检疫法》《畜牧法》《农业机械化促进法》等。

3. 农业行政法规，是指由国务院依法定授权和程序制定、发布的具体规制农业生产、经营某一方面的条例、实施细则等规范性法律文件，主要包括《基本农田保护条例》《农药管理条例》《兽药管理条例》《种畜禽管理条例》《渔业法实施细则》《水生野生动物保护实施条例》《农业转基因生物安全管理条例》《植物检疫条例》等。

4. 农业部门规章，是指由国务院各涉农部门依法定职权和程序制定发布的规制农业内各业生产、经营和管理活动的办法、规定、规则、要求等规范性法律文件，它是我国农业法中量最大、涉及面最广、内容也最为庞杂的法律渊源。

根据现有的规章内容，可以将其按规制范围大致划分为以下几类：①农业综合类，如《农业部立法工作规定》《农业行政许可听证程序规定》等；②种植业管理类，如《农作物种子检验管理办法（试行）》《农作物种子生产经营许可证管理办法》《蚕种管理办法》《肥料登记资料要求》等；③畜牧兽医管理类，如《兽药注册办法》《草种管理办法》《动物检疫管理办法》《优良种畜登记规则》《草畜平衡管理办法》《兽用安纳咖管理规定》等；④渔业管理类，如《渔业捕捞许可管理规定》《渔业行政处罚规定》《长江渔业资源管理规定》《远洋渔业管理规定》《水产苗种管理办法》等；⑤农机管理类，如《联合收割机及驾驶人安全监理规定》《拖拉机登记规定》《农业机械质量调查办法》《农业机械维修管理规定》等；⑥农垦管理类，如《农业部国营农场农机化管理暂行细则》；⑦农业科技、教育类，如《农业植物新品种权代理规定》《"绿色证书"制度管理办法》等；⑧农产品市场管理类，如《水产品批发市场管理办法》《农产品包装和标识管理办法》等；⑨农业基本建设管理类，如《农业基本建设项目管理办法》《农业基本建设项目招标投标管理规定》等。

5. 农业地方性法规及其他规范性法律文件。农业地方性法规，是指由省、自治区、直辖市的人民代表大会及其常务委员会，省、自治区、直辖市人民政府所在地的市、经济特区所在地的市和经国务院批准的较大的市的人民代表大会及其常务委员会，根据本行政区域内的农业生产经营具体情况，在不同宪法、农业法律、农业行政法规抵触的前提下，制定发布的规范性法律文件，如《辽宁省农业投资条例》《太原市农业投资条例》《湖南省农业综合开发条例》等。

除了农业地方性法规外，还有由各级人民政府及其所属涉农部门颁布的其他农业规范性法律文件，如《东港市农业产业化重点龙头企业管理办法（试行)》等。

三、农业法律关系

农业法律关系，是指农业法律规范在调整国家干预农业生产、农产品流通和国家扶持、保护、促进农业生产经营等各类农业经济关系的过程中，在特定主体之间形成的，以权力（职权）、义务（职责）为主要内容的权利义务关系。

农业法律关系由农业法律关系的主体、内容和客体构成。

1. 农业法律关系的主体。农业法律关系的主体，是指参加农业法律关系，在农业法律关系中享有职权（权利）的各类公私法主体。

2. 农业法律关系的内容。农业法律关系的内容，是指参加农业法律关系的主体所享有的权利（力）和义务（职责）。农业法律关系的内容可分为三类：①各公法主体依法所享有的公权力或称职权，这类权力是权利与义务的统一体，公法主体在享有职权的同时也承担着必须履行而不得放弃的职责；②各准公法主体所享有的准公法权力，享有这类权力的主体一般是一些依法对特定公法主体的职权实现负有辅助义务的事业单位或其他社会主体，因此，这些准公法权力也可称为辅助性权力，在我国农业法中，这些权力主要存在于农业科技推广制度中；③农业生产经营者依法享有的私权利和相关义务。

3. 农业法律关系的客体。农业法律关系的客体，是指农业法律关系各主体的权利（力）、义务（职责）所指向的对象。从理论上分析，农业法律关系的客体主要包括物和行为两类。

第二节　农业生产法律制度

一、农业生产经营体制

农业生产经营体制，是指在基本生产资料（主要是指土地，包括耕地、林地和草地）公有制的基础上，规制农业生产经营的组织形式、体系及相应主体的权利和义务的法律规范的总称。

从本质上讲，农业生产经营体制是基本农业生产资料公有制在法律上的实现形式，是相关农业生产经营者从事农业生产的权源基础，也是国家干预农业生产经营的权源基础。因此，规定这一方面内容的法律文件的位阶一般都比较高。在我国，规制农业生产经营体制的法律主要有《宪法》《农业法》《农村土地承包法》《土地管理法》。

从相关法律规范的内容来看，我国的农业生产经营体制包括农业基本生产经营体制和农业衍生生产经营体制两类。

（一）农业基本生产经营体制

在我国，农业基本生产经营体制是以家庭承包经营为基础、统分结合的双层经营体制，这是为宪法所明确确认的基本经营体制。

《宪法》第8条第1款规定："农村集体经济组织实行家庭承包经营为基础、统分结合的双层经营体制……"

在这一基本生产经营体制中，最基本的两种农业生产经营主体一是农民集体经济组织，二是农民集体经济组织中的成员——农民（农户），二者依法享有内容不同，但却相辅相成的两种权利。具体而言，后者享有的是农村土地承包经营权，它是农业生产合作社制度解体以后、承包制推行以来，通过实践逐渐形成的，也是现在进行农业生产经营最普遍也最基础的权利。前者享有的权利则主要是围绕农村土地承包经营权的实现而设置的，基本上包括两类权利：①服务权，即为了农村土地承包经营权的更好实现而设置的补充其不足或满足其需求的权利，如基础设施的建设维护权、相关生产经营信息的收集和发布权等；②引导和管理权，即为了集体利益的实现、维护设置的预防和制止农村土地承包经营权滥用的权利，如土地流转引导权、土地质量监督检查权、农业资源破坏行为的制止权等。

这两种主体所享有的权利相互作用、合二为一则形成农民集体土地所有权的核心内容。因此，这两种主体的权利既可以说是来源于或者派生于农民集体土地所有权，也可以说它们本身就是农民集体土地所有权的内容。

家庭承包经营为基础、统分结合的双层经营体制作为农业的基本生产经营体制，其基本性表现为其他所有的生产经营形式所必需的权利根本上都将来源于上述两种主体所享有的权利，亦即都将源于农民集体土地所有权。

（二）农业衍生生产经营体制

农业衍生生产经营体制，是指在农业基本生产经营体制的基础上，在市场调节和国家的适当干预下，衍生出的农业生产经营组织形式、体系和相关主体的权利。

在社会主义市场经济条件下，农业衍生生产经营体制的典型形式包括两种：①农民专业合作社的生产经营形式，②为实现农业产业化而广泛推行的"公司＋农户"的生产经营形式。前者主要表现为生产和经营同类农产品的农民通过土地承包经营权或者其他财产权的入股，自愿组成以民主管理为特色的，为农业生产的产前、产中和产后提供服务的合作社实体，这些合作社具有法人资格；后者的主要内容是通过各种形式的合同，在从事特种农业生产经营的"龙头企业"和农户之间建立起特定法律关系。

二、农业生产资料管理法律制度

农业生产资料管理法律制度，是指规制国家对农药、兽药、种子、农机等农业生产投入品的生产和经营活动的管理及因此而产生的相应权力（利）的法律规范的总称。现行的农业生产资料管理方面的法律规范比较庞杂，位阶涉及法律、行政法规、部门规章等，主要包括《种子法》《农药管理条例》《兽药管理条例》《饲料和饲料添加剂管理条例》《农业机械质量调查办法》《农业机械维修管理规定》等。

（一）种子管理法律制度

种子管理法律制度，是指规制种质资源保护、种子品种选育与审定、种子生产、经营等的管理及其相应权力（利）的法律规范的总称，其基本制度内容体现在2015年修订的《种子法》中。

1. 种质资源保护法律制度。种质资源保护法律制度，是指规制种质资源的权属、目录编制、种质资源库的建立和种质资源的引进等内容及相应权力（利）的法律规范，主要体现在《种子法》第二章的相关规定中。其中涉及的主要权利（职权）包括国家对种质资源享有的主权，国务院和省、自治区、直辖市人民政府农业、林业行政主管部门有建立种质资源库、种质资源保护区和种质资源保护地的职权。

2. 种子品种选育与审定管理法律制度。种子品种选育与审定管理法律制度，是指规制主要农作物和主要林木种子品种的选育、审定的程序、主体、标准及相应权力（利）的法律规范，主要体现在《种子法》第三章的规定中。根据规定，种子品种选育和审定管理法律制度中主要涉及的权力（利）有：由财政资金支持形成的育种发明专利权和植物新品种权，除涉及国家安全、国家利益和重大社会公共利益的外，由项目承得者享有；单位或个人因林业行政部门为选育林木良种建立测定林、试验林等而受到经济损失的，依法享有请求国家补偿的权利；国务院和省、自治区、直辖市人民政府的农业、林业主管部门设立农作物品种和林木品种审定委员会，享有主要农作物品种和主要林木品种的审定权；申请审定人依法享有向特定机构申请复审的权利；国务院和省、自治区、直辖市人民政府农业、林业主管部门对于通过审定的农作物品种和林木良种享有公告和推广权。

3. 新品种保护制度。该制度的主要内容包括：对于国家植物品种保护名录内经过人工选育或者发现的野生植物加以改良，具备新颖性、特异性、一致性、稳定性和适当命名的植物品种，由国务院农业、林业主管部门授予植物新品种权；一个植物新品种只能授予一项植物新品种权，两个以上申请人分别就同一个品种申请植物新品种权的，权利授予最先申请的，同时申请的，权利授予最先完成品种育种的；植物新品种权利人对其授权品种，享有排他性独占权，任何人不经权利人许可并支付使用费，不得生产、繁殖或者销售授权品种的繁殖材料；不得为商业目的将授权品种的繁殖材料重复使用于生产另一品种的繁殖材料；在利用授权品种进行育种及其他科研活动和农民自繁自用授权品种的繁殖材料这两种情形之下，可以不经过权利人许可，不向其支付使用费使用其授权品种；为了国家利益和社会公共利益，国务院农业、林业主管部门可以决定对权利实施强制许可，取得实施强制许可的单位和个人不享有独占实施权，也无权允许他人实施。

4. 种子生产经营许可制度。该制度的主要内容包括：符合国务院农业、林业主管部门规定条件的种子企业，从事主要农作物杂交种子及其亲本种子、林木良种种子的生产经营，生产经营许可证由生产经营者所在地县级人民政府农业、林业主管部门核发。从事种子进出口业务的种子生产经营许可证，由省、自治区、直辖市人民政府农业、林业主管部门审核，国务院农业、林业主管部门核发。前两种情形之外的其他种子的生产经营许可证，由生产经营者所在地县级以上人民政府农业、林业主管部门核发；申请取得种子生产经营许可证的，应当具有规定的各项条件；禁止任何单位和个人无种子生产经营许可证或者违反种子生产经营许可证的规定生产经营种子；禁止任何单位和个人伪造、变造、买卖、租借种子生产经营许可证；农民个人自繁自用的常规种子有剩余的，可以在当地集贸市场上出售、串换，不需要办理种子生产经营许可证。

（二）农药管理法律制度

1. 农药登记法律制度。该制度的主要内容包括：国家实行农药登记制度。农药生产企业、向中国出口农药的企业应当依照本条例的规定申请农药登记，国务院农业主管部门所属的负责农药检定工作的机构负责农药登记具体工作。省、自治区、直辖市人民政府农业主管部门所属的负责农药检定工作的机构协助做好本行政区域的农药登记具体工作；国务院农业主管部门组织成立农药登记评审委员会，负责农药登记评审；申请农药登记的，应当进行登记试验。登记试验应当由国务院农业主管部门认定的登记试验单位按照国务院农业主管部门的规定进行。登记试验结束后，申请人应当向所在地省、自治区、直辖市人民政府农业主管部门提出农药登记申请。省、自治区、直辖市人民政府农业主管部门应当自受理申请之日起 20 个工作日内提出初审意见，并报送国务院农业主管部门。国务院农业主管部门受理申请或者收到省、自治区、直辖市人民政府农业主管部门报送的申请资料后，应当组织审查和登记评审，并自收到评审意见之日起 20 个工作日内作出审批决定，符合条件的，核发农药登记证；不符合条件的，书面通知申请人并说明理由；农药登记证有效期为 5 年，有效期届满，需要继续生产农药或者向中国出口农药的，农药登记证持有人应当在有效期届满 90 日前向国务院农业主管部门申请延续。农药登记证载明事项发生变化的，农药登记证持有人应当按照国务院农业主管部门的规定申请变更农药登记证。

2. 农药生产许可法律制度。该制度的核心内容包括：国家实行农药生产许可制度，农药生产企业具备法定条件，可向省、自治区、直辖市人民政府农业主管部门申请农药生产许可证；省、自治区、直辖市人民政府农业主管部门应当自受理申请之日起 20 个工作日内作出审批决定，符合条件的，核发农药生产许可证，不符合条件的，书面通知申请人并说明理由；委托加工、分装农药的，受托人应当取得农药生产许可证；农药生产许可证有效期为 5 年，有效期届满，需要继续生产农药的，农药生产企业应当在有效期届满 90 日前向省、自治区、直辖市人民政府农业主管部门申请延续；农药生产许可证载明事项发生变化的，农药生产企业应当按照国务院农业主管部门的规定申请变更农药生产许可证。

3. 农药经营许可法律制度。该制度的主要内容包括：国家实行农药经营许可制度，除经营卫生用农药外，符合条件的农药经营者应当向县级以上地方人民政府农业主管部门申请农药经营许可证；县级以上地方人民政府农业主管部门应当自受理申请之日起 20 个工作日内作出审批决定。符合条件的，核发农药经营许可证；不符合条件的，书面通知申请人并说明理由；取得农药经营许可证的农药经营者设立分支机构的，应当依法申请变更农药经营许可证，并向分支机构所在地县级以上地方人民政府农业主管部门备案，其分支机构免予办理农药经营许可证；农药经营许可证有效期为 5 年，有效期届满，需要继续经营农药的，农药经营者应当在有效期届满 90 日前向发证机关申请延续。农药经营许可证载明事项发生变化的，农药经营者应当按照国务院农业主管部门的规定申请变更农药经营许可证。

（三）兽药管理法律制度

兽药管理法律制度，是指规制新兽药的研制、兽药生产、经营等的管理及相关职权（责）的法律规范的总称，其主要制度内容规定在《兽药管理条例》中。

1. 新兽药研制管理法律制度。新兽药研制管理法律制度，是指规制新兽药研制的条件、管理程序和相应管理职权（责）的法律规范，主要规定在《兽药管理条例》第二章中。根据规定，研制新兽药必须进行安全性评价，国务院兽医行政管理部门依法享有对从事兽药安全性评价的单位的资质认定权。在研制兽药的临床试验前，必须依法定程序申请特定机关审查，省、自治区、直辖市人民政府兽医行政主管部门对研制一般兽药的临床试验享有审查权；国务院兽药行政管理部门对属于生物制品的新兽药的临床试验享有审查权。《兽药管理条例》第7条第1款规定了研制新兽药必须具备适当的场所、仪器设备、专业技术人员、安全管理规范和措施等条件，这是行使审查权的法定标准。临床试验结束后，国务院兽医行政管理部门依法享有新兽药注册申请的审查批准权，《兽药管理条例》第9条详细规定了新兽药注册申请所应提交的资料、新兽药样品、相关材料和申请审批的时限等。

2. 兽药生产管理法律制度。兽药生产管理法律制度，是指规制兽药生产企业的设立条件、生产许可、产品批准文号的许可、生产管理等内容及相应管理职权（责）的法律规范，主要体现在《兽药管理条例》第三章的规定中。根据规定，生产兽药必须获得兽药生产许可证，省、自治区、直辖市人民政府兽医行政管理部门对兽药生产许可证的申请依法享有审核权，国务院兽医行政管理部门依法享有最终的审查批准权。《兽药管理条例》第11条从专业技术人员、厂房、设施、质量管理和检验、生产环境等方面规定了诸多条件，这些不但是兽药生产企业设立的法定条件，也是兽药生产许可权行使的法定标准。

3. 兽药经营管理法律制度。兽药经营管理法律制度，是指规制经营兽药的条件、经营兽药的许可和经营兽药的管理等内容及相应职权（责）的法律规范，主要制度规定在《兽药管理条例》第四章中。根据规定，兽药经营许可是办理工商登记的前置程序；市、县人民政府兽医行政管理部门享有对兽药经营许可申请的审查许可权，省、自治区、直辖市人民政府兽医行政管理部门享有对经营兽用生物制品许可申请的审查许可权。《兽药管理条例》第22条从技术人员、营业场所、设备、仓储设施、质量管理机构和人员等方面规定了经营兽药企业应当具备的条件，这也是审查许可的法定标准。

第三节　农产品流通法律制度

一、农产品流通法律制度概述

（一）农产品流通法律制度的含义和构成

农产品流通法律制度，主要是指规制国家以扶持、规划、管理等方式干预农产品市场体系建设和运行的法律规范及以其为基础的其他规范性文件的总称。

在农业法理论上，农产品流通法律制度只规制因国家干预农产品市场而产生的各种经济关系，农产品经营主体之间纯粹的购销合同关系属于民商事法律规范规制，并不在农业法的调整范围内。

从各类规定的内容分析，现行的农产品流通法律制度主要包括三部分内容：农产品市场发展规划法律制度、农产品市场管理法律制度和农产品流通扶持法律制度。

（二）农产品流通法律制度的表现形式

现行农产品流通法律制度主要内容的存在形式有两种：①法律规范，具体包括《农业法》第四章中关于农产品流通的原则性规定；农业部发布的部门规章，如《水产品批发市场管理办法》；地方政府农业主管部门发布的规范性法律文件，如河南省农业厅发布的《河南省农业厅定点农产品批发市场管理办法（试行）》。②为了实现法律规范的具体内容，由特定公权力主体直接依据相关法律规范制定的政策性文件。我们认为，这类政策性文件的内容应当纳入农产品流通法律制度中，因为它们是农产品流通法律规范的具体实现。

二、农产品市场发展规划法律制度

《农业法》第27条第1款中规定："国家逐步建立统一、开放、竞争、有序的农产品市场体系，制定农产品批发市场发展规划。"

根据《农业法》规定的精神，农业部市场与经济信息司于2006年制定并发布了《"十一五"时期全国农产品市场体系建设规划》，这个规划在性质上属于农业专项性政策，其中包含的政策目标是：到2010年，在政府的宏观调控和扶持下，基本建立起以现代物流、连锁配送、电子商务、期货市场等现代市场流通方式为先导，以批发市场为中心，以集贸市场、零售经营门店和超市为基础，布局合理、结构优化、功能齐备、制度完善、有较高现代化水平的统一、开放、竞争、有序的农产品市场体系，农产品市场整体运行状况接近同期发达国家的中等水平。

为了实现这些目标，规定的主要政策措施有：积极争取计划、财政等部门的投资，积极协调金融机构，为市场建设创造良好的融资环境，争取更多的信贷支持，各级农业部门要逐步调整现有农业资金的投入结构和支持重点，向农产品市场体系建设倾斜，扶持市场发展，通过政策引导，吸引企业、个人等各种社会力量投入农产品市场流通设施建设，并积极利用外资；加强对农产品市场建设的规划，积极指导市场实施升级改造工程，支持建立农产品市场流通行业协会，减轻农产品运销环节的税费负担，加强农产品市场信息服务。

三、农产品市场管理法律制度

农产品市场管理法律制度主要包括两部分内容：①设立农产品市场的管理法律制度；②对农产品市场中经营行为的管理法律制度。

（一）设立农产品市场的管理法律制度

现行的关于设立农产品市场的管理法律制度主要体现在《水产品批发市场管理办法》，涉及市场开办、变更、终止的条件和程序，相关管理机关对设立和开办特定农产品批发市场的批准职权（责）等。

（二）农产品市场经营行为管理法律制度

《农业法》第 27 条等 2 款规定："县级以上人民政府工商行政管理部门和其他有关部门按照各自的职责，依法管理农产品批发市场，规范交易秩序，防止地方保护与不正当竞争。"由此规定可以看出，县级以上人民政府工商管理部门和其他有关部门是农产品市场经营行为的法定管理机关。

四、农产品流通扶持法律制度

农产品流通扶持法律制度，是指规制国家以特定方式扶持、促进符合农业产业政策的农产品市场组建和特定农产品流通行为的法律规范。从现行相关规定分析，农产品流通扶持法律制度主要包括农产品市场组建扶持法律制度和农产品流通行为促进法律制度。

（一）农产品市场组建扶持法律制度

农产品市场组建的主要扶持措施包括：①制定有利于支持发展的优惠政策；②支持定点市场获得国内外投资和政策性贷款；③帮助定点市场与全国重点鲜活农产品生产加工基地建立稳定的产销关系；④提供农产品产销信息；⑤对市场的建设和运营给予指导和咨询；⑥定期组织相关人员的培训和交流流动。

（二）农产品流通行为促进法律制度

农产品流通行为促进法律制度主要体现在《农业法》第 28 条的规定中。该条第 1 款规定了国家鼓励和支持农民、农民专业合作社、供销合作社及其他从事农产品购销的交易组织开展收购、批发、运输、信息服务等农产品经营行为的原则性规范，只是倾向性地表明了国家鼓励和支持的主体和领域，具体的扶持措施需要其他规范具体化。

该条第 2 款为县级以上人民政府设定了督促有关部门保障农产品运输畅通，降低农产品流通成本的职责（权）；还为有关行政部门明确规定了简化手续，方便鲜活农产品的运输，除法律、行政法规另有规定外，不得扣押鲜活农产品的运输工具等义务。

第四节 国家扶持、促进农业生产经营法律制度

一、国家投资农业生产经营法律制度

（一）国家投资农业生产经营法律制度概述

国家投资农业生产经营，是国家促进和推动农业产业发展，努力改善农业产业比较利益低下的重要干预措施，因此，必须要有法律上明确的职权（责）依据。《农业法》第38、39条明确了各级人民政府投资农业的原则性职责（权）。各地方立法机关及人民政府也普遍制定了农业投资的地方性法规或其他规范性法律文件，如《辽宁省农业投资条例》《福建省农业投资条例》《重庆市农业投资条例》等，这些法律规范明确了各级地方政府及其相关部门的农业投资职责（权），较详细地规定了农业投资资金的来源、用途、比例、监管等内容。

依相关法律规范所涉及的国家投资农业生产经营这一国家行为的基本运行过程，可将国家投资农业生产经营法律制度分为以下几个主要部分：国家投资农业生产经营体制划分法律制度，国家投资农业生产经营计划法律制度，国家投资农业生产经营项目政府采购法律制度与国家投资农业生产经营项目产权确定法律制度。

（二）国家投资农业生产经营计划法律制度

1. 国家投资农业生产经营计划概述。国家投资农业生产经营计划，是指由有权机关依法编制和审批的，具体规定国家投资的农业生产经营项目、建设资金额度和使用、建设进程等内容的预先规划，也可理解为规划或筹划行为。

根据计划所涉及项目建设内容的不同，可分为农业基本建设项目国家投资计划、农业科研项目国家投资计划、农业专项建设国家投资计划等；根据计划编制和审批的主体不同，可分为中央政府及其农业部门投资农业生产经营计划与地方各级政府及其农业部门投资农业生产经营计划。

2. 国家投资农业生产经营计划法律制度的内容。国家投资农业生产经营计划法律制度，是指规制各级、各类国家投资农业生产经营计划的编制、审批权限及程序的一系列法律规范，该法律制度仅规制计划的形成阶段，对于已形成计划的实施则由其他法律制度规范之。

现行农业法律体系中尚无规范国家投资农业生产经营计划的高位阶的统一法律规范，仅在部门规章层面的《农业基本建设项目管理办法》《农业基本建设项目申报审批管理规定》和各省的《农业投资条例》中有所涉及，并且多以农业生产基础设施的建设为规制内容，对于流动资产及无形资产均无涉及，亟须立法

完善。

（三）国家投资农业生产经营项目政府采购法律制度

1. 国家投资农业生产经营项目政府采购法律制度概述。国家投资农业生产经营计划经审批后，其内容涉及的各项目的实施与建设，本质上是对公共财政资金的物化运用，其物化运用的过程实际上就是计划执行主体的政府采购行为。

国家投资农业生产经营项目政府采购，是指经审批的国家投资农业生产经营计划执行主体为实现计划项目内容，使用财政性资金以合同方式委托建设主体新建、扩建、改建促进农业生产经营的工程项目，以及购买与其相关的原料、产品和设备，购买促进农业生产经营所必需的专业服务、技术服务、资讯服务、农业职业培训等国家经济行为。规范这些国家经济行为的一系列法律规范，称为国家投资农业生产经营项目政府采购法律制度，这类制度的具体内容体现在《政府采购法》《农业基本建设项目管理办法》《农业基本建设项目招标投标管理规定》等法律和规章中。

2. 国家投资农业生产经营项目政府采购的形式。根据《政府采购法》的规定，政府采购的法定方式有公开招标、邀请招标、竞争性谈判、单一来源采购、询价、国务院政府采购监管部门认定的其他采购方式共6种。其中公开招标方法定为主要采购方式，除非有法定特殊情况，一般均应采取该种采购方式。《农业基本建设项目招标投标管理规定》第8条具体规定了应采取公开招标方式的农业基本建设项目。

（四）国家投资农业生产经营项目产权确定法律制度

建成的国家投资农业生产经营项目，经法定机关竣工验收后，即面临产权确定问题，围绕该产权的确定而由国家制定并由强制力保证实施的一系列实体及程序性法律规范的体系，构成国家投资农业生产经营项目产权确定法律制度。

二、农业补贴法律制度

（一）农业补贴的含义

农业补贴是世界各国进入"工业反哺农业"阶段后普遍实施的保护、支持农业发展的法律制度。一般意义上的农业补贴指的是对农业的财政补贴，即国家为了实现特定的农业产业政策目的而将财政收入依法定的标准和方式转移给特定的农业生产经营者的国家行为。

农业补贴在我国《农业法》中并无任何规定，《农业机械化促进法》中仅原则性地规定了农业机械购置补贴；在实践中，以中央政策和各地方政策为依据，广泛推行着对种粮农民的直接补贴、农业生产资料综合直接补贴、良种补贴、农民职业培训补贴、测土配方补贴、退耕还林（草）补贴等补贴类型。

（二）我国构建农业补贴法律制度的必要性

1. 以立法形式规制农业补贴的法理依据。从法理上分析，国家财政对农业的各类补贴，是国家公权力对市民社会私法体系的影响。进言之，是国家公权通过授益性的补助行为使符合国家农业产业政策的农业生产经营者的私权内容得以扩张，与此相应，受补贴的农业生产经营者亦应承担各种促进国家农业产业政策内容实现的义务。这些足以影响传统私权体系甚至扩张私权内容的补贴，理应有法律上的实体权源和程序依据。

另外，农业补贴涉及公共财政的支出，依宪政和法治理念，理应有明确的法律依据。公共财政的本质在于其公共性，而公共性最重要的特征是在财政管理体制上的公共性，[1]表现在国家对财政收入、财政支出的运行，管理机构的设置都制定了详细的法律，作为人民代表的代议机构可以通过预算审批监督、税费的开征立法等活动来控制和制约政府的财政活动，使财政行为在人民通过法律设计出来的轨道上按照人民的公共意志规范运行。[2]

2. 以立法形式规制农业补贴的现实必要性。由于国家对农业的财政补贴涉及国家各类机关及国家与社会主体等各种性质的社会关系，其内容极其复杂，若无法律上对各类补贴所涉及主体的权力（利）与义务（职责）的规定，极易造成各类社会关系运行的无序化甚于相互冲突，难以保证国家农业产业政策目标的顺利实现。

我国近几年来，以中央与地方的政策为推行依据，在许多地方实行了对种粮农民的多种补贴类型，取得了一定的社会效果，但也存在许多问题。以地方政策为推行依据，在补贴种类、标准、程序和方式等方面千差万别，难以实行统一和全面的规划和监督，影响农业补贴在全国范围内的推行效果。鉴于此，建议在《农业法》中专列"农业补贴"一章，将经过实践推行证明行之有效的补贴种类和方式法律化；在符合 WTO 农业规则要求的前提下，参考各国的立法经验，将一些更能体现国家扶持、保护农业发展的补贴种类予以法制化。

三、农业科技推广法律制度

（一）农业科技推广法律制度的含义

所谓农业科技推广（亦称农业技术推广），是指在一定的推广体制下，特定主体将农业科技成果依试验、示范、培训、指导及咨询等方式普及于农业生产经营者的行为。

农业科技推广法律制度，是指规制国家构建或确认适合该国经济、政治体制

---

〔1〕 周刚志：《论公共财政与宪政国家》，北京大学出版社 2005 年版，第 24 页。

〔2〕 刘剑文：《财政税收法》，法律出版社 2003 年版，第 8 页。

和文化环境的农业科技推广体制及其运行等内容的法律规范。

我国现行的农业科技推广法律制度主要体现在《农业技术推广法》《农业法》第七章、关于农业技术推广的地方性法规和其他规范性法律文件——如《山东省农业技术推广条例》《辽宁省农业技术推广条例》等当中。

（二）农业科技推广法律制度的构成

根据法律规范的规定，农业科技推广法律制度主要包含以下内容：

1. 农业科技推广体制组建法律制度，主要规制政府农业科技推广主体组织体系分布及基本运营规则，各级政府及其相应部门依法承担的组建职责，依法参加国家农业科技推广计划的非政府主体类别及其基本运营规则等内容。

2. 农业科技推广运作法律制度，主要规制国家农业科技推广计划，有权机关依法对农业科技推广行为的监督管理，各类推广主体的推广行为等内容。

3. 国家财政支持农业科技推广法律制度，主要规制国家对参加特定国家农业科技推广计划的各类主体给予直接或间接财政支持的条件、程序、方式等内容。

复习与思考

1. 农业法是经济法的一个二级部门法，这种说法对吗？为什么？

2. 农业生产经营体制与土地公有制之间是一种什么关系？

3. 试比较种子生产、经营管理当中的审批制度与农药生产、经营管理制度当中的审批制度之间的异同。

4. 将农业补贴纳入法制化轨道的理论依据是什么？

5. 谈谈你对国家扶持、促进农业生产经营法律制度的看法。

6. 材料：王某某等8人在1997年承包原凤洞河村柑桔园20亩，承包期限10年，按合同约定每年上交每株树10斤水果收益。2003年凤洞河村委会要求买断经营，收回资金用于村级公路硬化。2005年，在没有买断、没有召开村民代表会议、没有公开的情况下，村柑桔园被凤洞河村委员会转包给杜某某经营。于是，王某某等8人要求撤销原凤洞河村和杜某某签订的承包合同，恢复申请人原承包合同。

问：王某某等8人的诉讼请求是否合法？为什么？（案例来源：中国农经信息网）